高等院校通识课教材

大学写作
第三版

主编 ◎ 吴俊 肖进

华东师范大学出版社
·上海·

图书在版编目(CIP)数据

大学写作/吴俊,肖进主编. —3 版. —上海:华东师范大学出版社,2023
ISBN 978-7-5760-4097-5

Ⅰ.①大… Ⅱ.①吴…②肖… Ⅲ.①汉语-写作-高等学校-教材 Ⅳ.①H15

中国国家版本馆 CIP 数据核字(2023)第 152605 号

大学写作(第三版)

主　编　吴　俊　肖　进
责任编辑　范耀华
责任校对　江小华
装帧设计　俞　越

出版发行　华东师范大学出版社
社　　址　上海市中山北路3663号　邮编 200062
网　　址　www.ecnupress.com.cn
电　　话　021-60821666　行政传真 021-62572105
客服电话　021-62865537　门市(邮购)电话 021-62869887
地　　址　上海市中山北路3663号华东师范大学校内先锋路口
网　　店　http://hdsdcbs.tmall.com

印 刷 者　江苏扬中印刷有限公司
开　　本　787 毫米×1092 毫米　1/16
印　　张　22
字　　数　478 千字
版　　次　2023 年 8 月第 3 版
印　　次　2023 年 8 月第 1 次
书　　号　ISBN 978-7-5760-4097-5
定　　价　49.00 元

出版人　王　焰

(如发现本版图书有印订质量问题,请寄回本社客服中心调换或电话 021-62865537 联系)

目 录

第三版前言 /1

绪论 写作的基本理论 /1

上编 基础写作

第一章 基础写作概述 /25

第二章 记叙文体 /27
　　　　　　　　　　　第一节 记叙文体概述 /27
　　　　　　　　　　　第二节 消息 /44
　　　　　　　　　　　第三节 通讯 /51
　　　　　　　　　　　第四节 散文 /55
　　　　　　　　　　　第五节 报告文学 /70

第三章 议论文体 /78
　　　　　　　　　　　第一节 议论文体概述 /78
　　　　　　　　　　　第二节 短评 /87
　　　　　　　　　　　第三节 杂文 /96
　　　　　　　　　　　第四节 读书笔记 /101
　　　　　　　　　　　第五节 演讲词 /105
　　　　　　　　　　　第六节 科技论文 /112

第四章 说明文体 /120
　　　　　　　　　　　第一节 说明文体概述 /120
　　　　　　　　　　　第二节 简介 /134
　　　　　　　　　　　第三节 说明书 /141
　　　　　　　　　　　第四节 解说词 /145
　　　　　　　　　　　第五节 科学小品 /148
　　　　　　　　　　　第六节 商品广告 /153

下编　应用写作

第五章　应用写作概述　/163

第一节　应用写作的性质和特点　/163
第二节　学习应用写作的要求　/165
第三节　应用写作的语言特点　/166
第四节　应用写作的表达方式　/168

第六章　公文文体　/170

第一节　公文文体概述　/170
第二节　公告　通告　/182
第三节　通知　/186
第四节　通报　/190
第五节　报告　请示　/195
第六节　批复　/202
第七节　函　/205

第七章　事务文体　/209

第一节　事务文体概述　/209
第二节　一般书信　/211
第三节　专用书信　/217
第四节　计划　/226
第五节　总结　/234
第六节　简报　/240
第七节　调查报告　/246

第八章　经济文体　/257

第一节　经济文体概述　/257
第二节　经济合同　/259
第三节　经济活动分析报告　/269
第四节　市场预测报告　/276
第五节　可行性研究报告　/282

第九章　诉讼文体　/293

　　第一节　诉讼文体概述　/293
　　第二节　起诉状　/295
　　第三节　上诉状　/301
　　第四节　申诉状　/305
　　第五节　答辩状　/310

附录1　党政机关公文处理工作条例　/314

附录2　党政机关公文格式　/321

第三版后记　/344

第三版前言

本书主要是为培养和提高大学本科（特别是非文科专业）学生的写作能力而编纂的教学用书，也适合普通高校学生或希望提高自身写作能力的一般文化人群用作写作自学参考用书。在实际应用中，本书可与大学语文、文学经典阅读等公共课程内容相结合，相辅相成，强化训练学生的实际写作能力，全面提高学生的综合运用水平。

一般说来，大学写作的课程内容主要包括基础写作、应用写作和文学写作三大部分。其中，文学写作主要针对文科学生而言，具有一定的专业色彩，并不很适合广大非专业人群。本书的范围特指前两种写作。基础写作和应用写作也是适用性最为广泛的写作。在基础写作和应用写作的学习中，学生应当逐步具备各种文体的基本写作技能，同时也必须有针对性地掌握专业文章和学术论文的特定写作方法。只有这样，才能适应和胜任各种类型、不同需要的写作任务，进而有可能达到运用自如、自由表达的写作境界。

为了加强学习效果，本书在每种写作文体和类型的叙述中，尽量安排了相应的示范例文，并进行扼要评析，目的在于让学生能够体悟精华，从而由此及彼、举一反三地揣摩和领会各类写作文体的要义。

本书注重实际写作能力的培养和提高，除了基本的文体理论和必要的写作要领以外，一般不作泛泛之论，主要突出具体的文体现象和写作方法的分析。为达到培养和训练的教学目的，本书第三版更新了大多数例文，所举例文尽量新颖、规范，同时也适量提供特殊个例，以便学生不拘一格，灵活掌握。

特别值得说明的是，第三版充分注意到了例文的现实针对性，努力体现出教材的与时俱进和立德树人的新时代高校教书育人的根本特色。党的二十大报告指出，"培养造就大批德才兼备的高素质人才，是国家和民族长远发展大计"，而写作能力是一个人的综合文化修养和思想感情表达水平的重要体现，期待本书对我们的大学写作教育和人才培养发挥出新的积极作用。

主　编
2022 年 2 月

绪论
写作的基本理论

一、写作的概念和特点

(一) 写作的概念

人类的语言分口头语言和书面语言两种。写作是书面语言的一种表达形式,是运用语言文字反映客观事物、表达思想感情的创造性精神劳动。写作是人们交流信息的重要手段。

从在龟甲、兽骨上刻甲骨文到运用现代高科技产品的电子设备,写作的形式、条件发生了天翻地覆的变化。快捷的文字与数据处理方式取代了历史上官府中"劳形"的"案牍";轻轻一键就可以发送的电子邮件开启了鱼雁传书的新天地。写作条件的变化,使人们交流思想、抒发感情、发表议论、描写景物、说明事物的活动更为便利。

曹丕在《典论·论文》中说:"盖文章经国之大业,不朽之盛事。年寿有时而尽,荣乐止乎其身,二者必至之常期,未若文章之无穷。"将"文章"提到与"经国"同等的地位,可见对"写作"的重视。今天,"写作"作为独立的一门课程,同样十分重要。在现实生活中,虽然许多人将来并不想当作家,也无意于文学创作,但在各种社会事务以及人际关系中,常常要用到写作。譬如,平时写份申请、打个报告、作篇总结、草拟一下发言或演讲的稿子,学习中记笔记、写实验报告、做毕业论文,求职前准备一份个人简历、求职信等。正如著名诗人臧克家所说的那样:"写作,用途宽广,人人离不开它。"

(二) 写作的特点

1. 综合性

写作是一门综合性很强的课程。它是作者各种知识的综合反映。

从写作的主体方面来说,写作是作者各方面素质的综合体现。俗话说:"文如其人。"一位作者,他具有怎样的思想修养、心理素质、学识积累、生活储备、表达技能、才情禀赋,等等,总是能在他写的文章中表现出来。古代的科举取士,往往通过一篇文章来裁定考生的优劣;现代的语文考试,也有人主张加大作文的分值。这其中最重要的原因就是——写作,最能表现一个人的思想见识以及语言的综合运用能力。

另一方面,从写作所反映的对象来看,它包罗万象,无所不有,涉及大千世界的各个领域。从学科上看,写作要触及哲学、历史、心理学、科学、文学、语言学、美学、逻辑学等方方面面的综合知识。

写作的综合性要求作者必须加强各方面的修养。宋代的大诗人陆游有句话："汝果欲学诗，工夫在诗外。"写作，不仅要学习有关的写作理论知识，更要注意向生活学习，"处处留心皆学问"，一个常常被生活所感动的人，他写的文章才能有感染人的力量。

2. 目的性

写作都是有目的的。《尚书》中"诗言志"就指出写作是为了表达思想感情；《论语》中有"诗可以兴，可以观，可以群，可以怨"，强调了写作的社会功用性。这以后的"文章合为时而著，歌诗合为事而作"、"道文合一"、"文以载道"、"道艺说"等都从不同的角度指出了写作的目的性。五四时期，一大批启蒙先驱，"为人生"而写作，"为艺术"而写作，直到今天还有影响。列夫·托尔斯泰认为："写作而没有目的，又不求有益于人，这在我是绝对做不到的。""有益于人"也是写作的目的性之一。

不论做什么文章，或表情达意，或说理论事，或颂扬先进，或批评落后，写作都具有鲜明的目的性。

3. 实践性

写作是一种能力，是一种用语言文字反映客观事物、表达思想感情的实践活动。也就是说，写作能力必须通过长期、反复、刻苦的实践才能得到提高。

写作的实践性告诉我们，学习写作切不可只重理论不重练习。鲁迅在《致赖少麒》中说："文章应该怎么做，我说不出来，因为自己的作文，是由于多看和练习，此外并无心得或方法的。"鲁迅所说的"练习"，就是指写作中实践的环节。

也有人说，"文章是写出来的"。平时，我们做读书笔记，记日记，写随笔、杂感以及做各种应用文练习，都可以看作是写作的实践。写作，只有经过不断的实践，才能有所长进。

二、写作的基本理论

写作是一门科学，有其自身的理论和规律。比如，从文章的体裁讲，就有记叙文体、议论文体、说明文体、应用文体等，这些文体都有自己不同的特点和要求。从写作的过程讲，调查、收集材料、酝酿、构思、立意、形成文字、修改、定稿，每个环节都有一定的讲究。从文章的构成要素来讲，主题、材料、结构、表达方式、语言之间都有内在的联系。学习写作，掌握这些知识是必要的。下面，我们从文章构成的角度，简介这些写作理论。

（一）主题

主题，又称主题思想、题旨、题意，它是一篇文章的中心思想。每篇文章都有主题，主题是文章的灵魂和统帅。古人说："意犹帅也，无帅之兵谓之乌合。"就文章而言，如果没有主题，那只是一堆杂乱的文字，不能成文。

在写作中，确立主题，也叫立意、炼意，它是指从大量的材料中，经过熔炼，提取出有用的、精彩的思想和观点来。在实际的写作中，同样的题目，由于作者的思想境界不同，所表现

的主题也千差万别。我们来看作家史铁生的《秋天的怀念》:

> 双腿瘫痪后,我的脾气变得暴怒无常。望着望着天上北归的雁阵,我会突然把面前的玻璃砸碎;听着听着李谷一甜美的歌声,我会猛地把手边的东西摔向四周的墙壁。母亲就悄悄地躲出去,在我看不见的地方偷偷地听着我的动静。当一切恢复沉寂,她又悄悄地进来,眼边红红的,看着我。"听说北海的花儿都开了,我推着你去走走。"她总是这么说。母亲喜欢花,可自从我的腿瘫痪以后,她侍弄的那些花都死了。"不,我不去!"我狠命地捶打这两条可恨的腿,喊着,"我可活什么劲儿!"母亲扑过来抓住我的手,忍住哭声说:"咱娘儿俩在一块儿,好好儿活,好好儿活……"
>
> 可我却一直都不知道,她的病已经到了那步田地。后来妹妹告诉我,她常常肝疼得整宿整宿翻来覆去地睡不了觉。
>
> 那天我又独自坐在屋里,看着窗外的树叶"唰唰啦啦"地飘落。母亲进来了,挡在窗前:"北海的菊花开了,我推着你去看看吧。"她憔悴的脸上现出央求般的神色。"什么时候?""你要是愿意,就明天?"她说。我的回答已经让她喜出望外了。"好吧,就明天。"我说。她高兴得一会坐下,一会站起:"那就赶紧准备准备。""哎呀,烦不烦?几步路,有什么好准备的!"她也笑了,坐在我身边,絮絮叨叨地说着:"看完菊花,咱们就去'仿膳',你小时候最爱吃那儿的豌豆黄儿。还记得那回我带你去北海吗?你偏说那杨树花是毛毛虫,跑着,一脚踩扁一个……"她忽然不说了。对于"跑"和"踩"一类的字眼,她比我还敏感。她又悄悄地出去了。
>
> 她出去了,就再也没回来。
>
> 邻居们把她抬上车时,她还在大口大口地吐着鲜血。我没想到她已经病成那样。看着三轮车远去,也绝没有想到那竟是永远的诀别。
>
> 邻居的小伙子背着我去看她的时候,她正艰难地呼吸着,像她那一生艰难的生活。别人告诉我,她昏迷前的最后一句话是:"我那个有病的儿子和我那个还未成年的女儿……"
>
> 又是秋天,妹妹推着我去北海看了菊花。黄色的花淡雅,白色的花高洁,紫红色的花热烈而深沉,泼泼洒洒,秋风中正开得烂漫。我懂得母亲没有说完的话。妹妹也懂。我俩在一块儿,要好好儿活……

史铁生的这篇散文,以情动人,从一个双腿瘫痪的青年人的视角去看母亲,就给人特别不同的感受。因为身体的限制,"我"的脾气变得暴躁,而这一切的发泄都给母亲带来巨大的忧虑。她因担心自己的儿子对生命失去信念而不知所措,因儿子对自己央求的首肯而欣喜不已,却又因自己不小心说错的一句话而极度敏感……这是一个处处小心谨慎却从来都没有为自己活过的母亲,直到最后的一刻,她还惦念着自己有病的儿子和未成年的女儿。史铁生用沉重的笔触写出一位为了孩子呕心沥血的母亲的形象。在母亲的身上,"母性"并不是通过言传而是通过身教传达给读者的,这和作者对主题的精心提炼是分不开的。

一般来说,主题的确立要求正确、鲜明、深刻、新颖。

1. 正确

正确是指主题要符合客观事物的真实情况,具有一定的思想性和科学性,能帮助人们正确地认识世界,引导人们积极向上。正确的主题应该能敢于直面社会和人生,歌颂新时代的新事物,鞭笞对社会进步起阻碍作用的东西。正确是要表现出对美的肯定,对丑的否定。

主题正确与否往往与作者的世界观、方法论是分不开的。因此,一个人只有树立正确的世界观,掌握科学的方法论,努力地提高自己的思想境界,才能写出主题正确的好文章来。

2. 鲜明

鲜明是指一篇文章的主题思想要清晰、明白、确切,不能笼统含糊、模棱两可、似是而非。作者在文章中总会表现出一定的倾向性,这种倾向性应是鲜明的。我们来看莫言写作的这篇短文:

来 不 及 等 待

多年前我跟一位同学谈话。那时他太太刚去世不久,他告诉我说,他在整理他太太的东西的时候,发现了一条丝质的围巾,那是他们去纽约旅游时,在一家名牌店买的。那是一条雅致、漂亮的名牌围巾,高昂的价格卷标还挂在上面,他太太一直舍不得用,她想等一个特殊的日子才用。

讲到这里,他停住了,我也没接话,好一会儿后他说:"再也不要把好东西留到特别的日子才用,你活着的每一天都是特别的日子。"

以后,每当想起这几句话时,我常会把手边的杂事放下,找一本小说,打开音响,躺在沙发上,抓住一些自己的时间。我会从落地窗欣赏淡水河的景色,不去管玻璃上的灰尘。我会拉着家人到外面去吃饭,不管家里的饭菜该怎么处理。

生活应当是我们珍惜的一种经验,而不是要捱过去的日子。

我曾将这段谈话与一位女士分享。后来见面时,她告诉我她现在已不像从前那样,把美丽的瓷具放在酒柜里了。以前她也以为要留到特别的日子才拿出来用,后来发现那一天从未到来。"将来""总有一天"已经不存在于她的字典里了。如果有什么值得高兴的事,有什么得意的事,她现在就要听到,就要看到。

我们常想跟老朋友聚一聚,但总是说"找机会"。

我们常想拥抱一下已经长大的小孩,但总是等适当的时机。

我们常想写信给另外一半,表达浓郁的情意,或者想让他知道你很佩服他,但总是告诉自己不急。

其实每天早上我们睁开眼睛时,都要告诉自己这是特别的一天。每一天,每一分钟都是那么可贵。

有句台词说:你该尽情地跳舞,好像没有人看一样。你该尽情地爱人,好像从来不会受伤害一样。

生活本该如此!

这篇文章,观点鲜明,作者抓住"生活"这个司空见惯的词,另辟蹊径,指出生活之于我们的意义。"生活应当是我们珍惜的一种经验","再也不要把好东西留到特别的日子才用,你活着的每一天都是特别的日子"。文章在普通的常识中拈出真理一样的感受,让我们每一个人都意识到生活的可贵。

3. 深刻

深刻是指文章的主题要有思想深度。一般来说,提炼主题时,需要将事物固有的本质特征及其发展规律揭示出来,而且,这种本质特征的意义是发前人所未发的。这样的文章所表现出来的主题就是深刻的。让我们看一看下面这篇帕斯卡尔的文章:

人是一根能思想的苇草

……

思想形成人的伟大。

人只不过是一根苇草,是自然界最脆弱的东西;但他是一根能思想的苇草。用不着整个宇宙都拿起武器来才能毁灭他,一口气、一滴水就足以致他死命了。然而,纵使宇宙毁灭了他,人却仍然要比致他于死命的东西更高贵得多;因为他知道自己要死亡,以及宇宙对他所具有的优势,而宇宙对此却是一无所知。

因而,我们全部的尊严就在于思想。正是由于它而不是由于我们所无法填充的空间和时间,我们才必须提高自己。因此,我们要努力好好地思想,这就是道德的原则。

能思想的苇草——我应该追求自己的尊严,绝不是求之于空间,而是求之于自己的思想的规定。我占有多少土地都不会有用;由于空间,宇宙便囊括了我并吞没了我,有如一个质点;由于思想,我却囊括了宇宙。人既不是天使,又不是禽兽;但不幸就在于想表现为天使的人却表现为禽兽。

……

思想——人的全部的尊严就在于思想。

因此,思想由于它的本性,就是一种可惊叹的、无与伦比的东西。它一定得具有出奇的缺点才能为人所蔑视;然而它又确实具有,所以再没有比这更加荒唐可笑的事了。思想由于它的本性是何等地伟大啊!思想又由于它的缺点是何等地卑贱啊!

然而,这种思想又是什么呢?它是何等地愚蠢啊!人的伟大之所以为伟大,就在于他认识自己可悲。一棵树并不认识自己可悲。因此,认识(自己)可悲乃是可悲的;然而认识我们之所以为可悲,却是伟大的。

这一切的可悲其本身就证明了人的伟大。它是一位伟大君主的可悲,是一个失了位的国王的可悲。我们没有感觉就不会可悲,一栋破房子就不会可悲,只有人才会可悲。

人的伟大——我们对于人的灵魂具有一种如此伟大的观念,以致我们不能忍受它受人蔑视,或不受别的灵魂尊敬;而人的全部的幸福就在于这种尊敬。

人的伟大——人的伟大是那样地显而易见,甚至于从他的可悲里也可以得出这一点来。因为在动物是天性的东西,我们于人则称之为可悲;由此我们便可以认识到,人的天性现在既然有似于动物的天性,那末他就是从一种为他自己一度所固有的更美好的天性里面堕落下来的。

因为,若不是一个被废黜的国王,有谁会由于自己不是国王就觉得自己不幸呢?人们会觉得保罗·哀米利乌斯不再任执政官就不幸了吗?正相反,所有的人都觉得他已经担任过了执政官乃是幸福的,因为他的情况就是不得永远担任执政官。然而人们觉得柏修斯不再做国王却是如此之不幸,——因为他的情况就是永远要做国王,——以致人们对于他居然能活下去感到惊异。谁会由于自己只有一张嘴而觉得自己不幸呢?谁又会由于自己只有一只眼睛而不觉得自己不幸呢?我们也许从不曾听说过由于没有三只眼睛便感到难过的,可是若连一只眼睛都没有,那就怎么也无法慰藉了。

对立性。在已经证明了人的卑贱和伟大之后——现在就让人尊重自己的价值吧。让他热爱自己吧,因为在他身上有一种足以美好的天性;可是让他不要因此也爱自己身上的卑贱吧。让他鄙视自己吧,因为这种能力是空虚的;可是让他不要因此也鄙视这种天赋的能力。让他恨自己吧,让他爱自己吧:他的身上有着认识真理和可以幸福的能力;然而他却根本没有获得真理,无论是永恒的真理,还是满意的真理。

因此,我要引人竭力寻找真理并准备摆脱感情而追随真理(只要他能发现真理),既然他知道自己的知识是彻底地为感情所蒙蔽;我要让他恨自身中的欲念,——欲念本身就限定了他,——以便欲念不至于使他盲目做出自己的选择,并且在他做出选择之后不至于妨碍他。

作为一位哲学家,帕斯卡尔对人的思想非常关注。他认为思想是导致人之所以伟大的根本原因。相对于自然万物来说,人是非常脆弱的,但人又是非同寻常的,他以苇草作比,认为人虽然"是自然界最脆弱的东西;但他是一根能思想的苇草",思想是人的本性,人的全部尊严就在于思想。直到现在,帕斯卡尔的"人是一根能思想的苇草"这句话仍然具有穿透性的力量。由此我们可以看出,只有立意深刻的文章才能给人的心灵带来震颤的效果。

4. 新颖

主题新颖,就是指所提出的见解、所抒发的感受,应给人以新鲜之感。好的文章,读后能让人有新的启发,获得新的审美感受。要使文章立意新,必须注意文章的题材、角度、写法都要新。尤其是写作的角度,对同一问题,表现角度独特,就会显现出不同的思想意义。例如,王蒙写的《论"费厄泼赖"应该实行》,文章从半个世纪前鲁迅提出的"费厄泼赖应该缓行"这一著名论题出发,针对极"左"思潮长期以来奉行的"残酷斗争,无情打击"及其造成的现实思想混乱,鲜明地提出了在中国目前的情况下,"费厄泼赖"应该实行的论点。作者提倡平等讨论、民主宽容的"费厄泼赖"精神,阐述了在新的历史条件下实行这种精神的必要性、可能性和普泛性,并由此引申出对前人的话也应该实事求是、具体分析、不能僵化地照搬和推行的具有现实指导意义的观点。由"缓行"到"实行",立意十分新颖。

下面我们看陈启佑的《永远的蝴蝶》:

那时候刚好下着雨,柏油路面湿冷冷的,还闪烁着青、黄、红颜色的灯火。我们就在骑楼下躲雨,看绿色的邮筒孤独地站在街的对面。我白色风衣的大口袋里有一封要寄给在南部的母亲的信。

樱子说她可以撑伞过去帮我寄信。我默默点头,把信交给她。

"谁叫我们只带来一把小伞哪。"她微笑着说,一面撑起伞,准备过马路去帮我寄信。从她伞骨渗下来的小雨点溅在我的眼镜玻璃上。

随着一阵拔尖的刹车声,樱子的一生轻轻地飞了起来。缓缓地,飘落在湿冷的街面上,好像一只夜晚的蝴蝶。

虽然是春天,好像已是秋深了。

她只是过马路去帮我寄信。这简单的行动,却要教我终身难忘了。我缓缓睁开眼,茫然站在骑楼下,眼里裹着滚烫的泪水。世上所有的车子都停了下来,人潮涌向马路中央。没有人知道那躺在街面的,就是我的,蝴蝶。这时她只离我五公尺,竟是那么遥远。更大的雨点溅在我的眼镜上,溅到我的生命里来。

为什么呢?只带一把雨伞?

然而我又看到樱子穿着白色的风衣,撑着伞,静静地过马路了。她是要帮我寄信的。那,那是一封写给在南部母亲的信。我茫然站在骑楼下,我又看到永远的樱子走到街心。其实雨下得并不大,却是一生一世中最大的一场雨。而那封信是这样写的,年轻的樱子知不知道呢?

"妈:我打算在下个月和樱子结婚。"

爱与死是一个文学母题,古往今来不知有多少人从不同的角度写过。陈启佑的不同之处在于他通篇都没有提到这两个字,但字里行间却又浓浓地弥漫着爱与死的情愫,让人心碎。尤其是在文章的结尾写到要寄的那封信的内容,更在一瞬间将内心的痛楚推向高峰。文章虽短,却立意新颖,别出心裁。

(二) 材料

材料是构成文章的基本要素之一。所谓材料是作者为了写作的需要,从生活中摄取、搜集到的一系列事实现象和理论依据。简单地说,凡是用来表现主题的事物与观念都可称为材料。

与材料相关的还有素材、题材、资料等几个概念。它们之间同中有异,应注意区别。

素材是作者在写作前,从生活中摄取或感受得来,还未经过加工、提炼、选择、整理的原始材料,它是未写入文章之中的材料。素材是文学创作的术语,一般的议论类、应用类的文章不用这个概念。

题材是从大量素材中经过作者选择、集中、提炼、加工而成的创作材料。题材有广义和狭义之分,广义的题材指的是构成文章和作品内容的社会生活与社会现象的某一方面。例如《男生贾里》是少儿题材,《康熙王朝》是历史题材等。狭义的题材是指构成一篇或一部文学作品内容的一组完整的生活现象。它是文学创作的术语,非文学创作一般不用这个概念。

资料是进行科学研究,撰写专门著作、学术论文、实验报告以及写作其他科技文章时的常用概念,一般指书面文字材料,如原始文献、会议记录、档案、图表、统计数据、调查笔记等,以供写作时参考、引用、佐证观点等。对于大学生来说,资料的占有十分重要。平时作业中的课程结业论文、实验报告以及毕业前要撰写的毕业论文,在写作前都要搜集大量的资料。

在平时的学习中,搜集材料要多多益善,厚积才能薄发。在写作时,选用材料却要做到精益求精,即鲁迅所说的"选材要严"。一般说来,选材有以下原则:

1. 围绕主题选材

材料是为主题服务的,材料必须紧紧围绕主题去选择。凡是能充分有力地表现、说明、烘托、突出主题的材料则选用,那些与主题无关或关系不大的材料,即便十分生动也要舍弃。鲁迅在《答北斗杂志社问》中谈创作时说:"写完后至少看两遍,竭力将可有可无的字,句,段删去,毫不可惜。宁可将作小说的材料缩成 Sketch,决不将 Sketch 材料拉成小说。"这里,鲁迅很清楚地告诉我们:写文章,决不是堆砌材料,那些"可有可无"与主题关系不大的材料,应"毫不可惜"地删除。

2. 选择典型材料

所谓典型材料,是指具有广泛代表性的,能深刻揭示事物本质、特征的材料。对于文章来说,材料典型,可以做到以少胜多,以一当十,使所要表达的事物更有说服力和普遍意义。例如:当《阿Q正传》刚开始在报纸上发表时,阿Q的形象就形成一股强大的吸引力,人们在报纸上展开了热烈的讨论。有人为阿Q的命运担心,有人为阿Q的形象叫好,还有人疑心阿Q是在影射自己,沈雁冰在《阿Q正传》还远没有写完的时候就断言其"是一个杰作",并把阿Q的形象与俄国作家冈察洛夫长篇小说中著名的文学典型奥勃洛摩夫相提并论。这就是文学典型给人的魅力。又如巴尔扎克在《葛朗台》中对老吝啬鬼的描写:

> 本区的教士来给他做临终法事的时候,十字架、烛台和银镶的圣水壶一出现,似乎已经死去几小时的他立刻复活了,目不转睛地瞧着那些法器,他的肉瘤也最后地动了一动。神甫把镀金的十字架送到他唇边,给他亲吻基督的圣像,他却作了一个骇人的姿势想把十字架抓在手里,这一下最后的努力送了他的命。

在选择典型材料的时候,还必须注意:不同体裁的文章,对典型材料的要求不尽相同,写作时,要选择与之相应的典型材料。

3. 材料的选择要真实

材料真实可靠,文章才会有说服力。所谓材料真实可靠指的是要符合客观实际情况、反映客观事物本质。材料真实的具体表现是:记人,姓氏籍贯、面貌特征、语言动作等要准确;叙事,时间地点、人物事件、原因结果等也要准确;引文,篇名、书名、出处、作者等摘引准确。在写作中,用不真实的材料作文将失去读者;在实际工作中,比如公文材料的虚假,还可能给工作带来不良后果。

《庄子·渔父》说:"真者,精诚之至也。不精不诚,不能动人。"阿Q的形象之所以那样感人至深,是因为阿Q的背后分明站着一个爱恨交织的鲁迅,他那"哀其不幸,怒其不争"的复杂情感态度,犹如一个慈爱的母亲流着泪去鞭打那个她倾注着厚爱的不争气的儿子,透过阿Q可悲可笑的"行状",我们仍能体会到他那特有的"哀"和"怒",这是因为在作家冷峻幽默的背后,还有一颗滚烫的心,一个"精诚之至"的爱国者所特有的伟大人格。由于这种人格感人之至,因而它所铸造的典型也华光四射、感人之至,与典型的历史的真实,汇为一种夺魂摄魄的真实性,辐射着无穷的艺术魅力。

4. 选择新颖生动的材料

文章的内容是由材料组成的,材料新颖、生动,文章才能有新鲜感,才能引起人们的阅读兴趣,文章也才能有很强的表达效果。

材料的新颖生动,是指材料要具有新鲜的意义,思想上有一定的深度,同时又具有一定的感染力、吸引力。具体表现在文章中则要求尽量选用读者少见或未见过的材料,或者用新的角度去开掘和解释已经使用过的材料。作家齐邦媛在《巨流河》中讲述过朱光潜先生一段令人动容的往事:1940年代,朱光潜在武汉大学任教期间,曾为学生讲授英诗。有一天讲到华兹华斯的《玛格丽特的悲苦》(*The Affliction of Margaret*),这首诗讲的是一位老妇,她唯一的儿子外出谋生,七年毫无音讯。诗人隔着沼泽,每夜都听到老人呼唤儿子的声音:Where are you, my beloved son...(你在哪儿啊,我亲爱的儿啊……)齐邦媛说,当朱光潜读到"the fowls of heaven have wings ... Chains tie us down by land and sea"(天上的鸟儿有翅膀……链紧我们的是大地和海洋)时,说中国古诗中也有相似的诗句"风云有鸟路,江汉限无梁",禁不住语带哽咽,读到最后两行:"If any chance to heave a sigh, they pity me, and not my grief"(若有人为我叹息,他们怜悯的是我,不是我的悲苦),"朱先生取下了眼镜,眼泪流下双颊,突然把书合上,快步走出教室,留下满室愕然,却无人开口说话"。这诗人般至情至性的感受让齐邦媛感到极为震撼,因为在那样一个艰困的时代,坦率表现感情是一件多么奢侈的事!这段文字的动人之处在于,通过对学生眼中的老师形象的描绘,展示出一个学者生命中动情的一面,与平素所见形成巨大的反差。这就是选择新颖生动的材料所展现出来的感人力量。

(三)结构

1. 结构的概念

文章的结构,就是文章内容的组织安排形式。具体地说,写文章总要先有一个大概的、通盘的考虑,比如,一篇文章应分几层来写,先写什么,后写什么,如何开头和结尾,如何过渡和承接等,这种为表现文章内容所做的材料组织安排、布局谋篇,叫做文章的结构。

叶圣陶在《认真学习语文》中说过:"思想是有一条路的,一句一句,一段一段,都是有路的,好文章的作者是决不乱走的。"思而有路,就是说在写作时,作者考虑文章的布局结构,要先有一个思路,思路是结构的基础,文章材料的组织安排与作者思路是一致的。

2. 安排结构的要求

文章的结构要按思路加以安排,结构的一般要求是完整、连贯、严密。

所谓完整,是指文章的结构布局有头有尾,首尾圆合,通篇一体。所谓连贯,是指文章的各部分在内容脉络上相互贯通,在语言形式上有紧密的衔接与合理的过渡。所谓严密,是指文章各部分之间要有内在的联系,不能出现互相矛盾或不协调的现象。任何一篇文章,不论篇幅长短,体裁有别,都应该是一个完整、连贯、严密的整体。

请看吴晗的《谈骨气》:

我们中国人是有骨气的。

战国时代的孟子,有几句很好的话:"富贵不能淫,贫贱不能移,威武不能屈,此之谓大丈夫。"意思是说,高官厚禄收买不了,贫穷困苦折磨不了,强暴武力威胁不了,这就是所谓大丈夫。大丈夫的这种种行为,表现出了英雄气概,我们今天就叫做有骨气。

我国经过了奴隶社会、封建社会的漫长时期,每个时代都有很多这样有骨气的人,我们就是这些有骨气的人的子孙,我们是有着优良革命传统的民族。

当然,社会不同,阶级不同,骨气的具体含义也不相同。这一点必须认识清楚。但是,就坚定不移地为当时的进步事业服务这一原则来说,我们祖先的许多有骨气的动人事迹,还有它积极的教育意义,是值得我们学习的。

南宋末年,首都临安被元军攻入,丞相文天祥组织武装力量坚决抵抗,失败被俘后,元朝劝他投降,他写了一首诗,其中有两句是:"人生自古谁无死,留取丹心照汗青。"意思是人总是要死的,就看怎样死法,是屈辱而死呢,还是为民族利益而死?他选取了后者,要把这片忠心记录在历史上。文天祥被拘囚在北京一个阴湿的地牢里,受尽了折磨,元朝多次派人劝他,只要投降,便可以做大官,但他坚决拒绝,终于在公元1283年被杀害了。

孟子说的几句话,在文天祥身上都表现出来了。他写的有名的《正气歌》,歌颂了古代有骨气的人的英雄气概,并且以自己的生命来抗拒压迫,号召人民继续起来反抗。

另一个故事是古代有一个穷人,饿得快死了,有人丢给他一碗饭,说:"嗟,来食!"(喂,来吃!)饿人拒绝了"嗟来"的施舍,不吃这碗饭,后来就饿死了。不食嗟来之食这个故事很有名,传说了千百年,也是有积极意义的。那人摆着一副慈善家的面孔,吆喝一声"喂,来吃!"这个味道是不好受的。吃了这碗饭,第二步怎样呢?显然,他不会白白施舍,吃他的饭就要替他办事。那位穷人是有骨气的:看你那副脸孔、那个神气,宁可饿死,也不吃你的饭。

不食嗟来之食,表现了中国人民的骨气。

还有个例子。民主战士闻一多是在 1946 年 7 月 15 日被国民党枪杀的。在这之前,朋友们得到要暗杀他的消息,劝告他暂时隐蔽,他毫不在乎,照常工作,而且更加努力。明知敌人要杀他,在被害前几分钟还大声疾呼,痛斥国民党特务,指出他们的日子不会很长久了,人民民主一定得到胜利。毛主席在《别了,司徒雷登》一文中指出:"许多曾经是自由主义者或民主个人主义者的人们,在美国帝国主义者及其走狗国民党反动派面前站起来了。闻一多拍案而起,横眉怒对国民党的手枪,宁可倒下去,不愿屈服。"高度赞扬他表现了我们民族的英雄气概。

　　孟子的这些话,虽然是在两千多年以前说的,但直到现在,还有它积极的意义。当然我们无产阶级有自己的英雄气概,有自己的骨气,这就是绝不向任何困难低头,压不扁,折不弯,顶得住,吓不倒,为了社会主义、共产主义建设的胜利,我们一定能够克服任何困难,奋勇前进。

这篇文章开篇提出"我们中国人是有骨气的"主题,接下来分别用"富贵不能淫,贫贱不能移,威武不能屈……"从不同的角度分别阐明骨气的内涵,最后归结到无产阶级奋勇向前的英雄气概,给人一种首尾圆合、通篇一体的鲜明特点。

3. 结构的安排原则

文章结构安排、布局谋篇要遵循一定的原则。比如,结构的安排要正确反映客观事物的发展规律和内在联系,要服从表达主题的需要,要适应不同文体的特点等。巧妙的结构安排能够体现出作者的匠心。文章结构的安排没有什么一定的规律,要富于变化,力求创新。清代戏曲作家李渔说过:"才人所撰诗赋古文,与佳人所制锦绣花样,无不随时更变。变则新,不变则腐;变则活,不变则板。"我们来看贾平凹的《丑石》:

　　我常常遗憾我家门前的那块丑石呢:它黑黝黝地卧在那里,牛似的模样;谁也不知道是什么时候留在这里的,谁也不去理会它。只是麦收时节,门前摊了麦子,奶奶总是要说:这块丑石,多碍地面哟,多时把它搬走吧。

　　于是,伯父家盖房,想以它垒山墙,但苦于它极不规则,没棱角儿,也没平面儿;用錾破开吧,又懒得花那么大气力,因为河滩并不甚远,随便去捡一块回来,哪一块也比它强。房盖起来,压铺台阶,伯父也没有看上它。有一年,来了一个石匠,为我家洗一台石磨,奶奶又说:用这块丑石吧,省得从远处搬动。石匠看了看,摇着头,嫌它石质太细,也不采用。

　　它不像汉白玉那样的细腻,可以凿下刻字雕花,也不像大青石那样的光滑,可以供来浣纱捶布;它静静地卧在那里,院边的槐荫没有庇覆它,花儿也不再在它身边生长。荒草便繁衍出来，枝蔓上下，慢慢地，竟锈上了绿苔、黑斑。我们这些做孩子的，也讨厌起它来，曾合伙要搬走它，但力气又不足；虽时时咒骂它，嫌弃它，也无可奈何，只好任它留在那里去了。

稍稍能安慰我们的，是在那石上有一个不大不小的坑凹儿，雨天就盛满了水。常常雨过三天了，地上已经干燥，那石凹里水儿还有，鸡儿便去那里渴饮。每每到了十五的夜晚，我们盼着满月出来，就爬到其上，翘望天边；奶奶总是要骂的，害怕我们摔下来。果然那一次就摔了下来，磕破了我的膝盖呢。

人都骂它是丑石，它真是丑得不能再丑的丑石了。

终有一日，村子里来了一个天文学家。他在我家门前路过，突然发现了这块石头，眼光立即就拉直了。他再没有走去，就住了下来；以后又来了好些人，说这是一块陨石，从天上落下来已经有二三百年了，是一件了不起的东西。不久便来了车，小心翼翼地将它运走了。

这使我们都很惊奇！这又怪又丑的石头，原来是天上的呢！它补过天，在天上发过热，闪过光，我们的先祖或许仰望过它，它给了他们光明，向往，憧憬；而它落下来了，在污土里，荒草里，一躺就是几百年了？

奶奶说：“真看不出！它那么不一般，却怎么连墙也垒不成，台阶也垒不成呢？”

"它是太丑了。"天文学家说。

"真的，是太丑了。"

"可这正是它的美，"天文学家说，"它是以丑为美的。"

"以丑为美？"

"是的，丑到极处，便是美到极处。正因为它不是一般的顽石，当然不能去做墙，做台阶，不能去雕刻，捶布。它不是做这些顽意儿的，所以常常就遭到一般世俗的讥讽。"

奶奶脸红了，我也脸红了。

我感到自己的可耻，也感到了丑石的伟大；我甚至怨恨它这么多年竟会默默地忍受着这一切？而我又立即深深地感到它那种不屈于误解、寂寞的生存的伟大。

欲写其美，先写其丑。这是《丑石》的布局谋篇思想。一块丑得不能再丑的石头，竟然是天上掉下来的陨石，"补过天，在天上发过热，闪过光"，印证了丑到极处便是美到极处的道理。

章学诚在《文史通义·古文十弊》中说："文成法立，未尝有定格也。"文章的结构形式要勇于创新，唯有创新，才能发展。

4. 结构的基本内容

结构的基本内容,包括层次和段落、过渡和照应、开头和结尾等。

(1) 层次和段落

层次是文章思想内容的表现次序,是事物发展的阶段性与人的思维发展的阶段性在文章中的反映,它体现作者思路展开的步骤。层次也称"部分""意义段"。

段落是指文章内容在表达时,由于转折、间歇、强调等情况所造成的分隔、停顿,是行文时自然形成的基本单位。段落又叫"自然段",有换行、提头的明显标志。

安排层次,划分段落,是布局谋篇的重要一环。文章所包含的内容不可能一下子全部推出,需要一段一段,一层一层地写。文章段落层次的安排情况比较复杂,不同的文体有不同的安排方法。但总结起来要注意以下几点:一是段意要单一,一般是一个段落表达一个意思;二是内容要完整,要把一段的中心意思说完说透;三是长短要适当,根据写作的内容,各个段落可长可短,但一定要适当、得体。我们来欣赏1997年诺贝尔物理学奖得主朱棣文在哈佛大学的演讲中给予学生的忠告:

第一,取得成就的时候,不要忘记前人。要感谢你的父母和支持你的朋友,要感谢那些启发过你的教授,尤其要感谢那些上不好课的教授,因为他们迫使你自学。从整体看,自学能力是优秀的文科教育中必不可少的,将成为你成功的关键。你还要去拥抱你的同学,感谢他们同你进行过的许多次彻夜长谈,这为你的教育带来了无法衡量的价值。当然,你还要感谢哈佛大学。不过即使你忘了这一点,校友会也会来提醒你。

第二,在你们未来的人生中,做一个慷慨大方的人。在任何谈判中,都把最后一点点利益留给对方。不要把桌上的钱都拿走。在合作中,不要把荣誉留给自己。成功合作的任何一方,都应获得全部荣誉的90%。

电影《Harvey》中,Jimmy Stewart 扮演的角色 Elwood P. Dowd,就完全理解这一点。他说:"多年前,母亲曾经对我说,'Elwood,活在这个世界上,你要么做一个聪明人,要么做一个好人。'"我做聪明人,已经做了好多年了。……但是,我推荐你们做好人。你们可以引用我这句话。

我的第三个忠告是,当你开始生活的新阶段时,请跟随你的爱好。如果你没有爱好,就去找,找不到就不罢休。生命太短暂,所以不能空手走过,你必须对某样东西倾注你的深情。我在你们这个年龄,是超级的一根筋,我的目标就是非成为物理学家不可。本科毕业后,我在加州大学伯克利分校又待了8年,读完了研究生,做完了博士后,然后去贝尔实验室待了9年。在这些年中,我关注的中心和职业上的全部乐趣,都来自物理学。

　　我还有最后一个忠告,就是说兴趣爱好固然重要,但是你不应该只考虑兴趣爱好。当你白发苍苍、垂垂老矣、回首人生时,你需要为自己做过的事感到自豪。物质生活和你实现的占有欲,都不会产生自豪。只有那些受你影响、被你改变过的人和事,才会让你产生自豪。

作为诺奖得主,朱棣文深知在公众场合如何恰当地表达自己的语言。在短短的演讲中,他从不同角度向学生们传达了四个忠告,每一个忠告既能让学生听起来明白易懂,又能作为自己的人生指针。

　　(2) 过渡和照应

　　过渡和照应是使文章内容前后连贯的一种重要手段。

　　所谓过渡是指文章层次或段落间的衔接。它在文中起着承上启下的作用,使文中前后相关的两个段落或层次上下连贯,文脉贯通。

　　所谓照应是指文章内容的前呼后应。文章前面说过的后面要有着落;后面准备提到的前面要有伏笔或暗示。互相呼应,文章的结构会显得非常紧凑,层次也就更为分明。

　　过渡和照应的情况是多种多样的,方法也很多,在实际运用中,只要做到行文自然顺畅就好。

　　(3) 开头和结尾

　　开头和结尾是文章的重要组成部分,在文章中有着特殊的作用。好的开头,响亮醒目,引人入胜;好的结尾,余音不止,发人深省。

　　开头的常见方法有:开门见山、点明主题,突出矛盾、造成悬念,交代写作动机或目的,形象化开头(如讲一个故事等),以景物、环境描写开头,以议论开头等;结尾常见的方法有:总结全文、揭示中心,篇末点题、首尾呼应,蕴含哲理、发人深省,形象议论、深化主题,委婉含蓄、余味无穷等。开头和结尾的形式是多种多样的,选用什么样的开头和结尾,一方面要看不同文体的特点,另一方面也与作者的写作风格有关。当然,开头和结尾也是没有固定模式的,在每一篇具体的文章中,必须灵活掌握。如诺贝尔文学奖得主、哥伦比亚作家马尔克斯的长篇小说《百年孤独》的开头,用意独特,让人感受到其行文形式上的独特之处。小说一开头,作家这样写道:"多年以后,奥雷连诺上校站在行刑队面前,准会想起父亲带他去参观冰块的那个遥远的下午。"这种写法容纳了未来、过去和现在三个时间层面,有目的地提示一些未来的内容,与现实状况作出对比,引起读者得知人物未来命运的渴望,从而给人造成一种美的文学感受。

　　(四) 表达

　　一篇文章在确定了主题、选好了相应的材料、安排了恰当的结构的同时,还要用适当的方法和手段把内容写出来,这里的"方法"和"手段",就是写作中的表达。

文章是社会生活的反映,而社会生活是丰富多彩的;在文章中,作者用来反映社会生活的表达方式也是多种多样的。一般说来,基本的表达方式有五种:叙述、描写、抒情、议论和说明。这些表达方式的概念、要求等,将在各种文体的写作中详细说明,这里,以丰子恺这篇文章节选为例,来看看叙述、描写、抒情、议论和说明等表达方式的具体运用。

怀李叔同先生(节选)

距今二十九年前,我十七岁的时候,最初在杭州的浙江省立第一师范学校里见到李叔同先生,即后来的弘一法师。那时我是预科生,他是我们的音乐教师。我们上他的音乐课时,有一种特殊的感觉:严肃。摇过预备铃,我们走向音乐教室,推进门去,先吃一惊:李先生早已端坐在讲台上。以为先生总要迟到而嘴里随便唱着、喊着,或笑着、骂着而推进门去的同学,吃惊更是不小。他们的唱声、喊声、笑声、骂声以门槛为界限而忽然消灭。接着是低着头,红着脸,去端坐在自己的位子里。端坐在自己的位子里偷偷地仰起头来看看,看见李先生的高高的瘦削的上半身穿着整洁的黑布马褂,露出在讲桌上,宽广得可以走马的前额,细长的凤眼,隆正的鼻梁,形成威严的表情。扁平而阔的嘴唇两端常有深涡。这副相貌,用"温而厉"三个字来描写,大概差不多了。讲桌上放着点名簿、讲义,以及他的教课笔记簿、粉笔。钢琴衣解开着,琴盖开着,谱表摆着,琴头上又放着一只时表,闪闪的金光直射到我们的眼中。黑板(是上下两块可以推动的)上早已清楚地写好本课内所应写的东西(两块都写好,上块盖着下块,用下块时把上块推开)。在这样布置的讲台上,李先生端坐着。坐到上课铃响出(后来我们知道他这脾气,上音乐课必早到。故上课铃响时,同学早已到齐),他站起身来,深深地一鞠躬,课就开始了。这样地上课,空气严肃得很。

有一个人上音乐课时不唱歌而看别的书,有一个人上音乐课时吐痰在地板上,以为李先生不看见的,其实他都知道。但他不立刻责备,等到下课后,他用很轻而严肃的声音郑重地说:"某某等一等出去。"于是这位某某同学只得站着。等到别的同学都出去了,他又用轻而严肃的声音向这某某同学和气地说:"下次上课时不要看别的书。"或者:"下次痰不要吐在地板上。"说过之后他微微一鞠躬,表示"你出去罢"。出来的人大都脸上发红。又有一次下音乐课,最后出去的人无心把门一拉,碰得太重,发出很大的声音。他走了数十步之后,李先生走出门来,满面和气地叫他转来。等他到了,李先生又叫他进教室来。进了教室,李先生用很轻而严肃的声音向他和气地说:"下次走出教室,轻轻地关门。"就对他一鞠躬,送他出门,自己轻轻地把门关了。最不易忘却的,是有一次上弹琴课的时候。我们是师范生,每人都要学弹琴,全校有五六十架风琴及两架钢琴。风琴每室两架,给学生练习用;钢琴一架放在唱歌教室里,一架放在弹琴教室里。上弹琴课时,十数人为一组,环立在琴旁,看李先生范奏。有一次正在范奏的时候,有一个同学放一个屁,没有声音,却是很臭。钢琴及李先生十数同学全部沉浸在亚莫尼亚气体中。同学大都掩鼻或发出讨厌的声音。李先生眉头一皱,管自弹琴(我想他一定屏息着)。弹到后来,亚莫尼亚气散光了,他的眉头方才舒展。教完以后,下课铃响了。李先生立起来一鞠躬,表示散课。散课以后,同学还未出门,李先生又郑重地宣告:"大家等一等去,还有一句话。"大家又肃立了。李先生又用很轻而严肃的声音和气地说:"以后放屁,到门外去,不要放在室内。"接着又一鞠躬,表示我们出去。同学都忍着笑,一出门来,大家快跑,跑到远处去大笑一顿。

李先生用这样的态度来教我们音乐,因此我们上音乐课时,觉得比上其他一切课更严肃。同时对于音乐教师李叔同先生,比对其他教师更敬仰。那时的学校,首重的是所谓"英、国、算"即英文、国文和算学。在别的学校里,这三门功课的教师最有权威,而在我们这师范学校里,音乐教师最有权威,因为他是李叔同先生的缘故。

李叔同先生为甚么能有这种权威呢?不仅为了他学问好,不仅为了他音乐好,主要的还是为了他态度认真。李先生一生的最大特点是"认真"。他对于一件事,不做则已,要做就非做得彻底不可。

丰子恺的这篇文章是现代文学中回忆老师的名篇。文章通过对李叔同先生生活片段的追忆,表达了对本真生命状态的崇仰和怀念,其中的各种表达方法都值得细细体会揣摩。

(五) 语言

语言是人类最重要的交际工具。就写作而言,语言是构成文章的媒介手段。文字(书面语言)则是语言的符号。语言表达的好坏,直接影响到文章的质量。试想,有了很不错的立意,也有丰富的材料,但是假如没有生动形象的语言来描绘,那么,也很难产生出好的文章。高尔基曾说过:"应熟悉自己的材料语言文字,要不然也就会无力'描写'自己的经验,自己的感情、思想,就创造不出情景、性格等。"这里,高尔基要求作家必须有良好的驾驭语言的能力,这是做好写作的基本功。

不同体裁的文章对语言的要求有所区别。例如,记叙文体要求语言流畅、生动、个性化;议论文体的语言严谨、有力、论辩性强;而说明文体则要求语言简明、通俗、大众化等。但不论什么文章,其语言都有一些共同的要求,这些基本要求是:准确、简洁、生动等。

1. 准确

语言的准确,是指要用最确切、最恰当的词汇,正确地反映客观事物的真实情况,揭示文章的主题,贴切地表达作者的思想感情。

写作的语言要做到准确,必须有"推敲"的功夫。"推敲"的典故源自唐朝的贾岛,据说贾岛在长安应试时,有一次在路上考虑"鸟宿池边树,僧推月下门"的诗句,想改"推"为"敲",正犹豫不决,不觉冲了京兆尹韩愈的车驾。韩愈问明原因后,对他说:"敲字好!"古人这种对语言推敲的功夫,也可以称之为锤炼语言。在这方面,宋代的王安石有个突出的例子:王安石有两句很有名的诗"春风又绿江南岸,明月何时照我还",据洪迈《容斋续笔》记载:作者"初云'又到江南岸',圈去'到'字,注曰:'不好。'改为'过',复圈去而改为'入',旋改为'满',凡如是十几字,始定为'绿'"。由此可见,要使自己写作的语言准确、贴切,非下一番功夫不可。

2. 简洁

简洁就是言简意赅,用较少的语言表达相对丰富的内容。老舍先生在《我怎样学习语言》中说过:"世界上最好的著作差不多也就是文字清浅简练的著作。初学写作的人,往往以为用上许多形容词、新名词、典故,才能成为好文章。其实,真正的好文章是不随便用,甚至于干脆不用形容词和典故的。用些陈腐的形容词和典故是最易流于庸俗的。我们要自己去深思,不要借用偷用滥用一个词汇。真正美丽的人是不多施脂粉,不乱穿衣服的。明白了这个道理以后,我不单不轻易用个形容词,就是'然而'与'所以'什么的也能少用就少用,为是叫文字结实有力。"从这段话可以看出,老舍先生对语言的主张:"文字清浅简练",清水出芙蓉,天然去雕饰。

简洁精练的语言,在表达上往往能收到言简意丰、以少胜多的效果。我们来看鲁迅《雪》中的片段:

> 在无边的旷野上,在凛冽的天宇下,闪闪地旋转升腾着的是雨的精魂……
> 是的,那是孤独的雪,是死掉的雨,是雨的精魂。

这简短的两行字,将天地间普通的雨雪,转化成具备人的意志的拟人物,与"无边的旷野"和"凛冽的天宇"相对照的是"孤独的雪",是"死掉的雨"。在简洁精练的语言中,彰显出深刻的思想性力度。

3. 生动

语言生动,就是指语言要新鲜活泼,富于变化,能将客观事物以及所描写的人物活灵活现地表现出来。请看作家铁凝《哦,香雪》中的节选:

> 七点钟,火车喘息着向台儿沟滑过来,接着一阵空哐乱响,车身震颤一下,才停

住不动了。姑娘们心跳着涌上前去,像看电影一样,挨着窗口观望。只有香雪躲在后边,双手紧紧捂着耳朵。看火车,她跑在最前边;火车来了,她却缩到最后去了。她有点害怕它那巨大的车头,车头那么雄壮地喷吐着白雾,仿佛一口气就能把台儿沟吸进肚里。它那撼天动地的轰鸣也叫她感到恐惧。在它跟前,她简直像一叶没根的小草。

"香雪,过来呀!看那个妇女头上别的金圈圈,那叫什么?"凤娇拉过香雪,扒着她的肩膀问。

"怎么我看不见?"香雪微微眯着眼睛说。

"就是靠里边那个,那个大圆脸。唉!你看她那块手表比指甲盖还小哩!"凤娇又有了新发现。

香雪不言不语地点着头,她终于看见了妇女头上的金圈圈和她腕上比指甲盖还要小的手表。但她也很快就发现了别的。"皮书包!"她指着行李架上一只普通的棕色人造革学生书包。这是那种在小城市都随处可见的学生书包。

尽管姑娘们对香雪的发现总是不感兴趣,但她们还是围了上来。

"哟,我的妈呀!你踩着我脚啦!"凤娇一声尖叫,埋怨着挤上来的一位姑娘。她老是爱一惊一乍的。

"你咋呼什么呀,是想叫那个小白脸和你搭话了吧?"被埋怨的姑娘也不示弱。

"我撕了你的嘴!"凤娇骂着,眼睛却不由自主地朝第三节车厢的车门望去。

那个白白净净的年轻乘务员真下车来了。他身材高大,头发乌黑,说一口漂亮的北京话。也许因为这点,姑娘们私下里都叫他"北京话"。"北京话"双手抱住胳膊肘,和她们站得不远不近地说:"喂,我说小姑娘们,别扒窗户,危险!"

"哟,我们小,你就老了吗?"大胆的凤娇回敬了一句。

姑娘们一阵大笑,不知谁还把凤娇往前一搡,弄得她差点撞在他身上。这一来反倒更壮了凤娇的胆:"喂,你们老呆在车上不头晕?"她又问。

"房顶子上那个大刀片似的,那是干什么用的?"又一个姑娘问。她指的是车厢里的电扇。

"烧水在哪儿?"

"开到没路的地方怎么办?"

"你们城市里一天吃几顿饭?"香雪也紧跟在姑娘们后边小声问了一句。

"真没治!""北京话"陷在姑娘们的包围圈里,不知所措地嘟囔着。

快开车了,她们才让出一条路,放他走。他一边看表,一边朝车门跑去,跑到门口,又扭头对她们说:"下次吧,下次告诉你们!"他的两条长腿灵巧地向上一跨就上了车,接着一阵叽哩哐啷,绿色的车门就在姑娘们面前沉重地合上了。列车一头扎进黑暗,把她们撇在冰冷的铁轨旁边。很久,她们还能感觉到它那越来越轻的震颤。

作品中,通过和"北京话"的简短对话,寥寥数语就将大山里女孩们好奇、腼腆,又纯朴、大胆的形象刻画得栩栩如生。写人、叙事具体而形象,语言简约而生动。

又如下面这篇徐蔚南的《快阁的紫藤花》:

细雨,百无聊赖之时,偶然从《花间集》里翻出了一朵小小枯槁的紫藤花,花色早褪了,花香早散了。啊,紫藤花!你真令人怜爱呢。岂仅怜爱你,我还怀念着你底姊妹们——一架白色的紫藤,一架青莲色的紫藤——在那个园中静悄悄地消受了一宵冷雨,不知今朝还能安然无恙否?

啊,紫藤花!你常住在这诗集里吧;你是我前周畅游快阁的一个纪念。

快阁是陆放翁饮酒赋诗的故居,离城西南三里,正是鉴湖绝胜之处;去岁初秋,我曾经去过了,寒中又重游一次,前周复去是第三次了。但前两次都没有给我多大印象,这次去后,情景不同了,快阁底景物时时在眼前显现——尤其使人难忘的,便是那园中的两架紫藤。

快阁临湖而建,推窗外望:远处是一带青山,近处是隔湖的田亩。田亩间分成红绿黄三色:红的是紫云英,绿的是豌豆叶,黄的是油菜花。一片一片互相间着,美丽得远胜人间锦绣。东向,丛林中,隐约间露出一个塔尖,尤有诗意,桨声渔歌又不时从湖面飞来,这样的景色,晴天固然好,雨天也必神妙,诗人居此,安得不颓放呢?放翁自己说:

"桥如虹,水如空,一叶飘然烟雨中,天教称放翁。"是的,确然天叫他称放翁的。

阁旁有花园二,一在前,一在后。前面的一个又以墙壁分成为二,前半叠假山,后半凿小池。池中植荷花;如在夏日,红莲白莲盖满一池,自当另有一番风味。池前有春花秋月楼,楼下有匾额曰"飞跃处",此是指池鱼言。其实,池中只有很小很小的小鱼,要它跃也跃不起来,如何会飞跃呢?

园中的映山红都很鲜妍,但远不及山中野生的自然。

自池旁折向北,便是那后花园了。

我们一踏进后花园,便一架紫藤呈在我们眼前。这架紫藤正在开花最盛的时候,一球一球重叠盖在架上的,俯垂在架旁的尽是花朵。花心是黄的,花瓣是洁白的,而且看上去似乎很肥厚的。更有无数的野蜂在花朵上下左右嗡嗡地叫着——

乱哄哄地飞着。它们是在采蜜吗？它们是在舞蹈吗？它们是在和花朵游戏吗？……

我在架下仰望这一堆花，一群蜂，我便想象这无数的白花朵是一群天真无垢的女孩子，伊们赤裸裸地在一块儿拥着，抱着，偎着，卧着，吻着，戏着；那无数的野蜂便是一大群底男孩，他们正在唱歌给伊们听，正在奏乐给伊们听。渠们是结恋了。渠们是在痛快地享乐那阳春。渠们是在创造只有青春，只有恋爱的乐土。

这种想象决不是仅我一人所有，无论谁看了这无数的花和蜂都将生出一种神秘的想象来。同我一块儿去的方君看见了也拍手叫起来，他向那低垂的一球花朵热烈地亲了个嘴，说道："鲜美呀！呀，鲜美！"他又说："我很想把花朵摘下两枝来挂在耳上呢。"

离开这架白紫藤十几步，有一围短短的冬青。绕过冬青，穿过一畦豌豆，又是一架紫藤。不过这一架是青莲色的，和那白色的相比，各有美处。但是就我个人说，却更爱这青莲色的，因为淡薄的青莲色呈在我眼前，便能使我感得一种平和，一种柔婉，并且使我有如饮了美酒，有如进了梦境。

很奇异，在这架花上，野蜂竟一只也没有。落下来的花瓣在地上已有薄薄的一层。原来这架花朵底青春已逝了，无怪野蜂散尽了。

我们在架下的石凳上坐了下来，观看那正在一朵一朵飘下的花儿。花也知道求人爱怜似的，轻轻地落了一朵在我膝上，我俯下看时，颈项里感得飕飕地一冷，原来又是一朵。它接连着落下来，落在我们底眉上，落在我们底脚上，落在我们底肩上。我们在这又轻又软又香的花雨里几乎睡去了。

猝然"骨碌碌"一声怪响，我们如梦初醒，四目相向，颇形惊诧。即刻又是"骨碌碌"地响了。

方君说："这是啄木鸟。"

临去时，我总舍不得这架青莲色的紫藤，便在地上拾了一朵夹在《花间集》里。夜深人静的时候，我每取出这朵花来默视一会儿。

值得指出的是，生动的语言决不是指堆砌华丽的辞藻。莱辛在他的文艺理论著作《拉奥孔》一书中曾举过这样一个例子：公元12世纪希腊编年史家玛拿赛斯曾用以下诗句来描述海伦的美："她是一个美人，肤色美，眉毛也美，/腮帮美，面孔美，大眼睛，雪白皮肤，/眼睛微洼，说不尽的温柔秀雅，/双腕雪白，呼吸轻微，仪态万方，/肤色皎洁，而腮帮却是玫瑰红，/容貌令人销魂，眼睛娇媚清新，/光辉焕发，天然不加雕饰，/白色的皮肤夹着玫瑰的绯红，/像发光的象牙用深红染透；/颈项长，白的发光，因此人们/把她叫做天鹅生的美丽的海伦。"莱辛对这种描写很不"感冒",他认为:"这一大堆辞藻产生什么样的一种形象呢?海伦的外貌究竟是什么样的?"读者对此不得而知。相反,莱辛对荷马史诗《伊利亚特》中海伦的描写却非常赞赏,他说:

> 试回忆一下他写海伦走到特洛亚国元老们的会议场里那一段诗。这些尊贵的老人看见了海伦,就彼此私语道:
> 没有人会责备特洛亚人和希腊人,
> 说他们为了这个女人进行了长久的痛苦的战争,
> 她真像一位不朽的女神啊!
> 能叫冷心肠的老人承认,为她战争而流了许多血和泪是值得的,有什么比这段叙述还能引起更生动的美的意象呢?

由此看来,要使语言变得生动,必须选用形象可感、具有概括力和一定思想蕴含的语言。语言的锤炼不是一朝一夕的功夫,这就需要平时多注意积累,多读一些古今中外的经典作品,多向周围的群众学习生活中的语言。古人云"语不惊人死不休",只要多积累、多实践、多琢磨,就一定能提高写文章的语言表现能力。

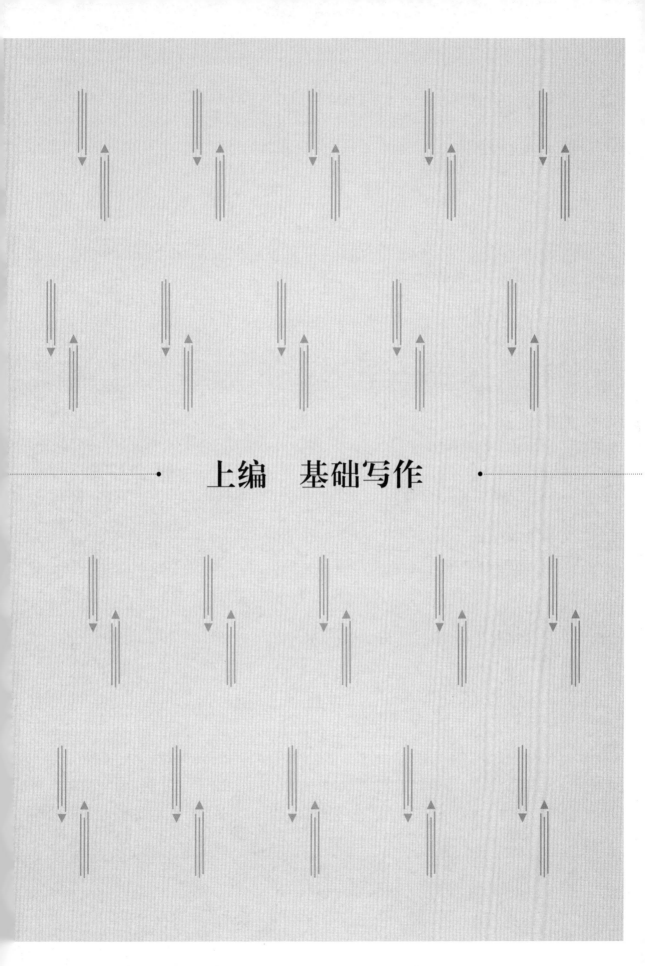

上编　基础写作

第一章
基础写作概述

在生活中,人们需要交流思想、沟通感情、传播信息,写作是完成这些任务的最基础的工具。

毛泽东在《给延安抗大的一封信》中指出:"如果学生一切功课都学好了,但不能看书作文,那他出校后的发展也是很有限的。如果一切功课学了许多,不算很精,但学会了看书作文,那他出校后的发展就有了一种常常用得着的基础工具了。"由此可见,基础写作的基本能力是一个人在生活、学习和工作中所应该具备的。

基础写作是相对于文学写作和应用写作而言的。基础写作既不同于文学写作(如小说、戏曲等)可以虚构故事,也不同于应用写作(如党政机关公文、公关礼仪文体等)有着固定的格式。基础写作强调写作基本能力的培养:通过学习与训练,一方面要能够掌握写作的基本理论,熟练运用记叙、描写、抒情、议论和说明等基本的写作方式表情达意;另一方面对于生活中常见的基本文体能够实际运用,牢固地打好写作的基础。

基础写作包括记叙、议论和说明三种文体的写作。每一种文体都有具体的含义、特点以及写作上的不同要求。

就记叙文体来说,广义的记叙文可分为纪实性和虚构性两大类。基础写作主要探讨的是纪实性记叙文的写作,这类文章以现实生活中的真人真事为反映对象,以生活真实为评价标准,或记叙生活中的真实人物,或报道生活中的典型事件,或对人们普遍关心的问题进行阐释、描述。它与我们的日常生活密切相关。在这类文体中,需要重点掌握的是消息、通讯、散文、报告文学等的写作。

议论文体主要以抽象的概念、判断、命题等思维形式来概括、分析、推理、论证解释和阐述事物的本质特征,表达作者的观点,因而这种文体有着很强的思辨性、逻辑性与说理性。在实际的写作训练中,生活中最常见的各种短评的写作、杂文的写作是学习的重点。读书笔记这种文体,也是学习中最常用的一种写作形式,鉴于其中的读后感主要是运用议论的表达方式来写作,所以将其归于议论文体之中。演讲词是在演讲时对听众用口头语言交流(演讲者向公众阐释、发表自己的见解、观点)的文体,这表明了这种文章体裁的独特性。科技论文在有的写作书中将其另列到科技文体中,也有的写作书将其编入应用文写作中,其分类各有说法。本书认为,一方面科技论文的主要表达方式是议论,另一方面对于大学生来说,提倡研究性学习,写一些论文,特别是完成人人要作的毕业论文,是高等教育的最基本的要求,它应该属于基础写作的范畴。

说明文体所包含的范围也是十分广泛的,它不仅在工农业生产和科技方面被广泛地运用,在平时的日常生活中也占有一定的位置。了解说明文的特点,掌握说明文写作的基本方法十分重要。在说明文体的写作中,简介、说明书、解说词、科学小品等是学习的重点。对每一种写作类型的学习,都应注意既要把握其基本的理论知识,也要能依照范文的提示和指导,进行实际的写作运用。在有合适条件的情况下,最好能结合自己的社会实践、产学结合等活动,灵活进行这方面的写作训练。

在信息化、市场化时代下,写作学科正悄悄地发生着变化。写作的性质由知识传授、理论阐述向着思维培养、技能掌握方面转化,学习基础写作是完成这种转化的有效途径之一,因而要引起足够的重视。

第二章 记叙文体

第一节 记叙文体概述

一、记叙文的概念和特点

(一) 记叙文的概念

记叙文是写人、叙事、写景、状物的一种文体,它的主要表达方式是叙述和描写。古代的记、传、序、表、志等,现代的消息、通讯、散文、游记、传记、演示文稿、特写、回忆录、报告文学等,都属于记叙文的范畴。

记叙文是与议论文、说明文相对的一种文体。从广义上来说,主要手法是叙述描写而不是议论说明,主要内容是记人记事而不是议事说理或解说介绍的文章,都是记叙文。广义的记叙文包括小说、剧本、童话、寓言等。但是,一般所说的记叙文是指按照实际情况记人叙事的文章,也就是说,记叙文所叙述描写的内容是真人真事,因而,作为文学体裁的小说、剧本等,不包括在本书所讨论的记叙文的范畴之内。

记叙文是现实生活的真实反映,但这并不等于说记叙文可以照搬现实生活。相反,好的记叙文无论是在立意、选材,还是布局、谋篇上,都能体现出作者的匠心,具有艺术感染力。

(二) 记叙文的特点

1. 材料的可感性

在记叙文中,无论是记人、叙事、写景、状物,都力求选取真实的、可感的、具体的生活材料来写作。无论是表现人物的思想、性格、心理、行动或遭遇,表现事件的发生、发展、变化与结果,或是表现景物的状态等,都力图使人产生如见其人、如历其事、如临其境的感受。我们来看鲁迅《祝福》中的这段文字:

> 旧历的年底毕竟最像年底,村镇上不必说,就在天空中也显出将到新年的气象来。灰白色的沉重的晚云中间时时发出闪光,接着一声钝响,是送灶的爆竹;近处燃放的可就更强烈了,震耳的大音还没有息,空气里已经散满了幽微的火药香。我是正在这一夜回到我的故乡鲁镇的。虽说故乡,然而已没有家……

鲁迅的文章沉郁厚重、寓意深广，即便是写景也与文章要表达的中心完美贴合。在《故乡》中对少年闰土和中年闰土的描写，非常深刻地刻画了旧中国农民遭受的艰苦生活和变化过程。《祝福》也是这样。文章开头这一段对即将到来的新年的描写，并没有向读者展示新年所谓的"新气象"，而是用了"灰白色""沉重""钝响""幽微"等并不明艳的词语表达出作者眼中和心中的故乡和新年，为文中遭遇祥林嫂埋下了伏笔。

2. 情感的具象性

所谓具象，是指作者必须用生动形象的语言把事物的面貌描绘出来。记叙文所反映的生活内容应该是具体、可感、形象的，而记叙文体（除了一些抒情作品）要求所表现的情感是具象的和独特的。作者应避免在作品中直接、抽象地抒情，而是要通过选择某些具体的人物、相互关联的事件或相应的景物，将情感寄寓其中，传达给读者。请看郁达夫《故都的秋》中这段文字：

> 不逢北国之秋，已将近十余年了。在南方每年到了秋天，总要想起陶然亭的芦花，钓鱼台的柳影，西山的虫唱，玉泉的夜月，潭柘寺的钟声。在北平即使不出门去罢，就是在皇城人海之中，租人家一椽破屋来住着，早晨起来，泡一碗浓茶，向院子一坐，你也能看得到很高很高的碧绿的天色，听得到青天下驯鸽的飞声。从槐树叶底，朝东细数着一丝一丝漏下来的日光，或在破壁腰中，静对着像喇叭似的牵牛花（朝荣）的蓝朵，自然而然地也能够感觉到十分的秋意。说到了牵牛花，我以为以蓝色或白色者为佳，紫黑色次之，淡红色最下。最好，还要在牵牛花底，叫长着几根疏疏落落的尖细且长的秋草，使作陪衬。
>
> 北国的槐树，也是一种能使人联想起秋来的点缀。像花而又不是花的那一种落蕊，早晨起来，会铺得满地。脚踏上去，声音也没有，气味也没有，只能感出一点点极微细极柔软的触觉。扫街的在树影下一阵扫后，灰土上留下来的一条条扫帚的丝纹，看起来既觉得细腻，又觉得清闲，潜意识下并且还觉得有点儿落寞，古人所说的梧桐一叶而天下知秋的遥想，大约也就在这些深沉的地方。
>
> 秋蝉的衰弱的残声，更是北国的特产，因为北平处处全长着树，屋子又低，所以无论在什么地方，都听得见它们的啼唱。在南方是非要上郊外或山上去才听得到的。这秋蝉的嘶叫，在北平可和蟋蟀耗子一样，简直像是家家户户都养在家里的家虫。
>
> 还有秋雨哩，北方的秋雨，也似乎比南方的下得奇，下得有味，下得更像样。
>
> 在灰沉沉的天底下，忽而来一阵凉风，便息列索落地下起雨来了。一层雨过，云渐渐地卷向了西去，天又青了，太阳又露出脸来了；著着很厚的青布单衣或夹袄

的都市闲人,咬着烟管,在雨后的斜桥影里,上桥头树底下去一立,遇见熟人,便会用了缓慢悠闲的声调,微叹着互答着地说:

"唉,天可真凉了——"(这了字念得很高,拖得很长。)

"可不是么?一层秋雨一层凉了!"

北京的秋天之所以在郁达夫的笔下显得如此生动、感性,与作者情感的贯注不无关系。郁达夫将对北平的浓烈的思念化作对情景的具象性描写,读来亲切之外又多了一层感喟,真应了"一切景语皆情语"之说。

3. 语言的艺术性

记叙文主要运用叙述和描写来表现记叙对象,因而,它的语言追求生动、形象、逼真、个性化。在语言的特征上,记叙文不仅要有形象化的语言,还要有丰富的情感。我们来看朱自清的《桨声灯影里的秦淮河》片段:

> 秦淮河的水是碧阴阴的;看起来厚而不腻,或者是六朝金粉所凝么?我们初上船的时候,天色还未断黑,那漾漾的柔波是这样恬静,委婉,使我们一面有水阔天空之想,一面又憧憬着纸醉金迷之境了。等到灯火明时,阴阴的变为沉沉了:黯淡的水光,像梦一般;那偶然闪烁着的光芒,就是梦的眼睛了。我们坐在舱前,因了那隆起的顶棚,仿佛总是昂着首向前走着似的;于是飘飘然如御风而行的我们,看着那些自在的湾泊着的船,船里走马灯般的人物,便像是下界一般,迢迢的远了,又像在雾里看花,尽朦朦胧胧的。这时我们已过了利涉桥,望见东关头了。沿路听见断续的歌声:有从沿河的妓楼飘来的,有从河上船里度来的。我们明知那些歌声,只是些因袭的言词,从生涩的歌喉里机械的发出来的;但它们经了夏夜的微风的吹漾和水波的摇拂,袅娜着到我们耳边的时候,已经不单是她们的歌声,而混着微风和河水的密语了。于是我们不得不被牵惹着,震撼着,相与浮沉于这歌声里了。

朱自清笔下的秦淮河,一脱自然赋予的天然形象,转变成为负载厚重内涵的一段历史,"厚而不腻"、"六朝金粉"使得秦淮河成为承载文人墨客抒发情怀的一种载体。朱自清通过艺术化的语言给作为自然景物的秦淮河赋予了丰富的情感。

记叙的语言比较讲究艺术性,在行文中,多用形象的词语,常常借助于比喻、拟人、排比等修辞手法。

二、记叙文的构成要素

一般的写作理论认为,记叙文的构成应该包括完整的六个要素,即时间、地点、人物、事件、原因和结果。如果这六个要素有残缺,所记叙的事件就会交代不清。的确,在现代的记叙文体中,如消息、通讯等纪实性叙事作品,基本上是仍遵循"六要素"标准的。然而,随着写作理论的不断发展,在现代叙事学的冲击之下,"六要素"的理论也在不断完善。写人、叙事不再拘泥于"六要素",作者的主观意图占据一定的位置。

我们来看余秋雨的一篇文章:

垂 钓

去年夏天我与妻子买票参加了一个民间旅行团,从牡丹江出发,到俄罗斯的海参崴游玩。海参崴的主要魅力在于海,我们下榻的旅馆面对海,每天除了在阳台上看海,还要一次次下到海岸的最外沿,静静地看。海参崴的海与别处不同,深灰色的迷雾中透露出巨大的恐怖。我们眯缝着眼睛,把脖子缩进衣领,立即成了大自然凛冽威仪下的可怜虫。其实岂止我们,连海鸥也只在岸边盘旋,不敢远翔,四五条猎犬在沙滩上对着海浪狂叫,但才吠几声又缩脚逃回。逃回后又回头吠叫,呜呜的风声中永远夹带着这种凄惶的吠叫声,直到深更半夜。

在一个小小的弯角上,我们发现,端坐着一胖一瘦两个垂钓的老人。

胖老人听见脚步声朝我们眨眼算是打了招呼,他回身举起钓竿把他的成果朝我们扬了一扬,原来他的钓绳上挂了六个小小的钓钩,每个钓钩上都是一条小鱼。他把六条小鱼摘下来放进身边的水桶里,然后再次下钩,半分钟不到他又起钩,又是六条挂在上面。就这样,他忙忙碌碌地下钩起钩,我妻子走近前去一看,水桶里已有半桶小鱼。

奇怪的是,只离他两米远的瘦老人却纹丝不动。为什么一条鱼也不上他的钩呢?正纳闷,水波轻轻一动,他缓缓起竿,没有鱼,但一看钓钩却硕大无比,原来他只想钓大鱼。在他眼中,胖老人忙忙碌碌地钓起那一大堆鱼,根本是在糟蹋钓鱼者的取舍标准和堂皇形象。伟大的钓鱼者是安坐着与大海进行谈判的人类代表,而不是在等待对方琐碎的施舍。

胖老人每次起竿都要用眼角瞟一下瘦老人,好像在说:"你就这么熬下去吧,伟大的谈判者!"而瘦老人只以泥塑木雕般的安静来回答。

两个都在嘲讽对方,两个谁也不服谁。

过了不久,胖老人起身,提起满满的鱼桶走了,快乐地朝我们扮了一个鬼脸,却连笑声也没有发出,脚步如胜利者凯旋。瘦老人仍在端坐着,夕阳照着他倔强的身躯,他用背影来鄙视同伴的浅薄。暮色苍茫了,我们必须回去,走了一段路回身,看到瘦小的身影还在与大海对峙。此时的海,已经更加狰狞昏暗。狗声越来越响,夜晚开始了。

妻子说:"我已经明白,为什么一个这么胖,一个这么瘦了。一个更加物质,一个更加精神,人世间的精神总是固执而瘦削的,对么?"

我说:"说得好。但也可以说,一个是喜剧美,一个是悲剧美。他们天天在互相批判,但加在一起才是完整的人类。"

确实,他们谁也离不开谁。没有瘦老人,胖老人的丰收何以证明?没有胖老人,瘦老人的固守有何意义?大海中多的是鱼,谁的丰收都不足挂齿;大海有漫长的历史,谁的固守都是一瞬间。因此,他们的价值都得有对手来证明。可以设想,哪一天,胖老人见不到瘦老人,或瘦老人见不到胖老人,将会何等惶恐。在这个意义上,最大的对手也就是最大的朋友,很难分开。

两位老人身体都很好,我想此时此刻,他们一定还坐在海边,像两座恒久的雕塑,组成我们心中的海参崴。

作为一篇记叙文,这篇文章具备所需要的各个要素,每个要素之间有着有机的联系。用海参崴的凛冽来衬托大自然的恐怖无情,连海鸥也只能在岸边盘旋,但这样的情景对于两个垂钓者却是反差鲜明的对比。文章写这两个老人不畏严寒静坐垂钓,不禁会让读者去追问原因和结果。而两位老人对待生命自然的不同态度,才是文章想要呈现给读者的最重要的东西。

在现代叙事学中,传统的"六要素"的单一内涵发生了变化,几乎各种要素的内涵都得到了丰富和发展。比如,"时间"已不单纯是定向有序地从过去向未来顺向的延续,它还包括与人的意识流动或心理活动的特性相联系的心理时间;"地点"也不仅是明确和单一的地理上的一个点,它同时还是一个三维立体空间,是人物存在或事件发生的环境;"人物"不再是以性格为中心的一个有机整体;即便是"事件",也不是单纯根据各现象之间的时间关系或因果关系来按部就班地描写。在日常生活中,我们在报纸杂志上常看到的如"标题新闻"、"媒体点击"、"互动网页"等栏目以及"追踪报道"、"时尚大家谈"等文字,都打上了现代叙事的烙印。记叙文体的结构不是固定不变的。

三、记叙文的写作

记叙文的写作和其他文体一样,有着一些共同的要求,比如,主题要正确、深刻、新颖;材料要真实、典型、精当;结构要严谨、自然、统一;语言要准确、简练、生动等。但是,记叙文也有自己独特的一些要求,下面分别予以介绍。

（一）叙述

叙述就是记叙和述说，它是把记叙类作品中人物的经历、行为或事件的发生、发展、变化表述出来。叙述是记叙文体最常用的表现方法之一。在记叙文的写作中，叙述要注意以下几个主要问题：

1. 叙述的人称

叙述的人称，就是叙述者的观察点、立足点在文章中的体现。也就是作者以什么身份、地位以及从什么角度进行叙述的问题。在记叙文中，叙述的人称主要有第一人称和第三人称。

第一人称的叙述是站在"我"、"我们"的立足点上来进行的。它以"我"的身份发言，从"我"的角度出发直接叙述所见、所闻、所感。新闻性的记叙文、回忆性的散文、自传等，大多用第一人称。这类文章中的"我"，就是作者自己。如通讯《谁是最可爱的人》中的"我"以及叙事散文《回忆我的母亲》中的"我"，就分别是作者魏巍、朱德。

用第一人称叙述的文章，可以把作品中的情节通过"我"传达给读者，表示文章中所写的都是叙述者的耳闻目睹，或者就是叙述者本人的亲身经历，这样可以使读者得到一种真实、亲切的感受。但它也有一定的局限性，它不能叙述作者经历、见闻以外的事情，文笔也常受牵制，不便于多角度多侧面地写景、写人。

第三人称的叙述作者不出现在作品中，作品中只出现叙述对象，作者以局外人旁观者的身份来叙述。采用这种叙述角度，作者客观地陈述事宜，偏重于叙述他人的经历与事迹，所以显得理智、冷静。第三人称的叙述不受时间、空间的限制，比第一人称更加自由，能起到第一人称起不到的作用。例如徐迟的报告文学《哥德巴赫猜想》，作者用第三人称叙述了陈景润攻克"哥德巴赫猜想"数学难关的整个过程，表达了对这位数学家深深的敬意。

在一般情况下，一篇文章的叙述人称应该始终保持一致，如果人称交替使用，一定要在文章中交代清楚，以免造成混乱。

2. 叙述的方式

叙述的主要方式有：顺叙、倒叙、插叙、平叙等几种。

（1）顺叙

顺叙是按人物经历或事件发展的先后次序来叙述的一种方式。采用顺叙的文章其层次、段落和事件发生的过程基本上是一致的。例如，朱自清的散文《背影》，作者从八年前和父亲在浦口车站分别时的情景，一直写到"近几年来"。文章由表及里、由浅入深地展现出父亲对儿子的骨肉之情。

顺叙是最基本、最常用的叙述方法。顺叙的优点是有头有尾，来龙去脉清楚，符合人们的阅读习惯。它的不足是如果运用不当，叙事容易呆板、乏味、缺少波澜。

(2) 倒叙

倒叙是把人物、事件的结局，或人物经历、事件过程中最突出的片断，提到前面来写，然后再从事情的开头进行叙述。例如，加西亚·马尔克斯的《百年孤独》的经典开头：

> 多年以后，奥雷连诺上校站在行刑队面前，准会想起父亲带他去参观冰块的那个遥远的下午。当时，马孔多是个二十户人家的村庄，一座座土房都盖在河岸上，河水清澈，沿着遍布石头的河床流去，河里的石头光滑、洁白，活象史前的巨蛋。

这里用的是倒叙，文章由此开始追溯马孔多小镇的形成历史，引出整个家族百年的兴衰变迁。倒叙可以造成悬念，一下子抓住读者，引起读者强烈的阅读兴趣。同时还能突出重点，避免叙述的平板和结构的单调。

(3) 插叙

插叙是指在叙述过程中，由于表达的需要，暂时把叙述的主线中断一下，而插进一段另外的叙述，或追忆过去情节的片断，或对上文进行补充、解释。例如，鲁迅先生写的《从百草园到三味书屋》，中间插叙了一段美女蛇的故事，不仅写出了百草园的多彩多姿和生机盎然，更使百草园增添了神秘的色彩。

古人把插叙分得很细，如插入往事的片段，称为追叙；补充前事的不足，称为补叙；顺便交代几句，称作带叙等。运用插叙应当注意的是，必须确有必要才插叙，否则不仅会影响叙述的连贯性，而且还会成为内容的累赘。

(4) 平叙

平叙也叫分叙、平行叙述，它是指叙述同一时间内不同地点所发生的两件或两件以上的事。通常是先叙一件，再叙一件，也可以两件事情相互交叉着叙述。例如，《左传》中的散文名篇《秦晋殽之战》，同时叙述了郑国和秦国双方的情况。报告文学《为了六十一个阶级弟兄》叙述了北京和平陆两地同时找药的情况。

3. 叙述的要求

叙述往往在记叙文中占很大的比例，因此，叙述的效果也往往会影响记叙作品的总体效果。叙述应当注意以下几点：

(1) 线索要清楚

叙述都有线索。线索是作者组织材料的思路在文章中的反映，是贯穿文章全部材料、推进内容发展的脉络。材料好比一粒粒晶莹的珍珠，如果没有线索穿结，就难以成为美丽的项链。线索必须贯穿文章的始终。

由于题材各异，作者所选取的表现角度也不尽相同，所以，叙述的线索也是千差万别的。有的以"人"为线索，如《廉颇蔺相如列传》；有的以"物"为线索，如《记一辆纺车》、《小橘灯》；有的以时间为线索，如《古战场春晓》；有的以事件为线索，如《鸿门宴》。还有的记叙文如一些长篇通讯、报告文学等,可能有多条线索,这就要求在叙述的时候分清主次,保持主线索贯穿始终,不要节外生枝。

(2) 详略要得当

记事写人,如果没有主次,不讲详略,像记流水账,对所有叙述对象都平均使用笔墨,那就会平淡无味。叙述要有详有略。详略处理的标准,对于不同的题材、文体可能有所不同。一般地说,与主题关系密切、能表现人物性格、读者不易理解的地方要详写;与表现主题关系不大,读者容易理解的地方要略写。例如,古代散文名篇《曹刿论战》,文章叙述了曹刿向鲁庄公献策,并在长勺之战中帮助鲁庄公采取正确的战略,终于战胜强齐的史实。作者主要想通过曹刿的"论"来表现他的"远谋",所以,对诸如战争的起因、规模、参战人数等都没有提起,即便对"请见"、"请从"、克敌等起线索作用的事件也只是一笔带过。文章的重点在于集中写曹刿的战略见解——"论战"的"论"字上。文章节奏急缓有致,详略得当,表达鲜明有力。

(3) 行文要多变

"文似看山不喜平",说的是文章写得要有波澜。写人、叙事性的作品,行文有起有伏,调子有高有低,节奏有快有慢,往往才能引人入胜。我们来看《麦琪的礼物》中吉姆看到卖掉头发的德拉时的反应:

> 吉姆站在屋里的门口边,纹丝不动地好像猎犬嗅到了鹌鹑的气味似的。他的两眼固定在德拉身上,其神情使她无法理解,令她毛骨悚然。既不是愤怒,也不是惊讶,又不是不满,更不是嫌恶,根本不是她所预料的任何一种神情。他仅仅是面带这种神情死死地盯着德拉。
>
> 德拉一扭腰,从桌上跳了下来,向他走过去。
>
> "吉姆,亲爱的,"她喊道,"别那样盯着我。我把头发剪掉卖了,因为不送你一件礼物,我无法过圣诞节。头发会再长起来——你不会介意,是吗?我非这么做不可。我的头发长得快极了。说'恭贺圣诞'吧!吉姆,让我们快快乐乐的。你肯定猜不着我给你买了一件多么好的——多么美丽精致的礼物啊!"
>
> "你已经把头发剪掉了?"吉姆吃力地问道,似乎他绞尽脑汁也没弄明白这明摆着的事实。
>
> "剪掉卖了,"德拉说,"不管怎么说,你不也同样喜欢我吗?没了长发,我还是我嘛,对吗?"
>
> 吉姆古怪地四下望望这房间。
>
> "你说你的头发没有了吗?"他差不多是白痴似的问道。
>
> "别找啦,"德拉说,"告诉你,我已经卖了——卖掉了,没有啦。这是圣诞前夜,

好人儿。好好待我,这是为了你呀。也许我的头发数得清,"突然她特别温柔地接下去,"可谁也数不清我对你的恩爱啊。我把肉排煎上好吗,吉姆?"

吉姆好像从恍惚之中醒来,把德拉紧紧地搂在怀里。现在,别着急,先让我们花个十秒钟从另一角度审慎地思索一下某些无关紧要的事。房租每周八美元,或者一百万美元——那有什么差别呢?数学家或才子会给你错误的答案。麦琪带来了宝贵的礼物,但就是缺少了那件东西。这句晦涩的话,下文将有所交代。

吉姆从大衣口袋里掏出一个小包,扔在桌上。

"别对我产生误会,德尔,"他说道,"无论剪发、修面,还是洗头,我以为世上没有什么东西能减低一点点对我妻子的爱情。不过,你只消打开那包东西,就会明白刚才为什么使我愣头愣脑了。"

白皙的手指灵巧地解开绳子,打开纸包。紧接着是欣喜若狂的尖叫,哎呀!突然变成了女性神经质的泪水和哭泣,急需男主人千方百计的慰藉。

还是因为摆在桌上的梳子——全套梳子,包括两鬓用的,后面的,样样俱全。那是很久以前德拉在百老汇的一个橱窗里见过并羡慕得要死的东西。这些美妙的发梳,纯玳瑁做的,边上镶着珠宝——其色彩正好同她失去的美发相匹配。她明白,这套梳子实在太昂贵,对此,她仅仅是羡慕渴望,但从未想到过据为己有。现在,这一切居然属于她了,可惜那有资格佩戴这垂涎已久的装饰品的美丽长发已无影无踪了。

不过,她依然把发梳搂在胸前,过了好一阵子才抬起泪水迷蒙的双眼,微笑着说:"我的头发长得飞快,吉姆!"

随后,德拉活像一只被烫伤的小猫跳了起来,叫道,"喔!喔!"

吉姆还没有瞧见他的美丽的礼物哩。她急不可耐地把手掌摊开,伸到他面前,那没有知觉的贵重金属似乎闪现着她的欢快和热忱。

"漂亮吗,吉姆?我搜遍了全城才找到了它。现在,你每天可以看一百次时间了。把表给我,我要看看它配在表上的样子。"

吉姆非但不按她的吩咐行事,反而倒在睡椅上,两手枕在头下,微微发笑。

《麦琪的礼物》中的这一段围绕着德拉的头发,情节发展一波三折,构思精巧,意味隽永。德拉为了给吉姆准备礼物而卖掉了自己的长发,吉姆为了给德拉准备礼物而卖掉了心爱的怀表。情节的推进既出乎意料又让人感动。

"文武之道,一张一弛"。叙事作品要避免平铺直叙,一览无余。在写作过程中,常采用抑扬、详略、断续、张弛、离合等手法来增强文章的可读性。但值得注意的是,不论是用什么手法,都要做到自然、恰当,切不可矫揉造作,生搬硬套。

(二) 描写

描写就是描绘与摹写,它是对叙事对象的状态与特征作具体、形象和逼真的描绘,目的是使读者在阅读时产生如见其人、如历其事和如临其境的感觉。从某种意义上来说,没有描写,就没有叙事文体的形象性特征;和叙事一样,描写也是记叙文体最常用的方法之一。按照描写的对象和范围分,描写可分为人物描写、环境描写和场面描写三类。

1. 人物描写

人物描写包括对人物的肖像、语言、动作、心理等方面的描写,目的是表现人物的独特的性格和心理。

(1) 肖像描写

肖像描写是对人物外部形态和特征的描绘,包括对人物的身材、容貌、服饰、打扮、表情、仪表、风度等的描写。描写肖像是为了更具体更形象地表现人物的内心世界,它要求抓住特征,避免脸谱化。例如,鲁迅笔下的藤野,"一个黑瘦的先生,八字须,戴着眼镜,挟着一叠大大小小的书"。寥寥几笔,便抓住藤野先生的主要特征,描写出一位生活俭朴、严于治学、工作认真负责的老师形象。

(2) 语言描写

古人云"言为心声"。什么样人说什么样话,语言能表现人物的精神境界、修养、身份,能反映一个人的气质、性格特征等。我们在进行人物的语言描写时,一定要选择那些最能表现人物个性特征的语言。例如,在《史记》中,司马迁笔下的刘邦、项羽性格迥异,他们都见过秦始皇,从他们所表示的感慨中可以看出他们性格的不同。项羽说:"彼可取而代也!"语气极为坦率,由此可以想见他那强悍爽直的性格;刘邦却说:"嗟乎!大丈夫当如此也。"说得委婉曲折,表现出他贪婪多欲的性格。曹雪芹在《红楼梦》中对王熙凤的描写,可谓是语言描写的典范。我们来看《红楼梦》中王熙凤的出场描写:黛玉刚进贾府,正和贾母等谈论着自己的体弱多病和吃药等事,"一语未了,只听后院中有人笑声,说:'我来迟了,不曾迎接远客!'黛玉纳罕道:'这些人个个皆敛声屏气,恭肃严整如此,这来者系谁,这样放诞无礼?'"来者是谁,作者没有马上交代。但这一声正好像戏曲舞台上角色还未出场,先从后台送出一声响亮的"马门腔",先声夺人,一下子就把来者的三魂六魄给拘定了。真所谓"未写其形,先使闻声",作者在没有正面描写人物之前,就先已通过人物的笑语声,传出了人物的内在之神。

(3) 行动描写

行动描写也叫动作描写,是指对人物动作行为的描写。人物能够活起来,成为有血有肉的生命体,离不开对他的行动的描写。行动描写同样是为了表现人物的性格和内心世界。行动描写的关键是捕捉和刻画富有个性化的举止、行动。如关公的捋髯、孔明的摇扇,就是极富个性化的动作。再如方纪的记事散文《挥手之间》,写到毛泽东赴重庆谈判时,在飞机舱口举起深灰色的盔式帽,向送行的延安军民挥手告别,这个历史性的动作,给读者留下了很深的印象。人们的所作所为,是其思想性格的直接表现。在文学作品中,对人物行动的描写,是塑造人物的主要手段。正如高尔基所说的:"要使艺术作品具有令人信服的教育作用,就必须使主人公们尽可能地多做事,少说话。"契诃夫也说:"最好还是避免描写人物的精神状态,应当尽力使得人物的精神状态能够从他的行动中表现明白。"我们来看海明威《老人与海》中捕鱼时的经典动作:

老头儿放下了钓丝,把它踩在脚底下,然后把鱼叉高高地举起来,举到不能再高的高度,同时使出全身的力气,比他刚才所聚集的更多的力气,把鱼叉扎进正好在那大胸鳍后面的鱼腰里,那个胸鳍高高地挺在空中,高得齐着一个人的胸膛。他觉得鱼叉已经扎进鱼身上了,于是他靠在叉把上面,把鱼叉扎得更深一点,再用全身的重量推到里面去。

作者把笔墨集中在处于特定时空的鱼叉上,"举"、"扎"、"靠"、"推"等动作构成精彩的特写镜头,使人从惊心动魄的搏斗中形象地体味到人的伟力、气魄和智慧。又如鲁迅的《药》中老栓买人血馒头时发生的动作:"老栓还踌躇着;黑的人便抢过灯笼,一把扯下纸罩,裹了馒头,塞与老栓;一手抓过洋钱,捏一捏,转身去了。嘴里哼着说:'这老东西……'"这里"黑的人"的"抢、扯、裹、塞、抓、捏"的连续动作,经过作者巧妙的衔接,便使一个蛮横、凶狠、残忍并且惯于做这种勾当的刽子手形象跃然纸上了。

(4) 心理描写

心理描写就是描写人物内心的精神境界,把人物的心理活动、心理状态和思想矛盾斗争的历程揭示出来。心理描写也要为刻画人物性格服务。心理描写的方法是多种多样的,可以由作者描述,也可以由人物直接倾吐;可以通过人物的"独白",也可以通过梦境或幻觉的描述;还可以通过语言、行动等间接方法去表现。我们再来看《老人与海》中的心理描写:

"可是一个人并不是生来要给打败的,"他说,"你尽可以把他消灭掉,可就是打不败他。"他想:不过这条鱼给我弄死了,我倒是过意不去。现在倒霉的时刻就要来到,我连鱼叉也给丢啦。"Dentuso"这个东西,既残忍,又能干,既强壮,又聪明。可我比它更聪明。也许不吧,他想。也许我只是比它多了个武器吧。

海明威在这里通过与大鱼搏斗的老人的心理描写,表达了一个人坚强的内心世界:"你尽可以把他消灭掉,可就是打不败他。"这句话凝练的是整篇小说的核心,海明威是经由筋疲力尽的老人之口以独白的方式说出来的,更能让人信服,体现了语言表达的独特之处。

2. 环境描写

环境描写指的是,对人物存在与活动和事件发生发展的环境的描写。这种环境包括自然环境和社会环境两个方面。

自然环境主要指,与自然有关的时间、地点、气候、季节、景物等因素。环境是因为与人发生了关系或联系才具有叙事价值,因此环境描写仍然是为了表现人物的。在以景物为主要表现对象的叙事作品中,可能景物的"自主性"更大些,因为景物本身就具有欣赏价值。但是,在景物描写之中,仍蕴含着作者的情志。例如,沈从文《边城》中的文字:

> 月光如银子,无处不可照及,山上竹篁在月光下皆成为黑色,身边虫声繁密如落雨。间或不知道从什么地方,忽然会有一只草莺"落落落落嘘!"啭着她的喉咙,不久之间,这小鸟儿又好像明白这是半夜,便仍然闭着那小小眼儿安睡了。

这段文字,句句都在写景,但这景物的描写却又都有着一种共性,草丛中繁密的虫声,草莺的婉转的歌喉,既是嘈杂的自然景观,又在反衬一种寂寞与安静的心绪。又如朱自清《荷塘月色》对荷叶风姿的描写:

> 曲曲折折的荷塘上面,弥望的是田田的叶子。叶子出水很高,像亭亭的舞女的裙。层层的叶子中间,零星地点缀着些白花,有袅娜地开着的,有羞涩地打着朵儿的;正如一粒粒的明珠,又如碧天里的星星,又如刚出浴的美人。微风过处,送来缕缕清香,仿佛远处高楼上渺茫的歌声似的。这时候叶子与花也有一丝的颤动,像闪电般,霎时传过荷塘的那边去了。叶子本是肩并肩密密地挨着,这便宛然有了一道凝碧的波痕。叶子底下是脉脉的流水,遮住了,不能见一些颜色;而叶子却更见风致了。

作者在一种颇不宁静的心绪中遭遇到月色下的荷塘,笔下的荷叶虽然绰约多姿,但我们总是在这繁复的景物描写中隐隐约约感受到一丝别致的愁绪。

社会环境则包括一定历史时期的社会形态、文化风俗、人与人之间的关系,以及人物的具体生活环境,单位、家庭乃至住宅的摆设布置等因素。社会环境是事件发生的场所、人物活动的背景,描写它有渲染气氛、烘托人物、增强现实感、深化主题等多方面的作用。

3. 场面描写

场面是在特定的时间延续和空间展现之中,对人物、时间和景物的存在状态与发展变化的叙述和描写。场面描写截取的是事件进程中的横断面,它所描写的是同一环境同一时间中的多种事物与人物的活动。

场面是在特定的时空之中对多种叙事因素的综合表现,它具有形象性和动态性的特点。在场面描写中,应尽可能将可感的生活场面呈现出来。例如,何士光的《乡场上》有一段冯幺爸面对村庄内部不同力量牵扯的尴尬场面的描写:

> 冯幺爸艰难地笑着,真慌张了,空长成一条堂堂的汉子,在一个女人的眼光的威逼下,竟是这样气馁,像小姑娘一样扭捏。他换了一回脚,站好,仿佛原来那样子妨碍他似的,但也还是说不出话来。这正是春日载阳、有鸣仓庚的好天气,阳光把乡场照得明晃晃的,他好象热得厉害,耳鬓有一股细细的汗水,顺着他又方又宽的脸肋淌下来⋯⋯
>
> 罗二娘不耐烦了:"是好是歹,你倒是说一句话呀!⋯⋯照你这样子,好象还真是姓罗的不是?"
>
> "冯幺爸!"曹支书这时已卷好了一支叶子烟,点燃了,上前一步说:"说你在场,这是任家的娃儿说出来的。你真在场,就说在场;要是不在,就说不在!就是说,要向人民负责;对任老大家,你要负责;对罗二娘呢,你当然也要负责!——你听清楚了?"
>
> 曹支书说话是很懂得一点儿分寸的,但正是因为有分寸,人们也就不会听不出来,这是暗示,是不露声色地向冯幺爸施加压力。冯幺爸又换了一回脚,越来越不知道怎样站才好了。
>
> 这样下去,事情难免要弄坏的。出于不平,人们有些耐不住了,一句两句地岔起话来:
>
> "冯幺爸,你就说!"
>
> "这有好大一回事?说说有哪样要紧?"
>
> "说就说嘛,说了好去做活路,春工忙忙的⋯⋯"
>
> 这当然也和曹支书一样,说得很有分寸,但这人心所向,对冯幺爸同样也是压力。

这里的场面描写,先从冯幺爸的角度正面描写这个男人面对罗二娘的威逼显露出来的"艰难"、"慌张",内心的不自在和冲突在行动描写中纤毫毕露,"像小姑娘一样扭捏。他换了一回脚,站好,仿佛原来那样子妨碍他似的,但也还是说不出话来"。作者不断地利用罗二娘和曹支书的话给冯幺爸加压,让他不得不面对逐渐升级的内心煎熬。这是典型的用心理和行动描写来烘托出场面氛围的写作手法。

(三) 抒情

记叙文是具体地叙述描写人物、事件和景物的,作者在观察和感受生活时,必然会染上主观的感情色彩。这种情感在写作时会自然地流露于笔端,因而在记叙文的写作中,运用抒情手法是很自然的。

所谓抒情,就是作者或作品中人物主观感情的表现和抒发。由于记叙文的题材、体裁、风格与表现方式灵活多样,所以抒情的方法、具体表现都不尽相同。有的记叙文应该抑制情感,以近乎"纯客观"的叙事取胜;有的则可以融入强烈的主观情感,以情感作为"催化剂",以强烈的情感感染力取胜。

记叙文中的抒情,常与叙述、描写、议论等方式相结合并有所依附,或触景生情,或缘情赏景,或托情于物,或寄情于人等。

记叙文中的抒情,一般有直接抒情和间接抒情两种形式。

1. 直接抒情

直接抒情是指作者或作品中的人物,在文章中直接公开地表白自己的喜怒爱憎感情。这种抒情方法在抒情散文、山水游记或表达自己强烈感情的随笔、札记、情书等文章中相当多见。我们来看小说《简·爱》中的一段内心独白:

> 我曾那么爱罗切斯特先生,还几乎把他当成了上帝,虽然现在我也不认为他是邪恶的,但我还能再信任他吗?还能回到他身边吗?我知道我必须离开他。对我来说他已不是过去的他,也不是我想象中的他了,我的爱情已失去,我的希望已破灭,我昏昏沉沉地躺在床上,只想死去,黑暗慢慢把我包围起来。

这里,作者饱蘸激情,将爱的火焰融诸笔端,淋漓尽致地将自己内心的矛盾、疑问甚至沮丧的心情表达出来,极富感染力。

值得提出的是,在记叙文中,要使用直接抒情,应随机自然流出,以免令人产生做作、虚假和乏味之感。

2. 间接抒情

间接抒情是将感情渗透于写景、叙事、说理之中的一种抒情方式。它往往表现为借事抒情、借景抒情、议论抒情等,通过叙述、描写、议论等方式来表露情感。

(1) 借事抒情

借事抒情就是借助叙事来抒情,作者在叙事时带上了强烈的内心情感。借事抒情与普通的叙事不同,普通的叙事一般强调情节的完整性、客观性,而借事抒情的叙事往往与作者或作品中人物的特定心境和情感状态相一致,以强烈的感情色彩取胜。我们来看余秋雨的散文《道士塔》中的一段叙事:

> 王道士每天起得很早,喜欢到洞窟里转转,就像一个老农,看看他的宅院。他

对洞窟里的壁画有点不满,暗乎乎的,看着有点眼花。亮堂一点多好呢,他找了两个帮手,拎来一桶石灰。草扎的刷子装上一个长把,在石灰桶里蘸一蘸,开始他的粉刷。第一遍石灰刷得太薄,五颜六色还隐隐显现,农民做事就讲个认真,他再细细刷上第二遍。这儿空气干燥,一会儿石灰已经干透。什么也没有了,唐代的笑容,宋代的衣冠,洞中成了一片净白。道士擦了一把汗憨厚地一笑,顺便打听了一下石灰的市价。他算来算去,觉得暂时没有必要把更多的洞窟刷白,就刷这几个吧,他达观地放下了刷把。

这段叙事从字面上看,作者像是在客观地、冷静地、细致地叙述粉刷的经过,然而,作者写作的目的并不在王道士粉刷敦煌莫高窟艺术宝库的事情本身,作者借这段叙事所要表达的是"一个巨大的民族悲剧"。无价的艺术瑰宝,在卑微、愚昧的王道士看来不值分文。他毫无知觉、心安理得地肆意毁坏,"它是敦煌石窟的罪人"。作者在看似冷静的叙事中,表达的是"一个古老民族的伤口在滴血"的强烈思想情感。

(2) 借景抒情

借景抒情就是借助景物的描述来表现感情。在借景抒情的描述中,客观物象和人物形象都染上了作者浓厚的情感或情绪色彩。人们常说"寓情于景"、"情景交融"、"情景相生"等,就是指在记叙之中运用借景抒情所产生的效应。

借景抒情的描述对象主要是景和物,描述对象中所寄寓的情感的强弱、显隐由于作者的个性以及叙事的目的等因素往往有所不同。如茅盾的散文《白杨礼赞》,作者借对白杨树的描写,赞美了北方农民质朴、坚强、力求上进的精神,所抒发的感情是迸发式的。而同样是借景抒情,钱钟书《围城》中的这一段却别有情味:

满天的星又密又忙,它们声息全无,而看来只觉得天上热闹。一梳月亮像形容未长成的女孩子,但见人已不羞缩,光明和轮廓都清新刻露,渐渐可烘衬夜景。小园草地里的小虫琐琐屑屑地在夜谈。不知哪里的蛙群齐心协力地干号,像声浪给火煮得发沸。几星萤火优游来去,不像飞行,像在厚密的空气里飘浮;月光不到的阴黑处,一点萤火忽明,像夏夜的一只微绿的小眼睛。

这一段的景物描写很美,表现了《围城》中的方鸿渐见到故乡时的那份美好情感。不过,作者并不是单纯为了描写景致,而是为了写人的心情。如此细腻的景物描写,衬托出人物内心的杂乱与茫然无措。

(3) 议论抒情

议论抒情是以议论的方式来抒发感情。作者在对作品中的人或事发表议论时,注入了强烈的感情,使其议论具有浓厚的情感色彩。在记叙文体中,议论抒情不能脱离叙事对象而存在,它应该是由作品中的人和事激发出来的,并针对它们而抒发的感情。我们来看《日瓦戈医生》中的一段文字:

> 现在我说的您要特别注意听:在别人心中存在的人,就是这个人的灵魂。这才是您本身,才是您的意识在一生当中赖以呼吸、营养以至陶醉的东西,这也就是您的灵魂、您的不朽和存在于别人身上的您的生命。

这段议论所表现的是如何认定一个人的价值,认为个体生命的价值投射只有在他者的存在形式中才能得到彰显。

在记叙文体中运用抒情,无论是直接抒情还是间接抒情,都应该注意:首先要抒发真情实感。只有真挚自然的感情,才能打动人心。其次,感情要健康、高尚。健康、高尚的感情能陶冶人们的情操,消极、颓废的情调则容易腐蚀读者的心灵。还有,记叙文的抒情一定要灵活运用。是否需要抒情应根据叙事目的和叙事对象来考虑,切不可生搬硬套。

(四) 议论

议论是论说文的主要表达方式,在记叙文中,它只是一种穿插在叙述和描写中的辅助手段。议论用得好,不仅有助于表明作者的观点,而且,还能起到揭示现象的本质、帮助读者深入地认识叙事对象、深化寓意、拓展意境的作用。

记叙文中的议论和议论文中的议论是不同的。议论文中的议论是文章的主要表现手法,具有比较完整的议论过程,论点、论据、论证三要素完备,推理、判断的逻辑性比较严密,语言色彩大多是理性的、抽象的、概括的。记叙文中的议论,在文章中是作为次要手法、辅助手段而存在的,它往往只是局部的、小段的、片言只语式的议论,不要求有一个完整的议论过程。议论的语言往往带有形象性,感情色彩较浓。

记叙文中的议论应该把握以下几个原则:

1. 议论要深刻

记叙文中的议论力求深刻,要能切入记叙对象作比较深刻的评价,给读者以鲜明的印象。深刻的议论往往具有哲理性,这样的议论能够帮助读者从感性认识上升到理性认识,并让读者感受到一种理性的美。请看《钢铁是怎样炼成的》中最著名的一段格言:

> 人最宝贵的东西是生命,生命对于每个人来说只有一次,人的一生应当这样度过:当他回首往事的时候,不因虚度年华而悔恨;也不因碌碌无为而羞愧。这样,在他临死的时候,能够说:"我整个的生命和全部的精力都献给了世界上最宝贵的事

业——为人类的解放而奋斗。

这是一段很多人耳熟能详的话,它之所以能打动读者的心,根本原因就在于提出了一个人存在的意义问题:人究竟应该怎样过好自己的一生?

这些议论表现了很强的思辨色彩,凝聚了作者的真知灼见,在记叙之中,既增强了文章的抒情性,又在人文思想方面给读者以更多的启迪。

2. 议论要精练

记叙类作品中的议论,应该是一种智慧与情感的浓缩,它仅就记叙的对象作出论断,不需要展开论证和阐述,所以,议论应该是简明、精练的,它在文中起画龙点睛的作用。例如,陶铸的抒情散文《松树的风格》,在描述松树的风格的时候,用了精当的议论——"要求于人的甚少,给予人的甚多",点明了松树风格的内涵、实质,语言简洁、概括,有很强的感染力。又如罗素在《我为什么而活着》(*What I Have Lived For*)中说的一段话:

> 对爱情的渴望,对知识的追求,对人类苦难不可遏制的同情心,这三种纯洁而无比强烈的激情支配着我的一生。

这段议论十分精练,具有很强的概括力,把一个哲学家人生中最重要的几个关注点简明扼要地概括出来,非常具有感染力,可谓简练而又深刻。

3. 议论要与其他表达方式相结合

记叙文中的议论,要与叙述、描写、抒情融为一体,做到景、事、情、理的和谐统一。议论用得成功与否,在很大程度上取决于这种融合是否自然、紧密、深切。在这方面,海明威的《老人与海》对我们很有借鉴意义。作者从老人自己的角度出发,根据他的所见所感,非常贴切地把一个依靠海洋为生的人的内在心理描写得细致入微。他似乎已经和海鸟以及海中的鱼儿都成了很好的朋友,以它们的哀愁为哀愁,以它们的喜乐为喜乐。

> 老人在黑暗中感觉到早晨在来临,他划着划着,听见飞鱼出水时的颤抖声,还有它们在黑暗中凌空飞翔时挺直的翅膀所发出的咝咝声。他非常喜爱飞鱼,拿它们当作他在海洋上的主要朋友。他替鸟儿伤心,尤其是那些柔弱的黑色小燕鸥,它们始终在飞翔,在找食,但几乎从没找到过,于是他想,鸟儿的生活过得比我们的还要艰难,除了那些猛禽和强有力的大鸟。既然海洋这样残暴,为什么像这些海燕那样的鸟儿生来就如此柔弱和纤巧?海洋是仁慈并十分美丽的。然而她能变得这样残暴,又是来得这样突然,而这些飞翔的鸟儿,从空中落下觅食,发出细微的哀鸣,却生来就柔弱得不适宜在海上生活。

在记叙文中,叙事、写人、写景、抒情、议论往往是综合运用的;在同一篇文章中,往往兼有两种以上的表现方法。那种单纯只用一种表达方式的记叙文是不太多见的。

第二节　消　息

一、消息的概念和特点

(一) 消息的概念

消息,也叫新闻,或称新闻消息。它是报纸、广播、电视等新闻媒体常用的一种主要宣传体裁。例如,《新闻晨报》《新闻晚报》《参考消息》等报所刊登的文章大都是新闻消息。消息以记叙为主要表达手段,以明确的思想、简洁的文字,迅速及时地反映现实生活中新近发生的具有意义的事实。由于它内容真实、时效迅速、篇幅短小,具有很强的可读性,所以深受读者喜爱。

(二) 消息的特点

1. 真

消息是通过报道事实来引导、教育人的,因此,事实的报道必须真实。要实事求是,不允许虚构,更不能"合理想象"。真实是消息的生命和灵魂。消息的写作一般不做艺术概括,而采用直接报道和介绍的方法,只对原始材料做一定的剪裁和提炼。对事实的报道时间、地点、事件须真实,对事件发生的条件与环境、过程与细节、原因与结果以及对事件的分析和解释,也应符合本来面貌,不可曲解、拔高或贬低。

2. 快

新闻是新近发生的实事的报道。它的显著特点是快。如果迟缓拖拉,新闻就成了"旧闻"。有人说"当日新闻是金子,隔日新闻是银子"。1981年3月30日,美国总统里根遇刺时,美国广播公司记者在事情发生之后七分钟内就向全世界广播了这条新闻。2001年9月11日,美国的世贸大厦等建筑设施遭恐怖袭击,几十分钟后,消息就传遍了全世界。当晚,布什发表反恐怖主义的电视讲话,许多国家几乎在布什讲话的同时就播报了这一消息。现在,对于一些重大的新闻消息,电台、电视台采用直播方式进行报道,足见其迅速反映现实生活的特点。在当下互联网盛行的时代,网络往往成为信息的最快、最新发布源。北京时间2012年10月11日19时,瑞典文学院宣布将2012年诺贝尔文学奖授予中国作家莫言。莫言成为有史以来首个获得诺贝尔文学奖的中国籍作家。仅仅一个小时后,新华网就发出了《莫言获颁2012年诺贝尔文学奖》的新闻报道。新闻的时效性使广大读者深切地感受到生活前进的脉搏,同时也增强了新闻的可读性和吸引力。

3. 新

消息的"新",除了报道迅速之外,还体现在内容新、角度新等方面。内容新是指提出新问题、新成就、新经验、新风尚,展现国内外政治、经济、文化等方面的新动态。角度新,指同一个内容的新闻可以从多种角度报道,比如,2015年,国土部制定推行新的不动产登记制度,预计同年3月1日起,《不动产登记暂行条例》正式开始实施,我国也将全面启用统一的不动产登记簿证样式。人民网2月26日率先以《新不动产登记证书曝光 记者梳理三个疑问》为题,对于即将启动的新不动产证会给老百姓带来的影响进行剖析,并有针对性地提出三个新政要点:(1)"放心,旧本依旧有效";(2)"'小产权房'不会'洗白'";(3)"不动产征税问题只能交予法定"。文章高效率、多角度对这一房产新政进行解读,第一时间给出详细分析,打消了民众购房的恐慌心理,为新政的实施做了一个很好的铺垫。

4. 短

篇幅短,文字少,这是消息有别于其他文体的一个特点。消息往往是三言两语便说明情况,寥寥数语显出精神。它可以用最精练的文字,把最充实、最精彩的内容直截了当地表达出来。文字虽少,但交代了最重要的事实;篇幅虽短,却蕴含了重要的内容。现在许多报刊上出现的"标题新闻",可以说是消息的最小化,它以最浓缩的笔墨快捷地报道出新闻,以满足读者先睹为快的心理。

二、消息的分类

消息的种类,可以从不同的角度来分。从写作体裁上分,可分为动态消息、典型报道(或称经验性消息)、述评性消息、综合消息等;从报道内容上分,可分为政治新闻、经济新闻、社会新闻、文教新闻等;从反映对象上分,可分为人物消息、事件消息等;从篇幅上分,可以分为长消息、短消息等。一般地说,较为通行的方法是从写作体裁上进行分类。

(一) 动态消息

动态消息是指迅速及时地报道国际国内重大政治事件,报道社会生活中的新人新事、新气象、新成就的一种消息。动态消息一般篇幅不长,表述直接而简洁。一般说来,各种重要的会议新闻、国家领导人的行踪、重要的体育比赛等都属于动态消息。2009年7月8日,八国集团首脑会议在意大利举行,国内外各大媒体都跟踪报道此次会议的进展状况。比如会议的安全问题、非洲援助问题等,与此相关的新闻均属动态新闻。

(二) 典型报道

典型报道是一种介绍典型经验的消息。它可以反映各行各业、各个领域某一方面的典型经验、实际工作和社会生活。一般是比较全面系统地报道某项工作、活动的概貌、进展、成就,以及对全局有指导意义的经验。有些报道和介绍经验的通讯差不多,但仍以报道事实为主,不以报道人物为中心。例如,2022年中国共产党第二十次全国代表大会召开,这是轰动全球的大事,可以报道的角度和内容很多。但《新京报》别出心裁,专门从外国媒体的视角采写了通讯《二十大开幕,外媒都聚焦了哪些方面?》,选取了坦桑尼亚《坦桑尼亚每日新闻报》、巴基斯坦《今日巴基斯坦》、新加坡《联合早报》等著名媒体对二十大的评论。文章借助外媒向世界阐明了"中国式现代化",强调了报告中所指出的"中国式现代化,是中国共产党领导的社会主义现代化,既有各国现代化的共同特征,更有基于自己国情的中国特色"。

典型报道在写作时要求交代情况、叙述做法、反映变化、总结经验,由事实引出结论,经个别指明规律,因而具有普遍的指导意义。

(三) 述评性消息

述评性消息又叫"新闻述评"、"记者述评"。这类消息是一种以夹叙夹议、边述边评的方式来反映国内外重大事件和问题的新闻体裁。它既报道新闻事实本身,又阐发其性质和意义,往往以事实为基础,把事实提高到原则的高度,加以"一针见血"的分析和"画龙点睛"的评说。

如新华社文章《纪念五四运动100周年大会在京隆重举行》,报道指出,在纪念五四运动100周年的大会上,中共中央总书记、国家主席、中央军委主席习近平发表了重要的讲话。他不仅强调五四运动以来的100年,是中国青年一代又一代接续奋斗、凯歌前行的100年,也是中国青年用青春之我创造青春之中国、青春之民族的100年。进而指出,新时代中国青年运动的主题、方向和使命就是坚持中国共产党领导,同人民一道,为实现"两个一百年"的奋斗目标、实现中华民族伟大复兴的中国梦而奋斗。

(四) 综合消息

综合消息是综合报道带有全局性的情况、动向、成就、问题的一种消息。其报道面广、声势大。综合消息中的事实往往不是发生在一地,时间也不相同,而是用一个中心思想把若干有关事实综合起来,表达一个主题,说明一个问题。写综合消息要占有全面、充分、典型的材料,要有较强的组织材料、发现本质的能力,要点面结合,内容充实,中心突出。如人民网发布的关于纪念五四运动100周年的一条综合消息。该消息综合新华社驻外记者报道:"五四青年节前夕,我国一些驻外使领馆、华侨华人组织举办座谈会或演讲等活动,纪念五四运动100周年。"综合报道了中国驻新西兰大使馆举办青年外交官与在新留学生代表座谈会,中国驻澳大利亚墨尔本总领馆举办"喜迎新时代 争做新青年"演讲会暨2018年度"国家优秀自费留学生奖学金"颁奖仪式,以及驻外大使和华人华侨协会会长关于纪念五四运动100周年的讲话等。材料既全面充分,又能突出中心。

三、消息的写作

一般地说,一条消息的结构由五个部分组成:标题、导语、主体、背景、结尾。消息的写作重点便是正确地把握结构,做到中心突出、内容准确、简明生动、层次清楚。我们下面来看每一部分的基本写法。

(一) 标题

标题是一条消息的核心和灵魂。它是文章的内容提要,好的标题往往能起到吸引读者阅读的作用。

一般文章只有一个标题,消息却可以是"单行标题",也可以有"双行标题"、"多行标题"。

"单行标题"就是只有主标题(正题),如"我三十万大军胜利南渡长江"、"人民大会堂换上新国徽"等。

"双行标题"有两种情况:一种是主标题上面加引题(即肩题或眉题)如:

用法治给行政权力定规矩、划界限
法治政府建设取得重大进展

一种是主标题下面加副题(即子题或辅题)如:

汇聚亿万人民力量的宏伟蓝图
——"十四五"规划和2035年远景目标纲要编制记

"多行标题"是主标题之上有引题,主标题之下又有副题。主标题位置居中,字号较大。例如《人民日报》2023年6月1日发布的新闻标题:

习近平在北京育英学校考察时强调
争当德智体美劳全面发展的新时代好儿童
向全国广大少年儿童祝贺"六一"国际儿童节快乐
蔡奇丁薛祥陪同考察

标题如何制作,要根据消息内容和报道的需要来决定。不管采用何种形式,都要做到确切、简洁、醒目。

(二) 导语

导语就是消息的开头,一般就是消息的第一句话或第一小段。导语是消息的精华,必须下功夫写好。导语的写法,常见的有以下几种:

1. 概述式

概述式就是把消息中最重要、最新鲜的事实,用概述的方法,简明扼要地写在新闻的开头部分。如:《中共中央国务院关于建立健全城乡融合发展体制机制和政策体系的意见》(2019年4月15日)的导语:

> 建立健全城乡融合发展体制机制和政策体系,是党的十九大作出的重大决策部署。改革开放特别是党的十八大以来,我国在统筹城乡发展、推进新型城镇化方面取得了显著进展,但城乡要素流动不顺畅、公共资源配置不合理等问题依然突出,影响城乡融合发展的体制机制障碍尚未根本消除。为重塑新型城乡关系,走城乡融合发展之路,促进乡村振兴和农业农村现代化,现提出以下意见。

2. 描写式

描写式导语是用描写的手法,对消息的主要事实作简洁而生动的描写,以突出报道的人物或事件的特点,引起读者或听众的重视。如:

> 27日,北京世园会迎来"上海日"。从黄浦江畔到长城脚下,一直在探寻人、城市、自然三者和谐关系的上海,在北京世园会亮出生态名片。
> 伴随着海派风格的文艺表演,开幕式拉开帷幕。现代时尚的高楼大厦、波光粼粼的黄浦江、满是绿色的崇明岛……大屏幕上,人、城市、自然在光影中和谐相融。

3. 评论式

评论式导语是在开头叙述事实的同时发表评论,把新闻事实的意义讲得更明确,以引起读者的注意。如《人民日报》2019年5月29日的报道《"只要为患者服务好就好"——记西安交通大学第一附属医院妇产科主任医师邹余粮》:

> "只要为患者服务好就好。"今年53岁的邹余粮,已经行医30多年,临床经验丰富,行医原则却简单。作为临床专家,他每年诊治患者3 000余例。虽是省城大医院的专家,但邹余粮经常走进县乡村镇,指导基层医疗卫生人员提升诊疗技术,开展流行病调研。

4. 设问式

设问式导语是先提出问题，然后给予回答，以引起读者对某个问题、某一观点的重视。如：

一架飞机能从宽仅 14.62 米的巴黎市中心的凯旋门门洞飞过吗？巴黎的英雄们正在做着他们的实验。

5. 引用式

引用式导语是引用新闻中主要人物的语言，放在消息的开头部分，以图给人们留下强烈的印象。引用式导语一是要严格引用直接引语，不能改变说话者原意；二是所用引语应尽量挑选"掷地有声"的"点睛"之语，能起到一语胜千言的作用；三是引语要是容易理解的短句，句式不能太复杂。如《人民日报》2021 年 12 月 5 日的报道《从"美"字看为人民谋幸福的经济学——习近平经济思想的生动实践述评之一》，开篇便引用了中共中央总书记习近平 2012 年对发展这个大问题的具有时代性的回答"人民对美好生活的向往，就是我们的奋斗目标"，并以此为主题阐述为人民谋幸福的经济理念。

总之，无论采取哪一种写法，都必须从新闻的内容出发去选择使用导语。语言要高度概括、简练、明确，不要使用空洞抽象、模棱两可的词句。

（三）主体

主体是一篇消息的主要构成部分，是导语之后对新闻内容做进一步叙述或说明的部分。导语里提出的问题要靠主体部分来具体阐述。

新闻消息的内容是多种多样的，但不管怎样变化，它都有一些不可缺少的要素。有人将这些要素概括为"五个 W"，即 When（时间），Where（地点），Who（人物），What（事物），Why（为什么）。也就是说在写作消息时，一定要交代清楚这些要素。

消息的主体可以根据内容表述的需要，分几段来行文；也可以不分段，一以贯之。

消息主体常见的结构方式有以下四种类型：

1. 倒金字塔式结构

倒金字塔式结构是常用的写作消息的形式。它的特点是按照新闻事实的重轻顺序来安排新闻的写作层次。金字塔的顶端小而轻，基座大而重，如果把它倒置过来就变成顶端大而重，往下越小越轻。采用倒金字塔结构组织的新闻，就是把最重要、最精彩、最有吸引力的事实写在稿件的最前头，其他事实按先重后轻，先主后次的顺序来安排。例如：

国际残奥委会："刀锋战士"即便监外服刑也不能参加残奥会

新华社里约热内卢 10 月 21 日体育专电（记者姬烨）国际残奥委会发言人 21 日

表示,被判刑5年的"刀锋战士"奥斯卡·皮斯托瑞斯在服刑期间不能参加残奥会。

在接受法新社采访时,国际残奥委会发言人斯彭斯贝说:"他(皮斯托瑞斯)在5年刑期内不能参赛,在我们看来,就算他提前离开监狱,他在5年刑期内也不能参赛。"

此前,皮斯托瑞斯的律师团队曾表示,由于身体方面的原因,在监狱服刑满10个月后,皮斯托瑞斯或将在监外服刑。这给其继续参赛提供了可能。然而,斯彭斯贝表示,除非皮斯托瑞斯的刑期最终减少,否则他将无法参赛。

27岁的南非著名残疾运动员、"刀锋战士"皮斯托瑞斯在2013年2月14日"情人节"射杀了女友斯滕坎普。南非北豪登省最高法院庭审法官玛希帕21日宣布其被判刑5年。

皮斯托瑞斯2012年参加了伦敦奥运会男子400米和4×400米比赛,成为参加奥运会的第一个双腿截肢运动员。随后的伦敦残奥会上,他摘得男子400米和4×100米接力金牌。

在南非"刀锋战士"射杀女友事件之后,读者最关心的是他是否还能够参加国际残奥会。这条新闻依据读者关注程度的不同,对消息的主体进行有侧重点的安排。首先回答了读者最关心的问题:国际残奥委会发言人证实"刀锋战士"在服刑期间不能参加残奥会。接下来交代了消息的来源,引用国际残奥委会发言人斯彭斯贝在接受法新社采访时说的话,证实了新闻的真实性。说明这条新闻具有相当大的价值。第三段和第四段是解释"刀锋战士"为什么不能参加残奥会的原因和背景。最后一段回顾了"刀锋战士"此前参加残奥会的成绩,是对他之前参加残奥会经历信息的补充,与这条新闻的核心信息相比,属于较次要的事实。这篇新闻在整体上体现了倒金字塔式新闻的特点。

2. 金字塔式结构

金字塔式结构就是按照事物发生的顺序来写,故事的开头就是新闻的开头,故事的结束就是新闻的结束。这种写法保持了故事的完整性,使情节步步推进,在故事的结局出现高潮,从而更加吸引人,加强新闻的感染力。

3. 逻辑顺序结构

逻辑顺序写作即根据事物的内在联系或问题的逻辑关系来组织材料,考虑和安排段落结构。这种写作方法有利于反映出事物内部发展规律,揭示出事物本质特点与意义,因而会有较强的说服力。

4. 散文式结构

新闻的结构安排并不是固定不变的,在具体的写作过程中,可以根据行文的要求灵活使用。因此,新闻的结构方式也可以是多种多样的。述评性新闻、经验性新闻,就要更多地用逻辑思维的方法来层层深入地阐述问题和经验。而特写性新闻,则需要抓住特征性的事物展示生活的画面。所以,形式要为内容服务,只要读者愿意看,有兴趣,哪种形式都不妨采用。在写稿时可根据内容和报道的要求灵活掌握,不可拘泥于某种固定形式,束缚了自己的手脚。

(四) 背景

所谓背景,是指新闻报道中与主要事实有关的历史情况、环境条件等材料。也就是一件事物的来龙去脉、前因后果,一事物与其他事物的联系。

新闻中交代背景,有助于说明事物的意义。背景是为主题服务的。背景材料的加入,发挥对比、说明、注释、烘托、深化等作用,使新闻更有说服力。

常用作消息背景的主要有对比性材料、说明性材料和解释性材料。

背景材料的写作要注意:一是为主题服务,二是应简明扼要,三是用法灵活,不要形成固定格式。背景材料用或不用,用在哪里,都要根据需要,恰当安排。

(五) 结尾

为了表现事实的完整性和逻辑的严密性,大多数消息都会有一个结尾。但也有一些消息,主体部分已把内容说完了,便戛然而止,不必另加一个结尾。

消息的结尾一般是小结性的,主要是为了加深印象,以便对消息的主体起画龙点睛的作用;有些消息的结尾是指明事情发展的趋向,更进一步启发和鼓舞读者受众。

消息的结尾要尽量杜绝空话套话,能短则短、能无则无,不要模式化。

第三节 通 讯

一、通讯的概念和特点

(一) 通讯的概念

通讯也称为通讯报道,是报纸、广播等新闻媒体常用的一种文章体裁。它以及时、具体而形象地报道现实生活中真实的典型人物、典型事件为主要内容。通讯与消息一样都是新闻体裁的主角。

通讯与消息虽然同属新闻文体,但两者是有区别的:

从时间上来讲,消息比通讯要更快、更急;通讯则可以稍缓一点。

从篇幅上讲,通讯往往在一个主题下贯穿着相当丰富的材料,有故事,也有细节,相对长一些;而消息则要求短些、精简些。

在描述事件的过程或人物的经历方面，通讯比消息更详细，它往往可以通过多侧面、多角度来表现；而消息则多以事件为主，一事一报。

在结构上，消息是由导语、主体、背景、结尾组成的；通讯则变化多端，自由随意。

在表达方式上，消息以叙述为主，有少许描写，也允许必要的议论，但很少有抒情；通讯则可以较灵活地运用叙述、描写、议论、抒情及说明等多种表达方式。

(二) 通讯的特点

1. 真实性

通讯是新闻体裁的一种，新闻事实必须完全真实，真实性是新闻的生命。通讯的真实与文学的真实有所不同，文学作品要求的是艺术的真实，它以生活真实为基础但又不等于生活真实，作者可以对现实生活进行艺术的再创造，可以充分发挥想象，不受真人真事的局限。而通讯所报道的生活必须是真实的，一人、一物、一景、一情、一言、一语都要有根有据。

2. 时效性

通讯和消息一样，是新闻的一种体裁，虽然通讯并不要求像消息那样及时、迅速，但它仍然具有新闻时效性的特点。同一题材的消息和通讯，有时先发消息，续发通讯，有时同时见报。

3. 灵活性

通讯从结构形式上来看，没有固定的写作格式，形式多样，写法自由灵活；从表现手法上来看，不仅可以采用叙述方式，还可以采用描写、议论、抒情、对话等方式，只要有助于表现主题、刻画人物、描写事件，各种表现手法、修辞手法均可运用。在人称的运用上，消息一般用第三人称，通讯则可用第三人称，也可以用第一人称。

二、通讯的分类

按报道对象、内容和写作方法，通讯一般可分为以下几类：

(一) 人物通讯

人物通讯是以报道人物为主的通讯。这类通讯是通过写人物的事迹，反映人物的精神面貌，揭示他们崇高的思想境界和人格修养，以达到鼓励、教育读者的目的。

在写人物通讯时一般应注意刻画人物的思想，在矛盾冲突中写人物，也可以通过细节描写，围绕特定的时代精神和环境气氛来写。例如，2021年6月21日《人民日报》通讯《张桂梅：点燃大山女孩希望》，报道了荣获"全国优秀共产党员"、"时代楷模"、"全国脱贫攻坚楷模"等荣誉称号的云南省丽江市华坪女子高级中学党支部书记、校长张桂梅的事迹。文章通过书写张桂梅扎根边疆教育一线40余年，推动创建了中国第一所公办免费女子高中，帮助1800多名女孩走出大山、走进大学的故事，展示了社会主义教育工作者的时代追求与奉献精神。

(二) 事件通讯

事件通讯就是以写事件为主的通讯。这类通讯着重反映现实生活中发生的具有新闻意义的典型事件,它一般是完整地报道事件的来龙去脉,深入挖掘思想意义,反映时代风貌。但事件通讯并不是孤立地记事,事与人很难分开,所以也要刻画、揭示与事件有关的人物的思想风貌。

例如,通讯《民航空管还原川航3U8633备降处置过程》("环球网"2018年5月17日),报道了川航3U8633航班在发生紧急备降事件的过程中,除了机组成员共同努力外,各个部门也积极协同配合,迅速启动了应急处置预案,为飞机安全备降做好配合工作。记者先后采访民航西南空管局区域管制中心管制员、带班室主任,和川航3U8633机长刘传健,还原了航班在紧急情况下的备降处置过程。让读者了解到航班安全备降背后众多无名英雄的默默付出。

事件通讯扫描社会现象,追踪突发事件,关注百姓生活,又可以分为两种类型:一种以颂扬为主,目的是树典型,树立可供学习的榜样;另一种以披露为主,目的在于找教训,提供引以为鉴的案例。

(三) 工作通讯

工作通讯是反映实际工作中的经验、问题的通讯。它常运用典型事实,反映具有广泛社会意义、为广大群众所普遍关注的社会问题。好的工作通讯具有典型意义,指导性强,可以将"点"上的成功经验推广,促进"面"上工作的开展。

例如,《人民日报》2020年6月10日通讯《打工家门口　就业村里头》报道了各地各部门为稳定农民工就业,采取了各种措施,如通过开展技能培训,拓宽农民工就业面,并积极引导当地企业吸收用工,帮助农民工就近就业。还有以工代赈,为困难群众提供工作岗位,确保滞留在家的农民工稳定增收。也有新建试点项目,开辟增收新思路,带动当地农民工实现稳定就业致富。以积极务实的态度给返乡农民工创造上岗机会。既稳定了农民工就业,也开拓了新的就业思路。值得全国各个地区借鉴。

(四) 概貌通讯

概貌通讯也叫风貌通讯、综合通讯。它是以反映社会生活、风土人情、自然风光和现实中的建设成就报道为主的,是反映一个地区、一个单位的概况和发展变化,或介绍旅途所见所闻的通讯。它主要反映现实生活的新变化、新成就、新气象、新问题等。报刊上常见的"见闻""记事""记行""记实""访问""巡礼""散记""速写""侧记""札记"等,均属于概貌通讯。

例如,2021年7月1日通讯《大型情景史诗〈伟大征程〉展现波澜壮阔的百年历程》就是一篇概貌通讯。为庆祝中国共产党成立100周年,大型情景史诗《伟大征程》以"浴火前行"、

"风雨无阻"、"激流勇进"、"锦绣前程"四大篇章,将中国共产党百年来带领中国人民进行革命、建设、改革的壮美画卷徐徐展开。通讯展示了中华民族刻骨铭心的磨难与在真理引导下的觉醒,记录了国家波澜壮阔的发展与进步,更是记录了中国共产党矢志不移的奋斗与探索,是一篇特征鲜明的概貌通讯。

在概貌通讯中,有的着重写自然风貌,有的着重写社会风貌,还有的是把二者融会在一起写的。例如《今日的周庄》《美丽的鼓浪屿》等。

三、通讯的写作

(一)精选材料

"巧妇难为无米之炊",通讯的写作首先要深入采访,广泛搜集材料。获得大量的材料之后,紧接着的问题就是如何筛选材料。

选材要典型、精当,应注意三个原则:首先是看材料是否符合党和国家的大政方针,是否符合人民群众的切身利益,是否经得住时间的考验。第二应当看材料是否具有典型性、代表性和普遍意义。第三要考虑材料是否生动感人,有没有具体情节和感人的细节。

例如,在通讯《大山女孩的"校长妈妈"张桂梅》的报道中,选取了全国第一所公办免费女子高中——丽江华坪女子高级中学的校长张桂梅作为报道对象。为读者展示了一位矢志教育的共产党员的形象。采访者在撰写通讯的过程中,广泛访问相关对象,以大量直观形象的材料烘托出张桂梅忘我奉献、为了学生敢于牺牲一切的精神,既有典型意义又生动感人。

(二)提炼主题

通讯的主题应当正确、鲜明、集中、深刻。提炼主题一般应注意:

1. 选择角度新颖,力争深化主题

角度新能够引人注意,主题深刻则能具有教育人和感染人的思想意义。例如,《中国人首次进入自己的空间站》,报道了神舟十二号载人飞船准确进入预定轨道,顺利将3名航天员送上太空,这标志着中国人首次进入自己的空间站。该报道以中国人进入自己的空间站为报道对象,不仅主题新颖,而且点燃了每一个中国人的飞天梦想,映照整个国家的自信、执着和担当,具有非常强的感染力。

2. 加强当代意识,表现时代特征

写通讯在提炼主题的时候,一定要体现当代意识和时代精神。同现实生活关系最密切的事物,才是群众最关心的和需要解决的。例如,通讯《他创造了3 000个就业岗位》报道了上海民营企业家华轻集团董事长鲍炳新的事迹。这则通讯就富有鲜明浓郁的时代特征。

从写作的角度讲,能否提炼出正确、集中、深刻、新颖的主题是决定通讯成败优劣的关键。因而,写通讯必须提炼好主题。

（三）安排结构

通讯的结构形式是多种多样的。它可以像消息一样采用纵式结构或横式结构，也可以根据内容的特点灵活安排结构。有的通讯还交错运用纵式和横式结构。例如，《为了六十一个阶级弟兄》，这篇通讯报道的是抢救山西省平陆县六十一个阶级兄弟生命的事件。从整体上来说是按时间顺序的纵式结构，但从每个部分来看，却又是分别报道的横式结构。

总之，通讯的结构不是固定的。"文无定法"，我们完全可以根据报道题材的特点，创造出更为生动活泼的结构形式。

(四) 手法多样

通讯的表现手法，一般以叙述和描写为主，但也可以在叙述和描写的基础上恰当地进行议论和抒情，以加强文章的表达效果。例如，魏巍写的《谁是最可爱的人》选取了三个典型事例，表现了中国人民志愿军的可爱，在表现手法上以叙述为主，把叙述与描写、议论、抒情结合在一起，交织运用，字里行间渗透着对志愿军战士深切的赞美之情。

（五）锤炼语言

通讯的语言应该准确、简洁、朴实，由于它又兼用叙述、描写、议论、抒情等多种表现手法，所以通讯的语言往往还要求形象生动。在一些优秀的通讯中，不但作者的语言是生动、形象的，其人物也是充满个性特征的。例如，《生命的支柱》在叙述张海迪第二胸椎以下已失去知觉，脊椎严重变形，根本不能支撑身体时，作者写道："但是，在这个瘫软的身躯里，有一根坚强的生命支柱。这支柱支持这个病残的青年在无情的现实中奋斗；这支柱……"作者通过具有个性化的语言，表现了张海迪高贵的品质和高大的形象，令人难以忘怀。

第四节 散 文

一、散文的概念和特点

（一）散文的概念

什么是散文？历来说法不一。著名散文家柯灵说过："散文是一切文学样式中最自由活泼，最没有拘束的……散文像是生活的博物馆，它所陈列的，哪怕是一皿一器，一幅断笺，一片碎瓷，也无不揭示着深刻的社会意义。"巴金在《谈我的"散文"》中写道："只要不是诗歌，又没有故事，也不曾写出什么人物，更不是专门发议论讲道理，却又不太枯燥，而且还有一点点感情，像这样的文章我都叫做'散文'。"由此可见，散文从内容到形式上都是多样的。不同时代，不同的人对散文的看法也各不相同。

在古代，散文与韵文和骈文相对称。可以把一切不押韵、不对偶的散体文章，统称为散文。散文的范围相当广泛。

在现代，散文是一种与诗歌、小说、戏剧并称的文学体裁。它包括的内容很多，如序、跋、杂文、小品、随笔、游记、特写、日记、书信、回忆录、文艺通讯、报告文学、人物传记等。现代散文概念的外延虽然比古代散文概念的外延小了，但它仍只能算是广义的散文。随着时代的发展，为了理论研究和创作实践的需要，原属于"散文"概念中的一些文体，如杂文、文艺通讯、报告文学、人物传记等逐渐从广义的散文中分离出去，相对独立。这样，散文的范围便越来越小，形成今天所说的狭义的散文。

(二) 散文的特点

散文在我国有着悠久的历史传统。千百年来汗牛充栋的散文作品，凝结成散文独特的民族风格和鲜明的艺术特色，其突出的特点有：

1. 题材广泛

散文的内容丰富，题材广泛，无所不包。日常生活中到处都是散文取材的内容，大至国内外政治经济文化军事等大事件，小至个人喜怒哀乐的细枝末节，天上人间、山川草木、鸟兽虫鱼，皆可入文。正如作家秦牧所说："散文领域——海阔天空。"可以说，"宇宙之大，苍蝇之微"都能写进散文之中，散文的题材无处不有、无时不在，关键看作者是否有心去捕捉去提炼去进行艺术的创造。

例如冯骥才的散文《离我太远了，皮兰》，作者追叙了自己在斯洛文尼亚海滨小城皮兰的观感，向我们展示了一个具有深厚历史传统的城市，并表达了对这个小城的喜爱之情："如果世界上有一个地方从来没听人说过，去了之后却永难忘怀，这个地方就是皮兰。"又如老舍的散文《小麻雀》，通过一只小麻雀受伤后又被猫咬伤的遭遇，寄寓了对被侮辱、被损害的弱小者命运的同情，也含蓄地表达了对弱者以抗争求生存的期望。这是选取生活中的小事，表现深广的思想感情。

2. 形散神聚

散文的选材可以不拘一格，任意而行，但它并非一种杂乱无序的文学体裁。20世纪60年代初，萧云儒首次用"形散神不散"对散文的艺术格局进行理论概括，相当准确地提炼了散文的这一特点。所谓"形散"是说散文在材料内容上可以不受限制，信手拈来；在语言章法上可以天马行空，任意驰骋。既可以"大题小做"，也可以"小题大做"或者"借题发挥"、"无题有感"。它的笔法是灵活多变的，可以叙述、可以描写、可以议论、可以抒情，间或也可以采用说明的方式。所谓"神聚"是指散文的中心明确，紧凑集中。在一篇散文中，不管作者怎样信笔挥洒，却总是紧扣主题的，万不可离题"跑野马"。

例如史铁生的散文《命若琴弦》，看似随意地从两个拉琴的瞎子写起，字里行间传递的却是对生命意义的思考。在身有残疾的史铁生看来，生而为人，都是有残疾的，躯体的残缺只是人的本质的残缺的外显。散文里的老瞎子和小瞎子本质上就是我们每一个人自身的映射,人的生命就像老瞎子手中的琴弦一样,要一直紧绷着才能活下去,弦断了,生命的意义也就不存在了。文章初读好像在讲述一个残疾人的故事,细细品味才发现在短短的文字中充满了生命的张力。

有人说"散文贵散",也有人说"散文忌散",这两种说法都有一定的道理。在具体的一篇散文中,牢牢把握住"形散而神不散"这一特点十分重要。

3. 文情并茂

散文素有"美文"之称,它特别讲究文辞的优美和感情的真挚。散文的美产生于语言的准确、明晰和欣悦。散文的文辞要充满感情色彩,富于感染力。"文"和"情"的关系是交织互染、相辅相成的。例如郁达夫的散文《故都的秋》,其中有这样一段文字:

> 江南,秋当然也是有的,但草木凋得慢,空气来得润,天的颜色显得淡,并且又时常多雨而少风;一个人夹在苏州上海杭州,或厦门香港广州的市民之间,浑浑沌沌地过去,只能感到一点点清凉,秋的味,秋的色,秋的意境与姿态,总看不饱,尝不透,赏玩不到十足。秋并不是名花,也并不是美酒,那一种半开、半醉的状态,在领略秋的过程上,是不合适的。

文中,作者向我们展现的是南国之秋。在语言上,"凋得慢""来得润""显得淡"有诗的韵味;"看不饱,尝不透,赏玩不到十足"则从视觉、味觉、触觉中把握秋色,有音乐的旋律;而"浑浑沌沌地""一点点清凉"使读者似乎体会到作者那错综复杂的矛盾思想和淡淡的愁情。在描摹中,作者欲表现北国的"秋味",却先宕开一笔,以南国之秋来作为全文的映衬、对比,字里行间融注着深沉的感情。

在散文中,让饱含深情的文字行诸笔端,情文相生,情文并茂,这样才能使文章绚丽多姿,妙趣横生。

4. 篇幅短小

散文题材广泛,形式自由,反映现实生活迅速,因而它力求短小精悍。冰心在《漫谈散文》中说过:"散文是我最喜欢的文学形式,它短小自由,最能迅速而流畅地表达作者一时兴起的思想和情感。"统观古今众多的散文作品,篇幅短小是它们共同的特点。由于散文篇幅短小,写起来方便,比较容易驾驭,所以人们称它为"文学轻骑"。

散文短小精悍的特点,主要表现在材料的裁剪和语言的提炼上。比如古代散文中王安石的《读孟尝君传》,全文仅九十个字,写了四个层次,翻了一个历史大公案,是一篇极妙的议论性散文。清代沈德潜评论说:"语语转,笔笔紧,千秋绝调。"在现代文学上朱自清的《匆匆》、俞平伯的《春来》,都只有五六百字,但注重炼字炼句,以小见大,言近旨远,使它们成为文学宝库中的名篇。

二、散文的分类

散文的分类极其复杂,而且众说纷纭,莫衷一是,至今没有定论。综观众家之长,现代散文一般可分为三类:叙事散文、抒情散文和议论散文。由于议论散文是以议论为主要表达方式的文体,像杂文、小品文等,本书将分专节论述。这里只介绍前两类散文。

(一) 叙事散文

叙事散文也称为记叙散文,它是以记叙为主要表达方式,以记述人物、事件和景物为主要内容的一种散文。这类散文借助事实,明理寓情,有较强的客观纪实性。

叙事散文往往通过对具体事物的记叙来表现人物的思想风貌。这时也可以将其称为记人散文。例如鲁迅的《藤野先生》、巴金的《怀念萧珊》、汪曾祺的《星斗其文,赤子其人》等。它们所表现的主要对象是人,是人物的活动、思想、面貌、情感、品德。记人散文一般不能虚构,它可以摘取人生历程的片断、细节,经过巧妙的艺术构思,以细节、片断观照人的一生或某一侧面,以少胜多,以小见大。如在萧红的散文《回忆鲁迅先生》中,作者以女性特有的细腻感受,选取了鲁迅形象中最家常的一面:他作为长者对青年人的爱护,他在日常生活中作为丈夫和父亲的普通人形象等,迥异于惯常所见的严肃峻厉的一面。文章以真情实感为线索,读起来显得真切动人。

如果散文所写的主要对象是事,是一个事件、一个故事,或者只是几个生活插曲,用以反映事物的本质意义,给人以思想上的启迪,这便是典型的以记事为主的叙事散文了。作家林清玄在《浴着光辉的母亲》中,描写了一位呵护弱智儿子的母亲,在公交车上,这位母亲像安慰婴儿一样安慰自己已经十几岁的儿子,满车乘客都满怀崇敬地看着那位母亲,她那完全融入的、无私的、无我的、无造作的行为,浴满了爱的光辉。

当然,写人离不开记事,记事也常常要围绕人来写,所以叙事散文的人和事往往是交织在一起的。写人与记事的区别是行文立意的侧重点不同。

以写景状物为主的叙事散文所记写的主要对象是景物。这类散文往往通过叙写山川景色、名胜古迹、异域风情、祖国新貌以及介绍有关历史、地理、民俗、建设成就等方面的情况,从而寄托某种思想感情。例如许地山的《落花生》,通过对花生"只把果子埋在地底"品性的叙写,表现了"人要做有用的人"的思想,描绘精巧而质朴,感情细腻而动人。

(二) 抒情散文

抒情散文是指以抒情为主要表达方式,较为直接地或凭借客观事物而抒发作者主观感情的散文。散文的抒情有多种多样的方式,有直接抒情,也有间接抒情。

直抒胸臆的散文,往往将内心强烈的感情依附于事物的简要描述,把内心的情感不加掩

饰地倾泻出来。它重"情"不重"事",叙事是为了抒情。例如余秋雨的《道士塔》中的一段:

> 今天我走进这几个洞窟,对着惨白的墙壁、惨白的怪像,脑中也是一片惨白。我几乎不会言动,眼前直晃动着那些刷把和铁锤。"住手!"我在心底痛苦地呼喊,只见王道士转过脸来,满眼困惑不解。是啊,他在整理他的宅院,闲人何必喧哗?我甚至想向他跪下,低声求他:"请等一等,等一等……"但是等什么呢?我脑中依然一片惨白。

间接抒情的散文根据所依托的事、物、景的不同,又可分为几种:因事而发,情附于事或即事抒情;因物而发,情移于物或物动于情;因景而发,触景生情或情景交融。

因事而发的抒情散文,感情所依附的对象是事情,作者通过对事件的叙述,来抒发自己的感情,寓情于事。例如鲁迅的散文《风筝》,通过对幼年时"我"欺压小兄弟之事的细腻描写,抒发了对封建伦理道德扼杀儿童天性的憎恨之情。全文叙述往事与抒情紧密结合,境界深远。

因物而发的抒情散文,其感情依附的对象是物,作者通过对某种物的记写来抒发感情,寓情于物。例如宗璞的散文《紫藤萝瀑布》,作者细致描写紫藤萝花的花瀑、花穗、花朵等,行文中微微沁出的都是对于生命的思考和感悟。

因景而发的抒情散文,作者借助于景物抒发感情,把所描写的景物涂上浓厚的感情色彩,寓情于景。例如丰子恺的散文《秋》,作者通过对厌春而喜秋的叙议,表达出他对"超尘脱俗"生活的深切感情。情由景起,形象的描写与抒情相结合,富有强烈的艺术感染力。

三、散文的写作

(一) 精心立意

散文写作是作者从纷繁复杂的现实生活中得到真切感受,凝神集思,运用适当的艺术表现手法,来揭示某种新颖而深刻的题意。它侧重于抒写作者对生活的内在体验和真情实感。因而立意十分重要。郁达夫在《〈中国新文学大系·散文二集〉导言》中曾说:"我以为一篇散文的最重要的内容,第一要寻这'散文的心';照中国旧式的说法,就是一篇的作意,在外国修辞学里,或称作主题或叫它要旨的,大约就是这'散文的心'了。"

散文中的"意",从客观方面来说,是事物的内在精神;从主观方面来说,是作者对事物内在精神再创造的结果。散文的立意,就是作者用特殊的艺术手段,反映事物的内在精神。事物的内在精神是无比丰富的,散文作品中所立的"意"也是多种多样的。

一般说来,高、新、深,是对散文立意的高标准要求。

所谓立意高,就是要求作者站在时代的高峰,观察生活,表现生活,提出高明的见解。例如,茅盾的散文《风景谈》写于1940年12月,作者随物赋形,情随景迁,行文的目的是要将解放区的"人"写活,把伟大的人格、崇高的民族精神写透,既歌颂光明又鞭挞黑暗。这篇散文在当时不啻破"石"而出的萌芽,给迷雾中的爱国读者心头辟出一个绿盎盎的"乐郊",充分体现了作者的胆识和文才。这个立意就富有时代的高度。

所谓立意新,就是要求作者有独创性,写出新东西,给读者以新鲜的感受和启迪。例如沈从文的《西山的月》,这是一篇怀恋情人的散文。但是作者表现对情人的怀恋,不是一般地去描写她的花容月貌和回味他们曾经有过的甜蜜的幽会,而是激情飞扬地去表现"我"的心目中她那顾盼灵动的眼睛和甜美醉人的微笑,甚至眼泪,竭力去捕捉、想象她那辣动人心、神秘飘忽的内在美。文章想象美妙、独特,立意清新、俊逸。

所谓立意深,就是要求作者对社会生活进行深入的观察,有强烈的感受,从而揭示出深刻的思想。例如李大钊的《"今"》,作者先借哲人的话,说明与"昨日"、"明日"相比,"今日"确有把握,值得珍惜。其次,作者根据宇宙运动刻刻流传的真理,指出"今"也最易丧失。最后,作者提出过去、未来皆是现在,无限的过去都以现在为归宿,无限的未来都以现在为渊源。这样,作者从古老的中华民族精神中提出一个对待"今"的态度的命题,从民族精神面貌入笔,立意新颖、深刻而又极富现实意义。

当然,立意的高、新、深在作品中不是完全孤立的,在行文中,三者往往是有机相融、完美一体的。我们来看余光中的散文《听听那冷雨》。

听听那冷雨

惊蛰一过,春寒加剧。先是料料峭峭,继而雨季开始,时而淋淋漓漓,时而淅淅沥沥,天潮潮地湿湿,即连在梦里,也似乎把伞撑着。而就凭一把伞,躲过一阵潇潇的冷雨,也躲不过整个雨季。连思想也都是潮润润的。每天回家,曲折穿过金门街到厦门街迷宫式的长巷短巷,雨里风里,走入霏霏令人更想入非非。想这样子的台北凄凄切切完全是黑白片的味道,想整个中国整部中国的历史无非是一张黑白片子,片头到片尾,一直是这样下着雨的。这种感觉,不知道是不是从安东尼奥尼那里来的。不过那一块土地是久违了,二十五年,四分之一的世纪,即使有雨,也隔着千山万山,千伞万伞。二十五年,一切都断了,只有气候,只有气象报告还牵连在一起。大寒流从那块土地上弥天卷来,这种酷冷吾与古大陆分担。不能扑进她怀里,被她的裙边扫一扫吧也算是安慰孺慕之情。

这样想时,严寒里竟有一点温暖的感觉了。这样想时,他希望这些狭长的巷子永远延伸下去,他的思路也可以延伸下去,不是金门街到厦门街,而是金门到厦门。他是厦门人,至少是广义的厦门人,二十年来,不住在厦门,住在厦门街,算是嘲弄吧,也算是安慰。不过说到广义,他同样也是广义的江南人,常州人,南京人,川娃儿,五陵少年。杏花春雨江南,那是他的少年时代了。再过半个月就是清明。安东尼奥尼的镜头摇过去,摇过去又摇过来。残山剩水犹如是。皇天后土犹如是。纭纭黔首纷纷黎民从北到南犹如是。那里面是中国吗?那里面当然还是中国,永远是中国。只是杏花春雨已不再,牧童遥指已不再,剑门细雨渭城轻尘也都已不再。然则他日思夜梦的那片土地,究竟在哪里呢?

在报纸的头条标题里吗?还是香港的谣言里?还是傅聪的黑键白键马思聪的跳弓拨弦?还是安东尼奥尼的镜底勒马洲的望中?还是呢,故宫博物院的壁头和玻璃橱内,京戏的锣鼓声中太白和东坡的韵里?

杏花。春雨。江南。六个方块字,或许那片土就在那里面。而无论赤县也好神州也好中国也好,变来变去,只要仓颉的灵感不灭,美丽的中文不老,那形象,那磁石一般的向心力当必然长在。因为一个方块字是一个天地。太初有字,于是汉族的心灵,祖先的回忆和希望便有了寄托。譬如凭空写一个"雨"字,点点滴滴,滂滂沱沱,淅沥淅沥淅沥,一切云情雨意,就宛然其中了。视觉上的这种美感,岂是什么 rain 也好 pluie 也好所能满足?翻开一部《辞源》或《辞海》,金木水火土,各成世界,而一入"雨"部,古神州的天颜千变万化,便悉在望中,美丽的霜雪云霞,骇人的雷电霹雹,展露的无非是神的好脾气与坏脾气,气象台百读不厌门外汉百思不解的百科全书。

听听,那冷雨。看看,那冷雨。嗅嗅闻闻,那冷雨。舔舔吧,那冷雨。雨在他的伞上,这城市百万人的伞上,雨衣上,屋上,天线上。雨下在基隆港,在防波堤在海峡的船上,清明这季雨。雨是女性,应该最富于感性。雨气空濛而迷幻,细细嗅嗅,清清爽爽新新,有一点点薄荷的香味。浓的时候,竟发出草和树沐发后特有的淡淡土腥气,也许那竟是蚯蚓和蜗牛的腥气吧,毕竟是惊蛰了啊。也许地上的地下的生命,也许古中国层层叠叠的记忆皆蠢蠢而蠕,也许是植物的潜意识和梦吧,那腥气。

第三次去美国,在高高的丹佛山居了两年。美国的西部,多山多沙漠。千里干旱。天,蓝似盎格鲁撒克逊人的眼睛;地,红如印第安人的肌肤;云,却是罕见的白鸟,落基山簇簇耀目的雪峰上,很少飘云牵雾。一来高,二来干,三来森林线以上,杉柏也止步,中国诗词里"荡胸生层云",或是"商略黄昏雨"的意趣,是落基山上难睹的景象。落基山岭之胜,在石,在雪。那些奇岩怪石,相叠互倚,砌一场惊心动魄的雕塑展览,给太阳和千里的风看。那雪,白得虚虚幻幻,冷得清清醒醒,那股皑皑不绝一仰难尽的气势,压得人呼吸困难,心寒眸酸。不过要领略"白云回望合,青霭入看无"的境界,仍须回来中国。台湾湿度很高,最饶云气氤氲雨意迷离的情调。两度夜宿溪头,树香沁鼻,宵寒袭肘,枕着润碧湿翠苍苍交叠的山影和万籁都歇的岑寂,仙人一样睡去。山中一夜饱雨,次晨醒来,在旭日未升的原始幽静中,冲着隔夜的寒气,踏着满地的断柯折枝和仍在流泻的细股雨水,一径探入森林的秘密,曲曲弯弯,步上山去。溪头的山,树密雾浓,蓊郁的水气从谷底冉冉升起,时稠时稀,蒸腾多姿,幻化无定,只能从雾破云开的空处,窥见乍现即隐的一峰半壑,要纵览全貌,几乎是不可能的。至少入山两次,只能在白茫茫里和溪头诸峰玩捉迷藏的游戏。回到台北,世人问起,除了笑而不答心自闲,故作神秘之外,实际的印象,也无非山在虚无之间罢了。云缭烟绕,山隐水迢的中国风景,由来予人宋画的韵味。那天下也许是赵家的天下,那山水却是米家的山水。而究竟,是米氏父子下笔像中国的山水,还是中国的山水上纸像宋画,恐怕是谁都说不清楚了吧?

雨不但可嗅,可观,更可以听。听听那冷雨。听雨,只要不是石破天惊的台风暴雨,在听觉上总是一种美感。大陆上的秋天,无论是疏雨滴梧桐,或是骤雨打荷叶,听去总有一点凄凉,凄清,凄楚。于今在岛上回味,则在凄楚之外,再笼上一层凄迷了。饶你多少豪情侠气,怕也经不起三番五次的风吹雨打。一打少年听雨,红烛昏沉。二打中年听雨,客舟中,江阔云低。三打白头听雨在僧庐下。这便是亡宋之痛,一颗敏感心灵的一生,楼上,江上,庙里,用冷冷的雨珠子串成。十年前,他曾在一场摧心折骨的鬼雨中迷失了自己。雨,该是一滴湿漓漓的灵魂,在窗外喊谁。

雨打在树上和瓦上,韵律都清脆可听。尤其是铿铿敲在屋瓦上,那古老的音乐,属于中国。王禹偁在黄冈,破如椽的大竹为屋瓦。据说住在竹楼上面,急雨声如瀑布,密雪声比碎玉,而无论鼓琴,咏诗,下棋,投壶,共鸣的效果都特别好。这样岂不像住在竹筒里面,任何细脆的声响,怕都会加倍夸大,反而令人耳朵过敏吧。

雨天的屋瓦,浮漾湿湿的流光,灰而温柔,迎光则微明,背光则幽黯,对于视觉,是一种低沉的安慰。至于雨敲在鳞鳞千瓣的瓦上,由远而近,轻轻重重轻轻,夹着一股股的细流沿瓦槽与屋檐潺潺泻下,各种敲击音与滑音密织成网,谁的千指百指在按摩耳轮。"下雨了",温柔的灰美人来了,她冰冰的纤手在屋顶拂弄着无数的黑键啊灰键,把晌午一下子奏成了黄昏。

在古老的大陆上,千屋万户是如此。二十多年前,初来这岛上,日式的瓦屋亦是如此。先是天黯了下来,城市像罩在一块巨幅的毛玻璃里,阴影在户内延长复加深。然后凉凉的水意弥漫在空间,风自每一个角落里旋起,感觉得到,每一个屋顶上呼吸沉重都覆着灰云。雨来了，最轻的敲打乐敲打这城市。苍茫的屋顶，远远近近，一张张敲过去，古老的琴，那细细密密的节奏，单调里自有一种柔婉与亲切，滴滴点点滴滴，似幻似真，若孩时在摇篮里，一曲耳熟的童谣摇摇欲睡，母亲吟哦鼻音与喉音。或是在江南的泽国水乡，一大筐绿油油的桑叶被啮于千百头蚕，细细琐琐屑屑，口器与口器咀咀嚼嚼。雨来了，雨来的时候瓦这么说，一片瓦说，千亿片瓦说，轻轻地奏吧沉沉地弹，徐徐地叩吧挞挞地打，间间歇歇敲一个雨季，即兴演奏从惊蛰到清明，在零落的坟上冷冷奏挽歌，一片瓦吟千亿片瓦吟。

在日式的古屋里听雨，听四月，霏霏不绝的黄梅雨，朝夕不断，旬月绵延，湿黏黏的苔藓从石阶下一直侵到他舌底，心底。到七月，听台风台雨在古屋顶一夜盲奏，千寻海底的热浪沸沸被狂风挟来，掀翻整个太平洋只为向他的矮屋檐重重压下，整个海在他的蜗壳上哗哗泻过，不然便是雷雨夜，白烟一般的纱帐里听羯鼓一通又一通，滔天的暴雨滂滂沛沛扑来，强劲的电琵琶忐忐忑忑忐忐忑忑，弹动屋瓦的惊悸腾腾欲掀起。不然便是斜斜的西北雨斜斜，刷在窗玻璃上，鞭在墙上打在阔大的芭蕉叶上，一阵寒濑泻过，秋意便弥漫日式的庭院了。

在日式的古屋里听雨，从春雨绵绵听到秋雨潇潇，从少年听到中年，听听那冷雨。雨是一种单调而耐听的音乐是室内乐是室外乐，户内听听，户外听听，冷冷，那音乐。雨是一种回忆的音乐，听听那冷雨，回忆江南的雨下得满地是江湖下在桥上和船上，也下在四川的秧田和蛙塘，下肥了嘉陵江下湿布谷咕咕的啼声。雨是潮潮润润的音乐下在渴望的唇上舔舔那冷雨。

因为雨是最最原始的敲打乐从记忆的彼端敲起。瓦是最最低沉的乐器灰蒙蒙的温柔覆盖着听雨的人，瓦是音乐的雨伞撑起。但不久公寓的时代来临，台北你怎么一下子长高了，瓦的音乐竟成了绝响。千片万片的瓦翩翩，美丽的灰蝴蝶纷纷飞走，飞入历史的记忆。现在雨下下来，下在水泥的屋顶和墙上。没有音韵的雨季。树也砍光了，那月桂，那枫树，柳树和擎天的巨椰，雨来的时候不再有丛叶嘈嘈切切，闪动湿湿的绿光迎接。鸟声减了啾啾，蛙声沉了阁阁，秋天的虫吟也减了唧唧。七十年代的台北不需要这些，一个乐队接一个乐队便遣散尽了。要听鸡叫，只有去《诗经》的韵里寻找。现在只剩下一张黑白片，黑白的默片。

正如马车的时代去后，三轮车的时代也去了。曾经在雨夜，三轮车的油布篷挂起，送她回家的途中，篷里的世界小得多可爱，而且躲在警察的辖区以外。雨衣的口袋越大越好，盛得下他的一只手里握一只纤纤的手。台湾的雨季这么长，该有人发明一种宽宽的双人雨衣，一人分穿一只袖子，此外的部分就不必分得太苛。而无论工业如何发达,一时似乎还废不了雨伞。只要雨不倾盆,风不横吹,撑一把伞在雨中仍不失古典的韵味。任雨点敲在黑布伞或是透明的塑胶伞上,将骨柄一旋,雨珠向四方喷溅,伞缘便旋成了一圈飞檐。跟女友共一把雨伞,该是一种美丽的合作吧。最好是初恋,有点兴奋,更有点不好意思,若即若离之间,雨不妨下大一点。真正初恋,恐怕是兴奋得不需要伞的,手牵手在雨中狂奔而去,把年轻的长发和肌肤交给漫天的淋淋漓漓,然后向对方的唇上颊上尝凉凉甜甜的雨水。不过那要非常年轻且激情,同时,也只能发生在法国的新潮片里吧。

　　大多数的雨伞想不会为约会张开。上班下班,上学放学,菜市来回的途中。现实的伞,灰色的星期三。握着雨伞,他听那冷雨打在伞上。索性更冷一些就好了,他想。索性把湿湿的灰雨冻成干干爽爽的白雨,六角形的结晶体在无风的空中回回旋旋地降下来,等须眉和肩头白尽时,伸手一拂就落了。二十五年,没有受故乡白雨的祝福,或许发上下一点白霜是一种变相的自我补偿吧。一位英雄,经得起多少次雨季?他的额头是水成岩削成还是火成岩?他的心底究竟有多厚的苔藓?厦门街的雨巷走了二十年与记忆等长,一座无瓦的公寓在巷底等他。一盏灯在楼上的雨窗子里,等他回去,向晚餐后的沉思冥想去整理青苔深深的记忆。前尘隔海,古屋不再。听听那冷雨。

余光中在《听听那冷雨》中将游子的思乡之情贯注在"雨"这个意象之中,借助"冷雨"抒发对故乡的思念之情,而"中国"是这思念之中最核心的东西。无论是在美国的丹佛还是中国的台湾岛,对"中国"的思念总是充盈在心间。作者飞扬的想象和对古典中国深刻的理解,让他进入中国的诗词传统之中寻寻觅觅,故国之思像雨声一样,点点滴滴,淅淅沥沥,无尽无止。

(二) 以小见大

以小见大是散文写作的常用方法。所谓"小"是指散文取材的角度宜小,或一山一水、一草一木;或一事一物,一场一景;或一时的感触,一瞬的闪念。许多散文名篇都是选取生活海洋中的一朵"浪花",时代交响乐中的一个"插曲"来编织成文的。所谓散文的"大",即散文的蕴含丰富,或揭示一个哲理,反映某种规律;或抒发人之常情,剖析世俗病态;或启迪思想,催人奋发……正如英国诗人布莱克所说,"在一颗沙粒中见一个世界,在一朵鲜花中见一片天空",在你的掌心里把握无限,在一个钟点里把握无穷。现代作家鲁迅的《一件小事》,冰心的《小桔灯》都是以小见大的散文名篇。可见,用很小的材料,反映较深刻的主题,是散文写作的基本要求之一。散文中的许多精品,正是作者从现实生活的深刻感受中,沙里淘金,从细微处看到和发现别人所没有看到的东西。郁达夫也借布莱克的诗表达这种"以小见大"的写法技巧,将之比喻为"一粒沙里见世界,半瓣花上说人情",这是很形象、贴切的。例如,席慕蓉的散文《贝壳》就是一篇以小见大的散文佳作。

贝　壳

　　在海边,我捡起了一枚小小的贝壳。

　　贝壳很小,却非常坚硬和精致。回旋的花纹中间有着色泽或深或浅的小点,如果仔细观察的话,在每一个小点周围又有着一圈一圈的复杂图样。怪不得古时候有人采用贝壳来做钱币,在我手心里躺着的实在是一件艺术品,是舍不得拿去和别人交换的宝贝啊!

　　在海边捡起这一枚贝壳的时候,里面曾经居住过的小小柔软的肉体早已死去,在阳光、砂粒和海浪的淘洗之下,贝壳中所留下来的痕迹已经完全消失了。但是,为了这样一个短暂和细小的生命,为了这样一个脆弱和卑微的生命,上苍给它制作出来的居所却有多精致、多仔细、多么地一丝不苟呢!

　　比起贝壳里的生命来,我在这世间能停留的时间是不是更长和更多一点呢?是不是也应该用我的能力来把我所能做到的事情做得更精致、更仔细、更加地一丝不苟呢?

　　请让我也能留下一些令人珍惜、令人惊叹的东西来吧。

　　在千年之后,也许也会有人对我留下的痕迹反复观看,反复把玩,并且会忍不住轻轻地叹息:"这是一颗怎样固执又怎样简单的心啊!"

作者从贝壳的"小"、"坚硬"、"精致"写起,表现贝壳虽小却精美的生命特征。由此联想到人的生命,想到我们是否能像贝壳这样,也给世界留下一些精致的东西,可能并不伟大,但是精致、仔细、一丝不苟,像贝壳一样美丽,让后人遇到后也能感到独特的生命之美。

　　由此可见,在散文的写作中,应当注意选择材料的"小"。这个"小"应是自己有独特体验的事物,但它具有独特的品格,"小"中孕育着"大"。

(三) 巧妙构思

　　散文是自由灵活的一种文体,它无拘无束,在构思上具有零散性、发散性、随机性等特点。然而,这并不是说散文不讲究构思。相反,大凡优秀的散文在构思上往往都是精美巧妙的。所谓"巧"是指在谋篇布局上,既要出人意料,又在情理之中。这种"巧"要符合生活的逻辑和人们认识的规律。例如冰心的散文《我们把春天吵醒了》,作者笔下处处洋溢着对人民、对春天的热情赞美。人民唤醒了春天,春天属于人民。春天催发了万物,万物来自人民的创造力。作者通过对春天的描写,热情地歌颂了社会主义祖国辛勤劳动的人民,可见构思之精巧。

那么,如何才能做到巧妙构思呢？最重要的是要善于选择最佳的描写角度。只有描写角度新颖,才能巧妙地布局谋篇,从而表现出作者独特的生活感受。例如赵丽宏的散文《上海的脚步》,作者通过描写上海的喜怒悲欢、荣辱升沉,慨叹时代的变迁和中国人民所走过的曲折道路。然而,作者没有对上海采取全景式扫描和粗线条的勾勒,只是选取了一个最能表现上海变化的视角,抒发自己的感受：

> 已经数不清多少次了,我独自一人走在黄浦江畔,看浑黄的江水缓缓地流向远方,江水也把我的思绪带得很远很远——

作者漫步黄浦江畔,去找寻时光老人留给上海的"脚印"：看着外滩——"这座城市中最意味深长的组成部分",仿佛在"触摸历史"；瞭望未来——"江对岸,浦东正如巨人一般在一天天崛起——"眼前的变化唤起了作者"儿时的记忆","豫园"、"石库门弄堂"、"南京路"、"中国第一个时装表演队"、"上海人的表情"等等都在作者的笔下娓娓道来,挥洒自如。文章的后部分作者写道：

> 现在,夜上海的光环正在向四面八方辐射,和四十年前相比,上海的夜色更加广阔,更加灿烂,黄浦江畔正成了一个真正的不夜城。

在这里,作者独特的视角,独特的感受,赋予上海这座城市以丰富的内涵。历史在启发着后人——"今天的上海人,将为后人留下一些什么呢？"全文饱蘸深情,含蓄隽永,颇具艺术魅力。

散文巧妙的构思还包括要精心安排好行文的结构。散文的结构没有固定的程式,不受任何约束,舒卷自如,精美别致。主要的结构问题应在以下几点上加以注意。

1. 线索

线索是指把作品的全部材料贯穿成一个有机整体的脉络。它好像是把零散的粒粒珍珠穿缀成闪光项链的一条线。在散文的结构上,一条合适的线索可以把看似散乱的材料围绕一个中心组织起来。

散文的线索是多种多样的。有的以某个中心事件或人物活动为线索,如朱德的《回忆我的母亲》；也有的以物为线索,如杨朔的《茶花赋》；还有的以空间转换和时间的推移为线索,如刘白羽的《长江三峡》。

应当指出的是,一篇散文的线索有时也不是单一的,它往往是同时几条线索互相结合、互相交织的。如杨朔的《雪浪花》,散文以作者两次见到老泰山为行文线索,当老泰山退场后,散文又转到抒写作者对劳动人民的歌颂之情上,全文写礁石、写浪花、写老泰山的今昔,又是以"是叫浪花咬的"一句话贯穿起来的,笔墨纵横、跌宕多姿。

2. 开头和结尾

开头和结尾处在结构的显要位置,在文章中有着特殊的作用。明代谢榛说:"起句当如破竹,骤响易彻;结句当如撞钟,清音有余。"(《四溟诗话》)他用形象的比喻,指出了开头和结尾的写法的重要性及美感作用。

的确,在散文中,好的开头能让人一见钟情。例如贾平凹的散文《丑石》,第一句话便是"我常常遗憾我家门前的那块丑石呢"。作者为什么要写一块丑石?又为什么要"遗憾"呢?这个开头一下子抓住了读者的心,并为全文要抒写"丑到极处,便是美到极处"的人生哲理埋下了伏笔。好的散文的结尾,能叫人读后余味无穷。如余秋雨的散文《藏书忧》,结尾写道:"嗜书如命的中国文人啊,你们的光荣的悲哀,该怎样裁割呢?"这一结尾近于生命终极的质疑,作者由书而生的自足、孤独、清高及文化人格的历史评价之间,不能不令读者生出悠长的深思。

3. 衔接与过渡

在散文的构思中,虽然衔接与过渡只是起着细针密线的缝合作用,但为了使文章脉络清晰畅通,层次紧凑自然,在写作中还必须考虑各个具体事件、各种景物之间的接合问题。文章的各部分只有有机地连接在一起,才能让读者感到婉转自然,浑然一体。散文衔接过渡的方法也是多种多样的,行文各异,此处不做赘述。

(四)创造意境

散文,尤其是抒情散文的写作,比较重视追求意境。王国维说过:"其文章之妙,亦一言以蔽之,曰:有意境而已矣。"(《宋元戏曲考》)这正说明了意境的重要。

散文的意境是意与境的合称。所谓"意"是指文章的主题,作者的思想情感;所谓"境"是指文章中具有典型意义的画面、场景或形象。作者在写作时,他的写作意旨和感情往往不是直接表达出来的,而是对通过景、事、物的叙述描绘,含蓄地反映出来,再让读者去感觉、去体会的,这就是意境。散文在创造意境上笔墨十分自由,但要想达到耐人寻味、出神入化的审美效果,就必得去创造意境。

散文的意境讲究"情"、"景"和"理"的统一。在具体的写作中,要能抓住生活中的"动情之事"和"动情之物",从中创造意境,力求意、境双融。比如,贾平凹的散文《鸟窠》,作者开头先写冬天的无聊,日复一日的生活,无精打采的世界,为后面充满意境、理趣的鸟窠的描写埋伏了反衬对照的基调。下面是关于鸟窠的描写:

> 窗外五十米的地方,有着一棵白杨,是四周最高的白杨了,端端地往上长,几乎没有什么枝股,通身灰白灰白的,尤其在傍晚的时分,暮色里就白得越发显眼,像是从地里射上去的一道光柱。就在那稀稀的几根细枝的顶端,竟有了一个鸟窠,横七竖八的柴枝儿,筑个笼筐儿形似的;一对鸟夫妻住在那里,叫不上名字,是白的脑

门、长的尾巴那一类的。它们一早就起飞走了,晚上才飞回来,常常落到磨坊门口,双脚跳跃着觅食;我撒一把麦粒过去,它们却"唿"地飞去了。

我觉得这些小生命可爱了,想它们一定也很寂寞,那么,来和我待在一起,它们唱歌就有我听,我说话也有它们听了,它们可以一直飞到我的磨盘上,我一定会让它们把麦粒儿吃饱呢。我便从光溜溜的树身爬上去,一直爬到树顶,那里风真大,左右摇晃,使我更觉得这里不安全,就小心翼翼地抱下那个窠来了。用绳儿系着,棍儿架着,我把鸟窠安放在磨坊的门口,想晚上鸟儿回来了,就会歇在里边,赶明日我一到磨坊,就看得见它们了。

作者以鸟的自由飞翔来反观自我的生存状态,虽然母亲说,"人是要安分的",但对一个少年来说,勇于进取的飞鸟却给他带来了无尽的向往。全文寓情于景,情景交融,意境深刻悠远。

(五) 提炼语言

优秀的散文作品使读者赏心悦目,究其原因,除了来自作品思想内容的精粹、艺术意境的隽永,同时还来自语言文辞的优美。散文的语言文采,因作者的风格和擅长而异,但总的说来,力求做到朴素、简练、形象、优美。

1. 朴素

有些散文语言华美、瑰丽多彩,给人以美的享受。但大多数的散文都是朴素真切,明白如话的。它不粉饰、不雕琢、不追求华丽的词句,清新自然。正如作家徐迟所说:"散文家不仅要掌握华丽的文采,而且要善于控制它,不仅要掌握朴素的文采,还要善于发现它。写得华丽并不容易,写得朴素更难。也只有写得朴素了,才能显出真正的文采来。"(《说散文》)我们来看朱自清的散文《春》:

盼望着,盼望着,东风来了,春天的脚步近了。
一切都像刚睡醒的样子,欣欣然张开了眼……

作者融情于景,将自己对充满生机的春的赞美之情融入到那平淡无奇的、几近口语的描写之中。像"坐着,躺着,打两个滚,踢几脚球,赛几趟跑,捉几回迷藏",又如"桃树、杏树、梨树,你不让我,我不让你,都开满了花赶趟儿"等。整篇散文就是在平实、朴素、自然的语言叙述中,为读者创造出一个诗情画意的春景图。

2. 简练

散文一般篇幅短小,内容精悍,所以要注意语言的简洁和精练。所谓简洁,就是要求散文的语言尽量做到篇无赘句,句无冗字,干净利落。所谓精练就是以少胜多,用最适当、最经济的语言表达出最丰富的内容,最深远的意境。如林语堂的散文《秋天的况味》,作者由香烟那温煦的热气想到秋天的况味:

> 秋是代表成熟,对于春天之明媚娇艳,夏日之茂密浓深,都是过来人,不足为奇了,所以其色淡,叶多黄,有古老苍茏之慨,不单以葱翠争荣了。这是我所谓秋的意味。

这里,作者以简练的笔触,写出了自己对秋天新奇而独特的感受,从沉静而闲适的遐想中表现出一种浓厚奔涌的秋天的气韵。言简意赅,辞约义丰,给读者留下深刻的印象。

3. 形象

没有生动形象的语言,散文就没有魅力。这里所说的形象是指语言能绘声绘色、栩栩如生地描绘各种各样的人、物、景,给人以实感、动感。在写作散文的时候,要多运用形象生动的语言,写人叙事,描景状物。运用形态酷肖、神情逼真的语言,才能给读者以如见其人、如闻其声、如睹其景、如临其境的真切感受。我们来看毕飞宇的散文《大地》开头的一段描写:

> 在村庄的四周,是大地。某种程度上说,村庄只是海上的一座孤岛。我把大地比喻成海的平面是有依据的,在我的老家,唯一的地貌就是平原,那种广阔的、无垠的、平整的平原。这是横平竖直的平原,每一块土地都一样高,没有洼陷,没有隆起的地方,没有石头。你的视线永远也没有阻隔,如果你看不到更远的地方了,那只能说,你的肉眼到了极限。这句话也可以这样说,你的每一次放眼都可以抵达极限。极限在哪里?在天上。天高,地迥;天圆,地方。

作者文章是要写大地,但在这一段里,却写了别的景物来衬托。如写村庄,作者说像海上的一座孤岛,那大地就应该是海洋了;写平原,一眼望过去视线永远没有阻隔,其实也是写大地的大而平,"天高,地迥;天圆,地方",大地就在参照对象的不同形象之中呼之欲出了。

4. 优美

苏联作家巴乌斯托夫斯基说过:"真正的散文是充满着诗意的,就像苹果饱含着果汁一样。"散文家杨朔也说过:"好的散文就是一首诗。"散文和诗歌可以说是两朵亲近的姊妹花,散文除了像诗歌一样要具有激越奔放的感情、深邃的意境之外,在语言上也讲究像诗一样具有一定的节奏美、韵律美、音乐美。例如现代作家杨石的散文《说梅》,其中作者用了二十四个字描写梅花的特色:"有人爱它情操如雪,有人爱它幽香浓烈,有人爱它坚贞似铁。"它的语言是工整、优美的。"雪"、"烈"、"铁"押韵,节奏分明,富有音乐感。在冰心的散文《往事(二之三)》中,试看:"平整匀纤的雪地","朵朵的火燎","踏月归去,数里相和的歌声","凄意已足,语音已微"……多么优美、清新而富有情趣;作者活用古典文字词汇,如"飞扬妖冶","璎珞矜严","衮襕","参谒","大哉生命","我诚何福"……古朴典雅,自然精当,别有风韵;作者还巧用对仗,更增强了语言的音乐美,试读"只容意念回旋,不容人物点缀","有如水的客愁,有如丝的乡梦","有未成而成的事功,有将实而仍虚的愿望",抑扬顿挫,卓有韵味,使文章产生整齐的美感,又增添了语言的声音美。

总之,散文精粹的思想和美妙的意境要借助于语言的隽永来表达。散文的语言要讲究朴素、简练、形象、优美。人们习惯将散文称为美文,美文既是人们对散文的最高审美评价,也是散文创作的极致。我们在写作散文的时候,可以运用华丽的语言,但不要一味追求辞藻的华美,而忽视了适合作品内容的语言文采。有时候,那些不粉饰、不雕琢、平淡自然的朴素语言,更切合散文写作的要求。因为真正朴素的语言是从作家思想中来,从作家的真情实感中来。冲淡、平和、自然、返璞归真的语言,往往可以使散文达到一种极高的境界。

第五节 报告文学

一、报告文学的概念和特点

(一) 报告文学的概念

报告文学是近代工业发展的产物。第一次世界大战后,世界的面貌瞬息万变,许多作家走出书斋,紧扣时代脉搏,去记录当时风云翻卷的社会生活,于是产生了"报告文学"这种文体。报告文学产生不久便传入我国,夏衍的《包身工》是较早的我国报告文学中的佳作。

什么是报告文学呢? 茅盾在《关于"报告文学"》中说:"每一时代产生了他的特性的文学。'报告'是我们这匆忙而多变的时代产生的特殊的文学样式。读者大众急不可耐地要求知道生活在昨天所起的变化,作家迫切要将社会上最新发生的现象(而这是差不多天天有的)解剖给读者大众看。""'报告'有浓厚的新闻性,但它跟报道新闻不同,因为它必须充分形象化,必须将'事件'发生的环境和人物活生生的描绘着,读者就如同亲身经历,而且,从这具体的生活图画中明白了作者所要表达的思想。"

因此,我们可以说,报告文学脱胎于新闻报道,但又不同于新闻中的消息、通讯;它具有文学性,可以采用各种文学手法,但也有别于一般散文和小说。它是新闻性和文学性有机结合的新型文学样式。报告文学就内容的真实性和发表的时间性上看,同新闻中的消息、通讯相同,而有别于一般散文和小说;在描写环境、刻画人物和揭示人物内心世界上,又接近小说等其他文学形式,而有别于新闻中的消息和通讯。

(二) 报告文学的特点

报告文学是新闻与文学的结合,它具有新闻性、文学性、政论性等特点。

1. 新闻性

报告文学的新闻性是指及时地报道现实生活中新近发生的有意义的真人真事。它主要表现在真实性和时间性上。真实性要求报告文学所写的一切都是真实的,是现实生活中所发生的,没有虚构。夏衍在谈到《包身工》的创作时曾说过:"这是一篇报告文学,又是一篇小说,所以我写的时候力求真实,一点也没有虚构和夸张。包身工的劳动强度,她们的劳动和生活条件,当时的工资制度,我都尽可能地做实事求是的调查。"真实是报告文学的生命。报告文学的创作自始至终都要遵循真实性的原则。

所谓时间性,是指报告文学同消息和通讯一样,要求写得迅速、及时,体现一个"快"字。另一方面,作者要能及时地把握时代的脉搏,及时抓住生活中最新的东西,及时反映出读者最关注的社会问题。但报告文学怎么快也赶不上消息和通讯,因为它的容量大、篇幅长,传播速度当然不能同消息和通讯相比。

2. 文学性

报告文学的文学性是指,报告文学可以从文学的河流里汲取营养,引进除了虚构之外的各种各样的表现手法和技巧。报告文学虽然讲究真实,但它并不排斥一定程度的想象。例如,徐迟的报告文学《祁连山下》,写主人公常书鸿第一次到敦煌洞窟——

> 他一进这洞窟,便掉进了染缸似的,整个都掉落在色彩的世界中,奔马在四周跳腾,天鹅在空中打旋,花草失去了重力而浮动,蛟龙和人一起飞行。热烈的红色调子是基础。千万种色彩旋转在他的周围。

这段描写,运用文学的表现手法,展开合理的想象,有了艺术想象,还原的形象就会活跃而飞动。在报告文学中,描写、议论、记叙、抒情等表达方式都可以运用,尤其是文学的细节描写,也可以运用得更加突出。

3. 政论性

报告文学的本质是"报告",这就决定了它可以直接表明作者的政治态度。所以,在国外有人称报告文学为"深度报道"。这种政论色彩不仅体现在主题和题材的时代性和现实性上,而且还体现在作者对政论的运用上。除了通过形象来表现自己的倾向外,报告文学作者还可以直接站出来讲话。在这一点上,它比其他文学样式要来得自由。例如,徐迟的《哥德巴赫猜想》,在说到有些人诬蔑陈景润是"白痴"时,作者议论道:

> 讲这话的人才像白痴呢!
> 并不懂得数学的人说出这样的话,那是可以理解的,可是说这些话的人中间,有的明明是懂得数学,而且是知道哥德巴赫猜想这道世界名题的,那么,这就是恶

毒的诽谤了。

作者针锋相对、旗帜鲜明地把自己的见解直接诉诸读者，是非分明，很有感染力。当然，报告文学的政论性，也不允许脱离形象、场景、事件和人物去空泛地说理、议论。如果脱离这一切去空泛地议论和评说，那就不是报告文学作品，而成了政论性文章了。

二、报告文学的分类

因分类标准的不同，报告文学可以有不同的分类。例如，从传播媒介上划分，有报刊报告文学、广播报告文学和电视报告文学。从体式上划分，有日记体报告文学、书信体报告文学和传记体报告文学。从篇幅上划分，有长篇报告文学、中篇报告文学、短篇报告文学和微型报告文学。一般通行的方法是从反映的内容上划分，大体上可分为两种，一种是以写事为主的事件性报告文学；另一种是以写人为主的人物性报告文学。

(一) 事件性报告文学

所谓事件性报告文学，是以反映重大事件为中心内容的报告文学。它重点揭示现实生活中的具有典型意义的重大事件的发生、发展、结局以及原因、社会意义等。

例如，黄传会的《大国行动：中国海军也门撤侨》就是这样的一部事件性报告文学。在2015年的中国海军也门撤侨行动中，航行于亚丁湾、索马里海域护航的海军临沂舰、潍坊舰、微山湖舰，临危受命，奔赴硝烟弥漫、险象环生的也门，执行撤侨任务。在10天内转战3国4港1岛，5次赴也门安全撤侨，共计撤离中外公民897人次，用青春和热血、忠诚和勇敢、睿智和担当，圆满完成了党和人民赋予的光荣使命。也门撤侨事件产生了巨大的社会效应，赢得了国内外的广泛赞誉。

(二) 人物性报告文学

所谓人物性报告文学，是指以反映重要人物为中心，较完整地描写一个著名人物的一生，或记写某人一生中的重要片断，也有写人物群像的报告文学。

重点写一个人的报告文学，例如《中国天眼：南仁东传》，作者在这部长篇报告文学中再现了"天眼"巨匠南仁东的一生。为建成"中国天眼"，南仁东历经22年的奋斗，最终成功，并一举达至该领域世界最先进水平。作者在报告中追溯了南仁东刻苦努力的一生，全面地呈现了他勇于为祖国的科学创新担当重任，乃至奋斗到生命最后一刻的爱国情怀、科学精神、高尚情操与优秀品格，有力诠释了"什么是知识分子的责任与担当"。

写"群像"的报告文学，如乔迈的《三门李轶闻》，描写了在农村实行责任制的过程中，有五名党员在村里自愿组织"作业组"时被群众"抛掉"不要的怪事。然而，这五名党员没有沉沦，最终他们倔强地团结在一起，组成"党组"，重新发扬党的优秀传统，走向新生的征途。

三、报告文学的写作

（一）选择典型材料

从现实生活中选取典型材料是报告文学写作的第一步。所谓典型材料是指那些能反映时代风貌、揭示时代本质、体现时代精神的题材。报告文学所选的题材，应有一定的社会意义，有普遍的鼓舞作用和教育作用。报告文学在选材方面一般有以下要求：

1. 即时性取材

报告文学特点之一是新闻性，它要求对现实生活的反映要及时迅速，因而报告文学的选材很重视"即时性"。

例如，1981年，中国足球队冲出亚太地区准备新的征战的帷幕刚刚拉开，罗达成的《中国足球队，我为你写诗》就及时惊艳面世了，极大地满足了广大读者的阅读期待。

报告文学的作者应当有着敏锐的触角，能够及时采摘生活中刚刚绽开的花朵，描写新题材，打开新领域，并能够从新闻事件中挖掘具有时代精神的主题内涵。

2. 全方位采集

作家理由在谈到怎样才能写好报告文学时说："六分跑，三分想，一分写。"这是强调采访在报告文学中的重要性。美国新闻学教授詹姆斯·阿伦森1979年在给中国社会科学院新闻研究生讲课时说："不轻信：在你亲自进行调查之前，不要相信任何人告诉你的任何事情。"报告文学的采访，不但应该持不轻信的科学态度，而且还应该全面广泛地深入采集第一手的材料，并能从中发现本质，作出判断。

据说《纽约时报》的记者泰勒初当记者时，编辑部命他采访一个著名女演员的演出。他到剧场后，发现挂牌取消演出，便回家睡觉了。谁知，半夜三更，编辑气冲冲地把他叫醒，告诉他，其他报纸的头条新闻是这位女演员自杀，你却空手而归。须知，取消演出的事件本身就是新闻，在这背后极大可能还有深层新闻。这位编辑告诫他说："记住，以后你的鼻子不要再感冒堵塞了。"

报告文学的采访也是如此。"兼听则明，偏信则暗"，全方位的采访，不但要善于听取各方面的意见，而且还要能透过现象看本质，注意材料背后的隐秘材料。

3. 选择典型人物和事件

一般说来，人物报告文学的写作，要善于选择那些具有典型性的性格、事迹、思想情感、风貌等的人作为写作对象，并注意选择生活的特定环境、独特遭遇以及特殊事件的典型性材料等。事件报告文学的写作，一般是选取那些有重大社会意义的、社会涵盖面广的、为人们所关注的重大的事件，能够反映时代的矛盾，反映生活的一些本质性的、倾向性的东西。例如，徐迟《地质之光》中的李四光，理由《高山与平原》中的华罗庚等，都可以算作典型人物；袁厚春所写的《百万大裁军》，钱钢的《唐山大地震》等，都可以算作典型事件。

(二) 安排艺术结构

报告文学的结构形式是多种多样的。一般说来,人物报告文学受真人真事的限制,艺术构思必须建筑在真实的基础上,要求作者独具匠心,对生活有独特的感受和发现,并娴熟地进行剪裁,选择最恰当的艺术结构形式加以表现。而事件报告文学中往往会出现很多人物,作者的笔墨不必要全部着力在人物的描写上,在人物的刻画上常常采取特写镜头式的方法,即抓住人物与事件相关联的部分摄入镜头。

报告文学常见的结构方式有以下几种:

1. 纵式结构

一篇报告文学,或者以报道某一位先进人物为主,或者围绕着某一件中心事件来展开。所谓纵式结构,就是指大体上按照中心事件的发生、发展的时间顺序来写。换言之,纵式结构就是按矛盾发展的过程来安排层次。例如,《为了六十一个阶级弟兄》(载 1960 年 2 月 29 日《人民日报》)分章的标题如下:

　　一九六〇年二月三日,农历正月初七

　　现在,整整是下午四点钟

　　二月二日,在山西省平陆县

　　就在同一个时间内

　　二月三日,下午四时多,在卫生部

　　现在,已经是下午五点多了

　　就在同一个时间内

　　就在同一个时间内

　　现在,时间将近晚上七点

　　现在,是七点半钟以后

　　就在同一个时间内

　　现在,是夜里九点零三分

　　现在,是夜里十一点二十三分

　　就在同一个时间内

　　二月三日,深夜

　　二月五日

这篇通讯以时间的推移作为展开情节的线索,采取了纵式结构。同时,作者又采用了电影蒙太奇的组接方法,将不同的场景分成若干画面,重新加以组合,使其相互印证、对比,从而产生强烈的艺术效果。

2. 横式结构

在报告文学中,如果是同时报道好几个人物,要写几件事,一般地就采取横式结构,即根据所报道的几件事之间的关系——或因果关系、或点面关系、或主次关系、或并列关系来安排层次。例如,描写抗疫的报告文学《那些汇聚起来的力量》就是通过对不同人物不同事件的描写,多角度立体式展现抗疫英雄的事迹。不管是雷神山总指挥邓炜、攀钢集团医院护师申苗云,还是武汉普通的菜贩,面对疫情,他们身上都不约而同地迸发出团结的、温暖的、必胜的力量。

这种结构方式的优点是集中、突出、鲜明,比用单一事件更能有力突出主题。

3. 纵横交叉结构

在一篇报告文学中,如果有中心人物但没有中心事件,一般地说,宜用纵横交叉式结构,也即采用通常所说的以顺叙为主,适当穿插的方法来写。

用顺叙来写,可以展现事物的来龙去脉,使报告文学线索清晰。纵向中的顺叙有适当的横向穿插,可以多方面多角度地表现主题。这种结构方式有很强的艺术吸引力,能够引起读者的阅读兴趣,也可以把事件反映得更加丰满,把人物刻画得更加突出。例如,李朝全的《美好时代》中谈到主人公童锦泉开发太湖龙之梦时,作者横向插进了一段:

> 童锦泉1955年出生,已64岁了,有50年的经商经历,读过五年书,没有接受过什么培训,但是他从每年"两会"听会就能感受到这个时代的变革。他说,他现在更多地考虑自己该做什么。他被推荐为浙江省人大代表,当代表就要与责任、贡献相匹配,要能挣钱,创造财富。

这样的穿插,既丰富了人物形象的内涵,又补充了相关的背景材料,因而内容表现上十分有必要,艺术手法上也增加了变化。

(三) 写出典型细节

报告文学在报道事件、表现人物时,通常可以调动各种艺术手段进行人物形象的刻画。比如,注意人物性格的刻画,注意人物内心世界的挖掘等。而选取生动典型的细节,在报告文学中更为重要。细节的描绘是构成一篇报告文学的重要基础。

什么是细节呢?它的范围很广,包括一个人的外貌特征、语言动作、生活习惯、工作环境、房间摆设、情绪气氛,以及他周围的人情世态、风俗习惯,围绕他发生的矛盾冲突等。报告文学需要从具体人物身上发掘出富有性格特征的细节,通过这些细节揭示出一个人物的思想性格以及丰富的内心世界。

细节的描写必须真实、典型、生动。例如,2020年高建国的报告文学《大河初心》中,有一个关于"赛狸猫"的生动细节:

> 一九六三年春上的一天,焦裕禄和李中修骑自行车到葡萄架公社土山寨村,进村前看到一群愁眉苦脸的乡亲,抱着头蹲在地里不吭声。焦裕禄不知道群众遇到了啥难事,急忙下车上前询问。
>
> 生产队长一见焦裕禄,满腹委屈一股脑儿向他倾吐:"焦书记,咱村的群众作大难了,大白天老鼠就成群结队祸害地里的玉米,下夹子放药都不顶事。这样下去,今年的收成算是没指望了!"
>
> 焦裕禄听后着急,可一时也苦无良策。他安慰大家积极想办法,骑车默然前行。走不多远,发现路边卧在地里的老汉,忽然全身跃起,双手迅若疾风,眨眼工夫就从草丛中捉出一只硕大的老鼠。
>
> 焦裕禄十分惊喜,上前一问,得知老汉姓赵。不待他细问,早有"快嘴驴"小伙嚷嚷道:"这老爷子,打小有空手捉老鼠的绝技,人称'赛狸猫'。别说村里村外的老鼠怕他,连猫都恨他!"
>
> "猫为啥恨他?"焦裕禄眉峰一挑,来了兴趣。
>
> "从猫嘴里夺食呗!""快嘴驴"越说越来劲,"前一阵子,老汉端了窝老鼠,美得胡子都快翘到天上去了。可走到十字路口,却给一群猫拦下了。那猫一个个龇牙咧嘴,不住声地叫唤,恨不得生撕了你吞下去!好汉架不住一群猫啊,老汉只好乖乖交出战利品,一只猫给个大老鼠,那群猫这才让道,甩着尾巴欢呼而去……"
>
> 老汉涨红着脸吼:"臭小子,再瞎咧咧我就拧断你的脖子!"
>
> 焦裕禄差点儿笑岔了气,当即邀赵大叔到土山寨村帮助灭鼠。

这一活灵活现的细节,既写出了一个有特长的农民形象,也表现了焦裕禄与农民打成一片、处处为群众着想的朴实形象。

雨果说过:"人类没有小事,犹如植物没有小叶……"细节可以传达人物活动的时代特点,体现人物本身特有的品质,同样具有深刻的社会意义。

(四) 运用形象化的语言

言为心声,形象化的语言是刻画人物的重要手段之一。在报告文学中,人物报告文学不能用小说那样典型化的方法来塑造人物形象,因此,它更注重运用个性化的语言来表现人物的性格。例如,徐迟笔下的陈景润,看见李书记在国庆后带着苹果来探望他,连说:"李书记,谢谢你!""很高兴,李书记,我很高兴,李书记,很高兴。"生动地反映了他不善于辞令,又激动不已的诚挚气质和内在性格。

形象化的语言不仅体现在人物语言的个性化上,还体现在叙述语言的简练、质朴、富有表现力方面。例如,李春雷的报告文学《朋友——习近平与贾大山交往纪事》有这样一段描写:

> 习近平在《忆大山》一文中记录了当时的情景:"虽然第一次见面,但我们却像多年不见的朋友,有说不完的话题,表不尽的情谊。临别时……我劝他留步,他像没听见似的。就这样边走边说,竟一直把我送到机关门口。"

这段话言简意赅,形象生动地展现了贾大山见到习近平时的热情、专注和投入,淋漓尽致地展现了两人之间的深厚友情。

报告文学的语言要求形象鲜明,最好能达到叙事、写景、议论、抒情熔于一炉的艺术境界。例如马娜的报告文学《天路上的吐尔库》为我们描述了一个普通的维吾尔族农民的生动形象。这是新世纪以来报告文学中针对西部少数民族人民的纪实写照。时代的变迁和民族的精神高度凝练在了普通的维吾尔族农民吐尔库的人物形象上:

> 吐尔库是个普通的维吾尔族农民,他帮助部队所做的事情很平凡、很普通,但谁能说在这平凡而普通中不闪烁着非凡和伟大的精神呢?二十年前的新兵战士毛献伟如今已是喀什市"十佳创业青年",当地著名的企业家。对吐尔库的故事,毛献伟至今记忆犹新:"1995年春,结束新兵训练后,我们坐了三天三夜火车,又坐了两天两夜汽车,可谓是'跋山涉水',辗转才到了部队所在地。这里的自然环境极为恶劣。我是浙江丽水人,入伍前刚从省农业专科学校毕业,原本是怀揣一番到部队干番事业的壮志,哪想一到部队就把我分配到生产班,跟维吾尔族大叔吐尔库学习养羊种菜,我的情绪跌到了低谷。后来吐尔库大叔用自己的行动开导我、启发我,并用生涩的汉语跟我唠家常,在他家里的炕头给我讲述他所看到的一代代官兵坚守边疆、默默奉献的故事;是他又手把手、一点一滴地教我压碱、育苗、除虫和屠宰家畜的本领。慢慢地我对坚守边疆有了觉悟、有了感情。与吐尔库大叔相处了四年,他就像我的老班长一样,教我、护我,帮助我成长进步……我能有今天,都是吐尔库影响、教育的结果。"

第三章
议 论 文 体

第一节 议论文体概述

一、议论文的概念和特点

（一）议论文的概念

议论文，也称评论文、论说文、说理文、论辩文，是指运用摆事实、讲道理或者逻辑论证的方法对一些人物、事件、思想、观念等进行论理的文章。

议论文广泛应用于生活的各个领域。在现实生活中，具有普遍意义的代表人物、突出事件、流行观念、文艺作品、文化现象、学术思想、科学实验等，都需要人们对之有一个客观、公正的态度，对它们进行议论、评判、归纳、概括、引申，形成文字，从而树立正确观点，批驳错误言行，教育启发读者。

从先秦诸子百家长于说理的论辩文，到鲁迅先生创新的杂文，议论文的写作在我国有着悠久的历史传统。在现代社会中，议论文体更是丰富多彩，政论文、各种短评、学术论文、文学评论、影视评论、读后感、演讲词等，都与人们的生活有着密切的关系。因而，学习议论文的写作知识，锻炼自己的逻辑思维能力，掌握议论文的写作方法，十分必要，非常有用。

（二）议论文的特点

各种文体都具有自己的基本特点，议论文也一样。把握住这些基本特点，是写好议论文的前提。一般说来，议论文有以下基本特点。

1. 说理性

理，是指客观事物的本质、规律和内在联系。说理，就是要把这些本质、规律和内在联系揭示出来，加以证实，促使人们认识和接受。

议论文在形式上，是由概念、判断、推理组成的一个系统。作者对丰富复杂的材料进行分析、综合之后，寻找并论述了带有普遍意义的规律，就形成了文章的"理"的特性。因为"理"能够揭示现实生活中真实存在的规律、规则，帮助人们认识世界、改造世界，所以，在议论文中，探求"理"十分重要。宋朝的秦观对议论文有这样一个概括："探道德之理，述性命之情，发天人之奥，明生死之变，此论理之文。"（《韩愈论》）。秦观将论理之文诠释为用来探求、阐发道德、生命、宇宙、人生变化的规律和奥秘，也就是强调了"说理"的重要。

议论文应以"说理"为目的,议论文展开的过程就是"说理"的过程,议论文所涉及的材料要服从于"说理"。议论文的"说理"必须鲜明准确、实事求是,所用的材料必须典型、恰当,这样才能以"理"服人。

议论文的说理性要求作者必须有系统的专业知识和对某一问题精深的研究,只有这样,才能把握好"理",真正做到胸有成竹、理直气壮。

2. 逻辑性

毛泽东在《农业合作化的一场辩论和当前的阶级斗争》一文中说:"写文章要讲逻辑。就是要注意整篇文章、整篇说话的结构,开头、中间、尾巴要有一种关系,要有一种内部的联系,不要互相冲突。"在议论文中,逻辑性是指写作时要运用逻辑思维的种种形式和方法,系统准确地把握行文的组织结构,进行分析论证。议论文如果缺乏逻辑性,就难以产生感染读者的力量。

逻辑性要求议论文应具有"首尾周密、表里一体"的论述整体,这种论述整体具有中心突出、层次分明、阐述有序、论证精当、前后照应、浑然一体的特征。在一篇议论文中,不仅论题要能统领全篇,抓住问题的关键,而且观点与材料要能统一。进行论证和分析问题时,要思路清晰,有条理,要努力揭示论点与论据之间的内在关系。梁启超在其名篇《论小说与群治之关系》中,逻辑清晰地论证了小说的作用与功效:

> 欲新一国之民,不可不先新一国之小说。故欲新道德,必新小说;欲新宗教,必新小说;欲新政治,必新小说;欲新风俗,必新小说;欲新学艺,必新小说;乃至欲新人心,欲新人格,必新小说。何以故?小说有不可思议之力支配人道故。

强大的逻辑性表述是这篇议论文吸引人的重要因素。议论文写作中的一个重要环节,就是要运用真实、确凿的证据,依据一定的逻辑形式对观点进行论证。

3. 情理交融性

议论文讲究以理服人,但并不是板起面孔说教。前人所谓"理不可直指,即物以明理","喻巧而理至"(刘大櫆《论文偶记》)是要求议论、说理须讲究技巧。在议论文中,可以运用比喻等修辞手法来形象、委婉地表达抽象的道理。这种情理交融的论证例子,在鲁迅的杂文中俯拾即是。我们来看《灯下漫笔》中的几段议论和说理文字:

> 所谓中国的文明者,其实不过是安排给阔人享用的人肉筵席。所谓中国者,其实不过是安排这人肉的筵席的厨房。
>
> 于是大小无数的人肉筵席,即从有文明以来一直排到现在,人们就在这会场中吃人,被吃,以凶人的愚妄的欢呼,将悲惨的弱者的呼声掩饰,更不消说女人和小儿。

这人肉的筵席现在还排着,有许多人还想一直排下去。扫荡这些食人者,掀掉这筵席,毁坏这厨房,则是现在青年的使命。

文章里,作者以生动的比喻和犀利的笔触,深刻地揭露了"中国固有精神文明"中腐朽糟粕的"吃人"实质。纵笔而谈,无所拘束,在行文上把高度的理论概括和形象的说理结合起来,包含了深刻的思想,充满了要求改造社会的激昂情感。

二、议论文的构成要素

一篇议论文通常包含论点、论据、论证三个要素。这三者关系密切,构成一篇议论文的主体。

(一) 论点

论点是作者对所论述的问题提出的见解、主张和表示的态度。每一篇议论文,作者都要阐明他的思想观点。阅读一篇议论文,首要的任务也是寻找、提取和理解作者所表达的论点。论点是整个论证过程的中心。

在较长的议论文中,有中心论点和分论点之分。

1. 中心论点

中心论点,或称基本论点,是作者对所论述的问题的最基本的看法,是作者在文章中所提出的最主要的思想观点,是全部分论点的高度概括和集中。在一篇议论文中,中心论点只有一个,中心论点的位置不是固定的。它可以在议论的开头提出,作为阐述和论证的前提和目标;也可以在结尾进行概括,成为全文的结论。例如,鲁迅的《论"费厄泼赖"应该缓行》,第一段就提出了"'落水狗'未始不可打,或者简直应该打"的论点。邓小平《建设有中国特色的社会主义》(《邓小平文选》第三卷)一文,则是在文章的最后一部分,归结出中心论点。根据论证的需要,还有的中心论点是在文中出现的,各例不详赘举。

2. 分论点

分论点,或称从属论点,是从不同角度、不同层次支持、论证中心论点的一些观点。例如《灯下漫笔》的第一部分,鲁迅先生一连提出三个论点:"我们极容易变成奴隶,而且变了之后,还万分喜欢";"有更其直捷了当的说法在这里——一,想做奴隶而不得的时代;二,暂时做稳了奴隶的时代";"创造这中国历史上未曾有过的第三样时代,则是现在的青年的使命!"作者是由第一个论点引出了第二个论点,在第二个论点的基础上又得出了第三个论点——全文的中心论点。

一篇议论文的各个分论点,都是为证明中心论点服务的,分论点的意思、内容相对完整,互相之间不能重复、混淆或矛盾。分论点与中心论点之间有着内在的逻辑关系。例如秦牧的《散文创作谈》,作者一共谈了三个问题,即散文的特征与界限,散文创作的历史与现实,如何搞好散文创作。作者在每一个问题上都提出了自己的观点,但写作的重点是第三个问题,全文的中心论点是,围绕着散文创作问题,论述写好散文必须在思想、生活知识、表现手段这三个方面提高作者的修养。中心论点与另外两个问题上的论点有抽象与具体、目的与方法的逻辑关系,中心论点与思想、生活知识、表现手段各自重要性的分论点,则是主从、总分的关系。

3. 确立论点的要求

写议论文,论点的确立与提出要注意以下几点:

首先是正确性。在提出论点的时候,其内涵和外延必须有准确的界定,不能模糊不清、交叉多义。由于论点是从生活现象中抽象概括出来的,越深刻的论点就意味着越接近事物的本质。这与每个人观察、研究问题的立场有关,也与平时的积累有联系,要努力提高这方面的综合修养。

其次是论点的鲜明性。议论文中的论点必须明确,赞成什么,反对什么;肯定什么,否定什么;提出什么问题,解决什么问题;各论点之间是什么关系等,都不能模棱两可。论点鲜明是逻辑思维清晰的表现。

再次是论点的新颖性。议论文的论点要有思想上的新意,不要重复别人已讲过的话或已证明了的观点,要有自己独到的见解,这样才能给人以新的启发。那些人云亦云的观点以及无关痛痒的夸夸其谈都是不足取的。

(二) 论据

议论文不仅要表明作者持什么观点,更重要的是要使其观点具有说服力。论据是作者用来论证论点的根据和理由。议论文为了要说服读者,就往往要借助论据来增强论点的说服力。一般说来,论据的材料有事实论据和理论论据两种。

1. 事实论据

事实材料是多种多样的。事实材料论据既可以用具体的事例,也可以用概括的事实;既可以是统计数字,也可以是亲身经历、感受等。俗话说"事实胜于雄辩",事实是很有说服力的论据。请看司马迁《报任安书》中的一段:

> 古者富贵而名摩灭,不可胜记,唯俶傥非常之人称焉。盖西伯拘而演《周易》;仲尼厄而作《春秋》;屈原放逐,乃赋《离骚》;左丘失明,厥有《国语》;孙子膑脚,《兵法》修列;不韦迁蜀,世传《吕览》;韩非囚秦,《说难》《孤愤》;《诗》三百篇,大氐贤圣发愤之所为作也。此人皆意有所郁结,不得通其道,故述往事,思来者。乃如左丘明无目,孙子断足,终不可用,退论书策以舒其愤,思垂空文以自见。

作者运用排比句式,一连列举了七个著名的事例作为论据,从而得出"此人皆意有所郁结,不得通其道,故述往事,思来者"的推理结论。

在议论文中,用各种各样的统计和调查所得的数据作论据,有时比一般的事实具有更强的说服力。统计数据是从事实中概括出来的,其实质仍是事实论据的一种。但因为它是由统计学的方法得出,具有量化的特点,所以它具有主要以定性为特征的一般事实所不具有的优势。例如鲁迅在《"友邦惊诧"论》中引《申报》上的消息说:"中公死二人,伤三十人,复旦伤二人,复旦附中伤十人,东亚失踪一人(系女性),上中失踪一人,伤三人,文生氏死一人,伤五人……"这铁证如山的数据,有力地驳斥了国民党反动派诬陷学生的"捣毁机关,阻断交通,殴伤中委,拦劫汽车,横击路人及公务人员,私逮刑讯,社会秩序,悉被破坏"的不实之词。

用数据作论据,应坚持科学性和客观性的原则。在引用统计数据时,应力求真实和准确,必要时,应对调查和统计的性质和范围作相关的说明,以确保论据客观、真实、有说服力。

2. 理论论据

理论论据包括经典著作、权威性观点、科学公理、定理以及民间的谚语、俗语等。理论论据是事实材料的概括形态,它或者是简单明了的常识,或者是经过前人实践的检验和证明了的经验,因而也具有较强的说服力。如魏徵的名篇《谏太宗十思疏》,开头以"求木之长者,必固其根本;欲流之远者,必浚其泉源"这人所共知的道理,引出了"思国之安者,必积其德义"的中心论点。立论自然、确切,有说服力。

不论选择事实论据还是理论论据,都应注意:一是论据必须真实。论据真实,是指用来做论据的材料必须符合客观实际,应确凿、可靠,虚假、失真的材料不仅没有说服力,而且还会直接动摇支撑论点的基础。二是论据必须典型。典型性是指所引用的材料应具有广泛的代表性。能够代表某一类事物的普遍特点和一般性质,而不是其中的特例、反例。三是论据要有针对性。在引用经过实践检验的理论材料作论据时,必须注意所引理论本身的精确含义,注意材料与观点的统一,即便曾经是真理的理论,也要做具体分析,不能盲目引用,生搬硬套,否则就会缺乏说服力,甚至得出错误的结论。

(三) 论证

论证,就是用"论据"来证明"论点"的过程。论证的目的在于揭示出"论点"和"论据"之间的内在逻辑关系。议论文通过论证将论点与论据联系起来,组织好论证是议论文写作的一个重要环节。

论证一般可以分成立论和驳论两大类型。立论是以充足的论据正面证明作者自己论点正确的议论形式,驳论是以有力的论据反驳别人错误论点的议论形式。立论和驳论都是一种证明,区别在于立论是证明某一个观点是正确的,驳论是证明某一个观点是错误的。

立论和驳论都是一种证明,它们在文章中往往结合运用,立中有驳,驳中有立,先立后驳,先驳后立等。采取何种方法,要根据文章的需要和行文特点而定。

1. 立论

常见的论证方法有以下几种：

（1）归纳法

归纳论证是一种由个别到一般的论证方法。它通过许多"个别"的事例或分论点，归纳出它们所共有的特性，从而得出一个一般性的结论。"个别"事例又称典型事例，运用归纳法论证常常选取具有代表性的典型事例，例如，毛泽东在论述到"我们中国人是有骨气的"这一观点时，举了两个很有代表性的例子："闻一多拍案而起，横眉怒对国民党的手枪，宁可倒下去，不愿屈服。朱自清一身重病，宁可饿死，不领美国的'救济粮'。"通过典型事例归纳出的结论，才具有强大的说服力。

归纳法论证，可以是理论观点的归纳，也可以是典型事例的归纳，从而得出结论。我们来看荀子《劝学》中的几段文字：

> 青，取之于蓝，而青于蓝；冰，水为之，而寒于水。木直中绳，𫐓以为轮，其曲中规。虽有槁暴，不复挺者，𫐓使之然也。故木受绳则直，金就砺则利，君子博学而日参省乎己，则知明而行无过矣。

> 登高而招，臂非加长也，而见者远；顺风而呼，声非加疾也，而闻者彰。假舆马者，非利足也，而致千里；假舟楫者，非能水也，而绝江河。君子生非异也，善假于物也。

荀子在文章中举出了大量日常生活中的事例来说明学习的道理。第一段中，作者以青出于蓝、冰寒于水、木受绳则直等日常现象，归纳出"日参省"、"知明而行无过"的道理。第二段用"登高招、见者远"，"顺风呼、闻者彰"，"假舆马、致千里"，"假舟楫、绝江河"等，来说明人要善于借助于外力的作用来弥补不足。

一般来说，归纳法中的"归纳"是不完全的，即"个别"之和总要小于"整体"；不可能或不必要举尽所有的个别性事物。但也有完全归纳的例子，"一般"恰是"个别"事物的总和。这种先分解后综合的方法是一种完全归纳法，它是由论证对象的特殊性所决定的。

（2）演绎法

演绎法与归纳法相反，是一种由一般到个别的论证方法。它由一般原理出发推导出关于个别情况的结论，其前提和结论之间的联系是必然的，是一种确实性的推理。但结论的正确性则依赖于前提。演绎法有三段论、假言推理、选言推理的形式，其中最重要的形式是三段论。三段论是由两个包含着一个共同项的性质判断而推出一个新的性质判断的推理，由大前提、小前提和结论三部分组成。例如，大前提"物质是可分的"，小前提"基本粒子是物

质",结论便是"基本粒子是可分的"。三段论式的演绎法极为常用,我们来看《史记·货殖列传序》中的一段:

> 故曰:"天下熙熙,皆为利来;天下攘攘,皆为利往。"夫千乘之王,万家之侯,百室之君,尚犹患贫,而况匹夫编户之民乎!

作者由一般性的原理"天下熙熙,皆为利来;天下攘攘,皆为利往"推导出"匹夫编户之民"也会"患贫"的结论,所用的方法是演绎推理。

在议论文中,归纳法和演绎法经常结合在一起使用,互相补充。归纳为演绎提供一般原理,作为前提;演绎则反过来证明所得结论的确实性。

(3) 比较法

比较论证是一种由个别到个别的论证方法。这种方法通常分两类,一类是类比法,另一类是对比法。

类比论证是根据两个对象在某些属性上的相同或相似,推论两者在其他属性上也有相同或相似。类比论证方法的表达效果是使文章说理语言生动形象,幽默含蓄,富有强烈的讽刺意味。例如鲁迅的杂文《论"费厄泼赖"应该缓行》,作者抓住"落水狗"与"落水人"之间的某些相似的性质和特点,以形象性的"落水狗"类比现实中作为斗争对立面的暂时落难的坏人,处处以狗喻人,以狗写人,将人们对狗的日常生活经验引申到对坏人应采取的态度和方法,从而推导出必须"痛打落水狗"的中心论点。

运用类比论证需要注意几点:一是要使用同类对象进行比较。同类相比一般比较接近本质,如人与人,动物与动物等。不同类的事物间比较要注意其合理性。二是类比论证最好是与其他论证方式结合使用,起到丰富和补充的作用。三是运用类比论证,其结论不可绝对化,在表述上要把握分寸感。

对比论证虽然也是通过对不同事物的比较推出结论,但它与类比论证有所区别。类比论证着眼于从事物的相同或相近的属性的比较来推出结论,是一种求同思路;而对比论证则是一种求异的思维方式,它是通过性质、特点在某些方面相反或对立的不同事物之间的比较来证明论点的。

对比论证方式的运用很广泛,由于可进行比较的事物很多,古今、中外、大小、强弱之间都可以比较,有了比较,事物间的对立和差异一目了然,文章的论点就自然好确立了。请看下面这段鲁迅的文字:

> 北京是明清的帝都,上海乃各国之租界,帝都多官,租界多商,所以文人之在京者近官,没海者近商,近官者在使官得名,近商者在使商获利,而自己也赖以糊口。要而言之,不过"京派"是官的帮闲,"海派"则是商的帮忙而已。但从官得食者其情

状隐,对外尚能傲然,从商得食者其情状显,到处难于掩饰,于是忘其所以者,遂据以有清浊之分。而官之鄙商,故亦中国旧习,就更使"海派"在"京派"的眼中跌落了。(鲁迅《"京派"与"海派"》)

这段文字运用对比论证,"京派"与"海派"、"近官"与"近商"、"帮闲"与"帮忙"……处处不同,但处处都又是围绕着中心论点展开对比的,有力地论证了"籍贯之都鄙,故不能定本人之功罪"的观点。

运用对比论证要注意,对两个对象进行比较时,必须肯定它们之间的可比性,必须具有合理的共同参照系,否则就无法进行比较。

以上几种论证方法是互相联系的。在一篇议论文中,可以只侧重使用其中一种方法,也可以几种方法结合起来使用。选择什么论证方法,往往要根据论证的实际需要来决定。

2. 驳论

驳论也称反驳或证伪,它是引用已知的真实判断来确立另一判断的虚假性。论证的作用在于探求真理、阐明真理,使真理为人们普遍接受;反驳的作用在于揭露谬误,驳斥谬误。反驳要证实对方论点的虚假性,批驳错误观点,但最终目的还是为了树立正确观点。

因为议论由论点、论据、论证三部分组成,所以,反驳可以选取其中某个部分作为靶子,或反驳论点、或反驳论据、或反驳论证。

(1) 反驳论点

反驳论点就是通过反驳确定对方论题的虚假性。从对方论点的角度切入,直接驳倒对方的论点,也就驳倒了对方的观点和主张。例如,周国平在《玩物也可养志》中,采用的就是直接反驳论点的方法:

> 一个人能够长年累月乃至一生一世迷恋于某种大自然的或人类的作品,正说明他有真性情真兴趣。癖造不了假。有癖即有个性,哪怕是畸形的个性。有癖的人不是一个只知吃饭睡觉的家伙。相反,正如袁宏道所说:"世上语言无味面目可憎之人皆无癖之人。"巴尔扎克说得更斩钉截铁:"一个毫无癖好的人简直是魔鬼!"可悲的是,如今有癖之人是越来越少了,交换价值吞没了一切价值,人们无心玩物,而只想占有物。过于急切的占有欲才真正使人丧志,丧失的是人生之大志,即享受生活乐趣的人生本来宗旨。

在这段论述中,周国平没有人云亦云地谈论"玩物丧志",而是从个人的兴趣出发,力证真正的"玩物"必须是具有发自天赋的迷恋与爱好,这样的玩物脱离了常论中的"玩"的范畴,而是将之提高到如何实现人生价值的意义层面上来。同时认为,只有这样才能"养志",才是人生的本来宗旨。论证方法丝丝入扣，十分严谨。

(2) 反驳论据

错误的论点常常是建立在错误的论据之上，反驳论据就是证明对方的论据是虚假的或未得到证明的，使其论点失去理由和根据，从而驳倒对方的论点。我们来看柏拉图《理想国》中，苏格拉底与色拉叙马霍斯的一番论辩：

> 苏格拉底：色拉叙马霍斯啊！在任何政府里，一个统治者，当他是统治者的时候，他不能只顾自己的利益而不顾属下老百姓的利益，他的一言一行都为了老百姓的利益。
>
> 色拉叙马霍斯：苏格拉底，告诉我，你有奶妈没有？
>
> 苏格拉底：怪事！该你回答的你不回答，怎么岔到这种不相干的问题上来了？
>
> 色拉叙马霍斯：因为你淌鼻涕她不管，不帮你擦擦鼻子，也不让你晓得羊跟牧羊人有什么区别。
>
> 苏格拉底：你干吗说这种话？
>
> 色拉叙马霍斯：因为在你想象中牧羊或牧牛的人把牛羊喂得又肥又壮是为牛羊的利益，而不是为他们自己或者他们主人的利益。你更以为各国的统治者当他们真正是统治者的时候，并不把自己的人民当作上面所说的牛羊；你并不以为他们日夜操心，是专门为他们自己的利益。你离了解正义不正义，正义的人和不正义的人简直还差十万八千里。因为你居然不了解：正义也好，正义的人也好，反正谁是强者，谁统治，他就为谁效劳，而不是为那些吃苦受罪的老百姓，和受使唤的人效劳。……如果举极端的例子，你就更容易明白了：最不正义的人就是最快乐的人；不愿意为非作歹的人也就是最吃苦恼的人。极端的不正义就是大窃国者的暴政，把别人的东西，不论是神圣的还是普通的人的，是公家的还是私人的，肆无忌惮巧取豪夺。……所以，苏格拉底，不正义的事只要干得大，是比正义更有力，更如意，更气派。所以像我一上来就说的：正义是为强者的利益服务的，而不正义对一个人自己有好处、有利益。
>
> 苏格拉底：……我的朋友啊！让人家去多行不义，让人家去用骗术或强权干坏事吧。我可始终不信这样比正义更有利。……不过我认为，牧羊的技术当然在于尽善尽美地使羊群得到利益，因为技艺本身的完美，就在于名副其实地提供本身最完美的利益。我想我们也有必要承认同样的道理，那就是任何统治者当他真是统治者的时候，不论他照管的是公事还是私事，他总是要为受他照管的人着想的。

在这番论辩中,苏格拉底与色拉叙马霍斯论辩的中心问题是:正义是否强者的利益。显然是公说公有理,婆说婆有理。双方在论辩的过程中最大的特色是:驳斥对方的论据。色拉叙马霍斯举了"牧羊或牧牛的人"的例子,驳斥苏格拉底连"正义不正义,正义的人和不正义的人"都没搞清楚,因而是不能理解"正义乃是强者的利益"的含义的。相反,苏格拉底则从"牧羊技术"的本身"完美",反驳色拉叙马霍斯的举证。双方针锋相对,各执一词。

(3) 反驳论证

反驳论证是揭露对方在论证过程中逻辑上的错误,如大前提、小前提与结论的矛盾,对方各论点之间的矛盾,论点与论据之间的矛盾等,从而驳倒对方的论点。中国古代寓言故事"自相矛盾"中就包含有论证被驳倒的例子。我们再来看鲁迅在《中国人失掉了自信心了吗》一文中对对方论证的驳斥:

> 如果单据这一点现象而论,自信其实是早就失掉了的。先前信"地",信"物",后来信"国联",都没有相信过"自己"。假使这也算一种"信",那也只能说中国人曾经有过"他信力",自从对国联失望之后,便把这他信力都失掉了。
>
> 失掉了他信力,就会疑,一个转身,也许能够只相信了自己,倒是一条新生路,但不幸的是逐渐玄虚起来了。信"地"和"物",还是切实的东西,国联就渺茫,不过这还可以令人不久就省悟到依赖它的不可靠。一到求神拜佛,可就玄虚之至了,有益或是有害,一时就找不出分明的结果来,它可以令人更长久的麻醉着自己。

在这番论辩中,鲁迅通过建构"他信力"一词,批驳对方自信心的缺失,进而通过讽刺对方"求神拜佛"地麻醉自己,揭示对方自欺欺人的内在实质。

反驳论证的方式,目的是证明某一论证方式是错误的。因此,反驳和论证是密切联系的,可以说反驳是论证的一种特殊形式。

上述的几种驳论方法,在实际写作中,往往是交错使用,互相依存的。不论采用何种驳论方法,最后的归结点还是论证对方论点的虚假性,因而在驳论文中,驳倒谬误的论点是最重要的。

第二节 短 评

一、短评的概念和特点

(一) 短评的概念

顾名思义,短评就是短小的评论文章。评论属于议论文范畴。它的主要表达手段是议论,是运用概念、判断、推理的逻辑形式,对客观事物进行分析评价,从而表现作者的思想主张,即赞成什么、或反对什么的态度。

短评题材广泛,从国际国内大事,到日常生活的小事,都可以议论,或批评、表扬,或呼吁、建议。通过评论既可以对新生事物、先进思想给予热情颂扬和支持,又可以对不良倾向、错误思想展开批评,帮助人们明辨是非,划清界限,与之进行斗争。短评能直接地反映人民群众的呼声和要求,是开展舆论监督的有力工具。

在新闻宣传中,短评是最常用的一种文体。许多报刊还专门设立了短评专栏,例如《人民日报》的"今日谈",《解放日报》的"新世说",《文汇报》的"虚实谈",《新民晚报》的"今日论语"、"灯花"等。在不少机关、单位、学校的刊物上,短评也广泛使用。

(二) 短评的特点

1. 针对性

短评所议论的问题,都是当前社会人们普遍关心的问题,短评是思想文化领域进行说理教育的有效形式,因而短评拥有很强的现实针对性。这种特性首先表现在论题的选择上。一般说来,短评总是选择人民群众最关心的具有现实意义的论题,或是社会生活中存在的需要扫清的一些障碍问题作为写作内容,从而对人们有所启发、教育、指导。早在1946年,胡乔木就专门为延安的《解放日报》写作评论《短些,再短些!》,强调说话、开会、作文要短,并引用鲁迅的话:"写完后至少看两遍,竭力将可有可无的字、句、段删去,毫不可惜。"同时提出三点建议:一、新闻要五分之四是五百字左右的;二、通讯和副刊短稿五分之四是一千字左右的;三、研究性的论文等五分之四是两千字左右的。强调短就是为了突出针对性。

2. 说理性

短评是议论文的一种,它要在文章中阐明观点,讲述道理,这就决定了短评在总体上具有说理性。短评的说理性要求作者在对丰富复杂的现实材料经过分析、综合之后,能够揭示出具有普遍意义的规律和问题,从而给人以启发和教育。例如《人民日报》2018年1月31日短评《这样的信访可以多一些》,通过对上海市信访工作的调研,针对人民群众的许多诉求和建议,进行正面引导,将这些表面化的怨气、吐槽转化为更加深入的社会调查,最终形成一份份改进城市管理、完善社会治理的"金点子"。这样,就从人民群众单纯维权的"私心",到为社会公众建言献策的"公心",这一步的跨越就为公众有序政治参与提供了有效的现实途径。怨气变公心,吐槽成智慧,众人的事情众人商量。像这样的人民建议征集工作,实际上成为社会创新治理的"推进器",对社会生活产生积极的效应。"这样的信访可以多一些,再多一些"。

3. 概括性

短评的内容集中、单一,主要体现在一事一议,不像一般理论文章,说理力求全面系统。短评的议事评理大都集中于一点,进行深入分析。请看新华网短评《织严反腐法网》:

新华网北京 10 月 27 日电（记者杨维汉、崔清新）首次提请全国人大常委会审议的刑法修正案（九）草案中，修改贪污贿赂犯罪定罪量刑标准，织严了惩治行贿犯罪的法网。立法机关旨在通过修改刑法反腐条款，针对受贿人、行贿人、领导干部近亲属等"亲缘腐败"编织起更加严密的法网。制度反腐的治本之策有望向前迈出重要一步。

不光盯防领导干部自身的"朋友圈"，把其拖下水的密切关系人的"朋友圈"也要追责。2009 年通过的刑法修正案（七）中规定，在职或者离职领导干部的"家里人"、"身边人"利用领导干部影响力索贿受贿的，要被追究刑责。这次修法又进一步剑指对领导干部"家里人"、"身边人"行贿的人员，也拟追究刑责。打击行贿受贿的链条进一步延伸。

刑罚是"最后的防线"。修改刑法条款也映射出国家反腐败机制从立法上正在逐步完善。对多类行贿罪规定处以罚金刑，大大提高犯罪成本；进一步严格对行贿罪从宽处罚的条件，避免行贿逃脱处罚；删除具体数额标准，以概括性数额和情节为贪污贿赂定罪量刑，让反腐败的司法实践更加科学……一系列法条的修改意图，是剪断衍生权力腐败的"犯罪链"，把反腐败的制度牢笼扎牢扎紧。

当前，在惩治腐败的高压态势下，一批"老虎"、"苍蝇"被打，初步形成了"不敢腐"的局面。只有按照全面推进依法治国的要求，不断加大治本力度，加强制度建设、形成有效机制，党纪国法一起发力，才能使领导干部"不能腐"、"不想腐"。

这篇短评针对目前反腐败中出现的一些现象，从正在审议中的刑法修正案（九）的草案出发，强调编织更严密的反腐败法网，形成有效机制，使领导干部"不能腐"、"不想腐"。文章**概括力强，简短有力**，突出了短评的特点。

由于短评所评论的问题集中、单一、概括，所以它的篇幅是短小精悍的，一般来说，短评大都在三五百字。但短小并不等于肤浅，只要能深入说理，表现独特，也能给人以很大的启发，产生很大的影响。

二、短评的种类

短评的种类很多，常见的有政治短评、思想短评、文艺短评、新闻短评等，现简要介绍如下：

（一）政治短评

政治短评在内容上所关注的是国内外政治生活中的重要现象或问题，通过对这些现象或问题的评论,帮助读者认清形势、明辨是非,具有宏观指导作用。例如,短评《增强基层青年"三气"》,从强基层青年"志气"、增基层青年"骨气"、壮基层青年"底气"三个方面,为投身基层一线的青年指出一条有担当、有抱负的实践之路。

(二) 思想短评

思想短评是以思想问题作为评论对象的短评。它的涉及范围比较广,无论是对思想认识、思想作风、思想方法问题,还是对政治态度、道德观念、人生准则等方面问题,都可以发表议论,提出看法。思想短评往往有鼓励先进思想行为、批评不良倾向、鞭挞落后意识的作用。我们来看《人民日报》的一篇短评《"严"里有民心》:

> 歪风邪气流失民心,清风正气凝聚民心。清风正气从何处来?从"严"中来。黄冈出台"十个从严、十个严禁、十个一律",严管干部、严治歪风,"严"出了清风,更"严"出了民心。
>
> 现在有些干部对"严"很不适应,在心理上产生抵触情绪,在行动上出现消极反应,是思想认识问题,更是理想信念问题。在灵魂深处,没有了人民至上的信念,缺失了敬畏人民的意识。"人心是最大的政治",各级干部务必明白,民心没了,你什么都干不成,更无立锥之地。以民心为价值内核,要求从严、标准从严、纪律从严,一切都严起来,干部队伍才有战斗力,也才能始终扎根人民群众、咬定为民服务目标。而民心,正是在这样的"严"中不请自来。

这篇短评针对现在干部思想认识问题,强调要"严"字当头,"严"里才有民心。只有深入群众,扎根人民之中,才能真正做到为人民服务。文章虽短,但思想鲜明,目的集中,文短意明,有很强的感染力。

(三) 文艺短评

文艺短评是对各种文艺现象进行分析和评价的短文。文艺短评的范围很广,包括对文艺家、文艺作品的评论,对有关文艺问题的探讨等,其中最主要的也是最基本的是对作品的分析、评价。请看《5G 为文艺大众化传播搭建信息高速》:

> 近日,工业和信息化部相关负责人表示,随着全国实施提速降费和 5G 的发展,我国网络流量单价大幅下降,5G 套餐用户快速推广,目前 5G 套餐用户已经超过 3.5 亿户。
>
> 与 5G 时代相伴随的,是网络影视的发展。网络影视不仅是电影电视的生力

军,而且成为电影电视市场的主力军之一。《白夜追凶》《无证之罪》《长安十二时辰》《陈情令》《匆匆那年》《隐秘的角落》《最初的相见,最后的别离》等一批网络影视作品的出现,不仅推动了影视领域的繁荣发展,更进入了海内外主流影视市场。5G、AI、云计算和大数据等技术的广泛应用,不仅为网络影视提供了坚实的技术支撑,改变了视听内容的产品形态,重构了视听传播的行业生态,展现了视听传播的无限可能性,也改进了网络影视生产和传播的方式,为网络影视的持续发展提供了强有力支持。

首先,从技术层面而言,5G 网络增加带宽,减少延迟,传播更流畅,与 4K、8K、VR、AI 等技术相结合,为互动网络电影、互动网络剧、竖屏网络剧发展提供了广阔的空间。网络影视比传统影视拥有更多的支线,所以网络承载力尤为重要。5G 技术让用户在移动端就可以观看高清的网络影视,大大增强了观赏的效果。

同时,5G 技术为网络影视的多维度互动创造更多的机会,增强了用户、手机和剧集三者的互动交流。网络影视的本质特征是高科技与文化艺术的结合,是技术上的数字化、创作与传播上的互动性的融合。与网络游戏不同,网络互动剧借鉴了游戏叙事以及游戏思维,又增加了影视元素,用视频连接每个节点,让用户化身为主人公的角色进行选择从而参与剧情发展。用户选择是网络互动剧的创新之处,网络互动剧从形式上改变了文本特性、拓宽了视角范围、也增强了操控性。

其次,从内容层面而言,5G 技术促进网络影视创作团队有效运用了互联网思维与网感,有力地表现与传播了数字人文精神,不断扩大数字人文精神在海内外的影响力。特别是,5G 视听效果更好,这能把一些难度较大的视听设计与想象变成现实,促进网络影视创作团队以中华优秀传统文化为基础发展创新,表现了人文关怀,表现了中华文化的精粹,增强了国人的文化认同感与民族自信心。例如,网络剧《长安十二时辰》注重"服化道"(服装、化妆、道具)设计,高质量的"服化道"帮助表现历史环境和背景,协助推进叙事,能够帮助表现人物性格、塑造人物形象,强化艺术表现力,具有很高的审美价值与文化内涵,而这些通过 5G 技术能够得到很精确的展现。

网络影视不断发展,究其根本,是一种对社会生活与文化思想的重构。万物互联是 5G 时代的核心。网络影视具有高分享性、高参与性以及及时性的特点,在这点上 5G 技术将起到极大的推动作用。而 5G 为网络影视带来的视听效果的沉浸感增强,也将有利于网络影视所体现的价值观更好地被观众有选择地吸收。

这段短评讨论了信息化社会与文艺之间的关系,作者指出当前广泛应用5G、AI、云计算和大数据等,为文艺的大众化传播尤其是网络影视的传播提供了技术支持。从根本上来讲,是对当下文艺与社会关系的一种重构。文章视角新颖,为读者的进一步阅读、评论提供启发和借鉴。

文艺短评的形式是多种多样的,除了最为常见的一般议论文形式之外,还可以运用书信、序言、札记、随笔等形式表现,不过文艺短评与通常意义的文艺评论的区别在于,文艺短评只是抓住文艺现象中的某一点进行评论。由于其简短,因而用起来更灵活、更广泛。

(四)新闻短评

新闻短评是报刊、电台、电视台经常采用的一种评论形式。它针对新闻消息、通讯提出的重要问题,或带有普遍性的倾向问题,以报刊、电台、电视台、评论员或个人署名的形式,就国内外政治、经济、思想、文化等方面的有关问题进行具体评述。新闻短评也有不同的形式,比如《人民日报》经常发表的带有社论性质的短评,或者以"本报评论员"名义发表的短评,或者是配合有关报道发表的短评等,就都属于新闻短评。此外,各类报刊上经常出现的编者按语或者编后记等,也属于新闻短评。

三、短评的写作

(一)观点正确、鲜明

在短评的写作中,首先要确定论点,即把作者在文章中要阐述的观点确定下来。观点是作者针对所评论的问题经过分析、综合所形成的见解、主张。观点正确,就是评论者要有正确的立场,要有健康的思想感情。对具体事物的评价,要符合客观实际及其规律。观点鲜明,就是对客观事物的评价应该是毫不含糊的。作者赞成什么,反对什么;或爱,或恨;或歌颂,或批评,态度都要明朗。

由于短评的篇幅所限,论题的范围不能太大,只能是作者日常工作、学习、生活中的一得、一识、一见。也就是说,论题的面要窄一些,论点要集中一些。如《勿伤老人心》一文,作者选取了现实生活中一个不善待老人的例子,集中鲜明地提出了自己的观点:"作为晚辈应该体谅老人""失落哀怨"的心情,"话语间要多留神,不要伤害他们"。

短评的观点要正确、鲜明,还必须要有针对性,这是由短评的特点所决定的。只有做到有的放矢,才能把握关键,切中要害。请看下面的这篇短评:

大医精诚 医者仁心

大医精诚,医者仁心。李桓英将毕生心血倾注于麻风病防治事业,可歌可泣,令人景仰。

大爱成就大医。李桓英数十年如一日,默默坚守在公共卫生领域,用生命诠释了大爱无疆的职业精神,推动了全球麻风病防治的进程,成为积极响应构建人类卫生健康共同体的实践者。

医者大爱,源于对祖国的热爱。新中国成立不久,国家建设急需人才。李桓英主动放弃国外的优厚待遇,毅然回到祖国怀抱,将事业的根牢牢扎在祖国大地上,解决了麻风病的治疗难题,解除了麻风病患者的疾苦,体现了心有大我、赤诚报国的情怀。

医者大爱,源于对生命的敬畏。李桓英坚持人民至上、生命至上,是时刻把患者的冷暖放在心头的公共卫生专家。面对麻风病人,她深怀悲悯之心,主动接触病人,消除社会歧视,树立了用科学战胜疾病的信心。她敢为人先,勇于创新,不断优化治疗方案,使数以万计的麻风病人重获新生,彰显了用大爱护佑苍生的医者仁心。

医者大爱,源于对人类共同命运的关切。麻风病是一种全球流行的传染病,严重威胁着人类的生命健康。疾病无国界,大爱无疆界。李桓英感恩社会、从无私心,不仅把国外的先进医学知识带回祖国,更把中国麻风病防治方案贡献给世界。她选用的短程联合化疗方案得到世界卫生组织的认可并在全球推广,为人类早日消灭麻风作出积极贡献,用实际行动践行了"敬佑生命、救死扶伤、甘于奉献、大爱无疆"的新时代医疗卫生职业精神。

这篇短评,观点集中鲜明。标题用《大医精诚　医者仁心》恰当地点出了李桓英医生坚持人民至上和生命至上的信念和使命。虽是短评,但精悍有力。

(二) 论述有理、有据

论点确立以后,就要组织能证明论点的材料,这些材料就是论据。短评的论述要有理有据,论点与论据的结合要缜密统一。请看《人民日报》2014年的评论《人民需要文艺　文艺需要人民》:

引领时代风气,文艺不能迷失价值方向;塑造民族之魂,文艺不能远离人民生活。"社会主义文艺,从本质上讲,就是人民的文艺",在文艺工作座谈会上,习近平总书记深刻阐述了文艺与人民的关系,重申文艺创作的人民取向,定位文艺发展的人民坐标,强调坚持以人民为中心的创作导向,对新的历史条件下做好文艺工作具有重要指导意义。

"为什么人的问题,是一个根本的问题,原则的问题。"72年前,毛泽东振聋发聩地提出了文艺为工农兵、为人民大众服务的根本方向;72年风云激荡,"为人民大众"成为社会主义文艺的价值底色。人民既是历史的创造者、也是历史的见证者,既是历史的"剧中人"、也是历史的"剧作者"。坚持为人民服务、为社会主义服务,是党对文艺战线提出的一项基本要求,也是决定我国文艺事业前途命运的关键。

人民需要文艺,文艺是人民生活的精神食粮。随着生活水平不断提高,社会消费从"生存型"向"发展型"转变,人们对精神文化生活有了更多诉求,对文艺作品的质量、品位、风格有了更高要求。列宁说过,人民群众"有权享受真正伟大的艺术"。人民的需要是文艺存在的根本价值所在,文艺工作者理应紧跟时代潮流、把握人民需求,为人民书写、为人民抒情、为人民抒怀,创作出更多人民喜闻乐见的优秀作品。这是时代的呼唤、人民的期盼,更是文艺工作者义不容辞的责任与使命。

文艺需要人民,人民是文艺创作的源头活水。古往今来,那些历经磨砺而愈显珍贵、大浪淘沙而更加醇厚的传世经典,无不是源于人民、为了人民、属于人民。屈原"长太息以掩涕兮,哀民生之多艰",寄托对人民命运的悲悯;杜甫"安得广厦千万间,大庇天下寒士俱欢颜",饱含对百姓冷暖的关切。艺术可以放飞想象的翅膀,但一定要脚踩坚实的大地。一旦离开人民,文艺就会变成无根的浮萍、无病的呻吟、无魂的躯壳。只有始终把人民的冷暖放在心中、把万家的忧乐倾注笔端,才能获得取之不尽、用之不竭的创作源泉。

人民不是抽象的符号,而是一个一个具体的人,有血有肉,有情感,有爱恨,有梦想,也有内心的冲突和挣扎。如果"热爱人民"只是停留于口号,如何做到欢乐着人民的欢乐、忧患着人民的忧患?如果让社会效益屈从于市场价值,让文艺成为市场的奴隶,又如何谈得上为人民创作、为人民放歌?为人民就要爱人民,爱得真挚、爱得彻底、爱得持久;贴近人民,就要拆除"心"的围墙,要"身入"更要"心入""情入"。扎根人民、扎根生活,把社会效益放在首位,才能以文艺观照现实、温润心灵、涵养精神,让人们看到美好、看到希望、看到梦想就在前方。

文艺与人民的联系,是一种内在的生命联系,这是一根永远剪不断的情感脐带、文化脐带和历史脐带。天是世界的天,地是中国的地,只有仰望人类文明的璀璨星空,同时扎根于中国大地,扎根于人民的火热实践,我们的文艺才能描绘出中国色彩、讲述好中国故事,书写无愧于时代、无愧于人民的精品力作。

这篇短评的作者在提出了"人民需要文艺　文艺需要人民"的论点之后,选取了毛泽东1942年《在延安文艺座谈会上的讲话》中"为什么人的问题,是一个根本的问题,原则的问题"

作为论据,可以说理论有政治高度,理据充实,分析中肯。

在短评的写作中,要做到论述有理有据,就必须选取必要、可靠、典型、新颖和充分的论据。值得注意的是,论点要能统率材料,材料要能证明观点,材料和观点两者要有机统一。

(三) 形式灵活、多样

一般的议论文大多采取提出问题、分析问题、解决问题的结构形式。短评也不例外。但是,短评的具体写法是不拘一格、形式多样的。

短评的开头,要求吸引读者,又要尽快入题,往往是三言两语就导入正题。如上例《人民需要文艺　文艺需要人民》的开头,先用一句话提出论点"引领时代风气,文艺不能迷失价值方向;塑造民族之魂,文艺不能远离人民生活",接着就摆事实论证论点。开门见山是短评常用的开头方法,此外,根据实际情况,开头还可以采取对比式、引语式、比喻式、问答式等。

短论的正文是评论的中心,它要求作者调动各种论证手段,或归纳、或演绎、或类比,使论题坚实地树立起来。评论的内容不同,构思的方式不同,评论的结构形态也就不同。因而需要作者灵活掌握。

同样,短评的结尾也是灵活多变的,如《人民需要文艺　文艺需要人民》一文,作者用一句话"只有仰望人类文明的璀璨星空,同时扎根于中国大地,扎根于人民的火热实践,我们的文艺才能描绘出中国色彩、讲述好中国故事,书写无愧于时代、无愧于人民的精品力作"提出希望,结束全文,很有感召力。常用的结尾方式有激励式、概括式、含蓄式、点睛式等,如何选用需要根据具体情况而定。

(四) 语言精练、准确

短评是说理性文章,要把道理讲清楚,让人爱听、爱看、具有说服力,语言就应该精练准确。所谓精练,是用较少的文字表达丰富的内容。所谓准确,就是选取最确切、最恰当的词语,恰如其分地反映被表现的客观事物,贴切地表达作者的思想观点。请看下面的短评:

有原则的灵活

当初,以网约车为代表的共享经济横空出世,搅活了固化的传统行业,给人们出行带来便利的同时,形成了庞大的市场。

今天,一些网约车平台公司已经发展成为巨头,其背后聚集了庞大的司机群体,这让用工关系这样的问题,变得不容忽视。

用工关系是决定共享经济未来走向的一个巨大问号。共享经济的出现,挑战着传统形成的认知:共享经济究竟是顶着创新的光环规避企业责任,还是在颠覆人类社会已有的劳动关系模式?答案不同,结局迥异。

  围绕共享经济的众说纷纭,根源或许在于其仍在发展的过程中。关于它的优点与缺陷,有些已经呈现,有些则还没显露。这意味着,政府在对待共享经济上需要保持有原则的灵活性,一方面要抱着迎接共享经济的积极心态,另一方面要在处理牵涉现实社会的多重利益冲突时,守住政策底线。打压与放任,都不会是最好、最优的做法。对于共享经济,所有人期盼的就是共赢。

  这篇短评选取的内容是共享经济。作者用确切简明、通俗易懂的语言,阐述了共享经济的一些现象,如网约车问题,作者重点强调的是对这样的新现象应该如何对待?文章最后点明观点:"政府在对待共享经济上需要保持有原则的灵活性,一方面要抱着迎接共享经济的积极心态,另一方面要在处理牵涉现实社会的多重利益冲突时,守住政策底线。"
  短评的语言要求准确、精练,这是与其短小精悍的特点分不开的。为了增强文章的可读性,短评的语言往往还要求生动活泼,通俗易懂。谚语、俗语、俚语、先哲格言、古代诗文皆可入文。这些都是在短评的写作中需要酌情考虑的。

第三节 杂 文

一、杂文的概念和特点

(一) 杂文的概念

  杂文是个古老而又年轻的文章类型。说它古老,在先秦诸子百家中就不乏所谓杂谈、杂论、杂说。后世如韩愈的《马说》,王安石的《伤仲永》等,可以说都是杂文的名作。说它年轻,一般认为到现代,杂文经鲁迅倡导并实践才日臻成熟,形成一种独具一格的文体。1949 年后,新时代赋予杂文以崭新的历史使命,杂文在内容与写法上都有一些新的变化,例如,邓拓的《燕山夜话》、马铁丁的许多杂文都曾很受读者的欢迎。报刊媒体上至今都有不少杂文栏目。
  杂文的主要表现手法是议论。它以讲道理为主,并将议论、叙事、描写、抒情融为一体,从这个意义上说杂文是议论文;同时杂文又讲求形象性,要求人物、事件的典型化,寓理于事,寓理于形,情理交融,富于文采,从这个意义上讲,它又是文学文体,是文艺散文的一个分支。因而,有人称杂文为"文艺性的政论文"。

(二) 杂文的特点

1. 形象说理

  形象性是杂文区别于一般议论文的主要特征。杂文贵在形象说理。所谓形象说理是指把道理巧妙地蕴含在具体的形象之中,让读者能自然地悟出来。在杂文中,形象思维和逻辑思维是并用的,它常常把精辟的议论同生动的叙述、形象的描绘以及饱满的抒情相结合,不仅以理服人,还要以情动人,以形象感人,达到形、情、理的高度统一,使文章独具文学的艺术魅力。例如,鲁迅的杂文名篇《论"费厄泼赖"应该缓行》,作者从当时政治斗争的实际情况和现实需要出发,总结了"不打落水狗,反被狗咬了"的沉痛历史教训,提出了"痛打落水狗"即不对坏人心慈手软的重要斗争原则。用"落水狗"比喻失败的敌人,以"叭儿狗"比喻专事谄媚的奴才,就鲜明地体现了杂文形象说理的特点。

2. 敏锐泼辣

杂文是针对现实的社会生活而进行形象化议论的,它要求能及时迅速地反映现实生活中的矛盾、问题,因而,它又是战斗性很强的一种文体。它所表现出的思想敏锐、笔锋犀利,鲁迅先生称其为"匕首"、"投枪",是"感应的神经,攻守的手足"(《且介亭杂文·序言》)。由于杂文具有这个特点,所以,它常常是对敌斗争的工具。例如,《"友邦惊诧"论》写作的时间与事件发生的时间只相隔几天,作者抓住战机,立即出击,切中时弊,致敌要害,一针见血地揭露出所谓"友邦人士"的丑恶嘴脸。

由于时代的变迁,社会的各种矛盾都在不断地发生变化。有些杂文,虽然不是针对敌人,但是,对那些不合时代潮流的人和事仍然需要具有深刻的批判性。例如,龚同文的《"傻"颂》一文就深刻地揭露了那些处处为己、遇事投机取巧、畏难苟安,却把一切勤勤恳恳全心全意为人民服务的先进人物都看成"傻子"的"聪明人"危害社会的问题,文章见解敏锐,语言犀利,影响极大。

3. 杂而有文

杂文的"杂"首先表现在内容丰富上。杂文中所涉及的内容可以是现实社会中政治的、思想的、文化的、经济的、文学的、历史的、道德的各个侧面。其次,杂文的形式多样,政论、短评、随笔、小品、对话、书信、序跋、札记、演讲等都可以是杂文。再者,杂文的"杂"还表现在手法的灵活上。在杂文中,叙述、描写、抒情、议论兼而有之,各种艺术技巧都可以用来表现。像散文的"散"一样,杂文很"杂"。然而,杂文是杂而有文,好的杂文,富有知识性、趣味性,旁征博引,嬉笑怒骂,幽默风趣。尤其是杂文的语言,独具一格,往往雄辩奇巧,诙谐机智,形象生动,给人以无尽的审美愉悦。例如,马南邨的杂文《一块瓦片》,引经据典、说古道今,从王宫贵族的"琉璃瓦""金瓦""银瓦",说到平民百姓的"石瓦""竹瓦"以及"头无片瓦",通过对比,揭示出贫富的差异和阶级的对立,语言机巧风趣、生动形象、妙趣横生、颇富文采,有着很强的感染力。

二、杂文的分类

杂文有广义和狭义之分。广义的杂文,范围相当广泛,它是多种文体的总称,其中包括杂感、随笔、札记、日记、序跋等各种形式的文章。如刘勰在《文心雕龙》中说"详夫汉来杂文,名号多品,或典诰誓问,或览略篇章,或曲操弄引,或吟讽谣咏。总括其名,并归杂文之区;甄别其义,各人讨论之域",这大约可称之为广义的杂文。狭义的杂文专指文艺性的社会论文,即杂感。我们这里所讲的是狭义的杂文。

杂文按其性质、社会功能和表达方式来分,大致可以分为社会批评和人生杂谈两类。

(一) 社会批评

社会批评类杂文,往往以冷嘲热讽的形式,针砭时弊,揭露社会上的丑陋现象,以引起人们的重视,也称讽刺性杂文。这类杂文又有两种形式,一是对敌人的,如《"友邦惊诧"论》;另一种是对人民内部的缺点、错误以及社会弊端的,如丁玲的《"三八节"有感》等。以上两种杂文虽然都是讽刺性的,但有着质的不同。对敌斗争的杂文,须击中要害,置敌于死地;而对人民内部,虽然也要击中要害,但总起来说是为了治病救人。两者的性质和目的都不同。

(二) 人生杂谈

人生杂谈类的杂文,多以诙谐幽默的形式,谈及人生,议论事理,或指导人生处世之道,或调整人际之间的各种关系。例如马铁丁的杂文《骄必败》,作者活画了骄傲的人的语态,指出其思想上的片面性——只看到自己的长处和优点,夸大个人的主观力量,对缺点的危害估计不足等症结,从而给人以有益的教育和启示。在这类杂文中,有人将那些融知识、思想、文采于一体的杂文称作知识性杂文,如李大钊的杂文《"今"》等,也不无道理。

另外,还有人从形式上将杂文分为杂感式、评点式、问答式等。总之,杂文的分类也是多种多样的。

三、杂文的写作

(一) 大处着眼、小处落笔

杂文的"大",就选材而言,可以非常广泛,上下几千年,纵横千万里,日常生活中的一事一物、一人一语、一眉一目,都可以成为杂文的表现题材。"大处着眼"还包括,杂文要选那些广大人民群众最关心的,社会生活中最尖锐的问题,并且能从某一现象中概括出具有普遍意义的内涵。例如,鲁迅的杂文《现代史》,全文仅五六百字,但是作者通过"变戏法"这个形象而又真切的模拟,将国民党反动派压迫剥削人民的现代史表现出来了。落笔体现出一个"小"字,可是着眼点却不小——"'戏法人人会变,各有巧妙不同。'其实是许多年间,总是这一套,也总有人看,总有人 Huazaa,不过其间必须经过沉寂的几日。"话里有话,敏锐锋利,体现了杂文短小精悍的特点。

再如,鲁迅的杂文《关于太炎先生二三事》,作者要表现太炎先生的精神,不是大张旗鼓地宣传先生的学术成就和革命精神,而是从太炎先生驳斥康有为和为邹容《革命军》作序被捕以及主持《民报》这几个方面凸显出先生的革命精神,并认为"我以为先生的业绩,留在革命史上的,实在比在学术史上还要大"。文章非常具体而又深刻地刻画出太炎先生在近代革命史上的作用。

(二) 从实入手,以实论虚

杂文的议论说理一般是借着对某一生动具体的"个别"来分析解剖,以展示蕴含其中的真谛和本质,或者由某一生动具体的"个别",通过联想、生发、推理、譬喻、模拟等手段,牵联出更多的生动具体的事例,让这个"个别"在相互的关系中展示出世态人情与生活哲理,这样的方法叫做"从实入手,以实论虚"。鲁迅的杂文《由聋而哑》开头写道:"医生告诉我们:有许多哑子,是并非喉舌不能说话的,只因为从小就耳朵聋,听不见大人的言语,无可师法,就以为谁也不过张着口呜呜哑哑,他自然也只好呜呜哑哑了。"这篇杂文是作者强调说明文化需要借鉴,需要积累。读得不多,知之甚少,这是"聋","于是精神上的'聋'那结果,也就招致了'哑'来",导致写不出,创造不出。从平凡的现象"实",到深刻的道理"虚",文章的主题得到了升华,发人深省,这便是从实入手,以实论虚。

(三) 生动形象,风趣幽默

杂文的特点决定了杂文的语言既要符合政论文体的一般规范,如语言鲜明、准确、严密,富有鼓动性与逻辑性;又要注意文采形象,具有艺术性和审美感性。

生动形象的语言,往往会借助幽默来表达。幽默是"善意和微笑",它常借用夸张、反语、对照、比喻、双关、暗示等手法,引人发笑,并在笑中明理。我们来看鲁迅的《论辩的魂灵》:

> 洋奴会说洋话。你主张读洋书,就是洋奴,人格破产了!受人格破产的洋奴崇拜的洋书,其价值从可知矣!但我读洋文是学校的课程,是政府的功令,反对者,即反对政府也,无父无君之无政府党,人人得而诛之。
>
> 你说甲生疮。甲是中国人,你就是说中国人生疮了。既然中国人生疮,你是中国人,就是你也生疮了。你既然也生疮,你就和甲一样。而你只说甲生疮,则竟无自知之明,你的话还有什么价值?倘你没有生疮,是说谎也。卖国贼是说谎的,所以你是卖国贼。我骂卖国贼,所以我是爱国者。爱国者的话是最有价值的,所以我的话是不错的,我的话既然不错,你就是卖国贼无疑了!

这一连串的反语真是生动形象、妙趣横生,各种诡辩论都表现得淋漓尽致。

应该指出的是,生动形象、风趣幽默的杂文靠的不单单是表现技巧和枝枝节节的修饰,它是与写作者广博的知识、强烈的爱憎、过人的胆识及深厚的艺术修养分不开的。

(四) 笔调灵活,语言泼辣

杂文的写作,笔调极为灵活,而且语言总是要求生动形象,尖锐泼辣,短句长句的调度适宜,谚语俗语的运用恰好,成语典故的穿插有致,格言警句的安排得当,笔调轻松活泼而思想深沉。请看鲁迅的《"硬译"与"文学的阶级性"》中的一段话:"自然,'喜怒哀乐,人之情也'。然而穷人决无开交易所折本的懊恼,煤油大王那会知道北京拣煤渣老婆子身受的酸辛,饥区的灾民,大约总不去种兰花,像阔人的老太爷一样,贾府上的焦大,也不爱林妹妹的。"这段批驳抽象人性论的文字,有叙述、有议论,朴实易懂,比起平板的说理和概念的驳斥,显然要生动有力得多。

杂文语言的泼辣是指行文要击中要害,语言要像锋利的解剖刀,一下子把事物的本质剖析出来。如鲁迅的《现在的屠杀者》,作者开门见山,引出所谓"高雅的人"的论调:"白话鄙俚浅陋,不值识者一哂之者也。"进而一针见血地指出,"明明是现代人,吸着现在的空气,却偏偏要勒派朽腐的名教,僵死的语言,侮蔑尽现在",这都是"现在的屠杀者"。文章语言泼辣犀利,充分发挥了杂文匕首投枪的战斗作用。

四、杂文范文赏析

这个与那个

……

三　最先与最后

《韩非子》说赛马的妙法,在于"不为最先,不耻最后"。这虽是从我们这样外行的人看起来,也觉得很有理。因为假若一开首便拼命奔驰,则马力易竭。但那第一句是只适用于赛马的,不幸中国人却奉为人的处世金箴了。

中国人不但"不为戎首","不为祸始",甚至于"不为福先"。

所以凡事都不容易有改革;前驱和闯将,大抵是谁也怕得做。然而人性岂真能如道家所说的那样恬淡;欲得的却多。既然不敢径取,就只好用阴谋和手段。以此,人们也就日见其卑怯了,既是"不为最先",自然也不敢"不耻最后",所以虽是一大堆群众,略见危机,便"纷纷作鸟兽散"了。如果偶有几个不肯退转,因而受害的,公论家便异口同声,称之曰傻子。对于"锲而不舍"的人们也一样。

我有时也偶尔去看看学校的运动会。这种竞争,本来不像两敌国的开战,挟有仇隙的,然而也会因了竞争而骂,或者竟打起来。但这些事又作别论。竞走的时候,大抵是最快的三四个人一到决胜点,其余的便松懈了,有几个还至于失了跑完豫定的圈数的勇气,中途挤入看客的群集中;或者佯为跌倒,使红十字队用担架将他抬走。假若偶有虽然落后,却尽跑、尽跑的人,大家就嗤笑他。大概是因为他太不聪明,"不耻最后"的缘故罢。

所以中国一向就少有失败的英雄,少有韧性的反抗,少有敢单身鏖战的武人,少有敢抚哭叛徒的吊客;见胜兆则纷纷聚集,见败兆则纷纷逃亡。战具比我们精利的欧美人,战具未必比我们精利的匈奴蒙古满洲人,都如入无人之境。"土崩瓦解"这四个字,真是形容得有自知之明。

多有"不耻最后"的人的民族,无论什么事,怕总不会一下子就"土崩瓦解"的,我每看运动会时,常常这样想:优胜者固然可敬,但那虽然落后而仍非跑至终点不止的竞技者,和见了这样竞技者而肃然不笑的看客,乃正是中国将来的脊梁。

这段杂文节选自鲁迅《这个与那个》的第三节,文字延续了鲁迅一贯的文风,生动、犀利、笔底生辉,具有鲜明的批判意识。一些句子已经成为现代文学中的警句,如"所以中国一向就少有失败的英雄,少有韧性的反抗,少有敢单身鏖战的武人,少有敢抚哭叛徒的吊客;见胜兆则纷纷聚集,见败兆则纷纷逃亡",可见其极富思想和文采的感染力。

第四节 读书笔记

一、读书笔记的概念和特点

(一)读书笔记的概念

读书笔记,又称读书随笔、札记等,是人们在生活中根据自己的学习、工作或专业的需要,在阅读书籍、报刊或查阅资料时,有目的地摘抄某些内容,或是把原著的要点、精神实质记写下来,或是把阅读的认识见解、心得体会等内容记载下来所形成的文字。在读书笔记中表现自己的阅读认识、见解、心得体会等的文字,多属于议论性文字,因而本书笼统地将读书笔记放在议论文体中讲解。

俗话说"不动笔墨不读书","好记性不如烂笔头"。养成写读书笔记的习惯,是积累知识、培养严谨治学态度的基本功。当今社会以信息为标志,人类已进入知识经济时代。知识更新的速度大大加快,畅游书海已不单纯是为了获得某一方面的知识,提高分析问题的能力、能够快捷地处理大量的信息为我所用,更成为现代人所关注的问题。适当地做些读书笔记,对书籍的内容进行鉴别、归纳、选择,可以帮助人们不断地提高这方面的能力。此外,写读书笔记,有利于记忆,有利于思考,有利于科研,有利于提高写作水平,也是历来验证有效的日常训练和提高的有益实践,因而许多著名的学者、专家都非常重视做读书笔记。

（二）读书笔记的特点

1. 读书是前提

杜甫的"读书破万卷"是千百年来一直激励人们要广泛阅读的名句。读书笔记是建立在读书基础之上的，多读书，读好书，是写读书笔记的前提。只有大量地阅读，才会有丰富多彩的读书笔记。著名学者王元化在《清园近思录》中体现出他对卢梭的思想有着深刻的理解，这就与他广泛勤奋的阅读密不可分。据介绍，光是卢梭的《社会契约论》一书，他就仔细阅读过数十遍，书中的批注密密麻麻。这都是他长年围绕卢梭著作广泛阅读、深入思考的成果结晶。

2. 内容广泛

世界上的书籍无以数计，上至天文地理，下至花鸟虫鱼，内容无所不包。读书的人也有不同的情况，不同的读书人在性格、志趣、爱好以及知识结构、审美品味方面各不相同，所喜好涉猎的书籍很可能是不一样的，因而读书笔记的内容也是仁者见仁，智者见智。就某个人而言，不论从事什么工作，都要求最好能有广泛的阅读，"腹有诗书气自华"。然而，从学科专业的角度看，读书又不能漫无目的，特别是对大学生来说，"专业"和"兴趣"是读书的两个基本核心，读书笔记也大多围绕着这两个核心进行。

3. 形式多样

读书笔记的写作没有固定的格式，十分灵活自由。可以就在书上圈、点、勾、画，乃至批注，也可以将片段摘录或者整篇复印。既可以对所读的书刊进行简要的评论、描写，也可以写成读后感，或者进行质疑考证。可以是三言两语，也可以是长篇大论。每个人都可以根据自己的实际情况和习惯选择不同的写读书笔记的方式。

二、读书笔记的种类

（一）摘录

摘录是把书本中最精彩、最精辟的语句或最有用的观点、材料摘抄下来。这是一种便捷的读书笔记，它的主要目的在于积累各种各样的资料，用以备查。请看王元化读黑格尔《小逻辑》开讲辞中一段话的摘录：

> 精神的伟大和力量是不可以低估和小视的。那隐蔽着的宇宙本质自身并没有力量足以抗拒求知的勇气。对于勇毅的求知者，它只能揭开它的秘密，将它的财富和奥秘公开给他，让他享受。

王元化说，他每次读到这段话，都会感到心情激荡，因为它体现了文艺复兴以来对人的思想的信念与尊重。

摘录可以摘在本子上,也可以摘在卡片上。一般说来,卡片式的摘录便于分类,使用起来也比较灵活。

(二) 提纲

提纲式的读书笔记,是经过分析和综合,把全书或全文的内容要点提纲挈领地分条列出来。列提纲能培养分析、综合能力,有助于分清文章的层次,突出文章的中心,掌握文章的要点。常见的提纲有:段落提纲(可根据自然段或内容层次列提纲);论证提纲(包括中心论点、分论点、论据、论证等);情节提纲(包括开端、发展、高潮、结局等);人物提纲(主要人物的基本面貌、经历、思想、性格、行动等方面的内容)。编写提纲要注意文章的体裁特点,记叙文提纲要注意记叙的顺序,议论文提纲要注意逻辑性。提纲必须言简意赅,有概括性,能引起人的联想。

(三) 概述

概述是用自己的语言概括叙述文章的主要内容。这种读书笔记必须善于抓住原文的主要情节或中心内容,善于舍弃细枝末节,突出重点。必要时可以调整原文的结构层次。请看葛兆光教授的读书笔记:

> 詹京斯(Keith Jenkins)《历史的再思考》(贾士蘅译,台北:麦田出版,1996)英文名为 Re-thinking History,他指出,在理论上,"历史"是由认识论、方法论和意识形态构成的,是"一种移动的有问题的论述"。首先,过去存在过的历史与现在书写或思想出来的"历史"之间的"空隙是实体性的";其次,方法常常是最近的和最新的观念下支配或推演出来的,这些方法实际上是"自传性地对过去作解释的","取悦于他们自己"的,由权力支持而形成的建构;再次,理论与解释是意识形态性的,意识形态不过是说服、强迫、暗示,背后则是利害关系;最后,当"历史"被写出来的时候,它已经承受了来自家庭、学校、单位的压力,出版商与读者(字数、形式、市场、截稿日期、文体、审查者、重写的愿望)的制约,而"历史"被阅读的时候,又面临着"差异的世界"而无法使阅读固定。

(四) 读后感

阅读了一篇文章或一部著作之后,因有感触,受到启发而写下的心得体会叫读后感。所谓"感",可以是从书中领悟出来的真切的道理或精湛的思想,可以是受书中内容启发而引起的思考与联想,可以是因读书而激发出来的决心和思想,也可以是因读书而引起的对社会上某些现象的感触和评论。

读后感是议论文的一个类型，它也要用到议论文常用的概念、判断、推理等形式进行写作。有所不同的是，读后感一般包括两个基本的方面：一是读了什么，二是有何感想。读是感的基础，感是读的触发和结果。"读"和"感"是不可分割的，但"感"是主要的。"感"可以是零碎的感受，也可以是系统的见解。下面着重介绍读后感的写法。

三、读后感的写作

写读后感的方法是很灵活的。一般情况是：首先要认真阅读原文，厘清全文思路，掌握它的要点，先写对原文的总体认识、看法，再由此联系实际，引出感想，并把它系统化、条理化，上升到理论的高度加以总结。它既可以就原文的整体发表感想，也可以就原文的某一点，或某一情节、某一人物、某一侧面发表感想。

概括地说，读后感有以下几种写法：

一是概述原文主要内容，联系生活实际，讲明事理。

二是以原作塑造的典型烛照现实生活，其基本的结构方式是：典型——生活现实——引以为戒。

三是借着原文中的某一点作由头，生发开去，讲清自己的看法。这种写法常常借助作品中的一段故事、一个人物、一个细节、一句话，触发灵感，写出自己深切的感受和看法。

四是摘录原文重点加以评点，组成拼贴画式读后感。

我们来看下面这则读后感：

坚持自我，追求灵魂的平等
——读《简·爱》有感

"你以为我是一架没有感情的机器？难道就因为我一贫如洗、默默无闻、长相平庸、个子瘦小，就没有灵魂，没有心肠？我的心灵跟你一样丰富，我的心胸跟你一样充实！"这是我在《简·爱》中读到的最为震撼的一句话。不管一个生命看起来多么卑微，他的灵魂都和其他人一样，是平等的。

《简·爱》是我喜欢的一部小说，书中的主人公简·爱更是我喜欢的一位坚强独立的女性。简·爱自幼便成了孤儿，年少时受尽舅妈的虐待，在孤儿院里也经常受到精神上和身体上的摧残。正是这样恶劣的环境，让简·爱养成了坚强、自尊的性格和敢于反抗的精神。面对冷酷的校长和虐待她的老师，简·爱充分表露出她的倔强，不甘受屈辱，不向命运低头。

后来，简·爱来到桑菲尔德庄园，做了那里的家庭教师，她依然自尊、自爱，从不觉得自己仆人的身份低人一等。她爱上了庄园主人罗切斯特先生，就因为他能平等待人,能与她坦诚相见。她对罗切斯特说:"我不是根据习俗、常规,甚至也不是以血肉之躯同你说话,而是我的灵魂同你的灵魂在对话,就仿佛我们两人穿过坟墓,站在上帝脚下,彼此平等——本来就如此!"面对如此自信,如一缕清风般的简·爱,罗切斯特也付出了他的真心。但两人并没能顺利地走进婚姻殿堂,因为罗切斯特多年前就娶了妻子——一个疯了的女人。尽管深爱着罗切斯特,简·爱还是选择离去,因为她的灵魂不能忍受屈辱。直到桑菲尔德庄园被烧毁,罗切斯特也失明,成了残疾人,简·爱才回到罗切斯特身边,与他缔结了良缘。

  对待人生,简·爱是坚强的,不屈的;对待爱情,简·爱是勇敢的,纯真的。她不为财富,不为名利,即使困苦也绝不将就自己的人生。为了自由,为了尊严,为了平等的权利,也为了爱,她可以勇敢地付出一切,义无反顾。我们都渴望有一个光彩体面的人生,被人重视,受人尊重。但这样的人生是需要自己努力去争取的,平等与尊重也是靠自己的努力去赢得的。我扪心自问,假如我也处于简·爱那样恶劣的生存环境,我是否有勇气生活下去?假如也有人拿着鞭子在背后驱赶我,我是否敢当面夺下鞭子,扔掉它?我有些不敢想象,所以我还需要磨炼自己的意志,增强自己与困难抗争的勇气。坚守自我,任何时候都不能被命运打败,这是我在简·爱身上学到的。

在读后感中,作者的感受是文章的主旨所在,感受深刻与否是决定文章成败优劣的关键。一篇读后感只有写出正确、深刻、新颖的感受,才能启人耳目,给人以教益。

当然,要想在读后感中写出正确、深刻、新颖的感受,作者不仅要具有一定的思想水平,能够对客观事物以及书刊中所折射出的文化现象做出正确的评价,而且还要做生活的有心人,能够随时对生活中的事物作出敏锐的感应。读后感中的"感",往往来源于作者的切身体会和实践经验。

读后感是议论性较强的读书笔记,议论文的一般写作要求都适用于读后感。但读后感又毕竟有它自己的特点,它着重在"感",因此论述不一定要像议论文那样严格。然而,它一定要读有所"感",感受要深刻、新颖、独到,这是读后感与一般议论文的区别。

第五节 演 讲 词

一、演讲词的概念和特点

(一)演讲词的概念

在生活和工作中,有些人常常要在集会或会议等公开场合,就某个问题对听众说明事理、发表见解,这就是人们常说的演讲。优秀的演讲是演讲者以火点燃火、以心感染心,能给听众留下深刻的印象。就像闻一多的"最后一次演讲",动人心魄,影响巨大。

演讲词是演讲的文字依据、提示文本,有时专指在演讲之前所写的底稿。演讲词又叫演讲稿、演说词、讲话稿等。古人云:"凡事预则立,不预则废。"为了使演讲取得良好的效果,一般在演讲之前都要有所准备,特别是初学演讲的人,写好演讲词,心里就有了底,在演讲时,可以消除一定的恐惧心理。有的演讲,如演讲比赛,还有时间限制,演讲词就可以帮助演讲者掌握演讲的语速等。

(二)演讲词的特点

1. 现实性

演讲最突出的特点就是它的现实性。演讲词的写作应该立足现实,探讨现实问题。演讲词的内容要与现实生活密切相关,要能够提出并回答现实生活中人们关注和瞩目的焦点问题。在选题、选材和撰写过程中要考虑到这个特点,否则就会影响演讲的效果。例如,某高校举行"展现当代大学生的精神风貌"的主题演讲,其中"谈谈课堂上的手机声"、"直面'网事'"等演讲就颇受欢迎。只要牢牢地把握现实,演讲就能够事半功倍。

2. 鼓动性

好的演讲具有强烈的鼓动性,能够激发听众情绪,赢得感情的共鸣。例如,在"第三届中国名校大学生辩论邀请赛"上,北京航空航天大学队与华东师范大学队围绕着"人是大自然的保护者"和"人是大自然的破坏者"的论题,展开激烈的辩论,获得了阵阵掌声。

3. 简洁性

演讲自身的特点是"讲—听",没有什么讨论、停下来分析回味的时间,要给听众留下深刻的印象,就必须注意简洁性。德国著名演讲学家海茵兹·雷德曼在《演讲内容的要素》一文中指出:"在一次演讲中不要期望得到太多。宁可只有一个给人印象深刻的思想,也不要五十个让人前听后忘的思想。"这就告诉我们,演讲需要主题集中突出,语言准确简练,层次清楚,做到条分缕析,干净利落。

二、演讲词的分类

(一)即兴演讲词

即兴演讲是指演讲者事先无准备,由于受某些因素的触动有感而发,临时兴起而发表的演讲。即兴演讲词在生活中应用十分广泛,因为不使用演讲稿,演讲者必须才思敏捷、机智灵活、有较好的语言表达能力,才能产生好的效果。

据说,美国总统布什到匈牙利访问,预定要在国会大厦广场发表演讲。当他出现在高高的演讲台上时,看到广场是一片伞的海洋,雨淅淅沥沥下个不停。面对成千上万的听众,布什一边挥手致意,一边从衣袋里掏出厚厚的一叠讲稿,把讲稿举过头顶,然后嚓嚓几下,撕成碎片,扔向人群——为了让大家少淋雨,布什决定即席演讲。他将讲稿这么一"扔",人群中立刻爆发出热烈的掌声和欢呼声。

(二)命题演讲词

命题演讲词是指事先命题的有准备的演讲词。例如,在演讲比赛中,演讲活动的组织部门一般都要确定主题,然后让演讲者根据确定的主题,拟定题目,撰写演讲词,准备演讲。这种演讲词的好处在于主题鲜明集中、针对性强。

(三)辩论演讲词

辩论演讲是指对某一问题持不同见解的双方,在同一演讲环境中所进行的以坚持本方观点、批驳对方观点为宗旨的演讲。辩论演讲词包括日常辩论演讲词、专题辩论演讲词和赛场辩论演讲词等。例如,学术论辩、法庭论辩发言就属于专题辩论演讲词,而有正方和反方的像"国际大专辩论会"等的辩论词,则属于赛场辩论演讲词。

三、演讲词的写作

(一)要注意演讲对象

演讲是面对听众直接交流思想感情的,它的目的是要使听众了解某一问题,所以,演讲者必须了解听众对象。有针对性的演讲词,才能开启听众的心扉,引起听众的共鸣。例如,钱理群《我的教师梦》演讲稿:

> 我作为附中的一位老师上课已经一个月了。课程快要结束了,最后借此机会向老师们做一个汇报。我今天想讲的,是"我的教师梦"。

钱理群是北京大学教授,退休后十分关注中学语文教育。这是他在自己的母校南京师大附中的一次演讲。他的演讲开门见山,首先交代了这次演讲的内容和自己心中对教育的感情。之后他回顾了自己几十年来的心路历程,诉说自己从小学开始的教师梦。他的演讲与台下的听众很好地搭起了一座感情的桥梁,拉近了彼此之间的距离。

(二)要有鲜明集中的主题

演讲必须有鲜明的主题,才具有思想价值和现实意义,才能给听众以教育和启发。在一篇演讲词里,如果方方面面讲得太多,听众容易听了后边忘了前边,不得要领,因而演讲词的中心还必须集中,全篇的内容都紧紧围绕中心铺陈,这样才能给听众留下深刻的印象。请看毛泽东《为人民服务》这篇著名演讲：

> 我们的共产党和共产党所领导的八路军、新四军，是革命的队伍。我们这个队伍完全是为着解放人民的，是彻底地为人民的利益工作的。张思德同志就是我们这个队伍中的一个同志。
>
> 人总是要死的，但死的意义有不同。中国古时候有个文学家叫做司马迁的说过："人固有一死，或重于泰山，或轻于鸿毛。"为人民利益而死，就比泰山还重；替法西斯卖力，替剥削人民和压迫人民的人去死，就比鸿毛还轻。张思德同志是为人民利益而死的，他的死是比泰山还要重的。
>
> 因为我们是为人民服务的，所以，我们如果有缺点，就不怕别人批评指出。不管是什么人，谁向我们指出都行。只要你说得对，我们就改正。你说的办法对人民有好处，我们就照你的办。"精兵简政"这一条意见，就是党外人士李鼎铭先生提出来的；他提得好，对人民有好处，我们就采用了。只要我们为人民的利益坚持好的，为人民的利益改正错的，我们这个队伍就一定会兴旺起来。
>
> 我们都是来自五湖四海，为了一个共同革命目标，走到一起来了。我们还要和全国大多数人民走这一条路。我们今天已经领导着有九千一百万人口的根据地，但是还不够，还要更大些，才能取得全民族的解放。我们的同志在困难的时候，要看到成绩，要看到光明，要提高我们的勇气。中国人民正在受难，我们有责任解救他们，我们要努力奋斗。要奋斗就会有牺牲，死人的事是经常发生的。但是我们想到人民的利益，想到大多数人民的痛苦，我们为人民而死，就是死得其所。不过，我们应当尽量地减少那些不必要的牺牲。我们的干部要关心每一个战士，一切革命队伍的人都要互相关心，互相爱护，互相帮助。
>
> 今后我们的队伍里，不管死了谁，不管是炊事员，是战士，只要他是做过一些有益的工作的，我们都要给他送葬，开追悼会。这要成为一个制度。这个方法也要介绍到老百姓那里去。村上的人死了，开个追悼会。用这样的方法，寄托我们的哀思，使整个人民团结起来。

毛主席的这篇演讲，是 1944 年在张思德追悼会上的发言，主题非常鲜明，即全心全意为人民服务。

(三) 要有强烈的感情色彩

"感人心者，莫先乎情"，动之以情，晓之以理的语言才有力量。演讲词要防止空泛的议

论,要借助具体生动的事例,将强烈的感情蕴含其中,这样才能感染人、打动人。请看新东方创办人俞敏洪的演讲词:

你是要像草一样活着,还是像树一样活着

人的生活方式有两种,第一种是像草一样活着。你尽管活着,每年还在成长,但是你毕竟是一棵草;你吸收雨露阳光,但是长不大。人们可以踩过你,人们不会因为你的痛苦而产生痛苦;人们不会因为你被踩了,而来怜悯你,因为人们本身就没看到你。所以,我们每一个人都应该像树一样成长。即使我们现在什么都不是,但是只要你有树的种子,即使被人踩到泥土中间,你依然能够吸收泥土的养分,自己成长起来。也许两年、三年你长不大,但是十年、八年、二十年,你一定能长成参天大树,当你长成参天大树以后,遥远的地方,人们就能看到你;走近你,你能给人一片绿色、一片阴凉,你能帮助别人。即使人们离开你以后,回头一看,你依然是地平线上一道美丽的风景线。树,活着是美丽的风景,死了依然是栋梁之材。活着、死了都有用,这就是我们每一个同学做人的标准和成长的标准。

当一个人为别人活着的时候,就非常麻烦。因为别人的标准是不一样的,没有坚持了自己的追求而想要的东西,你的尊严和自尊是得不到保证的,因为你总是在飘摇中间。对于我们来说,保持自己尊严和自尊的最好的方法是什么呢?就是说你有一个梦想,通过从最基本的一个步骤,你就可以开始追求。比如说最后你想取代我,成为新东方的董事长和总裁,你能不能做到?只要你有足够的心态和足够做事情的方法,以及胸怀,肯定是能做到的。

凡是想要一下子把一件事情干成的人,就算他干成这件事情,他也没有基础,因为等于是在沙滩上造的房子,最后一定会倒塌。只有慢慢地一步一步把事情干成的,每一步都给自己打下坚实的基础,每一步都给自己一个良好的交代,再重新向未来更高处走每一步的人,他才能够把事情真正地做成功。

当你决定了一辈子干什么以后,你就要坚定不移地干下去,就不要随便地换。你可以像一条河流一样,越流越宽阔,但是千万不要再想去变成另外一条河,或者变成一座高山。有了这样一个目标以后,你生命就不会摇晃,不会因为有某种机会,你就到处乱窜,这样你才能够做出事情。

我们未来生活的一种重要能力,叫做忍辱负重的能力。很多社会名流会遇到很多很多你不能忍受的事情,但是你不得不忍受。而你不忍受就不可能成功。为什么,因为你不忍辱负重,你就没有时间,你就没有空间,没有走向未来的空间。如

果你想走向未来,最后变得更加强大、更加繁荣,你就必须要做好给自己留下足够的时间和空间。轮到我们自己的生命,要想为一个伟大的目标而奋斗的时候,你排除,也得必须排除,你生命中一切琐碎的干扰,因此你就必须忍辱负重。

不管我们是什么年龄,我们不能做一时气不过的事情。这个世界上让你气不过的事情太多了,只有你气得过的时候,这个世界才在你面前才能展开最光辉的一面。

我有这么一个比喻,每一条河流都有自己不同的生命曲线。长江和黄河的曲线,是绝对不一样的。但是每一条河流都有自己的梦想,那就是奔向大海。所以不管黄河是多么的曲折,绕过了多少的障碍;长江拐的弯不如黄河多,但是她冲破了悬崖峭壁,用的方式是不一样的,最后都走到了大海。当我们遇到困难时,不管是冲过去还是绕过去,只要我们能过去就行。我希望大家能使自己的生命向梦想流过去,像长江、黄河一样流到自己梦想的尽头,进入宽阔的海洋,使自己的生命变得开阔,使自己的事业变得开阔。但是并不是你想流就能流过去,其实这里面就具备了一种精神,毫无疑问就是水的精神。我们的生命有时候会是泥沙,尽管你也跟着水一起往前流,但是由于你个性的缺陷,面对困难的退步或者说胆怯,你可能慢慢地就会像泥沙一样沉淀下去,一旦你沉淀下去,也许你不用为前进而努力了,但是你却永远见不得阳光了。你沉淀了下去,上面的泥沙就会不断地把你压住,最后你会暗无天日。所以我建议大家,不管你现在的生命是什么样的,一定要有水的精神。哪怕被污染了,也能洗净自己。像水一样,不断地积蓄自己的力量,不断地冲破障碍,当你发现时机不到的时候,把自己的厚度给积累起来,当有一天时机来临的时候,你就能够奔腾入海,成就自己的生命。

渡过难关是一种心态,你想要跨过去的话,就必然能跨过去。

很多人在工作的时候,带着怨气和怨恨在工作,你的工作就永远做不好。

如何能够把事情做得更成功的几个要点。第一要点,如何尽可能把自己的长期目标和短期目标结合起来。我们要先分清楚,哪些事情是我们想一辈子干的事情,哪些事情是一下子干完、我们就可以不用干的事情。中国有句话叫急事慢做,你越着急的事情,你做得越仔细、越认真,越能把事情做好。而你越着急的事情,做得越快反而越做得七零八落,我把这个急事也叫做大事。第二个要素就是要决定自己一辈子干什么。那么还有一个我觉得非常重要的,就是平时做事情的时候,对时间的计划性。还有一点,就是成功要自我约束。任何时候,当你面临一个巨大的诱惑,或其他任何可能产生诱惑的时候,如果你觉得自己停不下来,你千万别去追那个东西。因为你追了那个东西停不下来,最后栽跟头的一定就是你。

千万记住一点,做任何事情的时间都是能挤出来的。

伟大与平凡的不同之处,一个平凡的人每天过着琐碎的生活,但是他把琐碎堆砌出来,还是一堆琐碎的生命。所谓伟大的人,是把一堆琐碎的事情,通过一个伟大的目标,每天积累起来以后,变成一个伟大的事业。

我的核心价值观就是,以善为生,用善良的心态来对待自己的生命和别人的生命。

有两句话我是比较欣赏的。生命是一种过程,事业是一种结果。

我们每一个人是活在每一天的,假如说你每一天不高兴,你把所有的每一天都组合起来,就是你一辈子不高兴。但是假如你每一天都高兴了,其实你一辈子就是幸福快乐的。有一次我在往黄河边上走的时候,我就用矿泉水瓶灌了一瓶水。大家知道黄河水特别的浑,后来我就放在路边,大概有一个小时。让我非常吃惊地发现,四分之三已经变成了非常清澈的一瓶水,而只有四分之一呢,是沉淀下来的泥沙。假如说我们把这瓶水的清水部分比喻成我们的幸福和快乐,而把那个浑浊的沉淀的泥沙,比喻成我们的痛苦的话,你就明白了。当你摇晃一下以后,你的生命中整个充满的是浑浊,也就是充满的都是痛苦和烦恼。但是当你把心静下来以后,尽管泥沙总的分量一点都没有减少,但是它沉淀在你心中,因为你的心比较沉静,所以就再也不会被搅和起来,因此你的生命的四分之三,就一定是幸福和快乐的。

人的生命道路其实很不平坦,靠你一个人是绝对走不完的,这个世界上只有你跟别人在一起,为了同一个目标一起做事情的时候,才能把这件事情做成。一个人的力量很有限,但是一群人的力量是无限的。当五个手指头伸出来的时候,它是五个手指头,但是当你把五个手指头握起来的时候,它是一个拳头。未来除了是你自己成功,一定要跟别人一起成功,跟别人团结在一起,形成"我们",你才能把事情做成功。

这篇演讲词饱含激情,开篇就以人的存在价值为旨归,提出了一个让人心潮澎湃的问题:"你是要像草一样活着,还是像树一样活着?"吸引听众随着他的思路进入正题。文中有很多发人深省的警句,如"渡过难关是一种心态,你想要跨过去的话,就必然能跨过去",还有像"生命是一种过程,事业是一种结果"这样颇具哲理性的句子,非常能够抓住听众的心,产生强烈的感染力。

(四) 语言要通俗易懂、幽默生动

演讲词的语言首先要通俗易懂、简洁明快,才便于听众听得懂、记得牢。据说,爱因斯坦相对论学说问世不久,周围不少群众要他解释清楚什么是"相对论",爱因斯坦说:

> 比方这么说——你同你最亲爱的人坐在火炉边,一个钟头过去了,你觉得好像只过了五分钟;反过来,你一个人孤孤单单地坐在热气逼人的火炉边,只过了五分钟,但你却像坐了一小时。——唔,这就是相对论。

这里,爱因斯坦十分通俗地打了个比方,化抽象为具体,变理论为形象,深入浅出,简明生动,收到了以少胜多、由浅见深的功效。

其次,语言生动幽默才能使听众听得有趣,不至于疲劳,整个演讲的气氛才显得轻松和谐。我们来看胡适在一次演讲时的开场白:"我今天不是来向诸君作报告的,我是来'胡说'的,因为我姓胡。"这个开场白既介绍了自己,又展示了胡适谦逊的修养。他的幽默活跃了现场气氛。

演讲词在用来演讲时,是通过口头语言与听众交流的,因此,这种体裁有着自己的独特性。在语言上,它既要求准确、生动、文采斐然,又要求能用通俗化、口语化、生活化的语言来表达,这是我们在写演讲词时所要特别注意的。

第六节 科 技 论 文

一、科技论文的概念和特点

(一) 科技论文的概念

科技论文是论述科学研究新进展和成果的一种科技文体。它是运用概念、判断、推理、证明或反驳等逻辑思维手段,来分析、表达自然科学理论和技术开发研究成果的文字形式。

科技论文是科研成果的结晶,它对于推进科学研究的深入,普及和提高全民族的科学文化水平,促进国际科学技术和文化交流,推动我国的现代化建设,都有着十分重要的意义。同时,科技论文的学术价值、社会效益和经济效益的大小,是衡量作者业务水平高低的一个重要标准。因此,科技论文常用来作为对作者进行考核业务、评定职称、授予学位等的重要依据之一。

(二) 科技论文的特点

科技论文归属议论文体的大范畴,又不同于一般议论文。具体说来,它有以下几方面的

特点：

1. 学术性

学术是指系统和专门的学问，是指有较深厚的实践基础和一定理论体系的知识。学术性是科技论文与科普文章、科技新闻等其他科技文体的根本区别特征。对于新的发现和发明，不仅要重视其实际运用，同时还重视从理论上分析和研究。作者既要从一定的理论高度来分析发现和发明的理论价值，又要运用已知的理论知识进行严密的逻辑推理，求得对客观规律的认识，以便实现发现和发明的实用价值。所以，好的科技论文能体现出作者深厚的专业功底、较高的理论素养和对研究课题的全面深入的把握及独到的见解，具有鲜明的学术价值。

2. 科学性

科学性是科技论文的生命。科学研究的任务是探求客观真理，达到正确认识世界、改造世界的目的。所以，科学性要求作者能用科学的思想方法进行论述，并作出科学的结论。如果没有科学性，也就丧失了科技论文的基本品格。科技论文的科学性主要表现在观点正确、材料真实、论证严密等方面。

观点正确是指科技论文要用辩证唯物主义和历史唯物主义的态度和方法去观察问题，分析问题，做到实事求是，不感情用事，不主观臆断。

材料真实即文章的材料不能弄虚作假，更不能无中生有。科技论文在选用材料时必须尊重客观事实，论据真实可靠，才能真正成为指导人们进行生产和实验的依据。

论证严密是指科技论文对客观事物进行阐述、说明、议论时，要善于运用灵活而严密的思维方法，准确论证自己所认识的真理。在论证和表达上做到结构严谨，推理缜密，富有逻辑性和说服力。

3. 创新性

文贵创新，科技论文尤其如此。创新性的主要表现是选题新、研究方法新、论述角度新、取得的成果新。科技论文的创新性一般要求所表达的研究成果是经作者本人研究的，在科学理论、方法或实践上获得新的进展或突破的。然而，这一要求对于在校的大学生则未免过高。学生所作的科技论文（主要指毕业论文）只要能对前人的研究成果有实事求是的补充和修订，或观点上有新的突破想法，或材料上有新的发现，或选题上有新的角度，或认识比前人有所提高等，就都可以说是创新性的表现。

4. 理论性

理论的高度是人类认识发展的标志。科技论文必须具有一定理论价值。所谓理论性是指论文对实验、观察所得到的结果，从理论高度进行分析，形成一定的科学见解，包括提出一些有科学价值的问题。科技论文所提出的理论要能够揭示事物的本质，反映客观规律。

二、科技论文的分类

科技论文的范围十分广泛，按不同的标准有不同的分类。根据科技论文的写作目的和作用的不同，可以把它分为学术论文和学位论文两种。

（一）学术论文

学术论文是在学术刊物上或学术会议上发表，借以公布自己的科研成果、交流信息的论文。这类论文以探讨新理论，介绍新技术、新方法、新进展为主，具有较高的学术价值。它是广大科技工作者研究成果的体现，也是考核业务、评定职称的必要依据。

理解学术论文这个概念，要从两个方面把握。学术论文是进行科学研究的一种手段；又是表述研究成果、进行学术交流的一种工具。科学研究是学术论文的写作基础，学术论文是科学研究的书面成果体现。

由于学术论文要提供会议交流和报刊发表，所以篇幅一般都有限制性要求，不完全按照作者的论文篇幅发表或使用。

（二）学位论文

学位论文是学位申请者为了取得学位而撰写的论文。学位论文既要充分表达作者的研究成果，又要体现作者获取知识的能力和进行科技研究的能力，因而它的篇幅一般也较长，或有字数规定要求。

学位论文又分为学士论文、硕士论文、博士论文。

1. 学士论文

学士论文是大学本科毕业生为申请学士学位而撰写的论文。《中华人民共和国学位条例》（修正）第四条规定中，对学士论文提出了这样的要求：第一，较好地掌握本学科的基础理论、专门知识和基本技能；第二，具有从事科学研究工作或担负专门技术工作的初步能力。学士论文是大学本科毕业前夕的一次综合性训练，应在教师的指导下独立完成，篇幅一般在万字左右。学士论文通过后才有获得学士学位的资格。

2. 硕士论文

硕士研究生毕业时用以申请硕士学位的论文，叫硕士论文。上述学位条例第五条规定达到以下水平者，授予硕士学位：在本门学科上掌握坚实的基础理论和系统的专门知识；具有从事科学研究工作或独立担负专门技术工作的能力。硕士论文也在导师的指点下完成，但更强调个人的独立思考，篇幅一般在三万字左右。硕士论文通过答辩合格后，才具有获取硕士学位的资格。

3. 博士论文

博士论文是我国学位论文中的最高层次。上述学位条例规定，申请博士学位者，应通过博士学位的课程考试和论文答辩，成绩合格，达到下列学术水平者，授予博士学位：在本门学科上掌握坚实宽广的基础理论和系统深入的专门知识；具有独立从事科学研究工作的能力；在科学或专门技术上做出创造性的成果。

博士论文要求作者独立完成,篇幅一般在五万字以上。

上述三种学位论文对学术水平的要求各不相同,由浅入深,由低到高。学士论文要求能够较好地运用在校期间学习的基础知识和技能,能解决不太复杂的问题;硕士论文则要求对研究课题有新的见解,能解决一些具体实在的问题;博士论文要求作者在某一学科领域能做出创造性成果,对该学科水平的提高有新的突破。

三、科技论文的写作

(一) 选好论题

选题就是确定一篇论文的研究方向和研究对象。它是科技论文写作的第一步。选题的好坏,直接反映作者的才智、眼光和学术水平,也直接关系着论文的价值以及研究工作的成败。爱因斯坦在强调选题的重要意义时指出:"提出一个问题往往比解决一个问题更重要。因为解决问题也许仅是一个数字上或实验上的技能而已。而提出新的问题、新的可能性,从新的角度去看旧的问题,却需要有创造性的想象力,而且标志着科学的真正进步。"

选题是一项严肃的科研工作,也是一种艺术。选题之前不仅要求全面把握该领域的学术动态,而且,研究者还必须及时调整自我的状态,对自己的兴趣、能力等做出充分准确的估计。要充分认识到科学研究的重要和艰辛,以挑战科学的勇气和极大的信心投入研究,要有充分的心理准备,并且要切实了解自己的兴趣所在。兴趣是最好的老师,只有在自己感兴趣的领域选题,才能保证选题工作的顺利开展。论文的选题一般要遵循以下原则:

1. 客观性原则

客观性原则是指科技论文在选题时不能虚构,必须依据客观真实的存在,所选的论题必须符合客观事实,要有科学的理论作依据。例如,古代皇帝投入大量的人力、物力去炼造长生不老的仙丹,现代历史上曾经出现过的对"永动机"的迷信和追求,以及"水变油"、"水变药"、"信息茶"之类的"发明",都是违反客观规律的、反科学的。初涉研究领域者,一定要有善于明辨是非的"眼睛",披沙拣金,做出科学合理的判断,选择正确的论题。

2. 创新性原则

创新性原则是指选题一定要有新意、有创造性。论题的新意,可以是未曾涉足的研究领域,填补学术上的空白,也可以是在学科的交叉点上进行边缘学科的研究或比较研究;可以选择长期以来被人们忽视,然而又是需要重新认识的课题,也可以选择早已引起人们的注意,但又一直悬而未决或者只解决了其中一部分问题、尚有部分未解决的论题。

参考《怎样写毕业论文》(王连山著)一书,对选题的创新性原则作过较为详细的阐述:(1)题目、材料、谋篇、论述方法、观点全是自己的;(2)以新材料论证旧的课题,从而提出新的观点、新的看法;(3)以新的研究方法、新的研究角度重新做已有的课题、处理旧有的材料,从而得出全部或部分新观点;(4)以新的材料、新的角度去证明已有的观点,从而使文章赋予新的内容;(5)用新的方法去证明已有的材料、已有的观点,从而使已有的观点得到补充,有新的理解;(6)对已有的观点、材料、研究方法提出质疑,虽没有提出另一样的看法,但能启示人们思考;(7)对已有的观点有部分的订正,或对已有的事实有部分修订;(8)为证明已有的观点,提供了较多的新材料,并且能提出一些可供进一步研究的问题。

例如,在中国现代文学研究领域,关于鲁迅、沈从文的研究已取得了很多高水平成就,而王德威教授以"从头谈起——鲁迅、沈从文与砍头"为题,另辟蹊径,从新的角度对鲁迅、沈从文进行比较研究。他的文章赋予了论题的新路径和新内容,并有助于新观点的阐发。这就是有创新性的论题研究。

总之,科技论文要求研究者必须树立创新意识,富有想象力,放眼世界,面向未来。这样研究的课题才能起点高,有价值,有突破。

3. 应用性原则

应用性原则是指选题要考虑为生产实践服务。科技论文的研究要具有应用和学术两个方面的价值。所谓应用价值就是指所选的研究题目应与社会生活和科学文化事业密切相关。能够及时回答和解决人们在思想、工作和学习中亟待解决的问题,或是提出根据事物的发展可能预见的问题。尤其是要注意研究与经济建设相关的种种论题。

应用性的选题原则,并不排斥基础理论、基础科学的研究。基础理论、基础科学虽然暂时看来不能直接应用于经济建设,但是从长远来看,却能推动应用科学的发展,它的潜在价值与意义是不可忽视的。

4. 可行性原则

可行性原则是指一个课题的研究必须具备一定的主客观条件。

从主观方面来讲,在选题的时候一定要考虑自己的学识、能力、特长、爱好、身体状况等条件。每一个研究者都有自己的专业,首先要根据自己的业务专长确定题目;其次,还必须要对该论题有浓厚的兴趣,如果兴趣不大,是很难持久地研究下去的;再次,还得量力而行,选题的难度太大,如"论基因工程"、"论纳米材料"等难度大的选题,做起来或许力不从心,而过于容易的,又很难发挥出自己的潜能,也影响到学术价值。因而论文的选题一定要三思而后行。

从客观方面来讲,在选题时必须考虑到研究者所处的外部环境,例如图书资料的供应、设备及调研经费的落实以及时间的安排等。如果资料匮乏,设备欠缺,资金紧张,时间不多,精力有限,那么,选题过大、过难,就不能保证论题研究的顺利进行。

(二) 搜集材料

论题选定后,接下来就是围绕选题有计划地展开材料的搜集和整理工作。历史学家吴晗说过:"资料工作和研究工作实际上是一回事,从来没有做研究工作有成绩的人,不搞资料工作的。"充分地占有所写论题的材料是写好科技论文的基础,只有在全面、丰富而准确的材料基础上从事科学研究,才有可能得出具有科学依据的成果。

科技论文的材料主要有直接材料和间接材料两大类。

1. 直接材料

直接材料是指直接来自作者实践的真实可靠、丰富生动的第一手材料。第一手材料也有称其为原始材料的。对于研究和写作而言,这部分材料是极为宝贵和有价值的。例如,研究鲁迅的文学思想价值,直接材料包括鲁迅的作品、亲属朋友写的有关鲁迅创作活动的通信等,也包括与鲁迅有关的各种历史记录、文献资料等背景材料。在自然科学方面,直接材料常常通过科学观察、实地调查以及科学实验等手段获取。但不管怎样,一定要把那些有关论题的最主要、最典型的材料尽可能地搞到手,从中找出论证论点的根据。

2. 间接材料

间接材料是指从文献资料中搜集到并转录下来的他人实践和研究成果的资料。这是第二手和第三手材料。间接材料搜集的主要渠道有:通过图书馆和情报所来搜集;通过档案馆、博物馆和展览馆来搜集;通过学术会议来搜集;通过书店和私人藏书来搜集等。高等学校的图书馆是大学生、研究生搜集材料的最主要渠道,因此,学生要充分利用图书馆的有利条件,要能够熟练掌握图书目录、索引、文摘和工具书的使用方法,以便有效快捷地搜集所需要的材料。值得注意的是,别人的论述只能作为参考,不能只是重复别人的见解。

科技论文对材料的要求是韩信将兵——多多益善。例如,马克思写《资本论》,耗费了40年心血,钻研和摘录过的书籍多达1 500多种。厚积才能薄发,丰富的材料是写作科技论文的基础,写好科技论文必须要占有大量的材料。

(三) 安排结构

科技论文的结构形式虽然多种多样,但也有相应稳定的基本格式。一般说来,科技论文通常包括以下几个部分:

1. 标题

标题也叫文题、题目、题名等。标题是论文内容的高度概括,科技论文的标题要准确地反映论文的中心内容,使读者通过它能大致了解论文阐明的主要问题。同时,在拟定论文标题时,还应注意为编制题录、索引、关键词、摘要等提供方便。

科技论文的标题应力求简短、明了。在形式上可以采用单行标题,也可以加上一个副题,例如:"浅论高点击率——从'润妍'的线上推广谈起。"

2. 署名

标题的下面要署上作者的名字,通常按对研究工作取得成果的贡献大小排定先后次序,以示文责自负及享有著作权。

3. 摘要

摘要是对论文内容的高度浓缩,是对论文内容不加注释和评论的概括性陈述。摘要具有相对独立性。

摘要的内容包括：研究目的、研究对象、研究方法、研究结果、所得结论、实用价值和应用范围等。

写摘要需要有较强的概括能力，力求文字简短、精练，一般为二三百字的短文，最多不超过五百字。

4. 关键词

关键词是为了检索的需要，从论文的标题、摘要或正文中提炼出来的，在表达论文主题方面具有实在意义、起关键性作用的词或词组。通过关键词，读者便大致上能判断论文研究了什么、主要的研究方向是什么。

一般科技期刊都要求作者在摘要之后附上关键词。一篇论文一般选3至8个词，以显著的字体另起一行，依次逐个排列。在毕业论文中，根据具体情况，也有不要求列出关键词的。

为了国际交流，如列关键词，应标注与中文相对应的英文关键词。

5. 引言

引言，又称前言、绪论。它是一篇论文的引子，目的是引出正文。引言和摘要有所不同，摘要主要说明该论文的核心内容是什么，诸如研究对象、创新成果等，是可以独立成篇的内容概要；而引言则主要说明为什么要从事本课题研究，预期达到什么目标等。引言的目的是"启下"。

引言的内容通常包括：说明研究本课题的缘由，前人在本课题的研究方面已取得了哪些成果，还存在什么问题，简介研究本课题的基本方法、手段等。

引言的写作并没有什么固定的格式，在写法上可以活泼些。然而，诸如"填补了国内空白"或"才疏学浅，错误难免"之类的话要慎用。科技论文的语言既要平实准确，实事求是，又要避免套话、空话，避免老生常谈。

6. 正文

正文是科技论文的主体部分，正文内容是作者学术理论水平和创造才能的集中体现。

正文写作的基本要求是：中心要明确，重点突出；论证要充分，逻辑严密；语言要规范，所使用的图表要精确。

由于研究工作涉及的学科、选题、研究方法、工作进程、研究结果、表达方式等有很大差异，对正文的内容和写作格式不能作统一规定。一般说来，理论型论文有两种类型：一种是以抽象理论为研究对象，以理论推导和数学运算为研究方法，证明一个定理、定义，确定一个概念，分析某种理论的意义或局限，研究某种理论的运用等。另一种是以观察、调查所得信息和文献资料为研究对象，以分析、综合、概括、抽象等逻辑思维方法为研究方法，提出某种新理论、新观点、新见解。

实验型论文的正文一般有材料和方法、实验结果、分析和讨论三个部分。在实际的写作过程中，往往可以灵活地安排各部分的结构，但基本的写作原则是材料和方法都要有创新性;实验结果必须准确、精细;分析和讨论需要有独特的发现。

观测型论文主要是运用描述的手法来说明新发现的客观事物及其本质规律。如阐明某一动植物的新品种,某一地区地质、地貌的状况,天文现象等都是观测型论文。这种论文的正文都有描述和讨论两个部分。在描述部分,一般需要写明新属种的名称、产地、形态特征、生活环境、分布等。在讨论部分,主要进行比较分析,指出新属种的意义和价值。

7. 结论

结论又称结语、结束语,它是全文的总结,它是理论分析和实验结果的逻辑发展。

结论的内容包括:研究结果说明了什么问题,得出了什么规律,有什么创新,解决了什么理论或实际问题,还存在什么不足等。

值得提出的是,结论的写作要实事求是,语言诚恳,若实验做不出明确结论可进行讨论,切忌含糊其词、自鸣得意、夸夸其谈,或借故贬低他人。

8. 参考文献

在科技论文中,凡是作者直接引用的或是参阅过的、与论文密切相关的文献资料,都应该在论文的后面按顺序列出其作者姓名、题目、出处,包括刊载的书刊名称、卷期、页码、出版者、版次等。在毕业论文的后面附参考文献,不同的学校、学科、专业,往往有不同的要求,譬如有的要求外文资料须单独另附等。

在论文后面注明参考文献,一方面表明作者对前人劳动成果的尊重,另一方面也便于读者去查阅参考文献的原文,可以对本课题的研究有全面、历史的了解,从而去作更深的研究。

9. 附录

附录是正文主体的补充项目,事实上并不是所有的科技论文都需要有附录的。一般说来,能为论文的观点提供佐证,但又与论文无直接关系的重要材料,可以放在附录中。还有某些与正文有关的重要资料、图表等,为了不影响正文的整体性和逻辑性,则可以在附录中展示。

第四章
说 明 文 体

第一节 说明文体概述

一、说明文的概念和特点

（一）说明文的概念

"说明文"这一名称，较早见于清末龙伯纯的《文字发凡》。1926年，夏丏尊、刘薰宇在《文章作法》一书中，把文章分为五大类，对说明文作了具体的解释和阐述。从此，"说明文"正式作为一种文体名称，沿用至今。

"说明文"的名称虽然出现较晚，但作为一种文体的写作，在我国很早就出现了。例如，殷周时代铸在青铜器上的铭文，有不少就是说明文。再如，北魏贾思勰的《齐民要术》，明代李时珍的《本草纲目》、宋应星的《天工开物》等，都堪称说明文中的名著。

怎样理解说明文呢？"说明"与"记叙"、"议论"、"描写"、"抒情"一样，是一种语言表达的方式，它的主要特征是：运用准确、简明的语言来解说、阐释客观对象的性质、特征及其规律，并使人明白、理解。凡是以"说明"为主要表达方式，以介绍事物的性质、状态、构造、成因、关系、功能、特点等知识性的内容为主的文章，就叫说明文。

说明文是一种与记叙文、议论文不同的文章体裁。记叙文是写人记事的，一般要有故事情节，着重描写"是什么样"；议论文则要提出作者的观点、主张和看法，还要对这些看法进行阐述，着重论述"为什么"；而说明文则在于介绍事物的性质、特点，它不仅要说明"是这样"，往往还要说明"为什么是这样"。如果我们说，记叙文是通过写人、叙事，用故事情节来对读者动之以"情"；议论文是运用概念、判断、推理进行证明或反驳，对读者是晓之以"理"；那么，说明文就是通过解说、阐释客观对象本身的性质、特征及其规律，使人清楚明白，给人以"知"。

说明文是一种应用十分广泛的文体。我们平时所见到的商品广告、产品介绍、出版说明、内容提要、各类科技书籍、医药卫生书籍以及日常生活中的规章制度等，一般都是说明文。作为写作者包括大学生及其他在校学生，学会并能运用说明文十分重要。

（二）说明文的特点

1. 知识的科学性

说明文是以传授知识为目的的，具有很强的知识性。在说明文所介绍的知识中又必须具有严格的科学性。所谓科学性,就是如实地反映客观事物,把事物的特征、本质和规律性介绍得准确明白。说明文的科学性主要体现在抓住说明对象的特征方面。如何理解说明对象的特征呢?

据说早在 17 世纪末,德国哲学家和科学家莱布尼茨曾经当过德皇的"宫廷顾问"。当他在宫廷讲学谈到"相异律"时,指出天地间没有彼此完全相同的东西。听讲的宫女们表示怀疑,纷纷走进御花园,去寻找两片完全没有区别的树叶,想以此来推翻莱布尼茨的论断。结果,她们大失所望,谁也没有找到两片一模一样的树叶。尽管粗粗看来,树上的叶子有共同点,好像完全一样,可是仔细一比较,确实大小不同,厚薄不等,色彩不一,脉纹各异,各有特点。

森林里没有完全相同的树叶,这就告诉我们世界上任何事物都不可能与其他事物完全相同。即使看上去十分相近的事物也会千差万别。所谓特征,就是这一事物区别于其他事物的本质和标志。说明文必须把该事物的性质、状态、构造、成因、关系、功能、特点等知识性的内容说明清楚,尊重科学,使读者从文章的解说中准确地了解作者所要说明的事物。

2. 表达的客观性

说明文主要是运用"说明"这种表达方式来介绍知识,使人明白。因此,写作时应该把着眼点放在解说、阐释某种知识本身的性质、特征及规律上。所谓客观性是指写说明文时,作者应该用客观的冷静的态度,实事求是地分析事物、反映事物,既不能以感情作为褒贬事物的标准,又不能像记叙文那样借景抒情、托物寓意,也不能像议论文那样由此及彼、多方评议。

我们以荷花为例,从艺术描写与客观说明两个方面来对比其中的不同。

爱 莲 说

水陆草木之花,可爱者甚蕃。晋陶渊明独爱菊。自李唐来,世人甚爱牡丹。予独爱莲之出淤泥而不染,濯清涟而不妖,中通外直,不蔓不枝,香远益清,亭亭净植,可远观而不可亵玩焉。

予谓菊,花之隐逸者也;牡丹,花之富贵者也;莲,花之君子者也。噫!菊之爱,陶后鲜有闻。莲之爱,同予者何人?牡丹之爱,宜乎众矣!

这是宋代周敦颐的《爱莲说》,通过对莲的形象和品质的描写,赞美坚贞的气节,鄙弃追逐名利的世风,表现了作者洁身自好的生活态度。作者不是为写莲花而写莲花,他是把莲花作为一种象征,从而写像莲花一样高洁的人。

再来看《花卉》一书中对荷花的说明:

荷花是睡莲科多年生水生花卉。根茎肥大长圆柱形,有节,俗称"藕",横生于水底泥中,节下生有须根。节上生长叶柄挺出水面,顶端生叶片圆盾形。春季初生之叶小,不能达到水面,称"钱叶",其后生叶片浮于水面的称"浮叶",再后抽生大形叶挺出水面的称"立叶"。花单生,大而美,有清香;花期6—8月。花在白天开放夜间闭合。次晨又开,一朵花可持续3天。坚果椭圆形,俗称"莲子",8—9月间成熟,内含白色肥厚子叶及绿色幼芽。荷花除供观赏外,藕和莲子供食用,花梗、叶等入药。

显然,同样是写荷花,散文可以用比喻、象征,托物言志,形象生动地表达自己的思想感情;而说明文则只能客观、如实地介绍要说明的对象,作者一般不带强烈的感情色彩,不表示鲜明的思想倾向。

3. 文体的实用性

说明文这种文体在现实生活中是很实用的,它的实用性主要表现在两个方面。第一,说明文形式多样,写起来自由,用起来方便,有着极广泛的用途。从写作的内容上看,上至天文,下至地理;大至宇宙世界,小至青菜萝卜,都可以成为说明的对象。说明文的形式,既可以是洋洋千万言的辞书,也可以是短短三五句的简介;可以是单篇的解说词、科学小品,也可以是装订成册的说明书、实验报告等。第二,说明文所介绍、说明的事物,同人们的工作、学习、生产、生活有着比较直接的关系,它往往对人们的工作、学习、生产、生活有着指导意义。比如,我们来看网络上对于"人工智能"的说明:

> 人工智能(Artificial Intelligence),英文缩写为 AI。它是研究、开发用于模拟、延伸和扩展人的智能的理论、方法、技术及应用系统的一门新的技术科学。
>
> 人工智能是计算机科学的一个分支,它企图了解智能的实质,并生产出一种新的能以人类智能相似的方式做出反应的智能机器,该领域的研究包括机器人、语言识别、图像识别、自然语言处理和专家系统等。人工智能从诞生以来,理论和技术日益成熟,应用领域也不断扩大,可以设想,未来人工智能带来的科技产品,将会是人类智慧的"容器"。人工智能可以对人的意识、思维的信息过程进行模拟。人工智能不是人的智能,但能像人那样思考、也可能超过人的智能。
>
> 人工智能是一门极富挑战性的科学,从事这项工作的人必须懂得计算机知识、心理学和哲学等。人工智能是应用十分广泛的科学,它由不同的领域组成,如机器学习、计算机视觉等等。总的说来,人工智能研究的一个主要目标是使机器能够胜任一些通常需要人类智能才能完成的复杂工作,但不同的时代、不同的人对这种"复杂工作"的理解是不同的。

这段说明文字不仅给我们提供了有关人工智能的知识,而且对我们的学习、生活还具有指导意义,让读者明白人工智能的应用将大大地提高人们的工作效率。

二、说明文的种类

说明文的分类方法很多,按不同的标准有不同的分类方法。

(一)按说明对象划分

1. 实体事物说明文

实体事物说明文是把实在的、具体的某个或某类事物作为说明对象,着重解说其性质、特征、状态、发展过程以及功能、作用等。如《中国石拱桥》《故宫博物院》《苏州园林》《黄鹤楼》《大雁塔》等。这类说明文说明的重点在于事物"是怎样的",在写作时要抓住事物的特征。在现实生活中,事物总是千姿百态的,抓住事物的特征不仅需要通过仔细观察、透过现象概括出事物的主要特征、本质特征,还要能借助比较手法来辨别、区分相近事物的不同特征。例如,同样是说明"桥",但又有铁桥、木桥、石拱桥、立交桥之分,它们显然是有区别的。首先,所用的材料各不相同;其次,就其形状、坚固程度、功用等方面进行比较:铁桥——形式多样,坚固美观,但易腐蚀生锈;木桥——形式单一,简易方便,不坚固,不耐用;石拱桥——形式优美,结构坚固,历史悠久;立交桥——形式优美壮观,结构坚固耐用,功用多,效率高,技术先进。

2. 抽象事理说明文

抽象事理说明文是把客观事物所显示或蕴含的意义、道理作为说明对象,侧重阐述其本质、属性、关系和规律等。如《沙漠里的奇怪现象》《统筹方法平话引子》《植物种子的传播》《"天狗"吞月》《举一反三法》等,都属于这种类型。

抽象事理说明文说明的重点在于事理"怎么样"和"为什么这样"。写这类说明文,要明确说明的目的,抓住事理的关键,并且要善于运用灵活多变的说明方法,将抽象的事理通俗化,让普通的读者都能易于接受。例如,著名核物理学家钱学森写的《现代自然科学中的基础学科》,文章着重说明了基础学科与根本学科之间的关系,勾画出以根本的基础学科为支柱的现代科技体系的总体构成。作者综合运用了分类、定义、举例等多种说明方法,语言既准确、周密,又尽量做到通俗化,把抽象的道理说得深入浅出,读来明白晓畅。

(二)按表达方式分

1. 叙述性说明文

叙述性说明文的表达方式以叙述为主,它注重说明的平实与条理。具体的实物、事物、抽象的事理,都可以成为这类说明文的对象。叙述性说明文在说明文中占有相当大的比重。

如书刊的简介、产品制作说明、建筑情况的介绍等,大都属于叙述性说明文。这类说明文的写作,除了要对所说明的对象有一个详尽的了解和正确的把握之外,还要在具体材料的安排上下功夫,在行文上要抓住重点,确立中心,依次详略得当地组织材料。例如,叶圣陶写的《景泰蓝的制作》,文章说明了景泰蓝的制作过程和方法,强调景泰蓝是用手工制作的工艺品,难能可贵。在叙述"掐丝""点蓝"两道工序时,详细而有条理。说明的语言准确、通俗、平实,是叙述性说明文的典范。

2. 描述性说明文

描述性说明文是采取文学的笔法,生动活泼地介绍科学知识。这类说明文又叫知识小品。在普及科学知识方面起着非常重要的作用。描述性说明文较多地运用叙述和描写手法,它一般都比较生动,或描述栩栩如生,或故事曲折动人,或语言幽默诙谐。描述性说明文的最大特点是知识性和趣味性。请看下面这段对莎士比亚雕像的描述文字:

这个雕像刻在淡蓝色石灰石上,是杰拉德·约翰逊的作品,悬挂在北墙上。这是一尊半身像,诗人一只手拿着鹅毛笔,另一只手握着一张放在桌案上的纸,似正奋笔疾书。这个风格在16、17世纪很受欢迎,多用来纪念神灵、学者以及假冒有学问的附庸风雅之人。马甲扣子整整齐齐,向左右叉开,可能原来是涂成猩红色的,宽松的外衣暗黑,眼睛呈淡褐色,头发、髯发呈红褐色。年深月久,多次润色修改,到1793年,干脆全部染成了白色。这尊半身像是仅有的两个可信度最高、准确度最好、认可度最高的代表之一。

该雕塑顶上,是一个用窄带折叠(或交织)而成的装饰——斯特拉特图案,往上是一个盾形天使护顶,中有莎士比亚的双肩,左福镇三一教堂右分坐两个人物:一位手持铁锹,代表劳作;另一个捧着火里莎士比亚墓炬和骷髅,代表安息。雕塑落成时日无考,但可以肯定是在1623年前。当年大名鼎鼎的第一对开本出版,作序人伦纳德·迪格斯(Leonard Digges)有诗提到"斯特拉特福的雕像"。约翰·威弗(John Weever)抄录了碑文和墓铭,好事者H. R. 伍德海森(H. R. Woudhuysen)分析,这个未注明日期的手稿表明,威弗前往斯特拉特福镇不晚于1617或1618年。雕塑于1748到1749年间修复,之后又修复了好几次。

后来的各种莎士比亚像,不论画像、雕像,都是在这三幅的基础之上而来的。1885年,约瑟夫·帕克·诺里斯(Joseph Parker Norris)在美国费城出版了一本《莎士比亚的肖像》(The Portraits of Shakespeare,Philadelphia:Robert M. Lindsay),其中罗列了17种,列在首位的就是上述三种。为了找到莎士比亚的真实面孔,该书甚至把莎士比亚的面具也算上了。

这里作者运用文学手法对莎士比亚雕像作了详细的说明,既有知识性又有文学性,写得兴趣盎然,读来引人入胜。

3. 阐释性说明文

阐释性说明文以阐释事理为主,这类说明文主要是用于阐发和解释科学技术的基本原理。比如科学技术的解说、自然科学方面的某些教科书等都属于这一类。阐释性说明文要求用词准确、概念清楚、判断恰当、结构严谨、文风朴实。

请看《中国少儿百科全书》对"石墨烯"的阐释:

> 石墨是由层状的碳六元环网络组成的。如果我们一层层地剥除石墨,最终将获得只有单原子层厚度的石墨,科学家把这种材料称作石墨烯。虽然听起来不可思议,但英国曼彻斯特大学的两位物理学家用手中的透明胶带,成功地把石墨"撕"成了石墨烯。这一实验结果轰动了科学界,他们也因此获得了2010年诺贝尔物理学奖。随后,科学家开始研究这种特殊的碳材料,发现它在导电性、导热性等各方面的理化性能优异,远远超过了石墨及大多数其他材料,被誉为21世纪的"超级材料"。

这段阐释性的说明文字,解释了被誉为21世纪的"超级材料"的石墨烯的组成、发现和获取,以及在导电、导热方面的优异功能,使读者获得一个清晰正确的认识。如果说描述性说明文侧重的是情趣,那么阐释性说明文更侧重于理趣。在写作时,应注意它的这个特点。

三、说明文的顺序和结构

(一) 说明文的顺序

说明顺序是事物固有的条理性和人们认识事物的条理性的反映。说明文要把事物解说、阐释得清楚,就必须做到言之有序、有条有理。一般来讲,常见的说明顺序有以下几种。

1. 时间顺序

时间顺序即按时间的先后说明事物的顺序。任何事物都有其发生、发展和变化的过程,为了把事物的来龙去脉条理化,让人们既了解事物发展过程中各阶段的特点,又清楚它们之间的联系,可以按事物发展的时间顺序来安排文章的结构。一般说来,介绍事物进程如某些事物的历史沿革、人物的生平经历、植物的生长过程、某一物品的制作过程等,都可以采取时间顺序来说明。这种说明顺序的好处在于,它能够使读者从时间变化中明晰事物的发展经历、操作步骤、生产过程等。我们来看法布尔对蝉的描述：

蝉 的 卵

普通的蝉喜欢在干的细枝上产卵。它选择最小的枝,像枯草或铅笔那样粗细,而且往往是向上翘起,差不多已经枯死的小枝。

它找到适当的细树枝,就用胸部的尖利工具刺成一排小孔。这些小孔的形成,好像用针斜刺下去,把纤维撕裂,并微微挑起。如果它不受干扰,一根枯枝常常刺出三四十个孔。卵就产在这些孔里。小孔成为狭窄的小径,一个个斜下去。一个小孔内约生十个卵,所以生卵总数约为三四百个。

这是一个昆虫的很好的家庭。它之所以产这许多卵,是为了防御某种特别的危险。必须有大量的卵,遭到毁坏的时候才可能有幸存者。我经过多次的观察,才知道这种危险是什么。这是一种极小的蚋,蝉和它比起来,简直成为庞大的怪物。

蚋和蝉一样,也有穿刺工具,位于身体下面近中部处,伸出来和身体成直角。蝉卵刚产出,蚋立刻就想把它毁掉。这真是蝉家族的大灾祸。大怪物只需一踏,就可轧扁它们,然而它们置身于大怪物之前却异常镇静,毫无顾忌,真令人惊讶。我曾看见三个蚋依次待在那里,准备掠夺一个倒霉的蝉。

蝉刚把卵装满一个小孔,到稍高的地方另做新孔,蚋立刻来到这里。虽然蝉的爪可以够着它,而蚋却很镇静,一点不害怕,像在自己家里一样,在蝉卵上刺一个孔,把自己的卵放进去。蝉飞去了,多数孔内已混进异类的卵,把蝉的卵毁坏。这种成熟的蚋的幼虫,每个小孔内有一个,以蝉卵为食,代替了蝉的家族。

这可怜的母亲一直一无所知。它的大而锐利的眼睛并不是看不见这些可怕的敌人不怀好意地待在旁边。然而它仍然无动于衷,让自己牺牲。它要轧碎这些坏种子非常容易,不过它竟不能改变它的本能来拯救它的家族。

我从放大镜里见过蝉卵的孵化。开始很像极小的鱼,眼睛大而黑,身体下面有一种鳍状物,由两个前腿连结而成。这种鳍有些运动力,能够帮助幼虫走出壳外,并且帮助它走出有纤维的树枝——这是比较困难的事情。

鱼形幼虫一到孔外,皮即刻脱去。但脱下的皮自动形成一种线,幼虫靠它能够附着在树枝上。幼虫落地之前,在这里行日光浴,踢踢腿,试试筋力,有时却又懒洋洋地在线端摇摆着。

它的触须现在自由了,左右挥动;腿可以伸缩;前面的爪能够开合自如。身体悬挂着，只要有微风就动摇不定。它在这里为将来的出世做准备。我看到的昆虫再没有比这个更奇妙了。

不久，它落到地上。这个像跳蚤一般大的小动物在线上摇荡，以防在硬地上摔伤。身体在空气中渐渐变坚强了。它开始投入严肃的实际生活中了。

这时候，它面前危险重重。只要一点风就能把它吹到硬的岩石上，或车辙的污水中，或不毛的黄沙上，或坚韧得无法钻下去的黏土上。

这个弱小的动物迫切需要隐蔽，所以必须立刻到地下寻觅藏身的地方。天冷了，迟缓就有死亡的危险。它不得不各处寻找软土。没有疑问，许多是在没有找到以前就死去了。

最后，它找到适当的地点，用前足的钩扒掘地面。我从放大镜里见它挥动锄头，将泥土掘出抛在地面。几分钟以后，一个土穴就挖成了。这小生物钻下去，隐藏了自己，此后就不再出现了。

未长成的蝉的地下生活，至今还是个秘密，不过在它来到地面以前，地下生活所经过的时间我们是知道的，大概是四年。以后，在阳光中的歌唱只有五星期。

四年黑暗中的苦工，一个月阳光下的享乐，这就是蝉的生活。我们不应当讨厌它那喧嚣的歌声，因为它掘土四年，现在才能够穿起漂亮的衣服，长起可与飞鸟匹敌的翅膀，沐浴在温暖的阳光中。什么样的钹声能响亮到足以歌颂它那得来不易的刹那欢愉呢？

这篇文章以时间为顺序，介绍了蝉卵孵化成幼虫到蜕皮再钻入土中的过程。其中"不久，它落到地上"、"最后，它找到适当的地点"、"几分钟以后"等词句，不仅准确地说明了蝉形成的历程，而且对于展现蝉形成的环境、条件也起到重要的作用。

2. 空间顺序

空间顺序即按照事物的空间位置依次进行说明的顺序。任何事物都存在于一定的空间之中，人们了解它也有一个先后的顺序。在一般情况下，说明实体事物多按其空间所处的位置安排顺序，来依次说明它的形状、结构、布局等。以空间为序说明事物，可以先对事物的总体作概括的介绍，然后再对各部分按它们所处的位置进行解说，也可以把某一部分作为基点，先作介绍，然后依次说明上下、四方、内外、远近等各方面情况。例如，《人民英雄永垂不朽》(作者周定舫)一文，就是按空间顺序描写说明人民英雄纪念碑的。从全篇看，作者先总写纪念碑的巍峨、雄伟、庄严，然后写碑的位置、碑的形体结构和十大浮雕。写碑的位置从远处写起。写碑的形体结构和每一部分的艺术造型，从远到近，从下到上，先写四周的栏杆，后写到碑身，再写碑座四周的花圈，然后写碑顶的建筑形式，最后总写整个碑型。

运用空间顺序说明事物,便于读者了解事物的各个局部及其相互关系,从而获得对事物的完整印象。

3. 逻辑顺序

逻辑顺序即按照事物的内在联系进行说明的顺序。各种事物、事理和它们内部的各部分都有内在的联系,由于联系的性质不同,它们之间有种种复杂情况。把各种复杂的情况关系在说明中体现出来,如从主要到次要、从现象到本质、从概括到具体、从整体到部分、从原因到结果、从特点到用途,由表及里、由浅入深、由简到繁等,都是逻辑关系的体现。

例如,科普说明文《花儿为什么这样红》(作者贾祖璋),文章介绍了有关花朵呈现红色的科学知识。在介绍花儿呈现红色的原因时,作者是按事物内在的逻辑顺序来说明的。文章先总说花儿呈现红色的原因,接着,说明花儿呈现红色的内在原因,即红花的物质基础是它的细胞液里含有花青素、反射作用、生理需要和进化过程。最后说明花儿呈现红色的外在原因,即自然选择与人工选择。内因是变化的依据,外因是变化的条件,内因是变化的主要方面。文章采取从主要到次要的说明顺序,使说明的重点得以强调突出,给读者留下鲜明的印象。

当然,说明顺序的安排也不是固定不变的,在写作的时候,应根据说明对象的特点和说明的需要,灵活、恰当地选择说明顺序。对于比较复杂的事物,也可以将几种顺序有机地结合起来运用。总之,在安排说明顺序时要将全文的布局顺序、说明主体的顺序以及段落内部的顺序等综合起来考虑。

(二)说明文的结构

结构是指文章各部分之间的搭配、组合、排列。说明文的结构安排合理与否,直接影响到说明文的条理性。结构的安排既要依据说明对象的特点及其内在联系,又要体现作者布局谋篇的意图。常见的说明文的结构方式有两种:

1. 总分关系的结构方式

总分关系中的"总",指总括说明某对象的整体,综合的性质、特征或某事物、事理的一个大类;"分",指从几个方面、部分或分支分别进行说明。这种结构方式主要反映说明对象的整体与部分、概括与具体、"属"与"种"的关系。在说明文的写作中,由于说明对象的千差万别以及每位作者的说明角度不同,因而总分关系也有不同的情况。

(1)先总说后分说的"总—分"方式。例如,竺可桢所作的文艺性说明文《沙漠里的奇怪现象》,就采取了"总—分"的整体结构方式。作者先引述了古人在沙漠里所见到的种种奇怪现象,从总体上说明古人对沙漠望而生畏,是由于当时的社会条件和知识水平的限制。然后分两个层次,分别说明"海市蜃楼"与"鸣沙"现象的成因,进而指出沙漠里的一切奇怪现象都是可以用科学道理来说明的。

(2)先总说后分说再总说的"总—分—总"方式。例如,著名翻译家杨宪益所作的科学小品《菊花》,作者在介绍菊花的栽培方法时,先总说菊花栽培的几项主要工作,然后详细介绍进行这些工作的具体方式方法,最后以介绍一种最新的培植方法来结束。"总—分—总"是说明文中最常见的一种结构方式。这种结构方式可以用于文章的总体结构,也可以用于文章的某一部分的结构。

（3）先分说后总说的"分—总"方式。例如,科普作家贾祖璋作的《白丝翎羽丹砂顶》,文章的前两部分是并列关系,分别从两个角度对丹顶鹤进行具体介绍,第三部分是总括性说明,作者采取了"分—总"方式生动地介绍了珍禽丹顶鹤的主要特征及其观赏价值,同时说明了保护丹顶鹤是一项重要工作。

2. 并列方式的结构方式

并列方式的结构方式主要表现在,说明对象各要素、各部分之间的关系是平行的。在行文上呈现出并列的两个或两个以上的部分。我们来看《死海不死》中的两段:

> 死海是怎样形成的呢?请先听一个古老的传说吧。远古时候,这儿原来是一片大陆。村里男子们有一种恶习,先知鲁特劝他们改邪归正,但他们拒绝悔改。上帝决定惩罚他们,便暗中谕告鲁特,叫他携带家眷在某年某月某日离开村庄,并且告诫他离开村庄以后,不管身后发生多么重大的事故,都不准回过头去看。鲁特按照规定的时间离开了村庄,走了没多远,他的妻子因为好奇,偷偷地回过头去望了一眼。哎哟,转瞬之间,好端端的村庄塌陷了,出现在她眼前的是一片汪洋大海,这就是死海。她因为违背上帝的告诫,立即变成了石人。虽然经过多少世纪的风雨,她仍然立在死海附近的山坡上,扭着头日日夜夜望着死海。上帝惩罚那些执迷不悟的人们:让他们既没有淡水喝,也没有淡水种庄稼。

> 这当然是神话,是人们无法认识死海形成过程的一种猜测。其实,死海是一个咸水湖,它的形成是自然界变化的结果。死海地处约旦和巴勒斯坦之间南北走向的大裂谷的中段,它的南北长75公里,东西宽5至16公里,海水平均深度146米,最深的地方大约有400米。死海的源头主要是约旦河,河水含有很多的矿物质。河水流入死海,不断蒸发,矿物质沉淀下来,经年累月,越积越多,便形成了今天世界上最咸的咸水湖——死海。

这两段文字,第一段是文学性的描述,主要从神话传说的角度给读者介绍死海的成因。第二段则是从科普的角度阐释死海之所以如此的自然成因。两个部分之间的关系是平行、并列的。值得指出的是,在并列方式的结构方式中,各部分虽然相对独立,却是有内在联系的。

四、说明的方法

法国生物学家贝尔纳有句名言:"良好的方法能使我们更好地发挥运用天赋的才能,而拙劣的方法则可能阻碍才能的发挥。"在说明文的写作中,除了要注意抓住说明对象的特征和事理的本质以及安排好说明的顺序外,还要注意运用适当的说明方法。

说明方法有很多,现就一些常见的说明方法简介如下。

(一) 定义说明法

下定义的方法是运用准确、简要的语言来说明事物的特征和揭示事物的本质的一种说明方法。用定义方法进行说明,可以使人对说明对象有概括的、本质的了解。它告诉读者要说明的事物"是什么",从而把那些容易混淆的事物区别开来,保证思维的确定性和解说的科学性。例如,华罗庚作的《统筹方法》开篇就说"统筹方法,是一种安排工作进程的数学方法",这就给读者一个明确的概念,为进一步说明奠定了基础。

定义的方法要求表述准确、周密、严谨,其公式为:被定义概念＝属＋种差。所谓"属",就是被定义对象所属的更广泛的概念;所谓"种差",就是被定义对象的特有属性,即它与同类事物之间的差异。在上例中,统筹方法属于数学方法,"数学方法"就是"统筹方法"的属。"安排工作进程"就是"种差",也就是"统筹方法"区别于其他数学方法的差异之处。由此可见,要给被说明的事物下定义,必须首先弄清楚被说明对象的性质和特点,否则就容易出现错误。

(二) 诠释说明法

诠释说明法是从一个侧面对说明对象的特征、功能等进行解释的一种说明方法。它与定义方法近似,但不要求必须揭示对象的本质特征,语言表述也不像定义方法那样严格。如"书籍是屹立在时间的汪洋大海中的灯塔"。这与《辞海》用定义法全面介绍书籍迥然不同。诠释不要求定义与被定义的事物在外延上完全相等。

诠释说明灵活自然,明白易懂。既可以在行文中,也可以运用脚注或尾注的方式,对说明对象或定义进行补充、诠释。

(三) 分类说明法

分类说明法是将说明的对象按照一定的标准化分成不同的类别,分别加以说明。例如,在高等院校中,从人才培养的知识结构上来说,我们可以将课程分成基础课、专业课和实践课三类。其中的每一类又可以分成不同的小类,如在基础课中,根据某一门具体的知识与专业的关系,可以分为公共基础课与专业基础课。在公共基础课中,根据教学计划实施的不同要求,又可以分为公共基础必修课和公共基础选修课等。分类说明有利于加深读者对事物本质的认识,使大量繁杂的材料条理化、系统化,为清楚地解说事物创造条件。

在进行分类说明时,要注意分类标准的一致性,不能几种标准混杂在一起,以免产生重叠和交叉现象。再者,分类时所举的种类不能有遗漏。

(四)举例说明法

举例说明法就是用具体、典型的例子来解说事物或阐述事理的方法。它既可以把抽象、深奥的事理说得通俗易懂,把复杂的事物说得简单明了,还可以起到画龙点睛的作用。例如,在《统筹方法》中,作者举了泡茶喝的事例。举这个例子的好处在于,一方面这个事例几乎是每一个人都很熟悉的,这样所说明的道理就变得十分浅显易懂;另一方面,泡茶喝虽只是一个浅近的生活例子,但对介绍统筹方法来说却具有典型性。合理安排泡茶喝的工作程序,既是一个"数学方法",又是一个"时间问题";既能说明统筹方法的要领是抓住关键环节合理安排工序,又能说明统筹方法的作用在于缩短工时,提高工作效率。通过解剖泡茶喝这一简单的生活事例,几乎可以说明统筹方法这一复杂科学道理的全部内涵。

举例说明一定要注意贴切、典型。贴切,是切合所说事物的本来面貌;典型,是能反映事物的本质特征。例子不在多,以精当为根本;言语不在繁,以简要为目标。

说明文中的举例和议论文中的举例,都是用具体事物作例,所不同的是,说明文中的举例是为了将深奥的事理解说得清楚明了,化抽象为具体;而议论文中的举例是为了证明作者的观点,使观点有理有据。

(五)比较说明法

比较说明法是把说明对象与同类或异类事物相比照,以突出其特点,显示其发展、变化的一种说明方法。比较说明有两种形式:一种是横比,一种是纵比。

横比说明是将两种以上可以作比较的事物拿来进行鉴别,用以说明事物的性质和特点。纵比说明是将事物不同时期的情况进行比较,从而说明这个事物的性状特征、发展变化等问题。我们来看下面对人脑与电脑的比较:

> 科学家们发现人的左脑主要从事逻辑性、条理性的思维,右脑主要从事形象思维,是创造力的源泉,是艺术和经验学习的中枢,右脑的存储量是左脑的100万倍。爱因斯坦、达·芬奇、居里夫人等都有超强的右脑。95%的人一生只用大脑3%的潜能,其余的97%都蕴藏在右脑的潜意识中。
>
> 感官是信息捕捉器官。眼如探头,捕获印象和光波信息;耳如麦克风捕获声波信息,经感觉神经传递到大脑。手、脚、嘴、肩等主要是运动器官,负责执行经运动神经传递的大脑指令。手脚就像电脑控制的打印机、刻字机一样;嘴如扬声器,输

出声音表达思想。说话、写字、打字、操作、做事等均是表达和输出思想的具体方式。运动器官同时具有信息捕捉功能,及时将运动过程中所得信息反馈给大脑。

作者为了突出电脑的感知与人脑相似,采用了比较的说明方法,如"眼如探头,捕获印象和光波信息;耳如麦克风捕获声波信息"等,比较生动直观地让读者了解电脑的各项功能。

运用比较说明时需注意:并非任何事物都能比较,只有两种事物有内在联系,或有某些相似之处,才能比较。比较中要抓本质,既要看出异中之同,更要看出同中之异。

(六) 比喻说明法

比喻说明就是通过打比方的手法,把抽象的事理和复杂的事物说得简明生动,浅显易懂。美国实验物理学家罗伯特·安德鲁·密立根(Robert Andrews Millikan)在诺贝尔物理学奖演说中,用形象的比喻来说明理论和实验在科学发展中的作用:"科学是用理论和实验这两只脚前进的,有时这只脚先迈出一步,有时是另一只脚先迈出一步,但是前进要靠两只脚。"这段文字是作者用人们都能理解的比喻方式,形象化地揭示了理论与实验之于科学进步的重要协同作用。

在其他文体中使用比喻,可以用明喻,也可以用暗喻和借喻,但是,在说明文中,一般只能用明喻,这是因为"说明"这种文体要求把事物说清楚,化抽象为具体,而不需要含蓄和隐晦。

(七) 引用说明法

为了把事物介绍清楚、道理解说明白,说明文经常引述相关材料,如名人名言、文献资料、历史故事、神话传说、诗歌谚语、成语俗语等,这就是引用说明法。例如,著名桥梁专家茅以升所作的科学小品《桥的运动》,文章开头引述《史记·苏秦列传》中尾生与女子约会于桥下的故事,说明在一般人看来桥是固定不动的,从而导向文章的中心——桥实际上无时无刻不在运动,这不仅可以引起读者对文章要说明的问题的注意,而且使行文也富有了情趣。文章最后引用恩格斯的名言来证明桥的运动是桥存在的形式,使文章所要阐述的道理具有了坚实的哲理性理论依据。

引用材料要有明确的目的,要考虑所引用的材料是否充实了说明的内容,引用得是否恰当。切忌堆砌卖弄,画蛇添足。另外,还要考虑所引用的内容是否准确无误,必要时还应该注明出处,以便读者核对。

(八) 资料说明法

资料说明法是指引用资料对说明对象进行解说,以突出其性质、特点或功用等。例如《死海不死》引用了四个统计资料,科学地说明死海的浮力为什么这样大,解释了人们在死海里自由游弋而淹不死的道理。

有的说明文要涉及一些事物的长度、宽度、高度、面积、体积、含量、百分比等方面的知识,也需要采用列数字的说明方法。数字说明是精确的说明,用于解说事物,能够揭示事物的本质特征。

(九) 图表说明法

图表说明法是指通过绘制示意图或表格来对说明对象进行解说,目的是使说明对象具有具体、形象、简明的直观性。图表说明法的应用十分广泛,尤其在各类教科书里。如某学前教育类教材对《3—6岁儿童学习与发展指南》进行解读,从健康、语言、社会、科学、艺术五大领域来说明幼儿学习与发展的情况时,列出了如下表格,简明而清晰,使读者能一目了然地获知相关知识。

领域	子领域1	子领域2	子领域3
健康	身心状况	动作发展	生活习惯与生活能力
语言	倾听与表达	阅读与书写准备	
社会	人际交往	社会适应	
科学	科学探究	数字认知	
艺术	感受与欣赏	表现与创造	

图表说明是一种辅助性的说明手段,在某些情况下,它甚至比其他说明方法的表现力更强,比文字说明的效果要好得多。

说明方法是为说明目的服务的,采用何种说明方法,关键是要恰当。所谓恰当是指恰如其分地说明事物或事理。如果所使用的方法达不到说明事物或事理的目的,就是不恰当的。因而,选用什么样的说明方法,一定要依据内容而定。只有这样才能使文章自然流畅、和谐统一。

五、说明文的语言

说明文的性质和特点决定了它的语言特色应该是:准确、简洁、通俗。

(一) 准确

说明文要忠实于被说明事物的本来面目,这就要求说明的语言必须准确。具体说来,说明文在遣词造句、运用专业术语时必须恰当、准确。在说明事物、事理时,要实事求是,不做夸张、渲染,也不含糊其词,要符合科学性。例如,《向沙漠进军》在揭示人类"征服沙漠最主要的武器是水"这一事理时,用了"最"这一副词修饰"主要",明确指出水是征服沙漠的根本武器,与"无论是植树还是种草,土壤里必须有充足的水分"相照应,突出了水在治理沙漠过程中的重要作用。语言的运用十分准确。

(二) 简洁

所谓"简洁"是指语言简明扼要,不铺陈、不渲染,在揭示说明对象特征或事理本质时往往开门见山,言简意赅。来看下面对"绿色塑料"的解释:

所谓"绿色塑料",并不是指绿颜色的塑料,而是指能够自行降解和再利用,不会污染环境的塑料。

这则对"绿色塑料"的说明文字,语言高度概括,有含量,不拖沓,无赘余,充分体现了说明文语言简洁的特点。

(三) 通俗

通俗就是浅显易懂,大众化,力避晦涩、艰深之语。这尤其体现在科普性的说明文中,要使深奥的科学道理为读者大众所接受,就必须做到通俗化。

我们说说明文的语言要准确、简洁、通俗,但并不排斥说明文语言的生动性。特别是说明文中的科学小品,由于它具有文艺性,在写作中往往运用比喻、拟人等修辞手法,运用生动、形象、富有表现力的词语进行生动的说明。

第二节 简　　介

一、简介的概念和特点

(一) 简介的概念

简介是以简明的文字向公众介绍有关人物或事物的基本情况和特征的一种说明文体。这是报纸、杂志以及有关书籍常见的一种文体。它通过介绍某个人物或者某个机构、某处名胜、某种产品等,使读者从中获得既有实用性、又有知识性的信息,从而受到实际的启发,并有可能影响到具体的行动。

在信息时代的今天,简介的作用显得更加重要。党政机关、企事业单位以及社会团体要向公众宣传自己,扩大影响,各种形式的简介是必不可少的。简介也往往是读者认识和获取各种信息、资料、见闻、知识等的重要手段。

(二)简介的特点

1. 实用性

简介在现实生活中用途很广,或介绍优秀人物的事迹,或介绍某一地区的风土人情,或将某一产品介绍给公众,不管何种形式的简介,总是有明确的目的。实用性是简介最突出的特点。例如,产品简介是为人们了解、购买和使用产品提供方便。

2. 概括性

概括性是指简介在介绍人、事、物的时候,语言高度概括,简洁洗练,不拖泥带水,不雕琢堆砌。这就要求简介在行文上必须抓住对象的主要特征,用最为概括和富有表现力的语言进行介绍。简介要做到篇幅短小,意义明晰。一般说来,一篇简介往往只有几百字。

3. 宣传性

简介通过各种媒介手段向公众传播,它的目的之一就是向社会宣传。社会上出现的新人、新事或者新产品,都可以作为简介宣传的内容。简介向公众宣传的形式多种多样。一般的传播媒体,如报刊、广播、电视等都可以用来刊播简介。此外,如宣传小册子、海报、传单、说明书等也都常常是简介的载体。近年来,互联网等新媒体的诞生,也为简介的宣传扩大了传播平台。简介的宣传特性也越来越重要。

二、简介的分类

简介按题材和内容的不同,可以分为以下几类。

(一)人物简介

人物简介是向社会公众介绍在某一方面有突出表现的优秀人物。例如王国维的简介:

> 王国维,字静安,一字伯隅,号观堂,浙江海宁人。清秀才。早年研究哲学、文学,受德国唯心主义哲学和文艺思想影响。光绪二十九年(1903)起,历任通川、苏州等地师范学堂教习,讲授哲学、心理学、逻辑学。后任学部图书局编辑,从事中国戏曲史和词曲研究,重视小说戏曲在文学上的地位,开创了研究戏曲史的风气。辛亥革命后,以遗老自居。1913 年以中国古代史料、古器物、古文字学、音韵学为题,进行考订,尤致力甲骨文、金文及汉晋简牍、汉魏碑刻的考释,主张以地下发掘物参订文献史料,对史学界影响颇深。除研究古史外,兼作西北史地和蒙古史料的整理考订。1925 年任清华研究院教授。王氏一生校勘古籍甚多,近人赵万里辑有《王静安先生手校手批书目》,计 192 种。曾为乌程蒋孟苹编撰《传书堂藏善本书志》,译有《世界图书馆小史》。其逝世前夕,尝云:"余毕生唯与书册为伴,故最爱而最难舍去

者,亦唯此耳。"1927 年在北京颐和园投水自尽,年仅 51。生平著作 62 种,大半收入《海宁王静安先生遗书》中,部分考证文章曾汇编为《观堂集林》行世。

在人物简介中,还有一类较为常用的是个人简介。因为个人简介多用于晋升职务、职称评定或求职等,所以在个人简介中要突出自己的特长、成果等。

(二) 名胜简介

名胜简介是通过介绍名胜古迹的园林、建筑、文物、风景等,引起读者的游览兴趣。例如,位于上海嘉定区的古猗园的简介是这样写的:

> 古猗园位于上海市嘉定区南翔镇,国家 AAAA 级旅游景点,上海五大古典园林之一。
>
> 古猗园初名猗园,建于明代嘉靖年间(公元 1522—1566 年),为时任河南通判闵士籍所建。取《诗·卫风·淇奥》"绿竹猗猗"为美盛貌,融嵇康《琴赋》"微风余音,靡靡猗猗,余音袅袅"为一炉而得"猗园"名。由明代嘉定竹刻名家朱三松精心设计,有"十亩之园,五亩之宅"的规模,后转让贡生李宜之,又先后为陆、李两姓所有。
>
> 清乾隆十一年冬(公元 1746 年),洞庭山人叶锦购得后,大兴土木,修葺装点,于 1748 年秋竣工,因隔了一个朝代,更名为"古猗园"。乾隆五十三年(公元 1788 年)由地方人士募捐购置古猗园,作为州城隍庙的灵苑;同治至光绪年间,园内又增建厅、堂、庵院,开设酒楼茶肆,作为祀神集议和游览休闲的场所。
>
> 新中国成立后,古猗园历经多次改扩建,2009 年经过园区改造和东扩建设,面积达到 150 余亩。全园按不同景观划分为猗园、花香仙苑、曲溪鹤影、幽篁烟月 4 个景区,各具独到精巧的艺术构思,散发着古猗园特有的古朴、素雅、清淡、洗练的气质。园内保存的唐代经幢、宋代普同塔、南厅、微音阁等文物、历史遗迹,弥足珍贵,引人探古问胜。

这篇简介把古猗园得名的由来和发展沿革历程作为说明重点,具有厚重的历史文化感。名胜简介要突出名胜地的独特亮点,才能产生引人注目的效果。

(三) 书刊简介

书刊简介主要是介绍书籍、报刊的出版发行宗旨、内容、形式等,有的书刊简介还附有价格、定购办法等。例如,著名的电影和书评网站"豆瓣"对罗伯特·达恩顿的《启蒙运动的生意》的简介是这样写的:

> 这是关于一部书的书：这位主角似乎有些神秘，而且它可以缩到无穷小，就像从一面镜子反射到另一面镜子。不过，如果处理得当，也会增强人们对早期现代历史诸多方面的理解，如人们所知的，在法国，书籍史就和历史研究中很广泛的问题有关。启蒙运动这样伟大的思想运动是如何在社会中传播的？影响的深度和广度如何？贤哲的思想在物质化到书中时，采取何种形式？印刷品的物质基础和生产技术与它的主旨和传播有很大的关系吗？图书市场如何确定其功能？出版商、书商、推销员和文化传播中的其他媒介扮演什么角色？出版如何像生意那样运作？它如何适……
>
> 罗伯特·达恩顿所讲的故事非常引人入胜，他精心梳理了原本复杂无序而又晦涩难懂的史料。全书叙述优雅、精确、充满智慧，对细节拥有小说家一般的眼光，对历史涵义的分析清晰而富有洞察力。

显然，书刊的内容、种类、形式都极为丰富，可以说是真正意义上的包罗万象，而且不断有创新。因此，书刊简介的形式也必然会是多种多样的，难以尽述。

（四）机构简介

机构简介是指介绍各类机关或企事业单位、社会团体等的说明性短文。由于简介的对象千差万别，所以简介的内容也不尽相同。一般包括该机构的性质、业务范围、规模、特点、成果等。例如"北京大学简介"、"上海博物馆简介"、"希望集团简介"等。机构简介根据所表达的理念和目的呈现出不同的特色，现在一般都展示在机构网站主页上供人浏览了解，像是机构的一张文字名片。且看"中国作家协会简介"（更新时间为2016年）：

> 中国作家协会简称中国作协，是中国共产党领导的中国各民族作家自愿结合的专业性人民团体，是党和政府联系广大作家、文学工作者的桥梁和纽带，是繁荣文学事业、加强社会主义精神文明建设的重要社会力量。
>
> 中国作家协会的前身是中华全国文学工作者协会（简称全国文协），1949年7月23日在北平成立。1953年10月，全国文协正式更名为中国作家协会。
>
> 中国作家协会是一个独立的、中央一级的全国性人民团体。现有团体会员44个，个人会员9 301人，荟萃了我国文学界的人才精华。其主要任务是：组织作家学习马列主义、毛泽东思想、邓小平理论和"三个代表"重要思想，树立科学发展观，学习党的方针政策，践行社会主义荣辱观；组织文学评奖，对优秀的创作成果和创作人才，给予表彰和奖励；进行文学理论研究，组织开展健康说理的文学评论和实事

求是的文学批评;发现和培养各民族文学创作、评论、编辑、翻译的新生力量,促进各民族文学的发展;增进同台、港、澳地区和海外同胞中作家的联系;推进中外文学交流,代表中国作家参加国际文学活动;反映作家的意见和要求,依据宪法和法律的规定,维护会员的合法权益等。

中国作家协会内设办公厅、人事部、创作联络部、对外联络部等职能部门和机关党委及创作研究部。分别负责协调机关工作和会务组织工作;组织作家深入生活,联系各团体会员和文学团体,组织文学评奖和进行会员会籍管理;进行人事管理;安排中外作家双边互访、进行文学交流;负责机关党的建设等。

中国作协主管和主办有《文艺报》、《人民文学》、作家出版社、《诗刊》、《民族文学》、《中国作家》、《小说选刊》、《作家文摘》、《中国校园文学》、《环球企业家》、《长篇小说选刊》、中国作家网等报刊、机构。协会下设机关服务中心、创作研究部、鲁迅文学院、中国现代文学馆、中华文学基金会等事业单位。

为了加强对文学创作的引导,催生精品力作,中国作家协会书记处根据《中国作家协会章程》的有关规定,对中国作家协会各专门委员会的设置进行了调整。经调整后,中国作家协会共设11个专门委员会。它们是:小说委员会、诗歌委员会、散文委员会、报告文学委员会、儿童文学委员会、军事文学委员会、影视文学委员会、文学理论批评委员会、少数民族文学委员会、作家权益保障委员会、网络文学委员会。(各专门委员会组成人员详见:中国作家协会各专门委员会组成人员)

为推动和繁荣当代中国文学创作,中国作协设有鲁迅文学奖、茅盾文学奖、全国优秀儿童文学奖、全国少数民族文学创作"骏马奖"等四项我国具有最高荣誉的文学大奖,均为每4年评选一次,用以鼓励优秀文学创作,推动社会主义文学事业的繁荣与发展,奖励已经取得相当文学成就的文学新秀。

这份简介主要介绍了中国作家协会的性质、宗旨、特色、任务、内部组成、重要活动项目等,有效突出了作协在我国文学事业中的组织地位、权威作用和广泛影响等。重点鲜明,严谨规范。

(五) 产品简介

产品简介是介绍某一产品的性质、特点、成分、构造、功用等的说明性文字。它与说明书的区别是:说明书的重点在于指导消费者如何正确使用、保养、维修某产品,是产品售后服务的指南;产品简介则多用于促销阶段的产品宣传。因而,它们在内容和表达上是有所不同的。我们来看一则"空调简介":

××空调秉承集团的高科技、高质量、高水平服务,创百年国际品牌的发展战略。1997年引进变频技术,建成了中国最先进、最大的变频空调生产基地。

　　我们以严格的质量控制手段来维护自己的品牌,从冷凝器、蒸发器、钣金件、控制板的自制,到压缩机、四通阀、风扇电机的选购,直到一个螺丝钉都经过了ISO9001程序的严格控制。

　　××空调定速挂机系列是由目前国际上最先进的××变频空调生产线生产,是高效、低噪声、超强制冷(热)的高品质空调产品,是办公室、商店、家庭的最佳选择。

这则简介重点介绍了××空调的高质量以及服务的高水平,旨在推销该款产品。这是较常见的产品简介的形式。

三、简介的写作

　　简介的内容丰富多彩,简介在写作上也没有固定的格式。一般说来,简介的写作包括标题、正文和附录三个部分。

(一) 标题

　　简介的标题通常是直截了当地点出所要介绍的对象,再加上"简介"字样即可。例如,"××出版社简介"、"××牌洗衣机简介"等。有的简介为了突出介绍对象的特征,吸引读者关注,也采用较为灵活的标题,例如,"两种买房付款方式,你选哪种?""各具特色的世博会场馆"等。

(二) 正文

　　简介的正文是具体、详细、完整地介绍所说明对象的内容、特点、特色的部分。正文主要的写法有:

1. 按时间先后顺序简介说明对象

　　例如,人物简介一般可以按照人物的生平、经历以及各个历史时期主要活动予以介绍。请看这段"鲁迅简介":

　　　　鲁迅(1881—1936),原名周树人,浙江绍兴人。1899—1902年就读于江南路矿学堂,1902年赴日本留学,1909年回国。1912年1月赴南京,在蔡元培任总长的教育部任职。1918年4月,在《新青年》上发表第一篇白话文小说《狂人日记》。1920年8月,担任北京大学国文系的兼任讲师。1926年8月,南下赴厦门大学任教。1927年起定居上海,从事文学创作与翻译工作。

上述鲁迅简介是按时间先后顺序进行的。与人物简介相似,有些产品简介主要介绍生产的过程,解说事物发展、变化的经过,在写作时也常用时间顺序。

2. 按空间方位的顺序来简介客观对象

所谓空间顺序是指,或由整体到部分,或从上到下,或从前到后等来说明事物。一般地说,简介某一处所或旅游胜地、建筑物等常用这种顺序,例如,"松江大学城简介"、"青浦青少年活动基地简介"、"虎跑泉游览简介"等。

有些产品的简介,在介绍其外形和内部构造的时候,也常用空间顺序,例如,某品牌"微波炉构造简介"、某品牌"互联网电视简介"等。

3. 按事物、事理的内在逻辑顺序来简介事物

这种简介方法是按照事物的性质归类,然后由主到次地逐一简介。例如机构简介,一般是按其工作性质、业务范围、组织结构等顺序进行介绍。

还有一些简介,由于比较简短,它的正文部分近于内容提要。这在一些书刊简介中很常见。特别是这类简介会明显带上评价态度和意识形态立场,反映出社会时代的价值观影响。例如下面对柏拉图教育思想的简介就是一例:

> 柏拉图是客观唯心主义的创始人,是奴隶主贵族专制政体的代言人。他提出了灵魂不死的说法,宣扬先天观念、遗传决定论的观点和等级制度,并拟定了界限分明、等级森严的等级教育制度等等。在当时,尤其对后世,产生了极其恶劣的影响。但是,作为一个哲学家,他很重视教育在人的发展方面的培养、训练作用,重视教育与哲学的直接联系,重视教育与政治生活的联系,重视各种学科在培养各种人才方面的实际作用,重视基本知识在初等学校教学中的意义和作用,这都是可供批判借鉴的。他最早阐述了幼儿教育的地位及其重要性,重视游戏、讲故事、唱歌等活动在幼儿教育方面的地位和作用,最早提出理智、情感、意志、心灵等心理学上的问题及其在教育理论上的运用,这些都应给予一定的肯定评价。

简介正文的写作方法也不是固定不变的,根据简介对象的不同,灵活地采取相应的顺序,才能写出更切合实际的简介。

(三) 附录

附录包括联系地址、邮政编码、电话传真等内容。简介的附录部分也是比较灵活的,有的简介只是自然收尾,或者总结全文,或者启发思考、留下想象余地。这种简介没有专门的附录。但是,在通常情况下,特别是希望公众广为参与的事物简介,附录是必不可少的。

第三节 说 明 书

一、说明书的概念和特征

（一）说明书的概念

说明书是用来介绍有关物品的性能、规格、用途、使用方法以及影剧情节、图书出版等的实用性说明文体，是在生产劳动和日常生活中应用范围非常广泛的一种说明文类型。在信息经济时代的今天，新技术、新产品不断涌现，说明书的作用显得日益重要。写说明书的目的是让读者了解被说明的对象，从而正确地掌握和使用被说明的事物。

（二）说明书的特点

1. 实用性

实用性强是说明书的重要特点。例如，产品的说明书，它的直接目的是要告知使用者如何使用说明的对象；戏剧说明书要告诉观众该戏剧的思想内容、编剧、导演、演员、职员等有关情况，以便观众能更好地欣赏。脱离了实用的目标，说明书就失去了它存在的价值意义。

2. 条理性

说明书的使用范围是十分广泛的，说明的对象也是千差万别，各具不同的功能、特色，因而说明的条理性是非常重要的。说明书要求条理清楚，层次分明。要从事物本身的规律性和人们对事物的认识规律两个方面去寻求最恰当的表达顺序。

3. 准确性

说明书必须写得准确、科学。说明书所介绍的知识、产品情况必须符合客观实际，来不得半点虚假和欺骗。例如，药品的说明书要将各种配制而成的药物名称及分量一一说明。这些药物的名称和分量必须是准确的，否则就会影响对该药品的使用。再如，电器使用的说明必须十分准确。不然的话，一旦发生差错，轻则使商品受损，重则危及使用者的人身安全。

4. 通俗性

说明书的目的主要是指导人们正确全面地了解或使用某一事物，因而，说明的语言一定要简明扼要，通俗易懂。在涉及一些专业很强的名词术语时，最好能用公众可以理解的语言加以解释。通俗性是要求说明书一定要把被说明的事物真正"说明"清楚。

二、说明书的分类

说明书的分类，按不同的标准有不同的分类法。按照说明书的外在形态结构分类，一般可以将说明书分为两类。

(一) 条款式说明书

条款式是说明书最常见的结构形式。它的优点是重点突出、条理清晰,便于读者把握所要说明的具体内容。例如药品的服用,可以从成分、功能主治、用法用量、规格、贮藏、保质期等方面一一说明,这样就可以为读者的使用带来极大的方便。另如非常专业的《语言调查句子记录用表》(范俊军、肖自辉编著)的使用说明是这样写的:

中国语言调查系列工具书包括《方言调查字音记录用表》《语言调查词汇记录用表》《语言调查句子记录用表》《语言社会生态调查和话语记录用表》。这套用表根据语言调查记录习惯而设计,作为采集资料的笔记用表,便于资料统一汇总和存档。

实地调查时,应先向发音说话人和相关人员介绍本次调查的目的和任务,明确记录资料的用途,取得许可授权,签署"语言调查记录协议",并填写"发音合作人基本情况表"和"调查参加人员基本情况表"。

本表用于汉语方言和少数民族语言的句子调查记录。"日常用句记录表"用来记录生活常用句,"语法例句记录表"用来记录基本语法现象。

使用本表记录汉语方言和少数民族语言的句子,应注意以下几点:

1. 开始调查工作前,先对"语言调查工作用语记录表"的句子进行录音,调查人员要尽快学会这些工作用句,便于和说话人进行基本沟通。

2. 句子记录应从日常用句开始,从"13常用句记录表"挑选二三百个句子来记录。挑选句子以常用和实用为原则,询问顺序可不按表中顺序。记录日常用句时,建议先录音,每录完一句,再详细询问说话人,逐字、逐词发音和解释。每天记录30~40句,不要图快。每天工作结束后,应抽出时间学习当天记录的常用句。

3. 记录了二三百条常用句子之后,再记录语法例句。记录语法例句,应围绕语法点提示说话人,不必拘泥于例句原话或其中某个词,遇到例句中不合适的词语,可用别的词替换。要提示说话人说出句意的各种说法。例如,询问被动句,不要想着说话人说出的句子有无类似普通话"被"的功能词,重要的是让说话人说出表达这个例句意思的各种句子。

4. 记录语法例句也应先录音,录完一句,再逐词询问和记录。每句话只问一个语法点,不要用一个例句调查两个或更多的语法现象,实在问不出,可略过不记。本书的语法例句只用于基本语法调查,不适用于专题调查。基本语法调查,每天记录约30~40句。

本书随书光盘有内含 Sonicfield、EXMARalDA、ELAN、Audacity 等免费软件，以及"日常用句记录表""语法例句记录表"电子表格。

(二) 概述式说明书

概述式说明书也是一种常见的说明书结构形式。这一类说明书的特点是用概括、准确的语言，对说明对象的基本面目或大概情况作出说明。这种说明书的优点是前后连贯、内容完整，便于读者整体理解，多用于整体性的介绍，比如影视说明书、戏剧情节简介等。如《兰溪百草文化》(林鹏、林马松编著)中对作为中药材集散地的兰溪的概述：

> 宋元至明清，兰溪一直是中药材集散中心，与慈溪、绩溪并称为"三溪"，称雄江南。不仅两浙及苏南、上海一带药材供应依托兰溪，而且闽、赣、皖南所需药材亦仰给于兰溪。明末清初，绩溪诸葛、永昌、游埠、双牌、厚仁、女埠一带药商自成体系，业务技术精湛，资金实力雄厚，中药行店遍布大江南北。清中期至民国时期，兰溪人在华东、华中、华南、华北开设的中药行店不下 500 家，仅金、衢、严、处、温 5 府中 19 县统计，就达 326 家，从业人员不下 5 000 人。

这段话以概述的方式梳理了兰溪自宋元至民国期间在中药材商业方面的发展历程，简明扼要，兼有了说明书的实用性、条理性、准确性、通俗性等特点。

三、说明书的写作

说明书的内容是十分丰富的，一般生活用品的说明，只需要突出重点、抓住关键，用简明扼要的文字加以说明就行了。但是更多的专业产品的说明，不仅须有文字介绍，往往还要配以图片、资料等进行详细的说明。因而，说明书的写作格式也是丰富多样的。

一般的说明书包括三个方面，即标题、正文、落款。

(一) 标题

以商品说明书为例，标题主要是由产品名称后加"说明书"组成。例如"××牌系列自行车说明书"、"×××取暖器使用说明书"等。复杂的说明书需要装订成册，随产品赠送，其标题多在封面上。同时，在进入正文之前，有的说明书还附有精美的插图，或品牌的标志、说明书的目录等。

(二) 正文

正文是说明书的主体部分，它是将所要说明的内容分项依次排列，再逐一解释说明。说明的顺序一般是按人们对该商品的认识规律和掌握使用的具体要求安排写作。下面来看某品牌热水器使用说明书的正文分项说明情况：

(1) 功能与特长

(2) 部件名称

(3) 操作方法

(4) 使用注意事项

(5) 安装

(6) 常见故障的识别与处理

(7) 产品规格

(8) 外形尺寸

在上述的每一项目中，除了配有图片和资料外，还有详细的文字说明。例如第(4)项：

使用注意事项

A. 在使用时，应保持室内空气流通，所以请务必打开窗户。

B. 插入电源后提示灯会一直亮。当操作不当或有故障出现时，器具特设的电控蜂鸣器发出蜂鸣声，提示您关闭热水龙头后重新启动。若蜂鸣声不能消除，请与本公司维修中心联系。

C. 在使用时或刚使用后，排气管及周围部件温度较高，请不要用手触摸，以免烫伤。

D. 使用时如嗅到燃气味或不正常气味，或听到不正常的燃烧声音，应关闭燃气阀门，根据《常见故障的识别与处理》查明原因，不能处理的请通知本公司特约维修中心。

E. 有台风或大风吹袭时，排气口受到灌风干扰，防倒风装置会使燃气供应自动切断，暂停输出热水，倒灌风消除后，再自动恢复供应热水，故在此期间不宜使用热水器。

F. 长期不用时(超过24小时)，请关闭进水阀门。冰冻季节，用后请关闭进水阀，打开热水龙头，旋下水过滤网和放水阀，以防热水器内部的机件被冻坏。机内水排尽后，请勿忘记重新装上水过滤网和放水阀。

G. 不要在热水器附近放置纸张、塑料袋、汽油等易燃性物品。

H. 不要将热水器使用到产生出蒸汽的地步。

说明书正文的写作，一定要实事求是，准确科学。说明书在某种程度上来说是有关产品的情报资料，如果不真实、不准确，有可能造成严重的危害。此外，在写作时还要求抓住要点，有所选择和侧重，语言通俗，简明扼要，这样才能达到更好的效果。

（三）落款

落款部分在说明书中也可以称为附文，它是指正文之外的一些必备内容，大多写在正文之下的右侧方，装订成册的说明书一般写在封底。内容包括生产企业的名称、厂址、电话、电传、电挂、传真、邮编、生产许可证编号、标准代号、保质期等。

第四节　解　说　词

一、解说词的概念和特点

（一）解说词的概念

解说词是对事物或人物进行讲解、介绍的一种说明文体。在现实生活中，解说词的应用十分广泛。例如，产品展销、成果展示、文物陈列、书画展览、标本说明、园林介绍、影剧解说、人物介绍等，都要用到解说词。解说词的解释和说明，既可以是文字的，也可以是口头的。通过对实物配合性的解说，读者或观众可以对观瞻的对象有一个更全面、具体、深入的了解。

解说词与简介同属说明文体，不同之处在于，解说词解说的对象是实物和图像，文字的叙说要围绕着实物与图像进行。有的解说词以文字的形式出现，与简介有相同的地方。但是，解说词有自己的特点，尤其是用于口头解说的，其表现方式与写作方法都不同于简介。

（二）解说词的特点

1. 扣物写话、客观真实

所谓扣物写话是指，解说词要和被解说的对象紧密地连在一起，从而使听众或读者通过解说词能准确地理解被解说对象的性质、特点、作用、意义。这就要求解说词应依附特定的实物、图片和画面，与被解说事物的客观情况相一致，不能随意虚构，杜绝主观随意性。

2. 节段分明、文情并茂

解说词在功能上，既要便于讲解，又要便于观众对所解说的事物一目了然。因而它要求在注意承接转合的基础上，节段分明，层次清晰。

解说词虽然是解说性的文字，但它并不只是枯燥无味的说教。好的解说词，融说明、记叙、描写、议论、抒情于一体，常常与鲜明具体的实物相配合，生动地叙述、精彩地点评，文情并茂,引人入胜。

3. 语言亲切、内容简明

解说词写作的目的是更好地与观众达到最大限度的沟通,它的语言要求亲切自然,娓娓动听,富于感情。解说词是用来说和听的,说得上口,听得顺耳,才会有好的效果。

解说词忌讳长篇大论,它要求抓住事物的本质和特征,运用简明的文字,把事物和图像的内容介绍给观众,因此,在语言的表达上,既要明晰,又要概括。

二、解说词的分类

根据不同的标准,解说词有不同的分类方法。从语言风格上来说,解说词可以分为科学性和文艺性的两类。

(一) 科学性解说词

科学性的解说词一般用于科教片、体育动作图解、动植物标本陈列等,这种解说词的语言准确、精练,只要求把问题说明确,使人理解就可以了。例如下面这段关于文昌鱼的解说词是这样写的:

> 文昌鱼属于脊索动物,与脊椎动物的亲缘关系很近,在研究脊椎动物起源演化等方面具有很重要的科研价值。(指示版图讲解)厦门是著名的文昌鱼分布区,历史上曾经形成世界上唯一的文昌鱼渔场而闻名于世,但是,由于栖息地的破坏,目前分布区减少、产量剧减,已经被列为国家二级重点保护对象。

简明、准确的解说,配合鲜明、生动的画面,就给观众留下了很深的印象。

(二) 文艺性解说词

文艺性解说词一般用于纪录片、风光片和影剧录音等。它对图片实物的说明,不仅要求准确、精练,还要求生动、形象、活泼、具体。它常常结合生动的叙述、形象的描绘、精彩的抒情和独到的议论,来对实物和图像进行解说,使读者从中得到知识,受到教育。例如,上海世博会冰雕艺术展的一段解说词:

> 大家好!这里是上海世博园冰雕艺术展。过去,在冰雪的世界里往往是"千山鸟飞绝,万径人踪灭",然而此刻南国上海将迎来"北国风光,千里冰封,万里雪飘",今天就由我带领大家感受这"馆内馆外,分外妖娆"。
>
> 冰雕作品是哈尔滨人化严寒为艺术、赋冰雪以生命的杰作,它是一种以冰为主

要材料来雕塑的艺术形式。它讲究工具使用、表面处理，特别是上海世博园冰雕艺术馆的雕刻师傅们为了增强冰雕的立体感，突出其鲜明的形象，采用了石雕和木雕手法，强调体面关系，突出形体基本特征，力求轮廓鲜明，在此基础上，精雕细刻，或者实行两面雕刻，使线条互相交叉，在光线反射作用下，尤显玲珑剔透，从而取得远视、近视俱佳的效果。

如今，在远离北国哈尔滨的另一座城市上海，一座气势更加雄伟壮阔的室内冰雪乐园——上海世博园冰雕艺术展已突破中国室内冰雕展馆之最：展区占地面积约2000平方米，用冰达一千多吨，景观分为："红色经典"、"中华文明"、"上海风光"和"冰晶奇观"四大主题，将历史典故、文化理念融汇于作品中，既有我们熟知的女娲、炎帝、黄帝等神话传说人物，还有孔子、毛泽东等历史人物雕像，又有上海九曲桥、豫园亭、中共一大会址之南湖红船、北京天安门、天坛、中国航母第一舰等30座经典冰雕艺术。

这段解说词融说明、记叙、抒情于一体，通过对冰雕艺术的解说，让观众了解冰雕的特点，对观众有很强的吸引力和感染力。

三、解说词的写作

（一）要熟悉解说的对象

解说词可以用来解说各种对象，如产品、文物、图书、图片、标本、园林、剧情、新闻人物等，只有仔细地观察，深入地研究，才能把它们如实地反映出来，介绍给读者。

要想写好某一解说词，不仅要熟悉与之相关的材料，而且往往还需要身临其境，深入现场，进行实地调查，获取大量的第一手材料，捕捉真切的感受，最后充分地表达出来。

（二）要把握事物的条理

说明类的文体，除了在内容上抓住事物的特征，做到"言之有物"，在表达上注意运用恰当的说明方法，做到"言之有法"外，还要在结构上注意把握事物的条理，做到"言之有序"。所谓条理性是指，通过结构的合理安排，表现说明对象的特点及其内在联系。解说词在反映客观事物时，应注意把握事物之间多种多样的关系，采用不同的写法，有条理地进行解说。或者按照实物和画面的并列关系，依次解说；或按照实物和画面的总分关系，先总说，后分说；或者按照实物和画面的主次关系，先说主要的，后说次要的；或者按照实物和画面的方位顺序，或由上到下，或由前到后，或由左到右，或由外到里，或由远到近等。有条理的解说，才能给人以清晰的印象。例如前文所举的上海世博会冰雕艺术展的解说词，将整体景观分为：

"红色经典"、"中华文明"、"上海风光"和"冰晶奇观"四大主题,既融入了历史典故和文化理念,又将神话传说人物和历史人物以雕像的形式立体呈现,并辅之以九曲桥、豫园亭、中共一大会址之南湖红船、北京天安门、天坛、中国航母第一舰等30座经典冰雕艺术,形成了有主有次,条理清晰的整体层次感。

(三)要注意语言的多样性

一般来说,解说词介绍实物,说明画面,它对语言的基本要求是准确、简洁、通俗。但是它并不排斥语言的多样性和灵活性。在解说词的写作中,可以用平白的语言,也可以用文学化的语言;可以用散文的形式,也可以用韵文的形式。例如,《舌尖上的中国》中的一段经典的解说词是这样写的:

无论脚步走多远,在人的脑海中,只有故乡的味道熟悉而顽固,它就像一个味觉定位系统,一头锁定了千里之外的异地,另一头则永远牵绊着记忆深处的故乡。古老的职业和悠久的传说,正被机械们一茬茬收割殆尽。不管是否情愿,生活总在催促我们迈步向前。人们整装,启程,跋涉,落脚,停在哪里,哪里就会燃起灶火。一粥一饭当思来之不易,一饮一啄饱蘸苦辣酸甜。这是巨变的中国,人和食物,比任何时候走得更快。无论他们的脚步怎样匆忙,不管聚散和悲欢来得有多么不由自主,总有一种味道,以其独有的方式,每天三次,在舌尖上提醒着我们,认清明天的去向,不忘昨日的来处。越是弥足珍贵的美味,外表看上去,往往越是平常无奇,辛苦劳作给全身心带来的幸福,从来也是如此。传承中国文化的不仅仅是唐诗宋词京剧昆曲,它包含着与我们生活相关的每一个细节。

在这段解说词中,作者把说明与抒情、议论、描写结合起来,并巧用对仗整齐的句子,节奏明快,行文生动活泼,富有情趣,很有艺术感染力。

第五节 科学小品

一、科学小品的概念和特点

(一)科学小品的概念

科学小品这个名称是我国独创的,最早见于1934年陈望道在上海主办的《太白》半月刊创刊号。著名的科普作家高士其曾说:"科学小品是科学文学的一个品种,是科学普及作品中的轻骑兵,是我国特有的一种体裁。"

科学小品属于文艺性的说明文，它主要运用文艺笔调来说明自然科学领域等的知识和道理。但是，科学小品与一般知识小品不是同一概念。知识小品的范围极广，包括社会科学、自然科学、哲学领域的历史小品、科学小品、哲学小品等。科学小品是知识小品的一种。它只是介绍自然科学、专业技术和生产方面的知识，以普及科学知识为目的。

(二) 科学小品的特点

1. 科学性

科学性是所有科技作品的生命，科学小品也不例外。科学小品是具有科普功能的文章，它的根本任务是向广大社会成员传播科技知识、科学技能以及科学思想、科学方法，引导人们热爱科学、探索科学。所以，科学小品的精髓应当是"科学"。它的题材主要是科学现象，包括科学原理、现代科学技术和科学家研究活动等。在反映这些内容的时候，应当是准确的，应当以科学原理和实践为根据，不能宣传反科学的东西，更不能把非科学的东西当成科学的东西去传播，否则将会产生极大的危害。

2. 文艺性

科学小品要具有吸引力，语言的文艺性是不可缺少的特点之一。科学小品的内涵是科学的，形式却不妨艺术一点。文学语言中生动的叙述和描写，一样可以运用到科学小品中。这里所说的文艺性是指科学小品要靠优美的文笔，运用生动活泼的语言，通过生动的形象，来描写科学的真实情况，再现科学的真理，做到如闻其声，如见其形。只有这样，才能令读者觉得它读起来有味道，引人入胜。

3. 通俗性

爱因斯坦曾经说过，对于科普工作者来说，"只要他曾试想把一个颇为抽象的主题，拿通俗方式表达出来时，就会知道这样做法的困难有多大"。科学小品不是为专业科研服务的，这就要求它的语言必须浅显。由于读者对象文化基础的千差万别，要使深奥的科学道理以及复杂的科学现象为广大读者所接受是不容易的。这就要求作者须尽可能地把专业术语转化为易于理解的普通词语，把专业知识通俗化，把文章写得浅显易懂。然而，写文章的深入浅出不是光知道通俗化的道理就可以做到的，要把科学小品写得通俗易懂，不仅要求作者必须深入了解掌握科学知识，还要求作者深入了解读者，对读者的年龄特征、文化程度、心理特点等了如指掌，写作起来才能有的放矢，得心应手。

4. 知识性

知识性是科学小品这种文体与生俱来的一个特点，也是其写作目的的一种体现。科学小品总要在文中给读者提供一些有价值的科技知识。例如高士其的《天石》，从上古时期人类使用的陨铁，谈到现代钢铁工业；从天体上的"天石"，谈到地壳中的铁矿石；从无机界的铁，谈到有机界的"铁菌"；从铁是重要的工业原料，谈到铁和生物的关系。纵横古今，旁征博引，读后令人眼界开阔，受益匪浅。

二、科学小品的分类

科学小品按照不同的标准可以有不同的分类法,一般说来,可以按说明的对象划分,把科学小品分为说明实体事物和抽象事理的两种类型。

(一) 说明实体事物的科学小品

说明实体事物的科学小品是指把实在的、具体的某个或某类事物作为说明对象,着重解说其性质、特征、状态、发展过程以及功能、作用等的科学小品。例如叶圣陶写的科学小品《苏州园林》,文章以展示苏州园林之美为中心,先揭示苏州园林总体上如画之美的特点,后展示构成这一总体特点的各个方面:亭台轩榭的布局,但求自然之趣;假山池沼的配合,力求自然之态;花草树木的映衬,着眼于创造画意;设置花墙、廊子,增加层次,显示景致的深度;角落的碧草,门窗的图案,色彩的柔和,也无不宜人。文章既从大处着笔,又于细处落墨,由概括到具体,依次写来,把苏州园林的特点写得鲜明而突出,给人以完整而深刻的印象。

(二) 说明抽象事理的科学小品

说明抽象事理的科学小品是指,把客观事物所显示或蕴含的意义、道理作为说明对象,侧重阐释其本质、属性、关系和规律等的科学小品。我们来看当代科学家施一公对物质的界定:

> 人是怎么样处理信息的呢?我们先来对信息也就是物质做一个定义。
> 我们有三个层面的物质:
> 第一个物质是宏观的,就是我们可以感知到的,直觉可以看到的东西,比如人是一个物质,房子也是一个物质,天安门、故宫都是物质。
> 第二个层面是微观的,包括眼睛看不到的东西也叫微观,我们可以借助仪器感知到、测量到,从直觉上认为它存在,比如说原子、分子、蛋白,比如说很远的一百亿光年以外的星球。
> 第三个层面,就是超微观的物质。对这一类,我们只能理论推测,用实验验证,但是从来不知道它是什么,包括量子,包括光子。尽管知道粒子可以有自旋和能级、能量,但是我们真的很难通过直觉理解,这就是超微观世界。

通过从三个层面来界定物质,施一公告诉我们,宏观世界里的一个个体,本质上是由微观世界决定的,是微观世界或超微观世界里的原子分子量子聚集组合成一个整体,这就使抽象事理变得明白而易于理解了。

三、科学小品的写作

(一) 内容要真实、新颖

科学小品以传播科学知识为目的,一般不需要塑造人物形象,科学小品的写作首先要求它在内容上应该是真实准确的。例如,贾祖璋的《白丝翎羽丹砂顶》介绍珍禽丹顶鹤,大量采取"引用"的说明方法,既增强了文章的真实性,又使文章文采斐然。在讲我国养鹤的悠久历史时,引述了《左传》的记载,令人信服。相反,有的科学小品曾出现"六六六农药是试验了666次才成功的农药"等解说,这就与客观存在的真相和事实不相符合,纯属凭空想象了。

科学小品的内容不仅要求真实,而且还应该新颖,特别是在科学技术飞速发展的今天,每天都有新发现、新发明、新创造问世。因而,科学小品必须及时地把自然界和人类社会中的新发现、新问题、新见解、新知识等介绍给广大读者。例如故宫博物院策划制作的"官式古建筑营造技艺",向观众介绍在紫禁城中建造、修缮中的工艺技法和应用实践,展示非物质文化遗产"八大作"的工艺之精、技艺之美、传承之序,呈现紫禁城六百年的营缮之道,读来既新颖又有趣味。

(二) 结构要合理精巧

科学小品一般篇幅较短,内容集中,这就要求在写作中必须合理安排结构才能吸引读者。合理精巧的结构包括以下要求:

1. 标题要拟好

科学小品标题的拟定没有固定不变的程式。引人注目的标题总是讲究一定艺术性的。例如:《机器人》《奇特的激光》《沙漠里的奇怪现象》等标题是采用了简洁直述的方法;《花儿为什么这样红》《天上为什么会打雷》等是采用了提问的方法;而高士其的《我们肚子里的食客》用的是比喻的方法。

另外,还有的科学小品如《不用电的冰箱》,它其实是介绍一种塑料做的气体"过滤器"。用这种"过滤器"作容器的盖子,容器内便只进氮气而不进氧气,因为容器内没有了氧气,所以放在容器里面的食品不会腐烂,这种"冰箱"当然不用电了。采用这样的标题,我们可以称之为"悬念法"。

2. 开头需精彩

开头对于所有文章来说都是重要的,科学小品也不例外。科学小品常见的开头方法有:开门见山式,如华罗庚的《统筹方法平话引子》的开头:"统筹方法,是一种为生产建设服务的数学方法";讲述故事式,如茅以升的《桥的运动》的开头,运用尾生守约的故事来说明桥的固定性,进而引出文章说明的中心内容——桥的小动、微动是分秒不停的,桥的运动就是桥的存在形式;提问式,如贾祖璋的《花儿为什么这样红》的开头:"春天,百花争艳,千红万紫,花儿为什么这样红?它那万紫千红的颜色是从哪里来的?"

科学小品的开头是十分灵活的,只要能唤起读者阅读兴趣的开头,就都是好的开头。

3. 条理要明晰

科学小品的写作,做到了结构清楚,条理明晰,才更易于读者的接受、理解。这就要求在说明科学事理时,要按照说明内容的逻辑顺序来安排结构。例如竺可桢的《向沙漠进军》就采用了层进式的结构方法:沙漠是人类最顽强的自然敌人之一(为什么要向沙漠进军)——培植防护林、植树种草,充分利用水源(怎样向沙漠进军)——我们向沙漠进军已经取得的成绩,我们一定能逐步改造、征服沙漠、造福人类(向沙漠进军的前途)。

在介绍说明事物的发展过程时,要按照时间的先后顺序安排结构。例如李四光的《人类的出现》就是这种结构方式。

说明对象本身如果是并列关系的内容,则应采取并列式结构,按照类别依次进行解说。例如杨宪益的《菊花》,文章分两大部分分别介绍了菊花的悠久发展历史和菊花的栽培方法。在第一部分中,先总说菊花由一个从野生植物变为观赏花卉的过程,然后详细介绍这一过程的悠久发展历史,最后则以概括这一发展过程的主要特点来总收。在第二部分中,先总说菊花栽培的几项主要工作,然后详细介绍进行这些工作的具体方式方法,最后则以介绍一种最新培植法来总收。全文结构完整,章法严谨,条理清晰。

(三)语言要通俗生动

通俗就是浅显易懂,大众化。写作科学小品的作者要尽可能地把一些专业术语转化为易于读者理解的词语,深入浅出,通俗易懂。例如,华罗庚的《统筹方法平话引子》,作者用简单的生活事例——泡茶喝,来说明一个复杂的科学道理——统筹方法,从而收到了化抽象为具体、化深奥难懂为浅显易懂的说明效果。

生动是指科学小品不能拘谨死板地板起面孔来说话,应该风趣、生动、活泼,富有吸引力。人们常常运用比喻、拟人等文学表现手法来增强科学小品的形象性、生动性。例如,高士其的科学小品《我们肚子里的食客》,文章用生动的比喻将细菌比作"食客",把人体比作"游行大饭店",然后又将人的口腔、胃、小肠、大肠分别比作"切菜间"、"厨房"、"小食堂"、"大食堂"等,把科学术语化为形象事物,使人们很容易理解。文章在写到细菌的外貌、表情动作、性格的时候,还大量运用了拟人手法,如"有的圆脸涂脂擦粉","有的留个辫子","有的满面胡须","有的摇头摆尾","有的挤眉弄眼","有的拍手踏足"……拟人手法的运用使肉眼看不见的细菌都仿佛活了起来,一个个都以其独特的姿态展现在读者的面前。优秀科学小品的语言都会呈现活泼生动、风趣幽默、富有表现力的特点。

第六节 商品广告

一、商品广告的概念与作用

（一）商品广告的概念

广告这个词是英文"Advertising"的译名，据考证，英文"Advertising"这个词来源于拉丁语——Adverture，它的原意是引人注意，带有通知、诱导、披露的意思。17世纪中后期英国开始了大规模的商业活动，广告一词因此得以流行。

在我国的古汉语中，没有"广告"这个词。约在20世纪初的前20年间，"广告"一词被翻译、引入我国。所以"广告"一词是个舶来品。

1918年6月初，由商务印书馆出版的《广告须知》大概是目前所知最早的一部广告著作。1918年10月，北京大学最早把广告作为教学和研究的一项内容。1927年，上海成立了"中华广告公会"，这是中国广告行业的最早组织。新中国成立以后，我国的广告事业经历了一个曲折发展的过程，1978年以后，才得到长足的发展。

广告可分为广义和狭义两种。广义的广告是指不以营利为目的的广告，它包括政府公告，社会各界的启示、声明，以及社会公共事业中的公益广告。狭义的广告是指以营利为目的，以推销商品为特点的广告。2018年修正的《中华人民共和国广告法》中有这样的表述："在中华人民共和国境内，商品经营者或者服务提供者通过一定的媒介和形式直接或者间接地介绍自己所推销的商品或者提供的服务的商业广告活动，适用本法。"这里对广告进行了界定，本书所说的商业广告是指狭义的广告。

（二）商品广告的作用

1. 传播商业信息

商品广告是传播信息的一种基本形式和重要手段。这是广告最基本的功能。在经济高度发达的今天，竞争愈来愈激烈，对于广告主来说，自己的产品、信息或者服务要为广大受众所接受，就必须得作广告，"酒香不怕巷子深"的时代已经过去了。

2. 指导受众消费

受众即广告所指向的接受对象，在广义上也指消费者。对于消费者来说，在当今信息爆炸的时代，同类产品琳琅满目，新的产品不断涌现，如何正确地选择与消费，十分重要。商品广告在提供给消费者有关信息的同时，也增加了消费者有关生活的新知识。这样既可以减少消费者误用商品的机会，又可以指导消费者如何以合理的价钱购得称心如意的商品。

3. 活跃市场,美化生活

广告的目的是使企业扩大销售,同时也让消费者获得必要的产品、信息、服务。通过广告活动,宣传商品、指导消费、诱发购买。产品大量地销售出去,就能加速生产、分配、交换、消费等循环过程,市场就会活跃起来。

广告通过艺术化形式传播信息,广告受众在接受广告的同时,也能得到艺术的享受,广告在美化生活方面起到一定的作用。例如,霓虹灯广告、橱窗广告、POP 广告等,不但能传递有关的商品信息,而且起到了装点城市、美化市容的作用,成为现代城市不可缺少的象征。

二、商品广告的分类

根据不同的标准,商品广告可以分成不同的种类。按广告的传播媒介来分,商品广告有以下几种:

(一) 印刷媒介物广告

印刷媒介物主要有报纸(如日报、周报、早报、晚报、综合报纸、专业报纸等)、杂志(如周刊、旬刊、半月刊、月刊、双月刊、季刊等)、图书(如工商名录、年鉴、日历、电话号簿、宣传小册子等)。利用印刷媒介物做广告有很多优点。例如报纸,它的信息容量大,拥有大量不同层次和类别的读者群,有利于在广泛的范围内传递各类信息。由于报纸造价低廉,制作简便,出版印刷周期相对较短,以及业已形成的高效率投递工作网络,能够使广告信息及时介入公众生活,所以报纸是很有影响的大众传播媒介之一。当然,网络时代传统报纸的影响力逐渐减弱。

(二) 电子媒介物广告

电子媒介物广告是指通过电讯器械和电讯技术向公众传播的广告。常用来做广告的电子媒介物有电影、广播、电视、网络等。电子传播媒介具有权威性高、感性色彩浓、传播速度快、形象生动、娱乐性强、影响范围广、公众接触程度高等特点。例如电视,它能够把文字、声音、音乐、图形融于艺术形式之中,构成一个声色兼备、视听结合的传播手段,通过视觉、听觉等全方位地表达企业和商品的形象,对公众具有较强的感染力。

(三) 户外媒介物广告

所谓户外媒介物广告是指利用霓虹灯、广告牌、路牌、旗帜、灯箱、车船、气球、市政公共建筑等传播渠道而发布的广告。户外传播媒介的优点是广告形象突出、主题鲜明、色彩鲜艳,容易给人们的感官系统以强烈的视觉刺激,让人一目了然,留下深刻印象。但是这种广告媒体受到场地的限制,没有流动性,辐射面较小,这是策划户外广告要注意的问题。

(四) 新型媒介物广告

随着科学技术的发展和媒介开发意识的增强,人们不断地探索采用新型科学技术成果和某些传统物体结合的广告宣传效用,例如电子媒介物中的网络广告。除此之外,近年来还出现了泛光广告、光纤广告、空中字幕广告、飞艇广告、带味广告、立体充气广告等。

三、商品广告的写作

(一) 标题

标题是广告的题目,它是商品广告写作中最重要的部分。广告大师奥格威说过:标题是决定读者是否读正文的关键所在,读标题的人平均是读正文的人的 5 倍,标题代表着为一则广告所花费用的 80%。因此可以说,标题是广告的生命。

1. 标题的类型

(1) 直接标题

直接标题是以简明的语言直接表明广告的内容。例如:

> 维维豆奶,欢乐开怀(维维豆奶)
>
> 海尔,真诚到永远(海尔电器广告)

(2) 间接标题

间接标题是指不直接出现所要推销的商品的内容,而是运用艺术的手法暗示或诱导读者,以引起读者的兴趣或好奇心理,从而进一步阅读广告正文。例如:

> 滴滴香浓,意犹未尽(雀巢咖啡)

(3) 复合标题

除了一个主标题外,还有一个或两个副标题;或者由一个或两个引题引出主标题,这种标题方式叫复合标题。例如:

> 小到一颗螺丝钉(主题)——四通的服务无微不至(副题)

复合标题能将直接和间接标题糅合在一起,各取所长,往往能收到很好的效果。

2. 标题的表现形式

广告标题的表现形式多种多样,可以说,有多少则广告就有多少表现形式。现举一些常见的形式说明如下：

（1）新闻、通告式

以新闻报道的方式，向消费者提供有关信息。例如：

> 这里是体育中心。（ESPN体育频道）

新闻、通告式的广告标题主要用于新产品的诞生、新的服务内容、新的工厂的建成、企业命名的更改等。值得注意的是，广告的内容一定要与事实情况相符合。

（2）悬念式

悬念式标题是把悬念巧设在标题里，读者由于好奇而被抓住注意力，从而获得一种特殊的效果。例如：

> 在弗斯特格兰特的背后有什么？（弗斯特格兰特食品）
>
> 这是一个奇迹。（施乐复印机）

（3）对比式

对比式标题通过不同类产品的比较，或者同一产品本身前后的对比，让人在对比中加深对广告的印象。例如：

> 不一样的公司，不一样的汽车。（福特汽车"土星"系列）

在平面广告中，标题的内容往往是和画面相呼应的，"你家的电表跑得还没有我快"是第七届广告节中的获奖作品，运用电表与蜗牛的对比，显示冰箱、空调的节省电力，形象生动，效果出奇。

（4）祈求式

祈求式是使用祈使语气说服受众采取某种行动的标题。例如：

> 用功读书时，灯光缺乏是最大忌讳，请保护你的眼睛。（台灯）

祈求式标题具有直接引发受众行为的感召性力量。

（5）问题式

问题式标题是向消费者提出问题，或反问，或征求解答。例如：

> 要学技术哪家强？中国山东找蓝翔！（山东蓝翔技校）

这种标题的特点是容易引起消费者的注意、共鸣,消费者进入一起思考、一起解决问题的心理状态时,广告的效果也就达到了。

在标题的写作中,要注意准确地表达商品的概念。标题的文字不要太长,一个标题的诉求内容基本是一个。标题要能吸引读者,就必须精心设计。

(二) 广告语

广告语又称广告口号、广告标语(Slogan 或 Tagline),它是为了加强受众对企业、商品或服务的印象,在广告中长期反复使用的一种简明扼要的口号性语言或文字,它基于长远的营销利益,向消费者传达一种长期不变的观念。

广告语的特点是相对稳定,轻易不变,并且朴素、中肯,力求简短易记。例如耐克运动鞋的广告语:just do it。(只管去做。)

广告语的写作类型一般有以下三种:

1. 企业、团体的广告语

企业、团体的广告语写作目的在于树立企业观念,增强企业形象或者反映企业、团体未来的目标、存在的价值等。这种广告语的诉求点一般是从大处着笔,显其精神。例如:

徐工徐工,助您成功!(徐工集团)

2. 促销活动的广告语

现在的促销活动已比以往的企业定期对各类商品、服务实行优惠折扣、赠券、抽奖等方式有更加丰富的内容。为了配合促销活动,需要精心写作广告语。例如:

五一大酬宾,给你好看的五"衣"。(服装商店)

3. 商品的广告语

商品的广告语根据商品的种类、特性的不同,千姿百态,不拘一格。例如:

众里寻他千百度,想要几度就几度。(伊莱克斯冰箱)

不管是哪一类的广告语,在写作上,一般都有以下几个要求:

(1) 构思巧妙

请看下面的广告语:

只溶在口,不溶在手。(m&m 巧克力)

（2）突出个性

在商品经济日益发达的今天，同类产品不断丰富，某一种商品要想很快为大众所接受，就必须突出其与众不同的个性。请看下面的广告语：

永远相信美好的事情即将发生。（小米手机）

小米手机作为手机市场上的后起之秀，能在十余年间从一个小品牌一跃成为移动电话市场举足轻重的品牌，与其创始人最初的理念是分不开的。事实证明，小米手机正是尊崇了这一理念，从产品开发到人才管理，真正体现了以人为本的理念，口号才喊得个性张扬，格外有力，充满了对于未来的憧憬信念。

（3）简明易记

广告语的目的是通过反复的宣传，使消费者留下对商品、劳务或企业的印象，因而简明易记是广告语写作的突出要求。请看：

味道好极了。（雀巢咖啡）

这可能是几十年来我们最熟悉的一句广告语，也是最喜欢的广告语之一。简单而又意味深远，朗朗上口。发自内心的感受可以脱口而出，正是其经典性之所在。以至于雀巢公司以重金在全球征集新广告语时，发现没有一句比这句更出色，所以就永久地保留了它。

从世界广告史上看，可口可乐的广告语很值得借鉴，请看：

1886　请喝可口可乐

1904　新鲜和美味　满意——就是可口可乐

1908　可口可乐，带来真诚

1922　口渴没有季节

1932　太阳下的冰凉

1939　只有可口可乐

1976　可乐加生活

1982　这就是可口可乐

1989　挡不住的感觉

1993　永远是可口可乐

1995　这是可口可乐

2000　可口可乐　节日"倍"添欢乐

2001　活出真精彩

2002　激情无限——可口可乐

2002　团结就是力量

2003　尽情尽畅,永远是可口可乐

2004　要爽由自己

2006　每一个回家的方向都有可口可乐

2009　"Open Happiness"(畅爽开怀)

2010　你想和谁分享新年的第一瓶可口可乐

2011　可口可乐　爽动美味

2013　可口可乐　开启快乐

2015　团圆年味　就是要可口可乐

2016　"品味感觉"(Taste the Feeling)

作为全球最知名品牌,可口可乐的广告语构思精巧有个性,通俗易记有品位,围绕着品牌形象设计广告语,同中有异,富于变化。

(三) 正文

广告正文的写作,根据媒体的不同,写作的要求也不同。我们以电视广告文稿为例,来看一看广告文案正文的写作。请看耐克公司的一篇经典广告文案:

我,不要一刻钟的名声。
我要一种生活。
我不愿成为摄像头中引人注目的焦点,
我要一种事业。
我不想抓住所有我能拥有的,
我想挑选最好的。
我不想出售一个公司,
我想创建一个。
我不想和一个模特去约会。
OK,那么我确想和一位模特儿去约会。
控告我吗!
但是我剩余的目标是长期的。

那是一天天做出决定的结果,

我要保持稳定,

我持续不断地重新解释诺言。

沿着这条路一定会有瞬间的辉煌。

总之,我就是我。

但这一刻,

还有更伟大的,

杰出的纪录,

厅里的装饰。

我的名字在三明治上。

一个家庭就是一个队。

我将不再遗憾地回顾。

我会始终信奉理想。

我希望被记住,不是被回忆,

并且我希望与众不同。

Just do it!

最好的文案往往要么具有高度的视觉想象力,要么通过讲述一个激励性的故事彰显一种向上的意识。这篇广告文案的特点,是选取了一个消费者的角度,通过对团队意识的诠释,宣扬了耐克公司的理念,突出了产品与众不同的风格。

这篇广告文的特点,首先是创意的视觉化。最好的文案常常具有高度的视觉想象力。电视广告正文写作创意一定要视觉化。所谓视觉化是指形成创意的具体形象,使其以物理性的形象出现。换言之,用词语以外的方法促使创意视觉化,无论是什么商品,视觉化都有无数的方法。

其次是语言的形象性。电视广告语言是一种综合语言,它包括画面语言、文学语言和音乐语言。完整的电视脚本的写作,应该是三种语言都有具体的表现。这里我们讨论的只是其中的文学语言。所谓电视广告语言的形象性,是指要惟妙惟肖地再现事物的形象,使消费者如见其人、如闻其声、如触其物、如临其境。语言形象才会生动,语言生动才会感人。

(四) 落款

落款是在广告的正文之后,对那些需要购买商品或要进一步了解商品的消费者提供的进一步信息,一般包括通讯地址、联系方法、商品的购买方式和价格等。根据使用媒体的不同,落款的表达方式也不尽相同,需要灵活掌握。

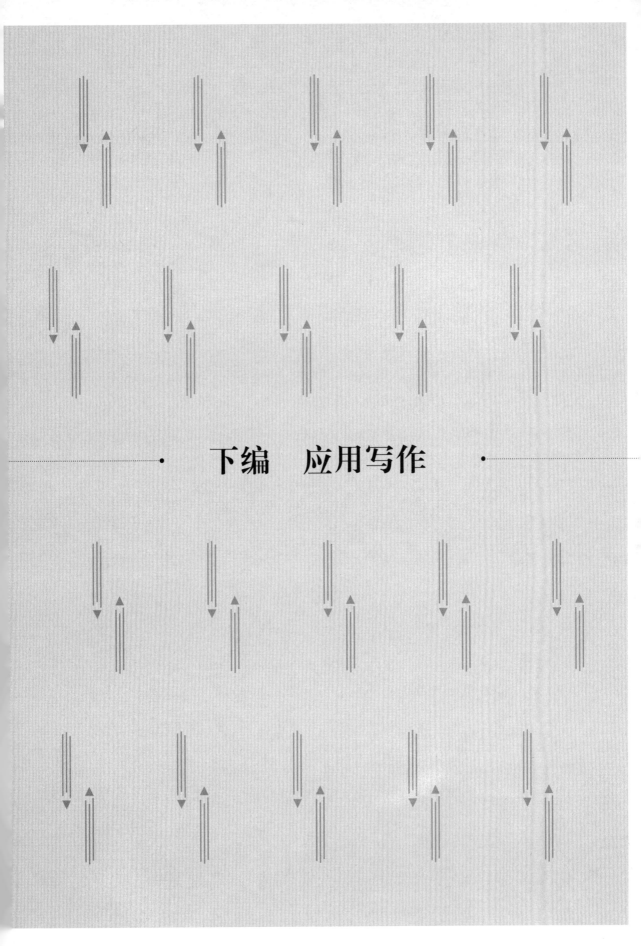

下编 应用写作

第五章
应用写作概述

第一节 应用写作的性质和特点

一、应用写作的性质

应用写作是机关、企事业单位、社会团体、个人在日常工作、学习和生活中,因处理公私事务需要而进行的一种具有实用性质的特定写作活动。应用写作产生于社会生活的实际需要,并直接为这种需要服务。

作为写作活动的一种,应用写作与其他类型的写作有相通之处,但也有显著的差别,这种差别主要表现在:第一,从文章的功用来考察,应用写作从产生到发展都是以应用为目的,或用于处理公务,或用于处理个人事务,这使它区别于以审美为主要功能的文学作品。第二,从文章的外在形式来考察,应用文体较之其他文体有着更为严格的写作样式,语言文字也有约定俗成的规范,通常要求简明扼要,通俗易懂。

应用写作的成果,便是应用文。从使用范围来分,应用文可以分为公务应用文与私务应用文两类。公务应用文是机关、企事业单位、社会团体用于处理公务的,如公文、工作总结、调查报告、简报、规章制度等;私务应用文是个人在日常工作、学习和生活中使用的文书,如书信、请柬、聘书、诉状等。

应用写作有着漫长的发展历史,从人类社会产生文字后,就开始了应用写作。三千多年前殷商时期的甲骨文中就有天时、年成、祭祀、王事等方面的记载,涉及生产、生活、政治和军事的诸多方面。到了西周时期,青铜器上的铭文,不但有公牍文件,还有记载私人物资交换的契约。《尚书》是我国第一部以应用文为主体的散文总集,其内容是记载虞、夏、商、周四代的一些政府文告、誓词等公务文书,体制则有典、谟、训、告、誓、命等。此后,经过秦汉时期,魏晋六朝时期,唐宋时期及元明清时期的逐步发展,应用文越来越成熟,种类更加丰富,体制更加完整,关于应用写作的理论也日趋完善。辛亥革命以后,民国政府废除了传统的旧式公文,如诏、奏、议、表等,建立了以白话文为中心的现代公文。1912年,南京临时政府制订的《公文程式》中,其主要公文类型包括令、布告、状、咨、公函、呈、批等。中华人民共和国成立后,也建立了自己的公文系统,并进行了多次改革,根据2012年印发的《党政机关公文处理工作条例》,目前通行的公文种类是15种,包括决议、决定、命令(令)、公报、公告、通告、意见、通知、通报、报告、请示、批复、议案、函、纪要。

当代应用文,与以前的传统应用文相比,具有了一些新的特点。首先是语言上的改变,废除文言,采用白话,这一语体形式上的变化,使应用文更贴近生活,贴近百姓。其次是占主流地位的应用文种的转变,在传统应用文中,礼仪类应用文占主流地位,品种多,数量大,而在现代应用文中,反映整个国家与地区的经济文化生活的文体大量产生,传统礼仪类文体日益减少与淡化。随着社会的进一步发展,当代应用文在这两点上也将表现得更为突出。

二、应用写作的特点

(一) 实用性

实用性是应用写作最主要的特点,也是它区别于文学写作的一个根本所在。文学写作给读者带来的是一种审美的享受,它对生活的参与是间接的,或者说,它一般很难立即解决现实生活中的实际问题。而应用写作就产生于社会生活的实际需要,为解决实际问题而写的,有十分明确的实用性。也因此它能够直接参与社会组织的管理、指导、协调和规范,能直接促进各种问题的解决和各项工作的开展。所以在应用写作中,应从实际需要出发,为事造文,避免写那些内容空洞、不解决任何实际问题的文章。

(二) 真实性

文学创作允许虚构,文学作品中的人与事不必一定在生活中找到原型,但应用写作却要求一定得真实,其中所涉及的人与事,必须确有其人其事,细节上也不能有出入,否则,不仅不能解决现实生活中的实际问题,还会造成重大的破坏性影响。

应用写作的真实性,要求全部事实材料必须符合客观实际,确凿无误,不能有任何夸大或缩小,更不能有弄虚作假或无中生有。所引用的资料文献、政策法规等,必须认真核对,不允许有任何出入。所涉及的人物、事件、时间、地点、数据等要绝对准确,不允许失真。此外,真实性还应包括文章的观点结论真实可靠,反映客观事物本质,而不是作者的主观臆断。

(三) 规范性

应用写作在格式上讲求规范性。每一种应用文体都有其相对稳定的格式,这种格式或是约定俗成的,或是由国家有关部门统一规定的,是在实际使用过程中逐步形成的,为大家所共同遵守。行政公文的格式则是根据《党政机关公文处理工作条例》的统一规定,该工作条例对各种公文的处理都有明确的规定,连公文用纸的大小和装订都有统一的格式。而司法文书等文体的格式,则往往是由国家或地区的最高法律机关、权威部门统一规定的。

应用文体有了统一的格式,可便于写作、阅读、承办、归卷及查询,所以,格式的规范性也是其实用性的保证。同时,格式的规范性在一定程度上还可维护公文的权威性和严肃性,从而使之能更好地贯彻和执行。当然,公文的格式也不是一成不变的,但通常这种变化必须以社会公认为前提，也有其规范性。

(四) 时限性

应用文的目的是要解决实际问题，因此就一定要讲求时效，而不能像文学创作那样，精雕细琢，十年磨一剑。所以，应用写作要求作者在一定时间内完成写作任务，不允许拖拉。如一些紧急指示，一定要在规定的时限内写出，超过时限，这个指示就不能发挥应有的作用。在商务谈判完成后，要及时签订协议书或合同，否则，经济活动就无法进行。因此，为使问题在一定时间内解决，应用文就必须在一定时间内写成，否则就会错过时机，贻误工作。

第二节 学习应用写作的要求

一、加强政治修养，提高思想和政策理解水平

应用写作的思想性、理论性、政策性非常强，因此就要求作者须加强自己的政治理论修养，不断地提高思想和政策理解水平。只有较深刻、全面地理解和掌握了国家的路线、方针和政策，才能撰写出具有较高质量的应用文，更好地符合工作的实际需要，更正确快捷地解决实际问题。如行政公文、诉讼应用文、经济应用文等，都是党和国家方针、政策的体现，它要求作者必须具有较高的思想理论修养和政策理解水平，坚决防止在自己撰写的文稿中出现政策性方面的差错。作者的思想理论水平和政策理解水平愈高，则认识和分析问题、理解和执行政策的能力就愈强，写出来的文章才更可能具有科学性、创新性和指导性，更有效地解决实际问题。

二、深入调查研究，理论联系实际

应用文是为了解决工作中、生活中的实际问题而撰写的，而要解决实际问题，必须首先进行深入的调查研究，只有在调查研究的基础上，才可能得出正确的认识和科学的解决办法。调查研究是理论联系实际的重要方法之一，也是从事应用写作的一项基本功。

应用文是用来传达、贯彻、落实党的路线、方针和政策，使各级机关的工作协调一致、运转自如的一种重要工具，调查研究工作做得是否充分，常常决定了应用文写作的成败。因此，应用写作需要作者在动笔撰稿以前，围绕写作的中心问题，充分掌握真实情况，深入实际并进行周密的调查研究，在此基础上再进行科学的分析，才能取得正确的认识，安排可行路径和方法，然后切实有效地解决问题。同时，坚持调查研究也是防止主观主义、官僚主义、形式主义，防止错误和偏差的重要方法。

所以，如果说加强政治理论修养，提高思想和政策理解水平是为应用写作提供了一个理论基础的话，那么深入调查研究则提供了应用写作的一个实践基础，只有理论联系实际，才

能写出符合工作实际需要的应用文。

三、加强写作基础训练,反复练笔,提高语言表达能力

应用写作虽有自身的特点与格式,但又必须遵守一般文章写作的规律,如果不掌握一些写作基础知识,就失去了写好应用文的根本。因此,要提高应用写作能力,必须加强写作的基础训练,如综合运用语文知识中的语法、逻辑、修辞知识等,进行立意、选材、布局、谋篇等具体技能的训练。

在具备了写作基础知识的条件下,还必须联系实际,反复练笔,才能真正学好应用写作。只有在练习中,一些写作的基础知识才能真正转化为能力,各种文体的写作格式也只有在写作实践中才能被深刻地理解和领会。

在加强写作的基础训练和反复练笔的同时,还可大量阅读古今中外那些经典性的文章,这对提高应用写作中的语言表达能力会有很大的帮助。阅读是提高写作能力的一个基本手段,对应用写作也不例外。总之,要想提高应用写作水平,平时的多读、多练是必不可少的。

第三节 应用写作的语言特点

一、准确

应用写作是一种实用写作,是为了解决社会生活中的各种实际问题而写的,因此对语言准确性的要求特别高。文学作品可以写得含蓄、隐晦、朦胧,让读者思索、体会,产生不同的理解或联想,而应用写作的语言却必须确切、明白,决不能含糊其词、模棱两可,让读者产生不同的理解或解释,要准确、明白地表达文章所要叙述的内容。

要做到语言准确,首先要认真辨析词义,尤其要认真区分同义词、近义词在适用范围、词义轻重、搭配功能、风格特征等方面的细微差别。其次,应用写作在下判断时,要十分讲究分寸感。譬如在写报告时,在某段时间取得的成绩,是"很大"、"较大"还是"一些",都要再三斟酌,力求准确地反映实际情况。同时,要做到语言准确,还要注意词语的感情色彩,不仅要善于掌握词语的褒贬意义,还要注意揣摩褒贬意味的浓淡。如"死"、"去世"、"逝世",三个词语意义相同,但在使用的时候差别较大。此外,做到语言准确,还要注意概念、判断、推理要准确无误,逻辑不能混乱。

二、简明

应用文的语言要做到简洁、明白。应用写作立足于实用,因此要讲究表情达意的简洁明了,干净利落,要用最精简的语言表达文章的内容。

要做到简明,首先要精简文意,压缩篇幅。写作时应突出重点,分清主次,不平均使用笔墨;同时,要合理安排层次,避免不必要的重复。其次,表情达意要开门见山,直陈其事。并且,应去除那些与主要内容无关的套话。再次,可恰当地使用专业术语和某些程式性的语言。如,可使用一些相对固定的习惯用语,"此复"、"函告"、"经报"、"尚需"等;此外,还可使用富有概括力的成语或熟语,这也有助于语言的简明表达;有些应用文体还大量地使用成分共用句,把若干个相关的意思凝聚在一个句子里,使句子的结构紧凑,语言简洁。

但应用文体的这种简明是文约事丰,言简意明,而不是简单草率,内容空洞,因此要以不妨碍内容的表达为前提。在此基础上对文章进行压缩,而不能因过分省略导致意思含糊不清,影响理解。

三、质朴

应用文体是为了解决实际问题而写的,内容要求真实可靠,语言必须平直朴实。文学写作的语言可以绚丽斑斓,但应用写作的语言要求平实质朴,如实地反映事物的原貌,通常是基本不用或少用形容词、修饰语,以及双关、反语、暗示等修辞手法,一般不必运用描写、抒情等表现手法,不用深奥孤僻的词语,而是力求使用明白易懂的普通词语。

要使应用文体的语言做到平易朴实,首先应注意不卖弄文字技巧,不使用过分华丽的辞藻,避免哗众取宠之嫌;其次,除少数文体外,一般不轻易使用拟人、幽默、双关、讽刺、夸张等修辞手法;再次,不刻意修饰,恰当使用修饰语和限制语。

当然,质朴的语言也并不意味着就是干巴巴的、枯燥无味的语言。质朴的词用得恰当,也能产生很好的语言效果。这正如老舍先生曾经说过的:"字没有高低贵贱之分,全看用得恰当与否。连着用几个'伟大',并不足以使文章伟大。一个很俗的字,正如一个很雅的字,用在恰当的地方便起好作用。"(老舍《学生腔》)此外,有些应用文体,如书信的语言,还有着情真意切的感人韵味。

四、规范得体

规范性是指应用文体的语言具有标准性和统一性。应用文体中有很多是用于处理公务的,如果表述方法不一致,会给实际工作带来麻烦,使文章难以发挥作用。规范性具体表现为:语体规范,即运用规范的现代汉语书面语言写作;用语规范,如公文、诉讼应用文、科技应用文等,都有一套专用的词语和句式,在长期的实践中形成规范,为人们所普遍沿用。

应用文体一般都有特定的读者对象,因此语言还要讲究得体。也就是说,语言的运用要与行文的目的、对象和谐一致。如给上级的公文,用语要尊敬;给下级的公文,用语要平和;给平级单位的公文,用语要谦虚。公告、通告一类公文,需登报或张贴,语言要深入浅出。如需广播或当众宣读的公告、命令等,则语言应庄重流畅,便于朗读。再如书信的用语,对长辈要体现尊重,对晚辈要体现关爱;对文化程度高的对象可典雅一些,对文化程度偏低的对象则应浅显一些。总的来说,要注意区别不同的对象和环境,准确把握,做到恰如其分,恰到好处。

第四节 应用写作的表达方式

一、叙述

(一)叙述的作用

叙述在应用文体中的作用是介绍事件的基本情况,或介绍事件发生、发展与变化的过程,介绍人物的经历和事迹,介绍问题的来龙去脉等。

(二)叙述的人称和方式

在应用写作中,叙述常使用第一人称("我"、"我们")和第三人称("他"、"他们")。使用第一人称,系指作者本人,或作者所代表的群体、单位,如在书信、请示、报告、总结等文体的写作中,多用第一人称。有时为简要起见,常使用无主句。在调查报告、纪要等文体的写作中,为了表明作者立场的客观公正、传播信息的真实可信,常使用第三人称写作。

就叙述方式来说,在应用写作中,较多使用顺叙。如在记叙事件的发展过程,或介绍单位的基本情况时,一般都是按时间的先后为序来叙述,即使用顺叙,而几乎不用其他的叙述方式。这是因为应用文重在实用,在叙事上只要客观、直接地把人和事介绍清楚即可,不求曲折生动,故多采用直接的笔法。

就叙述的性质来说,在应用文体中较常采用概述的方式来交代事实、介绍情况,如通报、报告、总结等。详述的方式多用于科技应用文中介绍实验方法、生产工艺,旨在便于读者能通过重复实验等验证其研究成果。

(三)叙述的要求

应用写作中的叙述,与一般文章(尤其是文学作品)中的叙述相比,有较大的区别。文学作品中的叙述,往往具体、细腻,详尽,并常与描写相结合,给读者以如见其人、如临其境的感受。而应用写作中的叙述,则要求简明扼要,真实准确。并且,应用写作中的叙述多为概述,它不必对所叙人物进行细节刻画,不必对所述环境细致描摹,而只要简要地叙述事实本身即可。有时,应用写作的叙述可能涉及多个人、多件事,但也只根据写作目的的需要,只叙述人和事的某一方面,就事论事,不求面面俱到。

因应用文体立足于实用,因此在叙述时还要做到客观、完整、线索清楚。叙述的客观是指要求反映事物真实、准确,不带作者的主观感情色彩;叙述的完整是指在叙述事物发生、发展的过程时,通常必须把何人、何事、何时、何地、何因、何果一一交代清楚;叙述线索是作者在叙述人物经历或事件发生、发展过程中所形成的脉络,可以是时间的发展、空间的转换,或作者思想感情的变化等,但不管是以何为线索,都要求清楚、明白。

二、说明

(一)说明的作用

说明在应用文体中使用广泛,如经济文体、科技文体、诉讼文体、行政公文等常借助说明的方法来解释事物,剖析事理。

(二)说明的方法和要求

说明的方法有多种,如定义说明、解释说明、分类说明、比较说明、引用说明、数字说明、图表说明、举例说明、比喻说明等,在应用写作的过程中,应根据实际需要选择合适的类型。

在应用写作过程中,使用说明的要求首先是在说明时应注意内容的科学性,即要准确地揭示事物的本质特征及其发展变化的规律,不允许有差错或出入。这也就是要求使用的概念须准确,材料须准确,表述也须准确。其次,要注意表达的客观性,即尊重客观存在,准确真实地反映客观事物的本来面貌,既不夸大,也不缩小。这要求在说明时不带入个人主观情感因素,以免主观性掩盖了对象的客观性。

三、议论

(一)议论的作用

在应用写作中,议论使用也较普遍。通报、总结等文体中,常在叙述事实、说明情况的基础上,辅以适当的议论,以表明对人物、事件、问题的认识和评价。决议、纪要等公文,也常运用议论来阐明党和国家的方针政策,以使文件被更好地理解和贯彻执行。

(二)议论的基本形式和应用写作中议论的特点

议论的基本形式有立论和驳论两种。应用写作中的议论,与一般议论文中的议论有明显的区别。在一般议论文中,议论是最主要的表现方法,贯穿全文的始终。但在应用写作中,一般来说,最主要的表述方法是叙述和说明,议论属于从属地位,通常只在叙述、说明的基础上进行。并且,应用写作中的议论,一般也不需作长篇大论,也不一定要具备论点、论据、论证这样一个完整的议论过程,通常只是在需要议论的地方,采取夹叙夹议的方法,点到即止,切忌枝蔓冗余。

第六章 公文文体

第一节 公文文体概述

公文,即公务文书的简称,是指国家党政机关、社会团体及企事业单位在处理公务过程中所形成的体式完整、内容系统并有严格处理程序的书面材料。

在整个公文系统中,行政机关公文最具普遍性、典型性和规范性。行政机关公文的处理办法,可以作为其他各企业、事业单位、人民团体有关公文处理的参照执行标准。鉴于此,本章将以行政机关公文为例,阐述公文的特点、作用、种类、格式、行文规则与语言运用等问题。

行政机关的公文,是行政机关在行政管理过程中所形成的具有法定效力和规范体式的公务文书,是传达贯彻党和国家的方针、政策,发布行政法规和规章,施行行政措施,请示和答复问题,指导、布置和商洽工作,报告情况、交流经验的重要工具。

一、公文的特点

公文作为传达和贯彻党和国家的政令政策,及各部门之间处理公务、协调工作的重要工具,同其他类型的文体相比,具有自身鲜明的特点。

(一)作者和读者的法定性

公文的作者是法定的,与一般意义上的作者不同。公文的作者是依照法律规定成立并能以自己的名义行使法定的职权、承担义务的组织,如国家各级行政机关,依照有关的条例、章程、决定并经过批准组建的人民团体、企事业单位等。因此,首先,在机关内部从事公文撰拟的文秘或其他相关人员,没有权力签发公布文件,也不能成为公文的作者;其次,在特殊情况下,以机关领导人名义签署发布的公文,并不代表领导人个人,而是代表法定机关,体现法定机关的职权和集体意图;此外,任何个人不允许假冒机关的名义,制发公文。

公文的读者对象也是法定的。一方面,公文的读者是法定的主送机关、抄送机关,具体明确。有的公文还规定了阅读范围和传达范围以及能否翻印或在报刊上刊载。另一方面,法定的读者有责任对公文进行认真阅读、研究,并贯彻执行。

(二)内容的权威性和效力的法定性

公文代表了发文机关的职权和意图,因而在内容上具有权威性,在效力上具有法定性。

这种权威性和法定性主要来自两个方面,一是发文机关是根据法律规定成立并能以自己的名义行使法定的职权、承担义务的组织,因此,在它的职权范围内,发文机关有权领导、指挥各项公务活动。二是公文本身的内容所具有的权威和效力。首先,公文内容常涉及国家机关的方针政策、重大部署、重要决策以及行政举措和办法等,因而具有法律的强制力;其次,公文内容还体现了发文机关的意图,承担着实现这种意图的使命,因而在法定职权范围内,对受文机关或个人具有一定的约束力。

因此,公文一经签发公布,在它所涉及的范围内就具有不可动摇的权威性和严格的约束力。国家领导机关和各级机关发布的公文,下级机关、各级有关部门都要严格遵守和认真执行;下级机关向上级机关行文报告请示问题,上级机关必须认真研究给予明确的答复;平行机关和不相隶属机关间往来的公文,除明显的告知性公文外,大都具有一定的制约性,机关间都要相互负责。

(三) 体式的规范性

公文体式的规范性包括"体"和"式"两个方面,"体"指文体,"式"指格式。关于公文的文体和格式,国家都有严格的规定。

关于公文的文体,根据中共中央办公厅和国务院办公厅的最新规定,目前我国通行的党政公文文体共有 15 种。每一种文体都有其特定的适用范围和使用格式,必须严格遵守,不能混用。公文的格式也有明确规定,公文一般由版头、主体和版记三部分组成,每一部分的书写样式及详细构成,也都有严格的规定,不能任意更改。除此之外,国家对公文的行文关系、制发过程和标印格式等,也有一系列的规定。

公文体式的规范性,一方面体现了公文的权威性和严肃性,使它能更好地发挥工具作用;另一方面也是提高办事效率,实现办公科学化、自动化的重要手段之一。

二、公文的作用

公文是公务活动中最主要的工具,在具体实践中,它具有以下基本作用:

(一) 领导与指导作用

公文是上级机关对下级机关领导与指导的一种工具。行政领导机关常常通过下发公文向下级机关传达党和国家的方针、政策,贯彻领导意图,或根据党和国家的方针、政策,运用公文这一工具,有针对性地解决实际工作中的问题,履行领导职责,这样的公文都具有领导作用;有些领导机关下达的公文,或转发的通知等,对下级机关的行政事务和业务进行具体指导,有时则对所提出的意见、办法,只要求下级机关"参照执行",这样的公文都具有指导作用。

（二）规范和准绳作用

国家领导机关和各级权力机关发布法律、法令、行政法规和规章，有相当一部分是通过行政机关公文发布施行。法规性公文一经发布施行，便在其有效的范围内成为各项行动、工作或活动的规范和准绳，必须遵守执行，不得违反。这些公文在未作修订和废止前，始终有效，具有一定的强制性和行政约束力，对有关行政工作和活动起法规性制约作用。此外，行政领导机关、企事业单位、社会团体下发的公文，有许多是要求下级机关、所属部门和有关人员遵照执行的，同样也具有规范和准绳作用。

（三）宣传和教育作用

公文的重要作用之一是传达贯彻党和国家的方针、政策，发布行政法规和规章等，这使它本身带有很强的法规性、方针政策性和领导指导性，对提高广大干部、群众的认识，统一思想，起着直接的、明显的作用。此外，公文中的通报、决定等文种，经常表彰、嘉奖先进模范人物，批评、惩处犯错误的人，这对广大干部与群众也起了教育作用。同时，由于公文本身所具有的严肃性和权威性，使它较之新闻媒体等的宣传教育更具特定的效力。

（四）联系和沟通作用

国家权力机关和行政机关以及人民团体在进行工作时，用公文将上级机关的决定、指示、要求等传达给下级机关，下级机关用报告、请示等文种，将情况、问题和意见反馈给上级机关，平行机关之间或不相隶属的机关有事商洽或委托代办，也互用公文进行联系。这样，通过公文的相互呈递，起到联系和沟通的作用，使上情迅速下达，下情及时上传，同时也使各机关之间可以传递信息，知照情况，商洽工作，协调关系，正常而有序地开展工作。

（五）依据和凭证作用

每份公文都体现了制发机关的意图，收文机关要以此为根据贯彻执行或处理工作，这便是公文的依据作用。同时，各级机关的公文又都是本机关实际工作的凭证。因为许多公文真实记载了曾进行过的公务联系，如纪要、决定、函等，当时过境迁而因工作需要又要核查时，公文便可起到凭证作用。除此之外，任何一件公文在处理完毕后都必须归档存查，所以它又是公务活动的历史资料。这些历史资料对此后的机关工作人员具有参考价值，对历史研究人员则具有一定的史料价值。

三、公文的分类和种类

根据以下六种不同的标准，可以对公文进行分类。

(一) 行文关系

根据行文关系,即发文单位与收文单位之间的组织关系与职权范围,可以将公文划分为上行文、平行文、下行文三类。上行文是下级机关向上级机关报送的公文,包括请示、报告等文种。平行文是同级机关或不相隶属的机关之间往来联系的公文,主要是函,也包括一些通知、通告、纪要。下行文是上级机关向下级机关下达的公文,如命令、决定、通知、通报、批复等。

(二) 性质和作用

根据公文的性质和作用,可以将公文分为指令性公文、报请性公文、知照性公文、记录性公文四类。

指令性公文是上级机关制发的对下级机关进行组织、指挥、协调和管理的公文。主要有命令(令)、决定、通知、批复等。

报请性公文是下级机关向上级机关汇报工作、反映情况、提出建议、请求指示或批准的公文。主要有报告、请示等。

知照性公文是向有关方面告知情况、关照事宜或机关之间联系工作、沟通信息的公文。主要有公告、通告、通知、通报、函等。

记录性公文是用以记载公务活动、归纳会议精神、议定事项等情况的公文。主要有纪要等。

但这种划分不是绝对的,有的公文就兼有两种以上的性质和作用,如通知既有知照性又有指令性。

(三) 收发关系

根据公文收发关系的不同,可以将公文分为收来公文、外发公文、内部公文三类。收来公文(收文)是指本机关收进外部机关制发的公文,包括上级机关、下级机关、同级机关和不相隶属机关的各种来文。外发公文(发文)是指本机关撰制向外部机关发送的公文。内部公文指本机关制发并在本机关内部使用的公文。

(四) 机密情况

根据公文的机密情况,可以把它分为秘密公文与普通公文两类。秘密公文(密件)是指内容涉及党和国家安全,需要限制阅读范围的重要公文。按照涉及机密程度的不同,又可分为绝密、机密、秘密三个等级。根据《中华人民共和国保守国家秘密法》的规定,绝密公文(绝密件)指涉及最重要的国家秘密,泄露会使国家的安全和利益遭受特别严重损害的公文;机密公文(机密件)指涉及重要的国家秘密,泄露会使国家的安全和利益遭受严重损害的公文;秘密公文(秘密件)指涉及一般的国家秘密,泄露会使国家的安全和利益遭受损害的公文;普通公文(普通件)指不涉及国家秘密,没有保密要求的公文。

(五) 送达和办理的时间要求

根据公文送达和办理的时间要求的不同，可将公文分为紧急公文和常规公文两类。紧急公文指在送达和办理时间上有特殊要求的公文。按照紧急程度的不同，又分为特急公文（特急件）和急办公文（急办件）。常规公文（平件）指在送达和办理时间上没有特殊要求，按一般常规办理的公文。

(六) 使用范围

根据使用范围，可将公文分为通用和专用两类。通用公文指的是党和国家、企事业单位普遍使用的公文。专用公文是指在一定的业务部门和一定的业务范围内根据某些特殊需要而习惯使用的公文，如外交文书、司法文书、军事文书等。

但要记住，公文的分类不等于公文的种类。公文的种类是由国家统一规定的。根据中共中央办公厅和国务院办公厅 2012 年 4 月 16 日联合发布的《党政机关公文处理工作条例》（以下简称《条例》）的规定，我国大陆地区党政公文共分为 15 种：

决议、决定、命令（令）、公报、公告、通告、意见、通知、通报、报告、请示、批复、议案、函、纪要。

决议：适用于会议讨论通过的重大决策事项。

决定：适用于对重要事项作出决策和部署、奖惩有关单位和人员、变更或者撤销下级机关不适当的决定事项。

命令（令）：适用于公布行政法规和规章、宣布施行重大强制性措施、批准授予和晋升衔级、嘉奖有关单位和人员。

公报：适用于公布重要决定或者重大事项。

公告：适用于向国内外宣布重要事项或者法定事项。

通告：适用于在一定范围内公布应当遵守或者周知的事项。

意见：适用于对重要问题提出见解和处理办法。

通知：适用于发布、传达要求下级机关执行和有关单位周知或者执行的事项，批转、转发公文。

通报：适用于表彰先进、批评错误、传达重要精神和告知重要情况。

报告：适用于向上级机关汇报工作、反映情况，回复上级机关的询问。

请示：适用于向上级机关请求指示、批准。

批复：适用于答复下级机关请示事项。

议案：适用于各级人民政府按照法律程序向同级人民代表大会或者人民代表大会常务委员会提请审议事项。

函：适用于不相隶属机关之间商洽工作、询问和答复问题、请求批准和答复审批事项。

纪要：适用于记载会议主要情况和议定事项。

四、公文的格式

公文有特定的格式,这是公文区别于其他文体的标志之一。2012年,中华人民共和国国家标准《党政机关公文格式》发布,该标准规定了机关公文通用的纸张尺寸、规格、书写形式和公文各组成部分的排列顺序、区域划分、字体字号等。同时,《条例》的第三章也对公文的格式作了规定:公文一般由份号、密级和保密期限、紧急程度、发文机关标志、发文字号、签发人、标题、主送机关、正文、附件说明、发文机关署名、成文日期、印章、附注、附件、抄送机关、印发机关和印发日期、页码等组成。

现以上述两份文件为依据,对公文的书面格式作些具体说明。为了叙述的方便,我们把公文的格式分为版头部分、主体部分、版记部分和用纸、印装格式四个部分分别加以说明。

(一) 版头部分

版头部分位于公文首页上端,约占全页三分之一地位,由发文机关标志、发文字号、秘密等级、紧急程度、签发人、公文份号等项目组成。

1. 发文机关标志

由发文机关全称或规范化简称后加"文件"二字组成,如"国务院办公厅文件"。其位置居中,一般用红色大号字体印成。若是几个机关联合行文,应将主办机关排列在前。文件版头的作用在于表明公文的作者归属,显示公文的权威性与庄重性。

2. 发文字号

一般由年份、序号组成。如"国办发〔2019〕11号",其中"〔2019〕"是年份,"11号"是本年度发文的顺序号。顺序号自每年发文第一件起按发出时间先后顺序排列。发文字号位于文件版头的正下方。发文字号的作用是为检索和引用公文提供专指性代号,便于对公文进行统计和管理。

3. 秘密等级

亦称密级。分为绝密、机密、秘密三种,标注于版头的左上方。公文密级的确定和解密,要按国家的有关规定办理。

4. 紧急程度

是公文送抄和办理时间的限度。分"特急"、"急件"两种,标注于版头的左上方。也有的公文,直接在标题中标注"紧急"字样,如《×××关于××××的紧急通知》。如果一份公文既是密件又是急件,则紧急程度应标于秘密等级之上。紧急公文电报,分为"特急"、"加急"、"平急"三种,在电文首页稿头中注明。

5. 签发人

指核准并签发公文的发文机关负责人,用于上行文,标注于发文字号右侧。其作用在于表明机关发文的具体责任者,督导各级领导认真履行职责,提高公文质量。

6. 公文份号

指对根据同一件定稿印刷的若干份公文依次编写的顺序代码。标注在文件首页左上端。尤其是绝密、机密公文,应当标注份号。

(二) 主体部分

主体部分包括标题、主送机关、正文、附件说明、发文机关署名、成文日期、印章或签署、附注等。

1. 标题

公文标题应概括地揭示出文件的主要内容,一般由发文机关名称、事由加文种三个部分组成。其中事由部分常用"关于"引起,组成一个介词结构。如《国务院关于成立经济贸易办公室的通知》,其中,"国务院"为发文机关,"关于成立经济贸易办公室"为事由,"通知"为文种。有时标题可以省略,省略有三种情况:一是省略发文机关名称,仅由事由与文种组成,如《关于调整2019年审计项目计划的请示》;二是省略事由,如《中华人民共和国国务院令》、《中国人民银行公告》;三是省略发文机关名称与事由,只有文种名称,如《通知》、《通告》等。标题中除法规、规章名称加书名号外,一般不用标点符号。标题位于文头部分黑线以下两行正中,字体稍大。

2. 主送机关

即公文的受文机关,其对公文负主办或答复责任。主送机关要写全称、规范化简称或统称。其位置在标题之下和正文之间,靠左顶格书写。如主送机关不止一个,应按其性质、级别或惯例依次排列,以顿号隔开。在上行文中,一般只写一个主送机关,不要多头主送,以使公文得到及时处理。在下行文中,除普发性公文外,一般也只写一个主送机关。有些公文,如公告、通告、纪要等,不写主送机关。

3. 正文

是公文的主体部分,也是公文结构的核心部分。正文位于主送机关之下,书写时,每段开头一行应空两字的位置。

正文一般包括开头、主体和结尾三部分。除简短的公文外,正文的开头都要提发文的目的或根据。如系复文,开头要提出对方来文日期、文号、事由及文种。主体部分是内容事项,如果是向上级机关请求或要求批准的,必须说明情况和理由,提出具体要求;如果是平行机关商洽工作的,必须说明单位的有关情况,并提出具体的意见和要求;如果是解决下级机关存在的问题的,必须有处理问题的具体意见和办法。主体部分的写作,要求观点鲜明、内容具体、层次清楚、文字简洁。结尾部分要根据不同的内容、不同的文种分别使用公文的习惯用语。如上行文,要求上级机关批准、批复的,可用"当否,请批复"等;不要求答复的,可用"以上报告,请审阅"等。平行文的结尾语一般用"特此函告"、"此致敬礼"等。下行文的结尾语一般用"特此通知"、"此复"、"希即遵照执行"等。

4. 附件说明

指附属于公文正件的其他公文或材料,可分为两类:一是随文发布、转发、批转、印发的附件,这类附件名称已作为事由列入主件的标题,可将附件直接附于主件之后,不必在文件里加以特别标注;二是用于补充说明主件某方面内容的附件,如有关图表、统计数字、提纲等,这类附件在主件标题中反映不出来,应在主体内加以标注。

附件标注的位置,在正文结束后下空一行左空二字用"附"或"附件"字样领起,然后将附件名称及份数写明。如果附件不止一件,可用序号排成次序。

5. 发文机关署名

又称落款,应使用发文机关的全称或规范化简称。几个机关联合行文,应将主办机关的名称排列在前。以领导人名义制发的公文,须标明领导人职务。发文机关名称一般位于正文一定距离的右下方。

6. 成文日期

指形成公文的确切时间,用以表明公文从何时起开始生效。发文时间通常以领导人签发的日期为准;联合行文,以最后签发机关领导人的签发日期为准;经会议讨论通过的公文以会议通过日期为准。发文时间位于发文机关之下,稍偏右错开,要求用汉字书写具体的年、月、日。

7. 印章或签署

印章指发文机关的图章,签署指签发公文的领导人亲笔在公文正本上签署姓名(或代以签名章)。在行政系统,凡以机关名义制发的公文除纪要外均需加盖印章,凡以领导人名义制发的公文均需签署,否则公文无效。印章和签署是公文生效的凭据。联合上报的非法规性文件,由主办机关加盖印章;联合下发的公文,联合发文机关都应当加盖印章。加盖印章,要求上不压正文,下"骑年盖月"。

8. 附注

附注又称注释,指需要附加说明的事项。为了使正文集中表述主要内容,一些不便在正文中直接解释、说明的名词术语或公文的阅读范围、使用方法等,通常放在附注中加以说明。如"此件发至县团级"、"此件可自行翻印"等。其位置在发文时间左下方,并加括号。

(三)版记部分

版记部分位于文件末页下端,包括抄送机关、印发机关和印发日期等项目。

1. 抄送机关

抄送机关,是指主送机关以外需要了解文件内容或需要协助承办的机关。其位置在印发机关和印发日期之上一行。

2. 印发机关和印发日期

印发机关指缮印、分发公文的机关或部门,一般是发文机关的办公部门。印发日期指公文的起印日期。两者均标注于抄报抄送之下，印制份数之上，上下用横线隔开。

(四) 用纸、印装格式

1. 用纸格式

公文用纸为 A4 型（长 297 毫米、宽 210 毫米）。张贴的公文，如通知、通告等，其用纸大小根据实际需要确定。

公文纸可分为两部分：一是用于书写或印刷文字、图形等符号的图文区；二是不允许出现任何符号的白边区。上白边（天头）和左白边（订口）应分别宽于下白边（地脚）和右白边（翻口）。

2. 印装格式

公文排印，文字从左至右横写、横排。少数民族按其习惯书写、排版。在民族自治地方，可并用汉字和通用的少数民族文字。公文一律左侧装订，装订线位于左侧白边区内。

总的说来，公文的格式是比较完整、规范、严密的，但同时也应注意：

(1) 不同级别的公文格式其完整程度不尽相同。一般说来，省、市级以上领导机关的公文印有文件头，格式完整、规范；而级别较低的机关（特别是基层单位）的公文格式，允许作一些变通和简化，比如有时可以不印文件头，无文件头时，发文字号可移位到标题下面的稍靠右方，印发机关、时间及印制份数等内容也可省略等。

(2) 公文格式中的各个组成项目，并不是说每一份公文必须全部包括，没有的项目可以不写，如秘密等级、紧急程度、附件、附注等。此外，登报或公开张贴的公文，可省略更多的部分。

五、公文的行文规则

为了提高机关的工作效率，公文的行文必须遵循有关的行文制度和规则。对此，《党政机关公文处理工作条例》第四章作了明确规定。下面就行文方式和规则两项，分别加以说明。

（一）行文方式

行政机关之间的行文可分为上行、平行、下行三种关系。

1. 上行文

上行文分逐级上行、多级上行、越级上行三种方式。

逐级上行，即下级机关向直接领导本机关的上一级机关行文。这是下级机关向上级领导机关行文时最常用的方式。

多级上行，即下级机关同时向自己的直接上级领导机关和更高一级的上级领导机关行文。这种行文方式一般在问题比较重大、需要同时请直接上级和更高一级的领导机关了解、指示时使用。

越级上行，即下级机关越过自己的直接上级领导机关向更高级的上级机关行文。这种方式只有在非常特殊的情况下才使用。如：情况特别紧急（发生战争、严重自然灾害和事故等），逐级上报会贻误时机；多次请示直接上级机关都未得解决；上级机关交办并指定越级上报；检举、控告直接上级机关；与直接上级机关之间有争议而又无法解决等。为避免打乱正常领导秩序，应严格控制使用越级行文这一方式。

2. 平行文

即平行机关和不相隶属的非平行机关之间的行文。平行机关的行文包括同一系统的同级机关（如国务院各部、委）和不同系统的同级机关（如省政府和省军区之间的行文）；不相隶属的非平行机关之间的行文指虽然级别上有高低但没有领导与被领导、指导与被指导关系的机关之间的行文。平行文不分系统、级别、地区，在通联事项、商洽工作、联系业务时可直接行文。

3. 下行文

下行文分逐级下行、多级下行、直达行文三种方式。

逐级下行，即向所属下一级机关行文，用于传达指示、部署工作、通报情况、批复请示，以实施对下级机关的领导与指导。

多级下行，即同时向所属的各级或几级下属机关行文。这种行文的好处是使下属几级机关同时了解和掌握文件内容，避免由于逐级转发而拖延时间，贻误工作。

直达行文，即领导机关将文件发至基层或直接传达到人民群众。有时需要利用电视、广播、报纸等媒介直接向社会公众公布。直达行文的好处是能使基层机关和人民群众及时地、原原本本地了解到文件的内容，使文件迅速产生宣传教育群众或组织动员群众的作用。

(二) 行文规则

为使公文发挥应有的法定效用，使行文畅通有序，机关行文必须遵守下列规则。

1. 根据隶属关系和职权范围行文

在行政系统中，各级行政机关都有自己特定的隶属关系。按隶属关系行文，即对有隶属关系的上级机关行文，应使用上行文；对有隶属关系的下级机关行文，应使用下行文；同级机关和不相隶属机关之间，不存在隶属关系，一般应使用平行文。

同时，各级行政机关应根据自己的职权范围行文，不得失职和越权，否则会造成行文关系混乱。根据职权范围行文，下级机关应向上级机关汇报工作，请示问题；但是属于下级机关职权范围内处理的事项，上级机关不应代替行文。各级行政机关的职能部门可以相互行文，可以向下级同一职能部门行文，也可根据本级政府授权和职权规定向下一级政府行文。

2. 党政分开行文

公文行文应贯彻党政分开的原则。这是因为：首先，党的文件与行政文件，两者的效用有原则区别。党的文件是传达党的路线、方针、政策和实施党的领导的重要工具；而国家行政机关的公文,是用于传达贯彻党和国家的方针政策,发布行政法规和规章,处理政务,实施行政管理的重要工具。其次,党委系统和行政系统是两个性质不同的系统,应按各自系统的隶属关系行文。凡属党委系统工作由党委行文,凡属政府系统工作应由政府行文。

党政分开行文的具体要求是:党的机关及其部门,不能直接向政府机关及其部门报告请示工作,或布置任务,下达指示;政府机关及其部门,也不能直接向党的机关及其部门报告请示工作,或布置任务,下达指示。党政可以联合行文,但要尽量减少,严加控制。

3. 不能多头主送和忽略抄送

公文行文应选准主送机关,因为这关系到公文能否得到及时的处理。上行文一般只写一个主送机关,不要多头主送,以免受文机关责任不明,相互推诿,甚至使公文因搁置而延误工作。

公文在写明主送机关的同时,如需同时送其他机关,应当用抄送形式。向下级机关的重要行文,应当同时抄送直接上级机关;因特殊情况必须越级请示时,应当抄送被越过的上级机关;"请示"一般只写一个主送机关,如需同时送其他机关,应当用抄送形式,但不得同时抄送下级机关;上级机关向受双重领导的下级机关行文,必要时应当抄送其另一上级机关。

除上述三个方面以外,公文行文还应注意以下几点:

(1) 公文行文应一文一事。这是加快公文运转速度、提高办事效率的重要保证。一文数事不仅影响公文主旨的鲜明突出,而且在承办时因涉及部门过多而影响办文的时效。此外,还不利于公文的立卷归档和查阅。

(2) 同级机关可联合行文。但联合行文应注意三点:第一,一般是同级机关联合行文,不应是上下级机关。第二,几个机关必须协商一致。第三,党政联合行文应是同级党政机关或部门的联合行文。但联合行文应当确有必要,而且单位不宜过多。

(3) 注意特殊行文。有些公文经批准在报刊上全文发布,应视为正式公文行文,要依照执行。

(4) 除领导人直接交办的事项外,一般不允许向领导人个人行文。

(5) 各部门之间对有关问题未经协商一致,不得各自向下行文。

六、公文的语言要求

公文是代表国家行政机关立言的,因此它的语言风格和一般文体有所不同。主要体现为严谨庄重、真实准确、简明朴实三个方面。

(一) 严谨庄重

公文语言的严谨,是指公文述事说理严密周全,前后连贯,合乎逻辑。公文语言的庄重,是说遣词造句要端庄持重,不虚饰浮夸。为使行文庄重,公文不使用口语、方言、俗语和俚语。公文语言的这一特点,目的就是要体现公文的严肃性和权威性。

(二) 真实准确

真实准确是公文语言的基本要求。真实是指公文的内容材料客观、可靠,不虚饰编造,人、时、地和统计数字等都确实无误。准确是指公文的用词要准确,造句要合乎语法,合乎逻辑,切不可语言含糊不清,模棱两可,甚至前后矛盾。公文语言要准确地表达思想内容,还必须辨别词义的轻重,词义范围的大小,词义的褒贬色彩等。

(三) 简明朴实

公文语言是一种陈述性、说明性语言而非描绘性语言,讲究简明朴实。公文应以最经济、最有概括力的语言表达丰富的内容,去除冗词赘语和空话套话,力求言简意赅。此外,公文语言还要明白晓畅,质朴无华,力避晦涩和令人费解的生僻词语。

为了使公文语言达到上述要求,在运用时可注意以下几点。

1. 广泛使用公文惯用语

公文惯用语是公文经过不断发展变化沿袭下来的习惯用语以及定型化、规范化的语言格式,保留一定的文言格式。公文惯用语主要有:

(1) 开端用语:根据、为(为了)、关于、鉴于、按照(依照、遵照)、兹(兹因、兹有、兹定于)、顷接、现将等。

(2) 称谓用语:第一人称用我、本;第二人称用你、贵;第三人称用该等。

(3) 引叙用语:前接(现接、近接)、近悉(欣悉、敬悉、惊悉)等。

(4) 经办用语:经、兹经、业经、责成、现经、拟定等。

(5) 承启用语:为此、据此、对此、有鉴于此、答复如下等。

(6) 期请用语:请(恳请、拟请、即请)、希(恳希、务希、尚希)、望、盼(切盼)等。

(7) 征询用语:当否、是否可行、可否、是否同意等。

(8) 表态用语:同意、可行、不可、照办、迅即办理、现予转发等。

(9) 结尾用语:此(复、令、布)、特此(通知、通告、公告、函复、函达)、为(要、盼、感、荷)、希(研究执行、贯彻执行、遵照办理、参照执行),或者"以上报告,请审查"、"以上意见当否,请批复"、"敬请函复"、"此致敬礼"等。

2. 大量使用介词结构和"的"字结构

在公文语句中,可大量使用介词结构。介词结构能使词语表达的意义更加明确和严密。公文中的常用介词主要有:

(1) 为、为了、由于——表示目的、原因

如:"为了维护社会治安秩序,维护国家和社会的稳定,……特作如下决定。"

(2) 对、对于、关于、将、除了——表示对象、范围

如:"对于上述问题,各级党政领导机关和企业中的党组织,必须高度重视,认真解决。"

(3) 根据、依据、遵照、通过、在、随着——表示根据、方式

如:"根据《中华人民共和国香港特别行政区基本法》《全国人民代表大会关于香港特别行政区第一届政府和立法会产生办法的决定》,全国人民代表大会香港特别行政区筹备委员会决定……"

"的"字结构是由词或词组加"的"构成,相当于一个名词。使用"的"字结构,可使公文语言更加简明。公文中的"的"字结构,大都由动词性词组加"的"构成,并常作介词"对"、"关于"的宾语,构成介词结构。如:"对违反本通告又拒不接受批评教育和罚款的,或辱骂、殴打执法人员的,由公安机关依法惩处。"

公文中除常用介词结构和"的"字结构以外,还有一种由"将"字结构所构成的第二宾语提前的句式。在一些转发性的公文中,这种句式较为普遍。如:"现将修订后的《宗教事务条例》公布,自 2018 年 2 月 1 日起施行。"这种句式可使文字显得更加清晰、明朗,重点突出。

3. 恰当地使用修辞

公文语言可以恰当地使用修辞,但为了保证公文的准确性,避免虚浮失实,一般只用比喻、对比、排比、对偶等少量的修辞格,而不用夸张、比拟、反语、双关、象征等修辞格。公文语言中运用修辞手法的目的,不求生动,而求明确、通顺、简洁与平允。公文中比较常见的修辞手法有:

(1) 引用

引用是通过援引现成语言材料的方式来提高表达效果的一种修辞方式。恰当地运用引用,有利于简明扼要地交代行文目的和提出各种主张的依据,增强文件的说服力和权威性。

(2) 排比

排比就是三个以上结构相同或相似、意义相关、语气一致的词组或句子排列成串,形成一个整体。排比能使文气贯通,语言流畅,引起读者对所述问题的重视。

(3) 反复

反复就是反复使用同一词、句、段,可以起到强调和突出主旨,加强语气和感情的作用。

第二节　公告　通告

一、公告

(一) 概述

《条例》规定,公告"适用于向国内外宣布重要事项或者法定事项"。公告属公开宣布的告晓性的下行文,具有高度的严肃性和权威性。

公告主要用于公布宪法,国家重要领导人出访、任免、逝世以及其他一些国家重大事项

等,通常在报纸、电视台、电台等发布。此外,司法机关、税务、海关、新华社等机关也可用公告的形式宣布有关规定或决定的事项。

在公布性文件中,公告使用的范围最为广泛,有的向全国公开,有的可以在世界范围内予以公布。公告的制作者一般为党和国家的领导机关及其领导人,宣布的是庄重和严肃的事项,因此,基层单位对一些具体事项不宜使用公告来公布。

(二) 公告的结构

1. 标题

公告的标题一般有两种类型,一种是完整的标题,即"发文机关名称＋事由＋文种名称"的形式;另一种是省略式标题,这种标题又可分三种情况,一是省略发文机关,为"事由＋文种名称"的形式,二是省略事由,为"发文机关名称＋文种名称"的形式,三是省略发文机关和事由,只保留文种名称"公告"两字。

2. 正文

公告的正文,一般包括公告依据、公告事项、公告结语三个部分。

公告依据,也叫公告缘由,写明发布公告的依据或缘由,如根据什么会议或规定发布该公告。

公告事项是公告的核心部分,要写明公告的具体内容,如果内容较多,可采用分条列项的形式,文字简明具体,一般不需加分析与评论。

公告结语,常用"特此公告"、"现予公告"等规范性的语言。

公告的正文写作内容比较单一、简短,有的前面不写"依据"或"缘由",后面不加"结语",事项表述完毕,全文即告结束。

3. 落款和发布日期

公告的落款和发布日期的写法与其他公文相同。如标题中已出现发文单位,文后的落款可以省略,其发布日期也可以写在标题之下。

二、通告

(一) 概述

通告是一种适用于在一定范围内公布应当遵守或者周知的事项的公文。也是属于公开发布的下行文。

通告的特点,一是告晓性,常公开张贴,或刊于报章,让有关单位、公众了解;二是法规性,公布的事项内容多是应当遵守的,往往带有禁令的性质,有些通告具有强制执行的效用,在某种情况下具有法律效力;三是专业性,通告公布的内容有的是由公安、金融、交通、房产等部门,就某项问题发出的,一般各由专业主管部门在一定业务范围内公布。

(二)通告的结构

1. 标题

和公告相似,通告的标题一般也有两种类型,一种是完整的标题,即"发文机关名称+事由+文种名称"的形式;另一种是省略式标题,这种标题又可分三种情况,一是省略发文机关,为"事由+文种名称"的形式,二是省略事由,为"发文机关名称+文种名称"的形式,三是省略发文机关和事由,只保留文种名称"通告"两字。

2. 正文

通告正文,一般包括通告缘由、通告事项、通告结语三个部分。

通告缘由部分,用简明扼要的语言写明发布该通告的目的、意义或根据,其后,用"现通告如下"、"特通告如下"等习惯用语引起下文。

通告事项部分,要具体写明应当遵守或周知的有关事项或有关规定,该部分是正文的核心部分。如果事项或规定的内容较多,可以分条款来写。

通告结语部分,主要写明执行通告事项的要求、措施或发出号召。有的通告没有专门的结语,用"特此通告"结束全文。

3. 落款与发布日期

落款在正文之后,发布日期在落款之下。如果标题是完整的,则落款也可省略。有的通告,发布日期也可写在标题之下。

三、公告与通告的区别

公告与通告相比较,有共同点,即都属于告晓性公文,但两者也有区别。

(一)宣布的事项不同

公告告知的是重大的政治事项或法定事项,且带有消息的性质,它是具有特定用途的公文。通告则用于宣布一般性事项,可以是政治方面的内容,要求遵守或执行的事项,具有法规性;也可以是具体业务方面的内容,具有专业性。

(二)公布的范围不同

公告的对象很广,不仅可以向国内宣布,也可以向国外宣布。通告的对象则限定在国内一定范围内的机关团体和群众。

(三)发文的机关不同

公告主要是由国家权力机关、国家授权涉外部门、新闻机构(如新华社)发布的。通告则各级领导机关及其所属业务部门都可发布。

(四)语言表达不同

公告的语言更严谨和书面化,以显示严肃性和权威性。通告则较通俗,便于大家理解执行。

[例文1]

关于公布经批准开展产前诊断技术的医疗机构名单的公告

2018年　第4号

为加强产前诊断技术管理,方便群众接受产前诊断技术服务,我委汇总了全国经批准开展产前诊断技术的医疗机构名单。截至2017年12月31日,经批准开展产前诊断技术的医疗机构共有340家,现向社会公布,并接受社会各界监督。

特此公告。

附件:经批准开展产前诊断技术的医疗机构名单

国家卫生健康委员会
2018年5月17日

[例文2]

关于发布《医疗机构门急诊医院感染管理规范》等
2项推荐性卫生行业标准的通告

国卫通〔2018〕10号

现发布《医疗机构门急诊医院感染管理规范》等两项推荐性卫生行业标准,编号和名称如下:

WS/T 591—2018　医疗机构门急诊医院感染管理规范

WS/T 592—2018　医院感染预防与控制评价规范

上述标准自2018年11月1日起施行。

特此通告。

国家卫生健康委员会
2018年5月10日

第三节 通　知

一、概述

《条例》规定,通知"适用于发布、传达要求下级机关执行和有关单位周知或者执行的事项,批转、转发公文"。

在国家行政机关、人民团体、企业和事业单位的公务活动中,通知起着承接上下、联系内外的多方面作用。它可以用于传达上级机关的指示,可以用于要求下级机关办理某一事项,也可以用于告知下级机关需要知道的事项,因此,通知具有传达和领导的作用。它又可以用于批转下级机关的公文,也可以用于转发上级机关、同级机关和不相隶属机关的公文,可见通知又具有桥梁和纽带的作用。在上述诸种作用中,最主要的作用是"传达"和"告知",因而通知属于传达性或告晓性公文。

二、通知的特点

(一) 应用广泛,使用频率高

在所有公文中,通知的使用量最大,数量居首位,这主要是因为通知的适用范围广泛:一是不受机关或组织性质与级别的限制,一切机关与社会组织均可制发通知;二是不受内容繁简的制约,可以用于布置工作,传达重要指示,也可以用于交流信息,知照一般事项,或用于转发、批转公文,任免与聘用干部等,比较灵活、实用。

(二) 内容单纯,行文简便

一份通知一般只布置或通报一项工作事项,对写作的格式无严格要求,与其他指令性公文相比较,显得灵活简便。

(二) 具有执行性

通知多用于下行文,受文对象是确指的,内容是要求下属单位予以执行或办理的事项,如用于布置工作等。用于转发或批转的公文,也要求所属单位予以学习讨论和执行办理。即使是会议通知或任免干部的通知,也同样要求受文者服从通知的安排,执行通知上所述的事项。

三、通知的分类

(一) 发布性通知

发布性通知是上级机关发布一般行政法规、条例、办法等规章时所使用的通知,如例文。

根据规定，无权使用命令（令）的机关发布规章应该使用通知，有权使用命令（令）的机关在发布内容相对比较一般的规章时也使用通知；企事业单位、社会团体发布规章一律用通知。

这一类通知的标题，由"通知的发文机关＋通知的事由＋文种名称"组成，其正文一般比较短，只写明发布的对象和实施要求即可，有时可简要交代发布的依据。

（二）批转、转发性通知

批转性通知主要用于上级机关对下级机关上报的文件批转给有关单位，批转性通知反映了批转机关的意志与权威。转发性通知主要用于转发上级机关或不相隶属机关的公文。

批转、转发性通知的标题，由"通知的发文机关＋通知的事由＋文种名称"组成。其事由是批转或转发某某公文。

批转、转发性通知的正文一般包括两部分：第一部分写明被批转、转发的公文的名称，然后用"请遵照执行"、"请参照执行"等习惯用语，简要地表明对收文单位的要求；第二部分一般是对所批转、转发的公文作出适当的评价，或对所批转、转发的公文的内容作必要的补充，或阐明所批转、转发的公文涉及的工作事项的意义，最后简要提出在具体执行过程中的希望和要求。对所批转或转发的文件中已经有的内容，批转、转发性通知可以有所强调，但一般不重复。

（三）指示、知照性通知

上级机关对下级机关的某项工作有所指示，要求办理或执行而根据公文内容又不适于用命令或指示时，则用指示性通知。知照性通知主要用于知照有关单位需要周知或办理的事项。撰写这类通知时，要明确阐述制发通知的政策依据、法规依据与发文目的，并要具体交代工作任务与执行要求。

（四）会议通知

上级机关召开比较重要的会议，不宜用电话或其他形式通知，可提前向所属有关单位发会议通知。会议通知要写明会议名称，召开的根据与目的，会议的时间、地点，与会人员等。大型会议通知还应附上会议日程安排和与会的有关文件以及写明有关注意事项等。

（五）任免通知

任免通知主要用于向干部、群众传达任免事项，以履行规定的任免程序。这种通知要写明：任免干部的机关或会议名称、日期，被任免人员的姓名与职务。标题通常只简写"任免通知"，落款处由任免机关的领导人签署，也有的以机关名义发出。如果聘用人员，还要写明聘用期限及有关待遇等。

四、通知的结构与写法

(一) 标题

1. 由"发文机关+事由+文种名称"组成,如《国家发展改革委 财政部关于降低部分行政事业性收费标准的通知》。其中,发布性通知中的"事由"一项,由"关于颁布"、"关于发布"等词与原文名称(不省略书名号)组成。批转或转发性的通知,其中"事由"一项有两种写法:一是由"转发"或"批转"二字与省略书名号的原文名称组成,如《××市政府办公室转发省××厅关于××通知的通知》;二是由于原文标题较长,可由"关于转发"或"关于批转"四字与原文编号加"文件"二字组成,如《××省人民政府关于转发国发〔1994〕8号文件的通知》。

2. 由"事由+文种名称"组成,如《关于召开全省高校校(院)长办公室工作会议的通知》。

3. 一些内容单一的通知,只以文种名称"通知"二字为标题,或只写"会议通知"、"任免通知"等。这种通知常不以正式公文发出,且只在小范围内使用。

(二) 主送机关

在标题下、正文前顶格书写。主送机关可以是发文机关的下属所有单位,也可以是下属某一个、几个单位或有关的不相隶属机关。

(三) 正文

通常由缘由、事项和结语三部分组成。

1. 缘由

写明通知制发的根据、目的。一般分两种:一种是根据上级指示精神,如"国务院决定"、"经国务院批准"等;另一种是根据实际情况,如"据反映"、"近来一些地区、部门和单位普遍存在着……(指实际情况)"。

缘由写完之后,多用过渡语"特此通知如下"、"特作如下通知"等引出下文。

2. 事项

这是通知的主要内容,为正文的主体。内容较多的应分项来写。事项内容的表述要具体、周密,语言要清楚、简练。

3. 结语

应根据具体情况使用不同语气,有的用"特此通知"作结;有的含有强调、敦促、号召等语气;有的则提出要求,如"以上通知,望贯彻执行";有的从反面作出规定,如"有违反以上规定的,除按违反财经纪律论处外,还要根据情节轻重,给有关领导人和直接负责人以纪律处分";有的通知没有专门的结束语,事项表述完毕,全文即告结束。

4. 落款和发文日期

通知落款的写法,与其他公文落款的格式基本相同。如果发文机关的名称在标题中已经写明,正文之后也可以不写落款,但应加盖机关印章。发文日期可写在全文末尾的右下方,有的也可以提前,置于标题之下。

五、通知的写作要求

(一) 内容要单一集中

每份通知只明确说明一件事,布置一项工作,不宜在一份通知中表述多项事情。

(二) 重点要鲜明突出

通知最主要的任务是将事项交代清楚,并突出重点,使受文者能够正确理解,从而认真办理或处理通知事项。

(三) 措施要具体明确

通知的目的是有效地指导开展工作,所提措施要具体、明确,便于受文者正确领会并贯彻执行。

[例文]

教育部关于举办 2020 年全国职业院校
技能大赛改革试点赛的通知

教职成函〔2020〕5 号

各省、自治区、直辖市教育厅(教委),各计划单列市教育局,新疆生产建设兵团教育局,有关单位:

为贯彻党中央、国务院对职业教育工作的决策部署,推动落实《国家职业教育改革实施方案》,加快职业教育制度创新,促进职业教育高质量发展,经全国职业院校技能大赛组委会研究同意,现决定对全国职业院校技能大赛(以下简称大赛)进行改革试点。改革试点赛依托教育部和山东省共建的国家职业教育创新发展高地,在山东举办。改革试点赛实施方案详见附件,请结合实际做好相关准备工作。

改革试点赛创新运行机制,建立以地方政府背书、职业院校为主体的申办机制,赛项涵盖中职赛项和高职赛项。改革试点赛将检验教学成果,体现世赛理念,力求赛出新机制、高水平,为促进职业教育高质量发展,加快建设技能强国作出更大贡献。

全国职业院校技能大赛执委会、赛区执委会及各赛项执委会要严格按照工作要求,加强疫情防控,精心组织,确保大赛安全、质量、公平、廉洁。

附件:2020年全国职业院校技能大赛改革试点赛实施方案

教育部
2020年9月9日

第四节 通 报

一、概述

通报是一种适用于表彰先进,批评错误,传达重要精神和告知重要情况的公文。

通报和通知都具有传达和告知的作用,从这一点来看,它们都属于传达和告晓性公文,但是,与通知不同的是,通报又可以用于表扬和批评。

通报对具有代表性的典型事例、新鲜经验以及重要情况予以表扬、批评、倡导与宣传,使所属干部群众受到教育或引起警觉。在通报中,主要是通过事实与数据来表达作者的观点与意图,作者重于叙事而不过多地阐发与评论道理。

二、通报的特点

(一) 典型性

被通报的人物、事件具有典型意义,在本地区、本系统有代表性。通过对典型事例的表扬、批评、倡导、宣传,发挥通报的教育作用和指导作用。

(二) 求实性

被通报的人物、事件都要真实、确凿;同时,通报内容的表述也要求准确、妥帖,侧重于通过事实与数据来表达作者的观点,而不多阐发道理。

(三) 政策性

通报表彰或批评都要以党和国家的方针、政策为依据;通报中的指导意见也要体现有关的方针、政策。

三、通报的种类

按性质和内容分,通报有以下三种:

(一)表扬性通报

主要用于表扬在工作、学习和其他活动中作出显著成绩的先进集体或先进个人,以树立典型、发扬正气,达到推动工作的目的。例如《北京市人民政府关于表彰 2001 年度市级国家行政机关政绩突出单位的通报》。

(二)批评性通报

主要用于批评在工作、生产和其他活动中,或因违反政策,或因违反纪律,或因其他过失、错误而造成损失的地区、单位或个人,以吸取教训,引以为戒,防止和避免类似事件再次发生。如《教育部办公厅关于近期几起中小学安全事故的紧急通报》。

(三)情况通报

主要用于上级领导机关向所属下级机关传达有关工作的重要精神或情况,以便上情下达,统一认识,协调工作。例如《关于各地区贯彻落实房地产市场调控政策情况的通报》。

四、通报的结构与写作方法

(一)标题

通报的标题,一般采用"发文机关名称 + 事由 + 文种名称"的方式,有时也可采用"事由 + 文种名称"的方式。

(二)主送机关

除普发性的通报外,其他一般通报都应标明主送机关,其书写格式与一般公文相同。

(三)正文

通报的正文,一般包括通报事由、事由评析、处理意见三部分,不同内容的通报,其正文在写法上也有所区别。

表扬性通报的正文,要首先简要介绍有关单位或个人的事迹,接着概括评析和指出向先进典型学习的主要内容,最后发出号召、希望,提出要求或作出决定。

批评性通报的正文,首先要简明扼要地写清被通报单位或个人的主要问题、情节及错误的性质、原因等,然后陈述对所通报错误、问题或事故的处理意见和决定,并在此基础上提出告诫性要求,指出应从中吸取教训,防止类似事件的再次发生。

情况通报的正文,从内容上看,一般包括两个层次:一是所通报的基本情况,二是对收文单位的希望和要求。有时也可在交代基本情况后作适当的分析和评论。从形式上看,情况通报的正文,主要有两种写法:一是分类叙述式,即将各种情况按类划分,每一类用小标题标明,逐项进行叙述、分析和评议,这适用于一些内容较多、情况复杂的通报;二是自然分段式,即按事情的发展过程自然分段,这常见于一些会议通报。它一般按会议概况简述(如会议议题、参加人员、时间等)、讨论情况、议定事项等顺序来写,有些类似纪要。

(四) 落款与发文日期

落款写在正文之后,发文日期写在落款之下。如在标题中已经出现发文机关名称,落款也可省略。如发文日期已在标题下注明,结尾处也可略去不写。

五、通报的写作要求

(一) 通报的事实要有典型性、代表性

通报的撰写,不能随意选择材料,所通报表扬的先进事迹,必须是值得在社会上提倡的具有普遍学习意义的,所通报批评的事情往往代表了某种错误的倾向,所通报的重要情况往往是与推进当前中心工作密切相关的重大事项。只有这样的通报才能使广大干部、群众从中受到教育与启示,或引起广泛重视,进而对工作起到引导与促进作用。

(二) 通报要求叙述与议论相结合

通报的写作,要求通过具体的叙述与实事求是的分析,教育读者,从而达到通报的倡导和借鉴作用。事实的介绍与评析,可先叙后议,也可叙议结合。只叙述,不议论,通报就没有深度;只议论,不叙述,通报就流于空泛。只有把叙述与议论有机结合起来,才能使通报有血有肉,有说服力。

(三) 通报要迅速及时

通报主要用于反映新情况、新问题、新经验,用以指导工作,因此无论是发现问题,还是表扬或批评,制发通报都要求及时、快捷,抓住时机,这样才能发挥应有的教育作用和指导作用。

[例文1]

国务院办公厅关于对2021年落实
有关重大政策措施真抓实干成效明显地方
予以督查激励的通报

国办发〔2022〕21号

各省、自治区、直辖市人民政府,国务院各部委、各直属机构:

  为进一步推动党中央、国务院重大决策部署贯彻落实,充分激发和调动各地担当作为、干事创业的积极性、主动性和创造性,根据《国务院办公厅关于新形势下进一步加强督查激励的通知》(国办发〔2021〕49号),结合国务院大督查、专项督查、"互联网+督查"和部门日常督查情况,经国务院同意,对2021年落实打好三大攻坚战、深化"放管服"改革优化营商环境、推动创新驱动发展、扩大内需、实施乡村振兴战略、保障和改善民生等有关重大政策措施真抓实干、取得明显成效的199个地方予以督查激励,相应采取30项激励支持措施。希望受到督查激励的地方再接再厉,取得新的更好成绩。

  2022年将召开中国共产党第二十次全国代表大会,是党和国家事业发展进程中十分重要的一年。各地区、各部门要在以习近平同志为核心的党中央坚强领导下,以习近平新时代中国特色社会主义思想为指导,全面贯彻落实党的十九大和十九届历次全会精神,弘扬伟大建党精神,坚持稳中求进工作总基调,完整、准确、全面贯彻新发展理念,加快构建新发展格局,高效统筹疫情防控和经济社会发展,继续做好"六稳"、"六保"工作,严格落实责任,强化实干担当,勇于改革创新,狠抓督查落实,力戒形式主义、官僚主义,以实际行动迎接党的二十大胜利召开。

  附件:2021年落实有关重大政策措施真抓实干成效明显的地方名单及激励措施

国务院办公厅

2022年6月2日

[例文 2]

上海市静安区教育局关于民办培训机构
2019 年年度检查的情况通报

静教成〔2020〕33 号

各培训机构：

根据《中华人民共和国民办教育促进法》《上海市人民政府关于加强本市培训机构管理促进培训市场健康发展的意见》《上海市培训机构监督管理办法》《静安区民政局、静安区社会团体管理局关于开展静安区社会团体、民办非企业单位 2019 年年度检查的通知》等相关法律、文件要求，区教育局对经许可（2019 年 6 月 30 日前经许可或同意设立）的培训机构开展 2019 年年度检查，现将检查情况通报如下：

一、非营利性培训机构检查情况

（一）合格单位(70 家)

上海市春申旅游进修学院……

（二）基本合格单位(7 家)

上海市对外人力资源进修学院……

（三）不合格单位(3 家)

上海静安区新华山业余美术学校……

二、营利性培训机构检查情况

（一）合格单位(31 家)

上海四季教育培训有限公司……

（二）基本合格单位(4 家)

上海青辰经济专修学院有限责任公司……

上海市静安区教育局

2020 年 6 月 29 日

第五节 报告 请示

一、报告

(一) 概述

报告是向上级机关汇报工作,反映情况,回复上级机关的询问的公文。报告属于陈述性的上行文,行文目的是为领导机关了解情况、制定政策和指导工作提供依据。上级机关收到下级机关的报告以后,一般不需批复。在表现方式上,报告主要运用叙述的方式,即使有时需要论述道理时,也要求在叙述的基础上采用叙议结合的方式进行。

下级机关利用报告及时向上级机关反映工作情况,可以取得上级机关指导、帮助;同时,上级机关也可通过报告,及时了解下级机关的情况,以便制定正确的方针政策,切实地指导下级机关的工作。

(二) 报告的分类

1. 按照内容来分类

(1) 综合性报告

这是向上级机关全面汇报、反映一定时期内工作情况的报告,它可以使上级机关全面了解下级机关的工作情况,以便作全面的工作指导。综合性报告内容大体包括工作的基本情况、取得的成绩和经验、存在的问题和应吸取的教训、今后工作的安排和打算等,与综合性总结比较接近。

(2) 专题性报告

是一个机关就某一项工作或某一个问题、某一件事情向上级所写的报告,有时也可是汇报某一事故的发生、处理等情况的报告。在机关的日常工作中,专题性报告经常使用,如汇报某项工作的进程的工作报告,反映工作中某一具体问题的处理或上级交办工作办理结果的情况报告,回答上级机关查询有关问题的答复报告,向上级机关报送文件或物件的报送报告,检讨工作错误的检查报告等。

2. 按照性质来分类

(1) 呈报性报告

这种报告以汇报工作、反映情况为主,或答复上级机关的询问,发文的目的是让上级机关了解情况,据以作为制定政策的参考,从而指导工作,不要求上级机关批转。

(2) 呈转性报告

这种报告在汇报工作、反映情况的同时,侧重提出意见或建议,请求上级机关审阅并批转有关地区或部门参考或执行。

（三）报告的结构与写法

1. 标题

报告的标题，通常由"发文机关＋事由＋文种名称"构成，如《国务院关于加强道路交通安全管理工作情况的报告》。有时也可省略发文机关，由"事由＋文种名称"构成，如《关于报送2020—2021学年招生计划的报告》。有的报告内容紧急，则在标题中的"报告"两字前加上"紧急"字样。

2. 主送机关

在标题下、正文前、顶格书写受文对象，一般是上级机关或业务主管部门，通常要使用全称或规范化的简称。

3. 正文

不同种类的报告，正文的写法不尽相同，但也有一些共同的格式，通常由三部分组成。

（1）报告的目的。简明写出报告的目的、根据或起因，概括报告的主要内容，给人以总的印象。目的部分的结尾处常用过渡语"现将情况报告如下"、"特将这一情况报告于后"、"特提出如下意见（或建议）"等引出主体部分。

（2）报告的内容。一般要写明工作进程，取得的成绩、经验，存在的问题、教训，以及今后的打算等，但不同类型的报告，这些内容各有所侧重。内容较多的报告，可分条列项，或划分为几个部分来写。

（3）结语。用简洁的语言概括全文，进一步强调行文的目的，点明或深化主题；也可以使用报告专门的结束语结束全文，如"特此报告"、"以上报告，请审阅"（呈报性报告），或"以上意见，如无不当，请批转有关部门执行"（呈转性报告）等。

4. 落款和成文日期

写在正文之后，写法与一般公文相同。

（四）报告的写作要求

1. 突出重点，点面结合

写作报告应注意突出重点。即使是综合报告，是要全面汇报工作情况的，但也不能事无巨细，而是要抓住影响全局工作的基本方面，重点汇报；专题报告更要突出一个"专"字，自始至终围绕一个问题去叙述、说明，其他方面的事简略带过，做到点面结合，重点突出。

2. 及时报告，不失时机

报告反映的情况要及时，才能对上级机关有使用价值，同时，也使自己要解决的问题及时得到上级领导的指示和帮助。

3. 报告中不能夹带请示事项

报告主要是用来向上级机关汇报工作，反映情况的，因此其中不能夹带请示事项，有需要请示的事项，应以"请示"的文种上报。

二、请示

(一) 概述

请示是向上级机关请求指示、批准的公文，属于呈请性的上行文。

在工作中，需要向上级机关请示的，一般有这样几种情况：上级规定必须请示，待批准后才能实施的事项；对上级现行政策不熟悉，有待上级明确答复后才能办理的事项；工作中出现新情况而又无章可循，有待上级明确指示后才能办理的事项；在资金、物资问题上请求上级审核批拨或调配的事项。

请示具有两个特点：一是要求回复具有明确性。请示是要求上级机关予以明确回复的公文，而且具有"一定要回复"的性质，被请示的领导机关必须对请示事项表明是否批准的态度或予以进一步的指示。二是行文内容具有限制性。请示内容必须是属于机关范围内无权或难以处理的问题与事项，不能请示不属于机关审批权限的事项，也不要请示本机关经过努力可以解决、也有条件解决的问题。

(二) 请示的适用范围

请示主要用于以下几个方面：

(1) 对上级领导机关颁布的方针政策、法规、规章以及决定、指示等，有不理解或难以执行而要求作某些变通处理的问题或事项，请求予以指示与认可。

(2) 请求审核批准或批转本机关制定的法规、规章或决定、报告等。

(3) 请求批准人员编制、机构设置与调整、干部任免、领导班子组成与调整、经费预算以及对于重大事件（事故）和人员的处理等属于本机关无权处理的重要事项。

(4) 请求审定本机关对于某些重要问题（事项）所提出的处理方案与办法。

(5) 请求协调与帮助解决本机关无法解决的困难与问题。

(6) 根据规定必须履行审批程序的事项。

(三) 请示的结构与写法

1. 标题

请示的标题一般由"发文机关名称＋事由＋文种名称"构成，有时也可省略发文机关名称，直接由"事由＋文种名称"构成。

请示的标题在使用动词时，不能与文种名称词语重复，即一个标题中不能出现两个"请示"。在表述主要内容时,一般只宜使用一个动词。

2. 主送机关

请示的主送机关只能写一个上级机关的名称(即主管上级机关的名称),不能多头请示,若还要报给其他上级机关,可用"抄报"的形式在文后注明。在标题之下、正文之前,顶格写明所请示的上级领导机关的全称或规范化简称。

3. 正文

请示的正文,一般由三部分组成:缘由、请示的事项、结语。

(1)缘由。这一部分简明扼要地写明请示的缘由,也就是请示的原因、根据,要写得充分、透彻、合情合理。缘由部分结尾,用过渡语开启下文,常用的过渡语有:"现将……问题请示如下"、"特请示如下"等。

(2)请示的事项。这是请示的核心部分,写明请求上级机关批准或指示的具体事项,对已决定拟办的事项还要写明处理的意见或建议。这部分多用条款式,言简意明地提出切实可行的解决问题的意见和办法。

(3)结语。在请示事项写完之后,用请求语句结束全文。常用的规范用语有:"以上请示当否,请指示"、"以上请示,如无不妥,请予批准"、"请审核批准"等;也可用"以上意见,如无不妥,请批转各地区、各部门遵照执行"等用语。

4. 落款和成文日期

如果标题中已有发文机关名称,落款可省略,只要在正文之后标明成文日期即可。如果标题中没有出现发文机关名称,则在文后先落款再写上成文具体日期。

(四)请示的写作要求

1. 主旨集中,一事一请示

一份请示只申请解决一个问题,不可一文数事,以免内容繁杂而影响批复的时间。同时,请示的每个部分也要集中围绕所请示问题来写。

2. 主送一个上级机关

请示一般主送一个主管的上级机关,不要多头主送,如需同时送其他机关,应当用抄送形式,但不得同时抄送下级机关。受双重领导的机关在报送请示时,根据内容写明主送机关与抄送机关,由主送机关负责答复。除领导直接交办的事项外,请示不得直接送领导者个人。

3. 不得越级请示

请示应按机关的隶属关系逐级报送,在一般情况下,不得越级请示;若因特殊情况必须越级请示时,也要抄送被越过的上级机关。

三、报告与请示的区别

报告与请示虽都是上行文,在结构格式上也有些类似,但它们仍属两种不同的公文文种,有明显的区别。

(一) 行文的目的不同

报告是下级机关用以向上级机关汇报工作、反映情况、提出意见或建议的公文,为的是下情上达,让上级机关及时掌握情况,不需要上级机关的答复。而请示则是下级机关用以向上级机关请求指示、批准的公文,要求上级机关对所请示的事项给予明确指示和批准,因此,需要上级机关给予批复。

(二) 行文的时间不同

报告的写作时间比较灵活,事前、事后或事中皆可行文。事前行文,主要是汇报本单位的安排和打算;事中行文,既可汇报前一阶段的工作情况,又可汇报后一阶段工作的安排和打算;事后行文,则带有工作总结的性质。一般来说,事后、事中行文的较多,将事情的经过和结果,或将一个时期的工作情况向上级机关汇报,以沟通信息,便于上级机关掌握。请示则必须在事前行文,经上级机关批准或答复后,方可实施。

(三) 内容构成和结尾用语不同

报告可分专题性报告与综合性报告两种,而请示没有综合性的,请示的行文要坚持"一文一事"的原则,不能一文数事,以免影响办事效率。同时,报告的结语部分不需使用期盼性的尾语,而请示的结语则使用带有请求批准、批复的尾语。

[例文1]

国务院关于文物工作和文物保护法实施情况的报告

全国人民代表大会常务委员会:

  我受国务院委托,向全国人大常委会报告文物工作和文物保护法实施情况,请审议。

  党的十八大以来,在以习近平同志为核心的党中央坚强领导下,在全国人大常委会关心重视下,各地区各有关部门深入贯彻落实习近平总书记关于文物工作重要论述和重要指示批示精神,严格执行文物保护法律法规,全面提升文物保护管理利用水平,着力加强考古工作和历史研究,文物安全形势总体平稳,文物保护法实施取得明显进展。下面,我从5个方面进行汇报。

  一、贯彻落实习近平总书记重要指示批示,推动新时代文物事业蓬勃发展

  习近平总书记高度重视文物工作,主持会议审议加强文物保护利用改革的文件,在敦煌研究院座谈时发表重要讲话,主持召开中央政治局第二十三次和第三十一次集体学习,分别就考古和历史文化遗产保护以及用好红色资源、赓续红色血脉发表重要讲话。习近平总书记还就文物安全、文物科技创新、革命文物、文物人才队伍建设等作出百余次重要指示批示。他强调,要树立保护文物也是政绩的科学理念,统筹好文物保护与经济社会发展,全面贯彻"保护为主、抢救第一、合理利用、加强管理"的工作方针,努力走出一条符合国情的文物保护利用之路;强调历史文化遗产不可再生、不可替代,要始终把保护放在第一位;强调考古是展示和构建中华民族历史、中华文明瑰宝的重要工作,要努力建设中国特色中国风格中国气派的考古学;强调要加强革命文物保护利用,弘扬革命文化、传承红色基因;强调要让收藏在博物馆里的文物、陈列在广阔大地上的遗产、书写在古籍里的文字都活起来。这些重要论述,为新时代文物事业发展指明了前进方向、提供了根本遵循。李克强总理多次对文物工作作出批示,主持会议审议文物保护重要文件,考察文博单位考古现场,要求坚持统筹规划、保护为主、保用结合,在严格保护基础上有效挖掘文物价值,发挥文物公共文化服务和社会教育功能。王沪宁同志和孙春兰、黄坤明同志多次就文物保护利用提出要求,主持会议研究部署任务、安排工作。各地区各有关部门深入贯彻习近平总书记关于文物工作重要指示批示精神,认真落实中央领导同志要求,主要采取了以下举措。

一是将文物工作纳入党和国家发展大局,全面加强文物保护利用政策供给。文物工作作为文化建设的重要组成部分,被纳入"四个全面"战略布局和"五位一体"总体布局。国务院出台《关于进一步加强文物工作的指导意见》,中办、国办印发《关于实施中华优秀传统文化传承发展工程的意见》《关于加强文物保护利用改革的若干意见》《关于实施革命文物保护利用工程(2018—2022年)的意见》,国办印发《关于进一步加强文物安全工作的实施意见》《关于加强石窟寺保护利用工作的指导意见》。重大政策文件密集出台,为推动文物保护法贯彻落实提供了进一步保障。

二是构建党委领导、政府主导、部门协作、社会参与的文物工作格局,落实文物保护责任。充分发挥全国文物安全工作部际联席会议机制作用,建立流失文物追索返还部际协调机制,文物安全工作纳入全国文明城市年度测评指标体系、全国安全生产与消防工作考核巡查范围,文物市场执法纳入文化市场综合行政执法。中央宣传部、发展改革委、教育部、科技部、公安部、财政部、人力资源社会保障部、自然资源部、住房城乡建设部等部门积极提供政策支持,协同推进工作。31个省份和新疆生产建设兵团出台文物保护利用改革实施意见,26个省份将文物安全工作纳入地方政府考核评价体系。推动社会力量参与文物保护,开展"文明守望工程"、"拯救老屋行动",鼓励社会各界捐助,壮大文物保护志愿者队伍。

  三是完善配套制度。全国人大常委会高度重视文物立法,2013年以来对文物保护法作出三次修正,并将修改文物保护法列入本届全国人大常委会立法规划。国务院颁布实施《博物馆条例》,正在研究修订《水下文物保护管理条例》。17部相关法律法规规章、200余部地方性法规初步构建起文物保护法律制度体系。最高人民法院、最高人民检察院出台办理妨害文物管理刑事案件司法解释,将文物保护纳入公益诉讼范围。有关部门出台《国有文物资源资产管理暂行办法》。文物法治建设取得显著进步。

  四是强化科技、经费、人才支撑。实施国家重点研发计划"文化遗产保护利用关键技术研究与应用示范"专题任务,开展"互联网+中华文明"行动,制定出台了145项文物保护国家和行业标准,确定了33家国家文物局重点科研基地。加强文物保护领域中央与地方财政事权和支出责任划分改革,修订《国家文物保护专项资金管理办法》,持续加大文物保护经费投入,中央财政累计安排国家文物保护资金570亿元,投入博物馆纪念馆免费开放补助资金278亿元。加强文博人才队伍建设,中央编办两次核增国家文物局编制,补充优化地方文保机构队伍,全国文物系统从业人员增至16万人。优化文博事业单位人事管理,改革文物博物专业人员职称制度,实施人才培养"金鼎工程"。

  ……

  委员长、各位副委员长、秘书长、各位委员,长期以来,全国人大及其常委会高度重视文物工作,不断推动完善文物保护法。此次全国人大常委会专门听取审议文物工作和文物保护法实施情况的汇报,对我们既是鼓舞也是鞭策。我们将坚持以习近平新时代中国特色社会主义思想为指导,深入学习贯彻习近平总书记在庆祝中国共产党成立100周年大会上的重要讲话精神,全面落实审议意见,进一步改进工作,推动文物事业高质量发展,为建设社会主义文化强国、助力实现中华民族伟大复兴中国梦作出贡献。

  以上报告,请审议。

[例文2]

××省人民政府
关于帮助解决××半岛干旱缺水问题的请示

国务院：

　　自2011年以来，我省降雨明显减少，旱情持续发展，给全省的工农业生产和城乡人民生活造成严重困难。特别是××半岛的××、××两市旱情尤为严重。20多个月的时间内，××、××两市累计平均降雨分别占443毫米、448毫米，××市受害面积一度达到470万亩，占农作物播种面积的80%，××市280万亩农作物全受旱。同时由于长时间无有效降雨，河道断流、干枯，水利工程蓄水不断减少，12个县市出现了用水紧张的情况。据分析，此次气象干旱近500年一遇。……

　　鉴于当前的情况，恳请国家帮助解决以下问题：一是应急供水……二是应急调水……三是尽快实施南水北调东线工程，进一步缓解××半岛地区的水资源紧缺局面。

　　当否，请批复。

××省人民政府
2013年7月28日

第六节　批　　复

一、概述

　　批复是一种适用于答复下级机关请示事项的公文。批复是下行文，只限于上级机关答复下级机关所请示的问题时使用。

　　批复具有一定的针对性，因为它的内容是针对请示的内容予以明确的答复，不涉及与请示内容无关的其他问题；同时，批复一般只主送给请示的单位。批复还具有一定的被动性，因为它是根据下级机关报送的请示被动制发的公文，有请示，才有批复，没有主动行文的。此外，批复还具有一定的指示性，批复中对请示的批准或答复意见，反映了上级机关的行政决策，要求下级机关遵守与执行，具有明显的指示性。

二、批复的结构与写法

（一）标题

批复的标题一般由"发文机关名称＋事由＋文种名称"组成，如《国务院关于在浦东兴办中日合资商业零售企业有关问题的批复》。有的还在标题中表明发文机关对所请示问题的态度，如《国务院关于同意青海省调整西宁市行政区划的批复》。

（二）主送机关

即请求批示和批准的机关，也就是报送请示的下级机关名称。

（三）正文

批复的正文比较单一，篇幅相对短小，主要由引语和批复内容两部分组成。

1. 引语

批复是回复性公文，开头应有引语，引语通常有两种写法：一是引用下级机关来文的日期、公文名称或字号，如"××年×月×日，××文号为×××的请示已收悉"；另一种是简要引述来文所请示的事项，如国务院1992年5月15日给上海市人民政府的一个批复的引语"你市《关于我市与日本×××公司在浦东新区兴办合资零售企业及有关政策的请示》收悉"。

2. 批复内容

主要写明对请示事项所作的具体批示，表明同意或不同意的态度。如同意，行文一般比较简单，有时可提出执行中应注意的问题；如不同意，则要说明理由，并且作出应该如何处理的指示，使下级机关有所遵循。

3. 结语

结语一般使用规范性的语言，如"此复"、"特此批复"等。也有的没有结语，批复内容写完，全文即告结束。

（四）落款与成文日期

全文最后标明发文机关和成文日期，写法与其他公文相同。

批复的写作，要求内容集中，应紧紧围绕请示事项给予有针对性的答复，不应偏离主题，发表空泛意见。此外，批复的态度还应鲜明，切忌模棱两可，含糊其词；在用语上，措辞也要准确，语气要肯定。

[例文]

国务院关于同意将安徽省黟县列为国家历史文化名城的批复

国函〔2021〕64号

安徽省人民政府：

  你省关于申报黟县为国家历史文化名城的请示收悉。现批复如下：

  一、同意将黟县列为国家历史文化名城。黟县历史悠久，传统格局、历史风貌和地域文化特色鲜明，文化遗存丰富，具有重要的历史文化价值。

  二、你省及黟县人民政府要以习近平新时代中国特色社会主义思想为指导，全面贯彻党的十九大和十九届二中、三中、四中、五中全会精神，按照党中央、国务院决策部署，牢固树立保护历史文化遗产责任重大的观念，落实《中华人民共和国文物保护法》《历史文化名城名镇名村保护条例》要求，深入研究发掘历史文化资源的内涵与价值，明确保护的原则和重点，强化历史文化资源的保护利用，传承弘扬中华优秀传统文化，讲好中国故事。编制好历史文化名城保护规划和各级文物保护单位保护规划，制定并严格实施保护管理规定，明确各类保护对象的清单以及保护内容、要求和责任。正确处理城市建设与历史文化资源保护的关系，重视保护城市格局和风貌管控，加强整体性保护、系统性保护；保护修复历史文化街区，补足配套基础设施和公共服务设施短板，不断提升人居环境品质；保护好世界文化遗产，加强文物和历史建筑修缮保护，推动文物保护单位开放利用，充分发挥历史建筑的使用价值。不得改变与名城相互依存的自然景观和环境，不得进行任何与名城环境和风貌不相协调的建设活动，不得损坏或者擅自迁移、拆除历史建筑。进一步强化责任落实，对不履职尽责、保护不力，造成名城历史文化价值受到严重影响的行为，依法依规加大监督问责力度。

  三、你省与住房城乡建设部、国家文物局要加强对黟县国家历史文化名城保护工作的指导、监督和检查。

国务院

2021年6月2日

第七节　函

一、概述

函是不相隶属机关之间商洽工作、询问和答复问题、请求批准和答复审批事项的公文，是一种简便灵活的平行文。

从函的主要作用来看，它应属商洽性公文。函主要在平行机关或不相隶属的机关之间使用，有时上级机关对下级机关询问一般性的问题，下级机关向上级机关询问具体事项、报送统计报表或一些简单物件，答复上级机关询问的一般性问题等，也可用函来进行。在行政机关的公务活动中，函不具有指挥、领导的作用，但它具有桥梁、纽带作用。

二、函的分类

（一）按函的格式分

1. 公函

公函具有较完整的公文格式，用于商洽、询问、答复工作中比较重要的问题和请求主管部门批准某些事宜。它属于正式公文，要用带有文头的正式公文用纸并编排文号。

2. 便函

便函用于询问、答复、联系、介绍某些一般性的公务事宜。它不属于正式公文，不编文号，不列标题，用机关信笺直接书写，落款署上机关名称，注明发函时间，加盖公章即可。

（二）按函的内容、作用分

1. 商洽函

用于平行机关或不相隶属机关之间商洽工作、联系有关事宜使用，如洽谈业务，商调干部，联系培训等。

2. 问答函

用于向上级或平行机关之间询问有关问题，或答复下级机关或平行机关来函。

3. 请批函

用于向不相隶属的主管部门请求批准事项的函。请求要有充分的理由，要求批准的事项要明确、具体、合理。

（三）按函的行文方向分

1. 去函

也称来函。其行文者主动与有关单位商洽工作、询问问题或向有关主管部门请求批准等,这种函的行文者是主动的。

2. 复函

也称回复。其行文者用以答复来函所商洽的工作、询问的问题或批准有关单位的请求事项等,这种函的行文者是被动的。

三、函的结构与写法

(一) 标题

公函的标题一般由"发文机关名称 + 事由 + 文种名称(函或复函)"三部分组成,有时也可省略发文机关,由"事由 + 文种名称(函或复函)"两部分组成。

(二) 主送机关

即接受公函的机关。复函的主送机关与来函的发文机关是一致的。

(三) 正文

公函的正文,一般包括致函的缘由、致函的事项和结语三部分。

1. 缘由

去函首先写明商洽、询问、请求有关事项的原因。复函先写明去函的日期、标题,以及去函的发文字号等。

2. 事项

去函要写明所商洽、询问、请求的事项,并阐明发文者的意见和看法。内容多的可以分条款来写。复函要有针对性地回答去函所提出的问题和要求,答复要明确。

3. 结语

函的结尾常使用庄重的致意性词语作结,如果是要求对方答复的,可用"即请函复"、"请予研究函复";如果不要求对方答复的,则用"特此函达"、"特此函达,即希查照";如果是答复对方的,可用"此复"、"特此函复"、"特此函复,请查照办理"等语。

(四) 落款和发函日期

正文结束以后,写上发函机关名称和发函日期。

四、函的写作要求

(一) 行文简洁明快

函是一种简便快捷的公文,因此行文时要求语言简洁明快,写法上开门见山,将需要商洽、询问、答复、申请的事项交代清楚即可,不需赘语。

(二)语气谦和得体

函主要是不相隶属机关或平行机关之间使用的公文,因此语气应谦和、委婉、得体,讲究礼节,忌用指令性的语言。

(三)来往函件规格对等

来往函件规格要对等,这既是公务文书规范化的要求,也是讲究礼节的表现。

[例文1]

教育部关于同意设置深圳职业技术大学的函

教发函〔2023〕57号

广东省人民政府:

《广东省人民政府关于报请批准设立深圳职业技术大学的函》(粤府函〔2023〕15号)收悉。

根据《中华人民共和国高等教育法》《普通高等学校设置暂行条例》《本科层次职业学校设置标准(试行)》有关规定以及第八届全国高等学校设置评议委员会评议结果,经教育部党组会议研究决定,同意以深圳职业技术学院为基础整合资源设立深圳职业技术大学,学校标识码为4144011113;同时撤销深圳职业技术学院的建制。现将有关事项函告如下。

一、深圳职业技术大学为公办本科层次职业学校,由你省领导和管理。

二、学校要切实加强党的建设,全面贯彻党的教育方针,坚持社会主义办学方向,落实立德树人根本任务,培养德智体美劳全面发展的社会主义建设者和接班人。

三、学校职业本科专业设置按我部有关规定办理,同意首批设置电子信息工程技术、现代通信工程、人工智能工程技术、智能制造工程技术、新能源汽车工程技术、数字动画等6个职业本科专业。

四、学校全日制在校生规模暂定为35000人。

五、我部将适时对学校办学定位、办学条件和人才培养质量等情况进行核验。

望你省按照国家关于本科层次职业教育工作的部署,加强对学校的指导和支持,引导学校注重内涵发展,坚持职业教育办学定位,保持职业教育属性和特色,加强对本科层次职业教育的研究和模式探索,推动职业教育教学实践与产业发展、技术变革和社会人才需求紧密对接，促进学校进一步办出特色、办出水平，为广东省的经济建设和社会发展作出更大贡献。

教育部
2023 年 6 月 6 日

[例文 2]

上海市水务局关于报送水利工程标准化管理
工作实施方案和 2022 年度工作计划的函

沪水务〔2022〕654 号

水利部运管司：

　　根据《水利部办公厅关于做好水利工程标准化管理有关工作的通知》（办运管〔2022〕129 号）的要求，为创新水利工程管理体制机制，提高工程运行管理水平，确保工程运行安全，持续发挥工程效益，我局结合上海城市精细化管理要求和水利工程管理实际状况，制定了《上海市关于加快推进水利工程标准化管理的实施方案》以及本市 2022 年度水利工程标准化管理工作计划表，现将有关材料报送你司。

　　特此函达。

上海市水务局
2022 年 8 月 25 日

第七章 事务文体

第一节 事务文体概述

一、事务文体的概念

事务文体是党政机关、社会团体、企事业单位处理日常事务,用来沟通信息、总结经验、探究问题、指导工作的一类文体。事务文书的内容可以反映情况,交流经验,也可以研究问题,部署工作。应用上的广泛性和灵活性,使事务文书在公务活动中发挥着重要的作用。

二、事务文书的特点

事务文书用于处理公务,也属于广义公文的范畴。但它与行政公文不同,在实际使用中,它不能作为公文的文种来单独行文。如一个计划、一篇总结、一份调查、一则简报,都不能独立发文;如要制成文件,也只能以附件的形式附着于某种通用公文之后。

事务文书的应用范围十分广泛,它的制文机关不像行政公文那样有严格的法定性限制,而是各机关、团体、单位均可使用。它的行文方向也比行政公文灵活得多,无固定的上行、下行或平行的区别,有些甚至可以通过传媒向社会广泛宣传(如调查报告、经验总结等)。

除此以外,从性质和写法上来看,事务文书也与行政公文有较多不同。

(1)事务文书是为处理日常事务活动而使用的,它所反映的是具体职能部门的看法和意见,作者可以是具体职能部门,也可以是其工作人员。而行政公文体现的是各级领导机关的意志,其作者是法定的各级领导机关或机关领导人。

(2)事务文书是用来处理实际事务的工具,对推动实际工作,解决实际问题,所起的是参考和指导作用。只有通过公文载体批转、转发、发布的事务文书,才具有法定作用。而行政公文作为管理国家政务的工具,是法定作者在法定范围内行使职权而制发的,具有很强的权威性和约束力,法定作用非常明显。

(3)事务文书虽有一定的写作格式,但这是在实践中逐步形成的惯用格式,而不是固定不变的,作者可以根据其内容和写作要求,自由、灵活、多样地确定表述程序,合理地安排文章结构。而行政公文具有法定的格式,必须按照规定严格执行。

(4)在表达方法的运用上,事务文书以说明、叙述、议论为主,但也可适当运用描写等方法,增强文章的感染力和说服力。而行政公文的表达方法通常只是说明、叙述和议论。同时，事务文书的语言可以适当注意生动活泼、形象风趣，如可以运用群众语言、口语俗语等，而行政公文的语言讲究庄重平实，不追求形象化与艺术性，形成独特的公文语体。

三、事务文书的作用

事务文书的作用主要有以下几点。

(一) 实施管理，指导工作

事务文书在机关、单位日常事务活动中起着计划、组织、指挥、监督和调节等管理作用。如为了顺利地开展工作并达到预期目标，就必须制定周密的计划；为了总结一个时期或一个阶段的工作、生产情况，推广经验，吸取教训，就需要写好总结。

(二) 交流信息，沟通情况

事务文书在机关日常事务活动中，起着交流信息、沟通情况的作用，便于上下、内外进行联系，尤其是对于沟通单位内部情况具有重要的作用。

(三) 规范行为，约束行动

凡以法定作者名义制发的事务文书，在行政管理中具有规范行为的作用。如机关、单位制定的计划，是统一行动的依据，对计划范围内的每个人员都具有规范和约束作用。

四、事务文书的写作要求

(一) 深入调查研究

事务文书要反映新情况、新动向、新经验、新问题，就要求作者必须深入实际，加强调查研究。事务文书写作的起点与关键就在于搞好调查研究。

因为只有通过调查研究，才可能掌握丰富的可靠材料，而材料的真实性是事务文书的基础支撑。通过调查研究，不仅可占有丰富真实的材料，同时，对材料进行分析综合，从大量的现象中，可以把握客观事物的本质，使作者的认识得以深化。这样，事务文书才不致停留于材料的堆砌与现象的罗列上。

(二) 掌握方针政策

事务文书对实际工作的推动作用，离不开政策原则的指导，它是党和国家的方针政策在有关的实际工作中的具体体现。作者必须理解有关的政策精神，并运用政策原则去分析、解剖、评价、指导具体工作。这样，提倡什么、反对什么，才有正确的政策依据，并通过情况反映与经验总结，使政策得以进一步贯彻落实。没有政策观念，事务文书的写作也就失去了正确的政治方向。

（三）表达准确简明

事务文书的表达风格要求准确简明。真实的材料，正确的观点，通过确切质朴的语言表达出来。表达方式以叙述、说明、议论为主，语言以质朴、准确、简要为特征，力避浮饰虚华。

（四）注意结构体式

事务文书虽不像行政公文那样有规范化的固定格式，但各种事务文书也有一些共同的结构特征。例如写作上要求开门见山，条理清楚，层次分明，结尾简练等。各种事务文书又有各自的结构要素或结构形式，如简报的报头，调查报告的开头、主体、结尾，计划的目标、任务、措施、步骤诸要素的组成等，有一些文体的标题与落款的形式也都有大体的要求。所以，事务文书的结构体式是"定体则无，大体须有"。

第二节　一般书信

一、书信概述

书信是个人与个人之间、个人与组织之间、组织与组织之间，通过书面的方式交流情感、研究问题、商讨事情、互通信息的一种应用文体。书信是人们在日常工作和生活中常用的交往工具，通常具有特定的格式。传统的书信通过邮寄、传送等方法传递给对方，而新型的书信则通过网络传递给对方。

中国古代的战国之前，臣下向君王进言陈词及亲朋好友之间的书信来往，都叫"书"。到了汉代，随着礼仪制度的建立，凡群臣上达皇帝的书，根据内容的不同，分别称为"章"、"奏"、"表"、"驳"等，而一般的书信都叫"书"。到了晋代，泛称书札为书信。历史上书信的别称还有：信札、书简、函件、尺素、启、帖、笺等。随着科技的发展和网络的出现，出现了新型的书信——电子邮件，它是特指那些通过计算机网络进行传递的书信。

书信是人们传递信息、交流思想、沟通情感、联系工作、增进情谊的工具。在交通不发达的古代，书信的重要作用可想而知，即便是在交通和科技非常发达的现在，书信作为人们交流思想感情的工具，仍然使用得十分广泛。

书信的写作有一定的规范，它是以文字为基础的。同时，正确的行款、恰当的称呼、妥帖的词句、工整的字迹等与内容相配合，往往会博得收信人的好感，比较好地达到通信的目的。反之，格式不规范、称呼不合宜、遣词造句不达意、语气生硬等，都会产生消极反作用，甚至会形成伤害性后果。

按适用范围，书信可以分为一般书信和专用书信两大类。一般书信是指人们在日常生活中使用的私人之间的往来书信。专用书信则是指在特定的场合中使用的具有专门用途的书信,如介绍信、求职信、邀请信、感谢信、慰问信、申请书等。

二、一般书信的结构形式与写作要求

(一) 一般书信的结构形式

一般书信由称呼、问候语、正文、祝颂语、署名、日期等部分组成。一般书信的结构形式,也是专用书信的基础。

1. 称呼

称呼表明写信人与收信人的关系,顶格书写于信的左侧第一行,以示对收信人的尊敬。称呼后面加冒号,表示后面是对收信人所说的话。称呼应视具体情况而定,通常,关系一般的,称呼就庄重一些;关系密切的,可以简化一些。一般说来,可按平时习惯称呼对方。同时,称呼也要和署名相对应。对尊敬的长者,习惯上以"老"字加于姓氏之后,如"张老"、"李老"等,也可将"老"字加于其人名字的第一个字之下。为了表示对收信人的尊敬、热爱或亲昵之情,有时在称呼前还可加上"尊敬的"、"敬爱的"、"亲爱的"等修饰语。总的来说,称呼要用得准确,合乎社会惯例。

2. 问候语

书信的问候语是一种礼貌语言,通常不能遗漏。问候语写在称呼的下一行,空两格写,一般单独成段。问候语通常用"您好"或"你好";遇到节日,可以致以节日的问候。此外,还可以对收信人的工作、学习、生活、身体等各方面的情况进行问候。

3. 正文

正文要另起一行空两格写,转行时顶格,根据内容可以适当分段。正文部分一般先谈对方的事情,如询问对方情况,答复对方问题等,后谈自己想说的事。每一件事都要分段,做到条理清楚,一目了然。

正文的写作要注意:一要表意清楚,即把要告诉对方的意思表达清楚;二要简洁明了,即写得简明扼要,重点突出,不颠来倒去,不说废话;三要用语得体,即词语的选用、语义的表达要与书信的内容及双方的关系相适应。对待长辈要语气恭敬,对待友人要语气诚恳。

正文部分的内容十分广泛,可涉及政治经济、文学艺术、社会生活、家庭琐事等;形式也非常多样,叙述、描写、议论、说明、抒情等表达方式均可采用。

4. 祝颂语

祝颂语是写信人向收信人表祝愿或敬意的话语。祝颂语要视对方的辈分、环境和书信的内容选择运用,写给长辈的可用"敬祝安康(康泰)"等,写给友人的可用"工作顺利"或"祝你幸福(愉快)"等。

祝颂语写在正文结束之后的下一行,空两格写祝颂语的前一部分,如"敬祝"等,再换行顶格写"安康"等。

5. 署名

署名写在祝颂语下面一两行的右侧。完全的署名是修饰语或辈分再加姓名或名字（如"外甥某某"），也可只写姓名，或只写名字、小名，或不写名，只写辈分加"字"（如"姐字"）。署名不要潦草，初次通信尤其需要注意，既要让人看得懂，也表示对对方的尊重。

6. 日期

日期写在署名下一行靠右。较重要的信，年、月、日要写全，有的在日期的后边，还写上写信的时刻与地点。

有时信写完后，要补写一些在正文中遗漏或不便插入的内容，可在附言中表达。附言写在结尾部分下方，换行空两格先写上"附"字，后面加上冒号，引出附言内容；也可先写上补充的话，再加上"又及"两字；有时也可以直接将附言内容写在相应的信末左下方，省去"附"、"又及"等词语。

（二）旧式书信的常用称谓

旧式书信在格式上最复杂的是称谓语的应用。不同的对象要用不同的称谓语。称谓语包括以下一些内容。

1. 提称语

即在收信人名字或双方关系名称后所附加的词，如母亲"膝下"、父亲"慈鉴"，某某兄"大鉴"、某某先生"台鉴"等，借以表示尊重。

2. 启事语

紧接在提称语后，用来提起下面所要讲的话，对长辈要用"敬禀者"，对一般亲友用"敬启者"、"兹启者"。回信用"兹复者"、"教复者"等。现已不大应用，而是在提称语之后直陈其事。

3. 结束祝颂语

这包括两层意思，一是写信人所表示的敬意，二是对收信人的祝愿。例如对长辈要写"敬请福安"、"敬叩大安"，对师长写"敬请教安"，对友人写"顺候台安"等。"敬请"、"顺候"等写在正文完毕后，"福安"、"教安"等写在下一行顶格。

4. 具名语

正文写完后，在结束祝颂语的下一行写自己的名字和具名语。如"某某谨启"、"某某叩上"、"某某拜上"等。写给长辈的信在名字前还要加上自己的辈分，如"儿某某叩上"、"侄女某某敬禀"等。

在旧式书信中，人们对称谓语是很重视的，不能用错。错用称谓语就是对收信人的不尊重。

（三）信封的写法

信封的写法有横式和直式两种，我国大陆地区目前都采用横式，港澳台地区仍有许多人习惯于用直式。横式信封的写法如下：

（1）信封的左上角的6个小方格里写收信地邮政编码，要用阿拉伯数字写。

（2）邮政编码下面写收信人地址，要根据信封的大小，写得匀称，一行不够写可写在下一行。地址要写得详细、具体，字迹端正、清楚，以免误投。

（3）收信人的姓名写在地址下面，信封的当中，字迹可比地址大一些；姓名的字距可写得略空，不必紧紧相连。姓名后稍空一点接写"先生"、"女士"等，然后再稍空一点接写"收"、"启"等字。此外，信封是写给投递人员看的，不要写上写信人对收信人的具体称呼。写给单位负责人的私人信件，要写明"亲启"或"亲收"字样，以免混作公函。

（4）信封的右下方写寄信人的地址、姓名和邮政编码。这部分字可写得略小一些。先写地址，后写姓或姓名加上一个"寄"或"缄"字均可。平信的发信人可以只写姓不写名，但挂号信、特快专递信的发信人的姓和名一定都要写上。

如果是托人传送的信件，可在信封上写明"面交"、"烦交"等字样。托交信的地址可视送信人的情况或详或略。信封右下方写上"某托"、"某某敬托"等字样。托信人的称谓，与上述邮递信件不同，用的是本人与收信人关系的直接称谓。

明信片收信人姓名的后面，不能用"启"字，只能用"收"字；寄信人的姓或姓名后面也不能用"缄"（意为"封"）字，而应用"寄"字。

寄往国外的国际邮件的信封写法顺序，刚好与国内信件相反。信封的左上角写发信人的姓名地址，前面通常先写"From"加上冒号。收信人的姓名地址写在偏右下处，前面通常先写"To"加上冒号。地址的顺序由小到大。

电子邮件没有信封，但一样需要键入正确的收信人邮箱地址。在发送新邮件时，需要在收件人一栏输入收件人的电子邮箱地址（如：Wang@yahoo.com），在抄送一栏输入抄送收件人的电子邮箱地址（如：Zhang@hotmail.com），在主题一栏输入邮件的题目名。有时，抄送一栏和主题一栏也可选择空白，只输入收件人的电子邮箱地址。在发送电子邮件时，要准确输入收件人的电子邮箱地址，输错一个字母或者一个符号，都将导致退信。在普通信件中，发生地址写错一个字时，邮递员会根据上下文的意思，试投某个信箱。而在计算机网络上，所有的投递工作全由计算机执行，计算机在判断信件的地址有误后，唯一的选择就是把信件退还给发信人。所以，在发信之前应该核对地址无误，以免延误重要信件的发送。

（四）一般书信的写作要求

1. 区分对象，因人而异

一般书信是写给特定收信人的，因此，通信对象不同，写法也各异。一般来说，要区分亲疏、长幼和尊卑。即使同是家信，因对象不同，除了称谓不同以外，用词、语气等也应有所区别。同时，应考虑到对方的身份、经历、文化水平等。给文化水平不高的人写信，应通俗易懂,浅显明白;给文化水平较高的人写信,则可适当地在遣词造句上多花些工夫。

2. 礼貌周全,措辞得体

在信件的格式和内容上都要讲究礼貌。称呼要切合身份,问候语也要适当。正文结尾处的致敬或祝愿的话,既表达了写信者的衷心祝福,也体现了写信者的礼貌。写信的用纸也应注意,给长辈的信尤其如此,为体现庄重,不要用很花哨的信纸。写信不应用铅笔或红墨水,因为会给对方以轻慢的感觉,显得不礼貌。回信应及时,一旦由于某种原因回信迟了,应在信中说明理由,并表示歉意。

措辞得体,就是要切合通信双方的处境和关系,注意双方各自的身份和辈分,根据特定关系遣词造句。语言要恰如其分,合乎礼貌。喜悦愉快的信可写得热情洋溢,哀痛悲伤的信要写得真挚关切,请教求助的信要写得谦逊有礼,批评建议的信要写得诚恳郑重。

3. 简洁有序,清晰流畅

书信的表述应简洁,有话则长,无话则短。内容安排应注意条理分明,脉络清晰。要答复的问题先说,其他问题后说。重要的事情先说,次要的事情后说。不能忽前忽后,颠三倒四,令对方感到茫然无绪。语句运用宜平实,遣词造句要符合现代汉语的规范。语义表达要通顺流畅,符合事理和情感的逻辑。字体书写要清晰工整,避免涂涂改改,因为字迹潦草、文面不整洁会被认为是对对方的不尊重。

三、一般书信和专用书信的区别

一般书信也称"私人书信",用于私人之间的书信往来。专用书信也称"公务书信",常在特定场合中使用。它们有共同的写作要求,但也有所区别。

（1）撰写一般书信不需用标题,而专用书信常有标明性质或内容的标题,写在书信前居中位置。

（2）一般书信的收信人的称呼,固定写在开头第一行左侧,顶格书写。而专用书信收信人的称呼,除可像一般书信写在开头外,还可写在正文中或正文后另起一行顶格。

（3）一般书信的写信人只需署名,不必用章。而专用书信以单位名义写的,为表示慎重和有效,均要加盖公章。

[例文1]

沈从文给张兆和的信

三三：

  我已经到了桃源。车子很舒服。曾姓朋友送我到了地,我们便一同住在一个卖酒曲子的人家,且到河边去看船,见到一些船,选定了一只新的,言定十五块钱,晚上就要上船的。我现在还留在卖酒曲人家,看朋友同人说野话。我明天就可上行。

我很放心。因为路上并无什么事情。很感谢那个朋友,一切得他照料,使这次旅行又方便又有趣。

我有点点不快乐处,便是路上恐怕太久了点。听船上人说至少得四天方可到辰州,也许还得九天方到家,这份日子未免使我发愁。我恐怕因此住在家中就少了些日子。但我又无办法把日子弄快一点。

我路上不带书,可是有一套彩色蜡笔,故可以作不少好画。照片预备留在家乡给熟人照相,给苗老咪照相,不能在路上糟蹋,故路上不照相。

三三,乖一点,放心,我一切好! 我一个人在船上,看什么总想到你。

我到这里还碰到一个老同学,这老同学还是我廿年前在一处读书的。

二哥
十二日下午五时

[例文2]

维特根斯坦给凯恩斯的信
（1927）

我亲爱的凯恩斯：

您已经几年没听到我的消息了。甚至对于大约一年半前您寄我的你的关于俄罗斯的小书,我都未表达谢意。我不打算解释我长段的沉寂:原因有多种。我碰到一大堆麻烦事,一个接一个使我迟迟没有写信,直到它们要全部消失。我现在抽出一小段假期避开这些麻烦,正是给您写信的好时机。我已放弃教学很久了(约14个月),已在做建筑,正在建维也纳的房子。这给我带来一堆麻烦,我甚至不知道自己是否会弄得乱七八糟。但我相信房子11月左右会完工,然后我会到英国旅行一趟,如果那儿有人还在意我的话。我也很想拜见您,同时向您请教。关于您的书,我忘了说喜欢它。它证明您可真是见多识广。

请代我向您的夫人问好！

您永远的路德维希

第三节 专用书信

一、邀请信 婉拒信 请柬

（一）邀请信

邀请信是邀请收信人参加某项活动的专用书信。这类活动内容极为广泛，可以是商品交易会、展览会、艺术节、电影节，也可以是庆祝会、同学会、校友会、学术讨论会等，发出邀请的是举办该项活动的主办方，被邀请的可以是有关单位，也可以是有关人士。

邀请信要写明活动的名称、目的、内容、时间、地点以及其他有关事项。重要的活动还要求对方回信说明是否参加。邀请信的具体写作格式如下：

1. 标题

在第一行居中写上"邀请信"三字。字体可与正文略有不同，字号可比正文稍大一些。

2. 称呼

在标题下一行，顶格书写被邀请单位名称或个人姓名及称谓，后面加上冒号。

3. 正文

写明活动的名称、目的、内容、时间及地点。如有参观或文艺活动，应附上入场券。如有礼品赠送，应附上礼品的领取说明。如有宴请，应注明时间及地点。如需乘车乘船，应交代路线及有无专人接站等。

4. 尾语

正文之后，紧接着写尾语，也可另起一行，顶格书写。尾语多为期盼性敬语，如"敬请光临"、"敬请莅临指导"等。不宜写"希准时出席"等强制性词语。

5. 落款、日期

在正文右下方写上邀请单位名称或个人姓名，署名下一行写上发出邀请的具体年、月、日。单位主邀的应加盖公章。

（二）婉拒信

婉拒信是婉言推辞、谢绝别人的帮助、请求时写的专用书信。婉拒信应在信中陈述无法答应所请的原因。对不愿为的事，可声明自己的一贯主张；对不能为的事，更应陈述理由，说明自己的为难之处。

婉拒信应讲究礼貌。对关系较疏者，态度要谦和；对熟悉的亲友，可直陈理由，据实相告，但语气也要委婉，不要令对方感到难堪。同时，婉拒信虽是婉言谢绝，但态度必须明朗，不能模棱两可，引起歧义。

婉拒信的写作格式如下：

1. 称呼

第一行顶格写收信人的姓名和称谓，后面加上冒号。

2. 正文

表明谢绝的态度，讲明谢绝的理由。为表示真诚，应把情况摊明，不要东躲西藏，吞吞吐吐。

3. 结尾

可以写表示歉意的话，也可以写表示祝福的话。

4. 落款、日期

在结尾的右下方署上写信者的姓名，署名下一行写上写信时的年、月、日。

（三）请柬

请柬，又称请帖，用于邀请客人参加有关的会议、晚会、典礼、仪式或各种喜庆、纪念活动，一般用套红制成帖子形式，故又称柬帖。

请柬应使用于较为庄重的场合，不宜随意滥发。写作中应注意措辞典雅得体，内容表述准确清楚，格式规范。

请柬的内容构成、结构格式与邀请信大致相同。现在商店中往往有空白的请柬卡片可以购买，但仍需用毛笔或钢笔填入各项内容，字迹必须端正工整，以示尊重。

请柬与邀请信的作用相同，都是邀请对方参加某一活动，但两者又有区别。一般说来，邀请信多为单位出面，请柬则单位、个人均可出面。邀请信侧重于邀请参加具有实质性的活动，而请柬则一般偏重于礼节性的活动，如迎宾宴、庆祝会、开幕式等比较隆重的场合。譬如，某市举办艺术节，事前可用邀请信邀请中外嘉宾参加，待嘉宾到齐后，择日举行盛大开幕式，这时可再用请柬邀请以示隆重。此外，邀请信不必制成柬帖形式，一般可用打印文字以信函形式发出。

二、贺信　慰问信

（一）贺信

贺信是表示祝贺、赞颂的专用书信。它较多用于党政机关及其领导人、社会团体对取得巨大成绩、作出卓越贡献的集体或个人表示祝贺，或者对国际国内发生的重大喜事、对一些重要会议的召开、对知名人士的寿辰表示祝贺等。私人之间也可发送贺信，对值得庆贺的事表示祝贺。用电报形式发出的贺信称为贺电。

贺信的使用范围极广，诸如工作上取得成就、工程竣工、公司开业、比赛获胜、学校校庆以及个人的寿辰、婚礼等，均可用贺信来表示祝贺。发信人可以是单位，也可以是个人。

贺信的写作格式是：

1. 标题

一般写"贺信"二字，有时也可在标题上写明发信单位、收信人或祝贺的事由。

2. 称谓

标题下另起一行、顶格写接受贺信的单位名称或个人姓名及称谓。如果是祝贺会议，只写会议的名称。

3. 正文

正文一般由开头、主体和结尾三部分组成。

开头，写事由及表示祝贺语。经常用"值此……之际，谨代表……向……表示热烈的祝贺"等语。

主体，写祝贺的内容。一般是热烈祝贺、肯定、赞扬对方所取得的成就，论述取得成就的背景及意义等。如果是祝贺会议，在主体里要侧重说明会议召开的重要意义和深远影响。

结尾，写希望、祝愿或鼓励的话语。

4. 落款

在正文的右下方写上发贺信的单位或个人的名称或姓名，再在下一行写明日期。

贺信的写作，语言要简练，笔调要热情，感情应真挚饱满。祝颂之词要掌握分寸，赞扬对方的成绩应实事求是，避免过分的溢美之词。总的说来，贺信具有较强的感情色彩，语言充满热情，多富于鼓励、勉励、希望、敬佩之意。

（二）慰问信

慰问信是向他人表示慰藉、关怀、问候、勉励的专用书信。慰问信可以是在对方取得成就、荣誉、作出贡献时使用，也可以是在对方遭到灾害、困难、意外损失时使用。慰问信能充分体现组织的温暖和亲友之间的深厚情谊，给人以情感的慰藉和心灵的鼓舞。慰问信可以直接寄给对方，也可以通过新闻媒体进行传播。

慰问信的种类常见的有三种。

灾难慰问：

向在自然灾害中遇到重大损失的地区和群众表示安慰与激励；向个人遇到不幸（如患重病或家属亡故等）表示同情与安抚。

业绩慰问：

向为国家与集体作出贡献的集体或个人表示慰劳与祝贺。

节日慰问：

遇传统节日向有关人员表示问候、祝愿。如在某一重大节日对驻守在边防线上的解放军战士、对节日坚持工作的各条战线的职工表示节日的慰问等。

慰问信有的由个人写给个人，有的在单位、团体之间互致慰问，也有的是上级对下级及其所属人员的慰问。慰问信一般不用于上行,下级机关团体对上级机关团体,个人对上级机关团体,一般不宜用慰问信。

慰问信的结构格式大体如下:

1. 标题

在第一行居中的位置写"慰问信"三个字,或者写"某某致某某的慰问信",如《中共中央国务院致陕西灾区人民的慰问电》。机关名称、慰问对象、信件名称三者齐全的标题,一般用于集体慰问,涉及的事项也较重大;个人之间的慰问一般不用全称标题。

2. 称呼

在标题下另起一行、顶格写被慰问的单位名称或个人姓名。如果是写给个人的,应在姓名之后加上称谓。

3. 正文

包括开头、主体、结尾三部分,在称呼下一行开头空两格写。开头,说明致信缘由与有关背景,并表示慰问之意。主体部分内容应根据事情和慰问对象的不同有所区别。如给灾区人民写慰问信,要写出灾害发生后写信方的同情与采取的支援行动,如有捐赠的物品、资金也要在这里写清楚,并赞扬对方与灾害作斗争的精神,鼓励对方再接再厉,战胜困难。如给作出贡献的集体或个人写慰问信,要赞扬对方作出的杰出贡献,慰问对方在工作中的辛劳。如是节日慰问信,要根据对方工作的性质,简要地讲述这种工作的意义,赞扬他们的辛勤劳动、忠于职守和无私的奉献。结尾可表示共同的愿望和决心,或再次表示深切的慰问之情。

4. 尾语

用"此致 敬礼"作结,或写祝愿的话,如"祝你们取得更大的成绩"、"祝节日愉快,合家欢乐"等。

5. 落款

在结尾右下方署上慰问单位名称或个人姓名。署名下一行写上具体的年、月、日。

慰问信的写作,语气要亲切、热情、诚恳,文字要简洁、朴实。在热情地赞颂所慰问对象的可贵品质时,还应殷切地提出希望,鼓励他们继续奋斗。总的说来,要向慰问对象表示出亲切、关怀的感情,使对方感到写信者的深厚情谊。

三、申请书 倡议书

(一)申请书

申请书是个人或集体向组织表达愿望,或向有关部门、领导提出请求时使用的一种专用书信。申请书的使用非常广泛,个人如入党、入团、入会,个人或单位有特殊困难希望组织帮助解决等,均可以申请书的形式提出。

申请书从内容上大致可以分为三类。

参加某种组织的申请书：

这是要求参加某一社会团体、党派而写的申请书，如入党申请书，入团申请书等。

要求解决问题的申请书：

如要求调动工作，申请出国留学、探亲等。

要求某种权利的申请书：

如专利申请书、领养子女申请书、商标注册申请书等。

申请书的写作格式基本如下：

1. 标题

可直接在申请书的首行正中写上"申请书"三字，也可加上申请事由，如"入党申请书"等。

2. 称呼

顶格写上申请书接受者的名称，如"某某党支部"、"某某学校"等。

3. 正文

一般包括申请事项、申请理由、申请人的态度三个部分。申请事项要开门见山，清楚明白地提出。申请理由要充分，突出主要理由，态度肯定，条件充足。申请人的态度，即对申请书的接受者提出自己诚恳的希望和要求，或表示自己的决心。

4. 结尾

视具体情况而定，可写表示敬意和礼貌的结语，如"此致　敬礼"等，也可写表示感谢的话，或者，也可以没有专门的结尾用语。

5. 署名、日期

在结尾的右下方写上申请人姓名，下一行写上提出申请的具体年、月、日。

在写作申请书时，应实事求是，真实表明自己的思想感情。语气要恳切，理由要充分，语言应简明扼要。

（二）倡议书

倡议书是个人或集体为了做好某一工作，或开展某项公益活动，向群众公开提出一些奋斗目标、先进措施或行为准则，希望大家共同完成或共同遵守而写的专用书信。如倡议大家保护环境，爱护动物，推广普通话，写规范字等。

倡议书不是针对一个人、一个集体或一个单位发出的，往往是面向群众、面向社会，甚至是面向海内外。它是把一项重要的、有创造性的建议，或有关组织、团体、领导的号召变为广大群众行动的重要途径，具有广泛的群众性。

倡议书所倡议之事需要他人积极响应，因此内容必须具有相当的号召力和说服力，往往要在一定范围内公开宣传，以便更好地发挥它的作用。但倡议者与被倡议对象不是上下级的关系，不存在约束力。

倡议书的写作格式如下：

1. 标题

写在第一行居中的位置。可用"倡议书"三字作为标题,也可由倡议者加倡议事项组成标题,如《教育部、中国文字改革委员会等 15 个单位提出大家都来说普通话的倡议信》;还可是"倡议对象 + 文种名称"作为标题,如《向文艺界发出的倡议》。

2. 称呼

指被倡议的对象,可以写有关的组织、部门的名称或个人称呼。如果是范围很广的倡议信,可以不写接受对象。

3. 正文

一般包括开头、主体和结语三个部分。

开头部分用简洁的语言交代倡议的背景,阐明倡议的目的和意义。发出倡议总是希望得到有关人员的响应,只有交代清楚倡议是在什么情况下发起的、为什么要发起这样的倡议,被倡议者才能理解这样做的好处,进而响应。这一部分的文字应具鼓动性和号召力,最后往往用"提出如下倡议"过渡到倡议的事项。

主体部分是倡议的具体内容。这部分应交代清楚倡议开展的活动和所要做的事情,一般是分条列项写明,使之条理清晰,一目了然。倡议的事项必须明确、具体、切实、可行,以便接受倡议者的响应行动。

结语可以用恳切的语言表达倡议者的决心和希望,或者建议和信念。有时结语部分也可省略。

4. 署名、日期

在正文右下方署上倡议书发起者的单位名称或个人名称,并在署名下一行写上发出倡议的具体年、月、日。有时还可在日期之后写上发出倡议的地点。

倡议书在写作上应注意,首先,倡议的内容既要有先进性,又不能要求过高,而是经过努力就可以做到的。如果要求过高,倡议常易形成一纸空文,无人响应,达不到倡议的目的。其次,倡议书的语言要诚恳、婉转,言之成理,切不可以居高临下的姿态,以指导、教育的口吻提出倡议。如果语气生硬,将引起反感,效果适得其反。

四、自荐信

(一)自荐信的概念及特点

自荐信是写信人向收信人做自我推荐,以期谋求职位的专用书信。它是求职人根据自己的条件和意向,向可能聘用自己的单位所写的书信。

写自荐信的目的是希望对方能任用自己,因此,信的写作重点是把自己有关方面的情况介绍给收信人。一般来说,应认真、仔细、客观地分析自己的优势和劣势,把凡是与求职有关的自荐信息,分清主次、突出重点、有的放矢地加以表达,而无助于求职的话语,一概不提。在描述自己的长处和优势时,应既不夸大,也不缩小,而是要客观、清晰、完整地表达出来。

(二) 自荐信的内容

自荐信的内容,应根据求职的具体情况而确定。但一般说来,一封自荐信应大体包括以下要点。

1. 个人信息

一般包括自己的姓名、性别、年龄、籍贯、婚姻状况、毕业院校、所学专业以及简历等,要写得简明扼要。

2. 自荐目标

即对自己希望去何部门做何种工作要表述清楚。但应注意,在写上明确的自荐目标的同时,还要为自己有可能的灵活调整留有余地。

3. 自荐缘由

即说明自己为什么、凭什么要自荐于某一岗位。对缘由的说明要简洁明了,实在可信。

4. 自荐条件

详细说明与所求职位相关的自身真正拥有的各种优势。写这部分时要善于扬长避短,应围绕求职岗位的具体要求,针对对方关心的问题,充分表现自己与之相关的学业成绩、实际能力、工作实绩和其他综合优势。写作时应注意,过于自谦、胆怯,无法吸引别人,往往会错失良机;盲目自尊,言过其实,也会令人产生反感,同样达不到目的。应尽量用自己出色的成绩来说话,用自己的诚恳和自信的态度来说服人。

5. 附件

为了增强自荐的力度和可信度,有时自荐信还需加上附件。附件一般包括求职的个人简历,所学专业课程一览表,各科成绩登记表,各类褒奖证书,发表的论文、论著,教授、专家的推荐信及学校有关部门的推荐意见等。附件从事实角度向对方展示自荐者的条件与优势,更具体,更令人信服,往往对取得求职成功具有举足轻重的作用。

(三) 自荐信的写作格式

自荐信的写作格式和一般书信基本相同。

1. 标题

在信纸第一行居中写上"自荐信"三个字,有时也可不写。

2. 称呼

在标题下一行、顶格写上对收信人的称呼,前面可加上收信人的职位或"尊敬的"等修饰语,后面加上"先生"或"女士",以示尊重。如果不知道用人单位主管者的姓名,可直接写上相应的职位称呼,如"策划部经理"、"广告部主任"等。

3. 问候语

在称呼下一行开头空两格写。通常用"您好"、"打扰了"等,而不用过于亲切的问候语,以免显得造作。

4. 正文

该部分是自荐信的重点,内容安排上应重点突出,紧凑合理。自荐的缘由可以简述,重点要介绍自己求职的各种有利条件。写作时应有侧重点,有针对性,强化自荐者的成就和优势。

5. 结尾

写在正文之后另起一行。自荐信的结尾要非常简洁,可以表达期盼对方给予答复的意思,也可以告知对方自己的通讯地址和联络方式等。

6. 署名、日期

写在结尾的右下方。署名要端正,清楚。日期最好把年、月、日写全,以示郑重。

[例文 1]

2016第十三届中国国际金融论坛邀请函

尊敬的_____女士/先生:

第十三届中国国际金融论坛将于2016年12月15—16日在上海召开。论坛主题:共享经济时代的开放型金融服务。论坛组委会诚挚地邀请您出席本届国际金融盛会。

论坛创办于2004年,已连续成功召开12届年会,出席往届的嘉宾有来自中国人民银行、中国银保监会、中国证监会、中国保监会等金融监管部委领导和国家开发银行、中国进出口银行、中国农业银行、交通银行、招商银行等金融机构高层,北京、天津、重庆、深圳、广州、南京等城市领导以及上海市相关领导,海外嘉宾有欧盟经济与社会委员会主席斯塔凡·尼尔森、亚洲开发银行副行长叻莎蜜、苏格兰财政部长约翰·斯温尼、墨西哥银行副行长曼纽尔·桑切斯、摩根斯坦利亚洲区前主席史蒂芬·罗奇以及高盛、瑞银、摩根大通、瑞士信贷、花旗、渣打等海外著名金融机构高管。

本届论坛将就共享经济时代的开放型金融服务、区块链技术与金融科技展望、共享金融生态圈构建与金融混业发展、商业银行投贷模式创新、企业投融资与并购、金融信息安全以及全球金融动态与中国资本市场创新展望等话题进行深层次剖析与讲解,通过高层对话、圆桌会议、封闭会议、项目推介、资本对接等多种形式,对中国金融服务与实体经济发展的前沿问题进行深入的探讨。届时,金融监管机构领导、中外资银行、国内外私募股权基金、金融中介服务机构、投行、证券公司及高成长性企业负责人、专家学者等将出席本次盛会。

在此,我们诚挚地邀请您届时出席本届论坛,并衷心地希望您能从此次论坛中寻获企业发展的新机遇。我们期待着与您在上海相聚!

中国国际金融论坛组委会办公室

二〇一六年十一月

[例文2]

云南省委省政府向中国体育代表团致贺信

中国奥委会转中国体育代表团:

欣闻云南运动员刘浩与队友郑鹏飞在东京奥运会静水皮划艇男子1 000米双人划艇决赛中沉着冷静、奋力拼搏,不畏强手、勇夺亚军,为中国体育代表团再添一枚银牌,成为首位在本届奥运会夺得奖牌的云南运动员。我们代表全省各族人民,向中国体育代表团,向中国皮划艇队,向刘浩及其队友、教练员致以热烈祝贺!

刘浩和队友取得的佳绩,离不开平时的刻苦训练、艰苦努力,更离不开国家体育总局的全力支持和中国皮划艇协会、中国皮划艇队的悉心培养。在此,我们谨向国家体育总局及中国皮划艇协会、中国皮划艇队表示衷心的感谢!

衷心祝愿我国奥运健儿持续发扬奥运精神,顽强拼搏、奋勇争先,再接再厉、再创佳绩!

中共云南省委 云南省人民政府

2021年8月3日

[例文3]

应聘自荐信

尊敬的贵公司领导:

您好!首先感谢您能抽出宝贵的时间来看我的自荐信,给予我毛遂自荐的机会。我叫×××,是×××学校数控技术专业的学生,我很高兴地在招聘网站得知你们的招聘消息,我真心希望加入贵公司,竭尽所能为贵公司的发展出一份力量。借此择业之际,我怀着一颗赤诚的心和对事业的执着追求,真诚地推荐自己。

在学校里,我刻苦学习,力求上进,取得了优异的成绩——目前我已完成了对机械制图、机械设计基础、数控加工技术、数控编程、公差配合、机械CAD/CAM和数控机床电气控制等基础与专业课程的学习,并参加了数控车、维修电工和钳工的实训。我以理论结合实际的思想指导学习,取得了不错的成绩,曾获得国家助学金、国家奖学金和"优秀学生干部"荣誉称号,并取得了高级加工中心操作工和AutoCAD等证书。现在的我已具备了较强的理论知识和动手能力。

我为人诚实正直,热情,能与人融洽相处,做事严谨认真,爱好广泛,接受新事物能力强,有着良好的团结协作精神。严谨的学风和端正的学习态度塑造了我朴实、稳重、创新的性格特点。我会用信念作帆,撑起生命的航船向着理想的彼岸前进,殷切期望能在贵公司尽我个人绵薄之力,作出我最大的贡献。

此致

敬礼

自荐人:×××

2022年6月19日

第四节 计　　划

一、计划的概念和作用

(一) 计划的概念

计划是党政机关、社会团体、企事业单位或个人预先对一定时期的工作、学习、生产等作出科学性部署或安排,并以书面形式记录下来的一种文体。

计划是个总的名称,在日常工作和生活中,"安排"、"打算"、"规划"、"设想"、"意见"、"方案"等,也都是人们对今后的工作或活动做出的部署和安排,因此也都属于计划这个范畴。它们的区别主要体现在内容的详略和时限的长短上。一般说来,安排、打算常用于时间较短、内容较具体,并偏重于工作步骤和方法的计划,如《××公司二〇二一年第一季度工作安排》;规划是带有全局性、长远性和方向性的计划,如《中华人民共和国国民经济和社会发展第十四个五年规划和2035年远景目标纲要》;设想是初步的、粗线条的、提供参考的计划,如

《××市关于建设大学城的设想》;意见是原则性较强、内容较完整的计划,如《××市环卫局关于整治某某河河流污染、坚决关闭排放超标企业的意见》;方案则是对某项工作从目的要求、方法到具体步骤都作出全面部署与安排的计划,如《××棉纺厂关于置换土地、转换经营机制和内容的方案》。

(二) 计划的作用

计划一经制订,就对制订者具有指导性与约束力。因此,制订计划的作用如下:一是可以提高自觉性,避免盲目性。因为要完成某项工作或任务,事前制订一个周密的切实可行的计划,可以使行动有所遵循,能够避免工作中的盲目性、被动性,增强自觉性和主动性;二是可以调动积极性,保证工作任务的完成。计划一经制订实行,目标明确,任务切实,有利于制订者群体团结一致,发挥集体智慧,为实现既定目标而努力;三是便于督促、检查。在工作进程中或工作任务完成后,是否实现了预期目标,可以以计划为依据进行检查。

此外,就一项具体的管理活动来看,一般总是先作出决策,再制订计划,然后组织实施。计划介于其中,既是决策的具体化,同时又是组织实施的纲领。因此,在现代社会生活中,计划的使用范围十分广泛,上至国家大事,下至个人日常工作、学习和生活安排,都需制订合理的计划。

二、计划的特点和种类

(一) 计划的特点

1. 明确的目的性

计划都是为达到某种目标,或完成某项任务而制订的,因此有明确的目的性。有了预期的目的,才会有明确的努力方向。并且,计划就是为了避免行动的盲目性而制订的,因此,没有明确的目的,必然也将失去指导行动的作用,也就谈不上计划。

2. 较强的预见性

计划是事前行文,计划中所提出的任务、目标、所制订的措施、步骤,虽然有现实依据,但都是对未来行动的预想和策划,因此有较强的预见性。只有高瞻远瞩,正确分析各种有利和不利的因素,才能对发展趋势和所能达到的目标,作出科学的预测,制订可行的计划。

3. 措施的可行性

为实现预期目标,计划必须有切实可行的措施与方法。计划所规定的任务要求,不是凭空想象、盲目无根据的,而是切实可行,经过努力完全能做到的。目标远大而措施不实的计划,将难以具体执行,只有措施得力、方法得当、步骤具体,才能达到预期的目的。

(二) 计划的种类

计划的种类很多,按照不同的标准,大致可以划分为以下几类。

（1）按性质分，有综合性计划、专题性计划等。综合性计划具有全面性，包含各方面的工作内容与要求，如社会发展规划、国民经济发展计划等。专题性计划具有单一性，是就某一方面的工作或某项活动作出安排。

（2）按内容分，有工作计划、生产计划、学习计划、科研计划、销售计划等。这些计划的内容大都与各单位、行业的业务工作密切相关。

（3）按时间分，有长期规划、短期计划、年度计划、季度计划、月份计划等。

（4）按范围分，有国家计划、部门计划、单位计划、个人计划等。

（5）按形式分，有文件式计划、条文式计划、表格式计划、条文加表格式计划等。

（6）按发文需要来分，有普通计划与文件计划。文件计划因需要上报或下发，借一定的公文文种形式，按一定行文关系发出。

一份计划往往可兼及多种名称，具有多种属性。如《××市商务局二〇二一年工作计划》，根据以上不同标准可兼属专题性计划、工作计划、年度计划、单位计划。

三、计划的内容要素

计划的内容一般包括四个要素，即制订的依据、目标、措施、步骤。

（一）制订计划的依据

制订计划的依据是说明为什么制订该计划及制订的意义。它一般包含两方面的内容：一是指导思想，如政策根据、上级指示精神、制订计划的目的等；二是基本情况概述，如制订计划前的现状或有关的背景情况的简要介绍。这部分内容是解决"为何做"的问题。

（二）目标

目标是指明"做什么"的问题，它包括本计划要实现的最终目标、要完成的总任务和各项具体任务。目标部分要写得具体、明确，不能笼统、含糊。如在说明任务要求时，不能只写"力争在产品产量和质量上有所提高，成本有所下降"，而应具体说明产量要达到多少、质量要达到什么标准、成本要降低多少。否则，就会造成执行中的困难，使计划成为一纸空文。

（三）措施

措施是执行计划时所采取的办法，它是实现目标的具体保证，解决"如何做"的问题。如运用什么手段、动员哪些力量、创造哪些条件、排除哪些困难等。表述时，要注意切实可行，具体有力。

（四）步骤

步骤是对计划进度的具体安排，包括工作程序和时间分配，它是解决"何时完成"的问题。要实现一定的目标,在工作进程中常有一定的阶段性,各项工作有先后、轻重、主次之分,应安排合理,符合实际。只有做到步骤明确,计划执行起来才会井然有序,有条不紊。

上述计划内容的四要素不一定在所有计划中都是齐备的。有的表格式计划,就只有任务数据与期限,省略了计划依据与措施。有的内容简单、时限较短、篇幅又不长的计划,依据部分也可一语带过,或不作独立的一个组成部分。不过,时限较长、涉及工作内容较复杂、工作面较广的计划,一般都应具备这四个要素,尤其是目标与措施两个核心要素不可省略。

四、计划的结构体式

计划没有固定的结构格式,性质不同,行业各异,其计划的结构也往往有所不同。但一般来说,计划的结构都比较相近,通常由标题、正文、落款几个部分组成。

(一) 标题

标题,也就是计划的名称。全称标题由单位名称、适用时限、计划内容、计划种类四部分组成,如《××大学2022年科研工作计划》。文件式计划一般采用此类标题。如果计划只限于本单位使用,标题中可不写单位名称。如果是个人计划,也不必将名字写在标题中。如果计划是未定稿或未经最后批准的,则在标题后面加上"草案"、"讨论稿"等字样,并加上括号。

(二) 正文

正文是计划的具体内容,包含前述计划内容的四项要素。正文通常由三个部分组成。

1. 开头部分

简要说明制订计划的指导思想,指出制订的政策依据,概括基本情况,或说明制订的缘由。这部分内容表述时,一般用"为了……""根据……"之类的介词结构起句。最后用"为此,特制订计划如下"等过渡语转入主体部分。

2. 主体部分

要写明计划达到的目标,准备采取的措施及计划施行的步骤。

在写目标与任务时,一般先写总目标、总任务及完成时限,然后分别写各项的具体任务。目标应写得具体、明确,不要太过笼统,必要时要写明具体的指标和要求。

措施与步骤部分,一般包括项目分工、主管责任、配合协作关系,有关的工作制度、具体的规定、执行任务的办法、对策以及工作进度、程序等内容。措施要具体、切实,分工要明确、清楚,步骤应有序,条理要清晰。

在层次安排上,主体部分有两种模式:一种是把目标、措施、步骤分成三大部分,依次按顺序一一写明;另一种是把目标、任务和措施、步骤结合起来写,写完一项任务后紧接着就是完成这项任务的措施、步骤,然后再写另一项任务及措施、步骤。

3. 结尾部分

即计划的结语,一般包括在执行计划时应注意的事项,需要说明的问题,或强调工作中的重点和主要环节,或提出希望、要求和号召等。也有的计划不写结尾。

(三)落款

在正文右下方写上制订者名称,在制订者下方写明制订日期。如作为文件外发者,还需加盖公章。

五、计划的写作要求

(一)实事求是,量力而行

制订计划不仅要考虑到工作的需要,也要考虑到实际的可能,因此,所提目标任务不能过高,也不能偏低,既要有进取性,也要留有余地。如果目标定得过高,经过努力也难以实现,便会挫伤群众的积极性;如果目标定得过低,毫不费力便可达到,那样的计划也毫无意义。所以,制订计划时,应实事求是,结合本单位、本部门的实际情况,制订出切实可行的计划。同时,要留有适当余地,充分考虑各种有利或不利因素,尽可能预估执行过程中会出现的困难。只有考虑周详,才能在计划执行中充分掌握主动权。

(二)目标明确,步骤具体

计划制订后是要切实执行的,因此,它的目标、任务要具体明确,措施、步骤要切实可行,具有可操作性。切忌目标笼统,措施含糊,职责不明,分工不清。否则,执行时不得要领,检查时也缺少依据。

(三)简明扼要,条理清晰

计划较多运用说明性语言,要避免长篇大论,避免精雕细刻地叙述情况或前景,应力求各项说明具体而又简明扼要,概念明白,数据准确。分项任务与各种措施要按一定工作类别或时限,逐条写清楚,做到层次分明,条理清晰。同时,要考虑合理的结构方式,使内容安排达到最佳效果。

[例文]

高等学校碳中和科技创新行动计划

我国力争2030年前实现碳达峰、2060年前实现碳中和,是党中央经过深思熟虑作出的重大战略决策,事关中华民族永续发展和构建人类命运共同体。为贯彻党中央、国务院重大战略部署,引导高校把发展科技第一生产力、培养人才第一资源、增强创新第一动力更好地结合起来,为做好碳达峰、碳中和工作提供科技支撑和人才保障,制订本行动计划。

一、总体目标

深入贯彻落实习近平总书记重要讲话精神和党中央、国务院决策部署,充分发挥高校基础研究深厚和学科交叉融合的优势,加快构建高校碳中和科技创新体系和人才培养体系,着力提升科技创新能力和创新人才培养水平,加快碳中和科技成果在重点领域、重点行业和重点区域的示范应用,构建教育、科技和产业统筹推进、融合发展的格局,为构建清洁低碳安全高效的能源体系、实施重点行业领域减污降碳行动、实现绿色低碳技术重大突破、完善绿色低碳政策和市场体系、营造绿色低碳生活、提升生态碳汇能力、加强应对气候变化国际合作等提供科技支撑和人才保障,扎实推进生态文明建设,确保如期实现碳达峰、碳中和目标。

近期目标。利用3—5年时间,在高校系统布局建设一批碳中和领域科技创新平台,汇聚一批高水平创新团队,不断调整优化碳中和相关专业、学科建设,推动人才培养质量持续提升,实现碳中和领域基础理论研究和关键共性技术新突破。

中期目标。通过5—10年的持续支持和建设,若干高校率先建成世界一流碳中和相关学科和专业,一批碳中和原创理论研究和关键核心技术达到世界领先水平,为实现碳中和打下坚实基础。

远期目标。立足实现碳中和目标,建成一批引领世界碳中和基础研究的顶尖学科,打造一批碳中和原始创新高地,形成碳中和战略科技力量,为我国实现能源碳中和、资源碳中和、信息碳中和提供充分科技支撑和人才保障。

二、主要举措

1. 碳中和人才培养提质行动

推进碳中和未来技术学院和示范性能源学院建设,布局一批适应未来技术研究所需的科教资源和数字化资源平台,打造引领未来科技发展和有效培养复合型、创新型人才的教学科研高地。加大在新工科建设中的支持力度,鼓励高校与科研院所、骨干企业联合设立碳中和专业技术人才培养项目,协同培养各领域各行业高层次碳中和创新人才。

加强与人工智能、互联网、量子科技等前沿方向深度融合,推动碳中和相关交叉学科与专业建设。加快与哲学、经济学、管理学、社会学等学科融通发展,培养碳核算、碳交易、国际气候变化谈判等专业人才。加快制定碳中和领域人才培养方案,建设一批国家级碳中和相关一流本科专业,加强能源碳中和、资源碳中和、信息碳中和等相关教材建设,鼓励高校开设碳中和通识课程,将碳中和理念与实践融入人才培养体系。

2. 碳中和基础研究突破行动

围绕零碳能源、零碳原料/燃料与工艺替代、二氧化碳捕集/利用/封存、集成耦合与优化技术等关键技术创新需求,开展碳减排、碳零排、碳负排新技术原理研究。加强温室气体排放监测与减排评估、气候变化下的生态系统安全-重大风险识别与人类活动适应机制、减污降碳协同增效实现机制、脱碳路径优化、数字化和低碳化融合等机理机制研究。系统揭示海洋和陆地碳汇格局、过程机制及其与气候系统的互馈机理,阐明地质碳封存固碳功效、增汇潜力与管理模式等碳汇理论。

3. 碳中和关键技术攻关行动

加快碳减排关键技术攻关。围绕化石能源绿色开发、低碳利用、减污降碳等开展技术创新,重点加强多能互补耦合、低碳建筑材料、低碳工业原料、低含氟原料等源头减排关键技术开发;加强全产业链/跨产业低碳技术集成耦合、低碳工业流程再造、重点领域效率提升等过程减排关键技术开发;加强减污降碳协同、协同治理与生态循环、二氧化碳捕集/运输/封存以及非二氧化碳温室气体减排等末端减排关键技术开发。

加快碳零排关键技术攻关。开发新型太阳能、风能、地热能、海洋能、生物质能、核能等零碳电力技术以及机械能、热化学、电化学等储能技术,加强高比例可再生能源并网、特高压输电、新型直流配电、分布式能源等先进能源互联网技术研究。开发可再生能源/资源制氢、储氢、运氢和用氢技术以及低品位余热利用等零碳非电能源技术。开发生物质利用、氨能利用、废弃物循环利用、非含氟气体利用、能量回收利用等零碳原料/燃料替代技术。开发钢铁、化工、建材、石化、有色等重点行业的零碳工业流程再造技术。

加快碳负排关键技术攻关。加强二氧化碳地质利用、二氧化碳高效转化燃料化学品、直接空气二氧化碳捕集、生物炭土壤改良等碳负排技术创新;研究碳负排技术与减缓和适应气候变化之间的协同关系,引领构建生态安全的负排放技术体系;攻关固碳技术核心难点,加强森林、草原、湿地、海洋、土壤、冻土的固碳技术升级,提升生态系统碳汇。

4. 碳中和创新能力提升行动

优化布局一批碳中和领域教育部重点实验室和教育部工程研究中心，开展碳中和应用基础研究和关键技术攻关；建设若干碳中和领域前沿科学中心，探索碳减排、碳零排、碳负排等关键技术的共性科学问题；建设碳中和领域关键核心技术集成攻关大平台，开展从基础研究、技术创新到产业化的全链条攻关。加强国家重点实验室、国家技术创新中心、国家工程研究中心等国家级碳中和创新平台的培育，组建一批攻关团队，持续开展关键核心技术攻关，打造若干碳中和技术创新的战略科技力量。

5. 碳中和科技成果转化行动

支持高校联合科技企业建立技术研发中心、产业研究院、中试基地、产教融合创新平台等，积极参与创新联合体建设，促进跨行业、跨领域、跨区域碳中和关键技术集成耦合与综合优化，加快创新链与产业链深度融合，推动能源深度脱碳、工业绿色制造、农业非二氧化碳减排以及建筑、交通等重点领域低碳发展。不断深化校地合作，支持高校联合地方建设一批碳中和领域省部共建协同创新中心和现代产业学院，构建碳中和技术发展产学研全链条创新网络，支撑建设一批绿色低碳示范企业、示范园区、示范社区、示范城市（群）。

6. 碳中和国际合作交流行动

推进与世界一流大学和学术机构的合作交流，开展碳中和科技领域高水平人才联合培养和科学研究；建设一批高校碳中和领域创新引智基地，大力吸引汇聚海外高层次人才参与我国碳中和学科建设和科学研究；在国家留学基金计划中，对碳中和领域人才培养和相关学术科研交流予以支持。支持高校举办高层次碳中和国际学术会议或论坛，主动加强应对气候变化国际合作，推进国际规则标准制定，共同打造绿色"一带一路"。支持建设碳中和国际科技合作创新平台，推动高校参与国际碳中和领域大科学计划和大科学工程。

7. 碳中和战略研究创新行动

建设碳中和战略研究基地，打造碳中和高端智库，组织高校加强碳中和战略研究，为我国做好碳中和工作提供决策支撑。重点研究碳中和基本内涵、实现路径和主要路线，碳中和与能源、产业及经济体系发展的影响关系；深入分析电力、钢铁、建材、石化等重点行业和能源、建筑、交通等关键领域实现碳中和目标的主要障碍与转型成本；研究利用信息技术实现重点行业领域碳中和途径与信息通信产业低碳化发展模式；研究重点产业空间布局与碳中和目标实现的关联机制；开展面向碳中和的国家气候治理体系、国际气候合作研究,形成技术、行业、领域、区域及国际多维度的创新战略支撑体系。

三、组织实施

1. 加强顶层设计。教育部成立碳中和科技创新专家组,指导和协调行动计划的实施;有关司局积极研究并推进具体任务实施。省(区、市)教育主管部门和高校要以服务国家碳中和重大战略部署为目标,统筹各类资源、加大探索力度,支持碳中和领域学科建设、人才培养、技术创新和国际合作。

2. 优化资源配置。支持高校承担或参与碳中和领域国家重大科技任务,培育国家级、省部级创新平台,建设碳中和产教融合联合体,全面加强高层次人才培养,为碳中和技术创新发展提供急需专业人才。在国家级人才评选中,加大向碳中和领域优秀人才的倾斜力度。

3. 加强宣传推广。通过开展多种形式的科普活动,引导各层次人群践行绿色消费、低碳生活新方式,营造绿色低碳生活新时尚。高校领导干部要加强碳中和相关知识的学习,增强抓好绿色低碳发展的本领,推动绿色校园建设。

第五节 总 结

一、总结的概念和作用

总结是对已经完成的工作进行全面的回顾、分析、评价、研究,从中找出规律性认识的书面文体。常见的"小结"、"回顾"、"体会"等也都属于总结。

通过总结,可以使人们全面系统地回顾检查过去一段时期的实践,从中获得经验,吸取教训,以指导下一阶段的工作。从认识发展的过程来看,总结是感性认识向理性认识的升华,是对事物的现象与变化的过程作规律性的揭示,它体现了实践——认识——再实践的认识发展规律。因此,总结的主要作用也就在于通过分析研究,提高认识,主动地掌握事物的发展规律,以便更好地指导以后的实践活动。

具体来说,总结的作用有以下几点。

(一)获取经验,汲取教训

一定阶段的工作结束以后,对其进行认真的回顾和检查,可以从中获取宝贵的经验以供今后参照,及时地发现教训以便在未来的工作过程中避免。同时,认识到工作中已取得的成绩,也可以增强自信心,鼓舞干劲,更好地投入下一步的工作。

(二) 交流信息,推广经验

总结对于上下级之间加强沟通,增进联系可以起到很好的推进作用。上级通过总结可以及时了解下级的任务完成情况,以便下一步任务的部署。下级的及时反思也便于更好地实现上级的意图。同时,在信息交流日益广泛的今天,对于大家需要共同面对的一些问题和难题,已经取得的经验可以通过总结进行推广,以便其他人少走或不走弯路,更好地促进问题的解决。

(三) 锻炼能力,加强管理

写作总结的过程事实上也就是锻炼人们观察、分析问题能力的过程,它可以促使人们深入基层去调查研究,形成理论联系实际的工作作风。同时,通过调查研究和总结,还可以避免决策的失误,有效地加强管理。

二、总结的种类

根据不同的标准,总结可以划分为不同的种类,如:按性质分,有综合性总结和专题性总结;按内容分,有工作总结、学习总结、思想总结、生产总结等;按时间分,有年度总结、季度总结、阶段总结等;按范围分,有单位总结、部门总结、个人总结等。但从总结的实际要求和内容看,总结不外乎综合性总结和专题性总结两种。

(一) 综合性总结

综合性总结也就是全面总结,因此要求内容上的"全"。它是在一定时期内,对某单位、某部门各项工作的全面回顾,一般多在年终或在某项工作告一段落或完成时进行。这种总结内容比较广泛详尽,基本情况要写清楚,成绩收获,经验教训,今后方向也都要提及。一般说来,这种总结往往提供给上级参考,使上级对基层情况胸中有数,同时也可使本单位职工了解实情,增强信心。综合性总结既有工作汇报的因素,又有总结的因素,但还是以总结经验为主。

(二) 专题性总结

专题性总结是针对某项工作、某一问题进行的单项总结,通常要求内容上的"专"。在写作这种总结时,内容要集中而富有针对性,对一般情况可略而不提,或只概括某一与总结主要内容有关的情况,然后直接写出经验体会。从实际使用的情况看,如果对某一方面经验进行总结,或是为了推广某一典型经验,常用专题性总结。

三、总结的内容和结构形式

（一）总结的内容

总结的内容一般包括四个部分：

1. 基本情况

一般包括工作开展的时间、工作背景、工作条件、主要措施和取得的成效。这部分是对工作基本情况的概括说明和总结评价，应写得简明扼要。

2. 主要成绩、做法和体会

这是总结的内容重点，也是总结的目的所在。这部分应实事求是、具体、详细地阐述工作中取得的主要成绩、做法和具有典型意义的经验、体会，分析取得成绩的主客观原因。

撰写这部分内容，一般可以分几点或几个方面来写，如做了哪些方面的工作，具体进程怎样，采取了哪些措施，取得了怎样的效果等。效果可以用实例、数字和图表加以说明，还可使用一些对比材料。至于总结经验，也要理论和实际相结合，既不能就事论事，忽略了理论分析，也不能空发议论，没有具体材料。

3. 存在的问题和教训

在总结成绩、经验的同时，还要找出差距，指出工作中存在的问题和教训，并分析其原因，以便汲取教训、克服缺点、改进工作方法。一般来说，这部分都写得较为简单，提纲挈领，点到为止，不必详细展开。但应注意的是，问题也要找得准，以便今后努力克服和避免。

4. 努力方向

总结过去是为了把下一阶段的工作做得更好，因此，在总结经验、教训的基础上，针对工作中存在的问题，还要提出今后的工作设想和努力方向。有时还可把它与问题、教训结合起来写。这部分内容在表述上应是粗线条的，内容含量可根据总结的性质和内容而定，如专题性总结可多些，年终总结可少些。

在具体写作过程中，对于上述内容的四个方面，可根据总结的目的和要求不同而作适当调整，详细取舍应视需要安排，不必面面俱到。如以总结成绩、经验为主的，则可将缺点、教训略写，或与今后的努力方向并为一个部分。有的甚至不写缺点、教训部分。

（二）总结的结构形式

1. 标题

总结的标题一般有以下几种写法。

一是公文式标题。一般由"单位名称＋时限＋总结种类"构成，如《××市××局2022年度工作总结》。这类标题较为严肃，综合性总结或向上级呈报的总结较为常用。

二是新闻式标题。这一类型的标题又可分为三种情况：第一种是单行标题。在一行标题中概括总结的主要内容或基本观点,标题中不出现"总结"字样,如《加强科学管理是企业发展的关键》,这类标题概括准确、简明切实;第二种是多行标题,一般由正题与副题组成,正题揭示观点或概括内容,副题标明单位或时限或工作方面,如《坚持党的领导,促进文艺繁荣——××省2022年文艺工作回顾》;第三种是提问式标题,提出问题要切中要害,引人深思,如《我们是如何实行教学与科研相结合的》。

2. 正文

正文包括开头、主体、结尾三部分。

开头即基本情况的概述。要简要介绍工作的基本情况、过程和结果。交代在什么情况下,做了哪些工作,取得了哪些成绩,以给人一个总体的印象。应写得言简意赅,背景交代要少而精,说明成绩经验要提纲挈领。

主体是总结的主要部分,不仅篇幅比较长,而且思想容量丰富。这部分内容包括取得的成绩、具体的做法、获得的经验及问题和教训等。在写作时可根据总结的目的和类型选择恰当的结构形式。常用的结构形式有:

三分式。即按内容要素先后分成三大部分:一是综述情况与基本收获,二是说明主要成绩、做法、体会、经验教训,三是指出问题,明确今后努力方向。这是写总结的传统方法。

纵贯式。即以时间顺序作为结构线索,把整个工作进程划分为若干阶段,分别写出各阶段的成绩、经验、体会、做法。这种形式适用于对周期长、阶段性显著的工作进行总结。

并列式。这是一种横式结构形式,即按工作内容的逻辑关系,将材料分成几个方面,各方面集中表现某一观点或经验,各方面又有相对独立的完整意义。这类结构形式常以几个小标题来概括出几个小观点或几方面内容,或在各个逻辑层次的开端用纲领性语言揭示要旨,使它们与全文中心形成分与总的关系。

总结的结尾一般是提出今后努力方向。也有将存在问题并入结尾,然后在此基础上提出努力方向的。有的专题性总结在主要经验讲完后,意尽文止,不再写结尾。

3. 落款

总结的落款,一般是在正文右下方写明总结的单位名称或个人姓名,再在下一行写上总结的日期。有时也可在标题下的正中或偏右处署名。

四、总结的写作要求

(一) 态度端正,实事求是

总结的目的是要从对过去的回顾中汲取经验教训以指导今后的工作,因此,应当如实地反映工作中的成绩、缺点,正确评价工作中的经验教训,不夸大、不溢美,客观、全面、辩证地分析事物和现象,从而得出科学合理的结论。切不可弄虚作假,欺世盗名。

(二)总结规律,不记流水账

总结的最终目的就是要找出具有规律性的经验,以便在此基础上进一步提高。因此,要善于从取得的成绩和出现的问题中寻根究底,不能只是罗列现象,堆砌材料,写成一本流水账,而应当对实践中的成功与失败、成绩与缺点进行分析研究,从而归纳带有规律性的东西。可以说,能否找到和反映规律性的经验教训,并提炼成为明确的观点,是衡量一篇总结质量高低的重要标志。

(三)深入调研,材料充足

要写好总结,必须深入实际进行细致的调查研究,不能闭门造车。因为总结是对实践情况的检查和分析,因此必须全面地掌握情况,充分占有材料,才能发现客观事物的规律,得出正确的结论。在收集材料时,还应注意点面结合。因为点的材料往往具体典型,能较好地反映出事物的本质,而面的材料具有全面性、概括性,能较好地反映总结的广度,点与面两者相结合,才能全面、深刻地说明问题。

(四)叙议结合,语言简朴生动

总结要介绍基本情况、主要做法和成绩,因此需要叙述。而分析原因、归纳体会、总结经验教训,则需要用议论。所以,叙议结合是总结写作的主要方法。在语言的要求上,应准确、简明和朴实,同时,可以适当吸收群众的通俗形象的语言,使文章行文更显生动活泼。

[例文]

第五届气候行动部长级会议主席总结

来自世界各地35个国家和国际组织的部长和代表参加了由中国、欧盟和加拿大共同召集,并由中国主办的第五届气候行动部长级视频会议。

共同召集人谨向各位部长和代表们在第五届气候行动部长级会议期间的参与和贡献,以及联合国秘书长和《联合国气候变化框架公约》执行秘书的出席表示衷心的感谢。

面临全球疫情和环境挑战带来的公共卫生和社会经济威胁,部长们认识到及时采取行动应对气候变化的紧迫性。他们强调应坚持多边主义和团结以及加强国际合作,支持《联合国气候变化框架公约》和《巴黎协定》的有效实施,实现可持续发展目标。

部长们表示全力支持英国作为COP26候任主席国的作用,并期待COP26取得成功。就此,部长们呼吁加速形成雄心方面的政治动力和各方的集体努力,鼓励那些尚未提交新的或更新的国家自主贡献和长期温室气体低排放发展战略的缔约方在COP26之前提交。部长们还注意到，在适用的情况下推进适应信息通报和/或国家适应计划的工作以及应对损失和损害的努力非常重要。

部长们希望COP26能够完成《巴黎协定》实施细则遗留问题的谈判。格拉斯哥大会的成功将促进《巴黎协定》全面、平衡、有效实施，并推动构建一个公平合理、合作共赢的全球气候治理体系。为此，部长们决心创造性地开展工作，包括在考虑发展中国家所经历的技术及其他挑战的情况下通过线上形式，以开放、透明、基于共识和缔约方驱动的方式在2021年全年做好准备。

部长们强调，当朝着《巴黎协定》目标迈进时，各缔约方和其他行为体应坚持雄心和务实行动并重。部长们认识到，尽管新冠疫情造成了严重的社会经济影响，多国仍提出了具有雄心的目标和建设碳中和/气候中和未来的愿景。多位部长重申了依照《巴黎协定》实现净零排放的重要性，指出其公民特别是青年人要有更强的紧迫感。为将减缓和适应承诺转化为行动，部长们分享了具体立法进程、政策、措施和手段方面的经验，包括部署可再生能源、逐步淘汰化石燃料、零排放汽车、韧性建筑、碳定价、绿色金融、造林和再造林等基于自然的气候解决方案、生物多样性保护以及废弃物管理。部长们同时承认，在落实承诺过程中应规划并反映公平转型。

部长们还呼吁加快在适应和资金方面的雄心。同时应对气候挑战和新冠疫情带来的破坏性影响需要扩大资金规模，特别是向发展中国家提供资金，投资与《巴黎协定》目标相符，以便实现疫后重建和绿色复苏。在此背景下，部长们呼吁团结一致，强调向发展中国家特别是最贫穷和最脆弱国家提供资金、技术和能力建设支持的重要性。多位部长强调各方应朝着《巴黎协定》目标迈进，并在实施过程中体现公平、共同但有区别的责任和各自能力原则，考虑不同国情。

部长们阐明了从应对疫情危机中汲取的教训，强调了全球合作对气候行动和绿色转型的重要性。加强对话和经验交流有利于互学互鉴，助力各国找到最适合各自国情的解决方案。部长们也指出电动汽车、"绿氢"、韧性基础设施、碳捕集利用与封存等技术可以发挥促进作用且富有前景。部长们鼓励所有伙伴和利益攸关方，包括企业、金融机构、地方政府、城市、地方社区、土著人、民间社会、大学以及不同组织和青年，为建设一个绿色、韧性、包容和可持续的未来作出共同努力和贡献。

部长们对气候行动部长级会议提供的坦诚交流平台表示赞赏，并期待未来在该平台下继续合作。共同召集人呼吁各方继续参与并落实有雄心的气候行动。

生态环境部

2021 年 4 月 28 日

第六节　简　报

一、简报的概念

简报是党政机关、群众团体、企事业单位等编发的反映情况、传播信息、交流经验、指导工作的一种摘要性的内部文件。简报是个统称，其他的像"情况交流""情况反映""内部参考""简讯""动态""信息"等，也都属于简报的范围。

简报是内部传阅的文字材料，一般不公开发表，有的简报在版头上标明"内部文件，注意保存"，有的还具有保密性，只在一定范围内传阅。简报的主要作用在于反映情况、交流经验、指导与推动工作。有的简报只送上级机关或领导人，属于工作报告性质；有的简报同时发给上下左右的机关阅读，兼有通报、转发文件的性质；还有的简报主要反映本地区、本部门、本单位的情况、动向、经验、问题和活动，具有内部期刊、小报、资料的性质。

二、简报的种类

按反映的内容分，简报可分为情况简报、动态简报、会议简报等。

（一）情况简报

情况简报又称工作简报，它主要用来反映各个单位、各个部门和各个地区的工作与生产情况。这种简报因写作方法和内容的不同，又可分为两种：一是综合性简报，它是综合反映一个部门、一个地区的工作或生产发展变化的情况和问题，既有广度，又有深度。二是专题性简报，它着重反映贯彻执行某一政策、完成某项工作或开展某项重要活动的具体情况和问题。

（二）动态简报

动态简报迅速及时地反映本地区、本部门新近发生的事情、新近出现的情况，动态性、时效性很强。动态简报一般也分两种：工作动态简报和思想动态简报。工作动态简报主要反映本系统、本部门内部工作的正反两方面的新情况和新动向；思想动态简报主要反映公众对政府重大方针政策的反应和认识，社会上某种思潮或思想倾向，各行各业各阶层群众的思想状况等。这类简报多见于有关单位编发的"内部参考"。这种动态简报一般都具有内部参考性和保密性，其流通、阅读范围有较严格的限定。

(三) 会议简报

会议简报报道、交流有关重要会议的内容和进展情况。可以是报道会上交流的情况、经验，探讨研究的问题，也可以是反映会议形成的决议和基本精神。一般会议简报以报道会议内容为主，既可以综合报道会议进展各个阶段的情况，也可以摘登大会发言或小组讨论发言。如各地召开党代会、人代会时，常编发会议简报，一般由大会秘书处或主办会议单位编发。

从时间上来看，简报可以是周报、旬报、月报，也可以不定期，遇有比较重要情况时随时编发。

三、简报的内容构成

简报的内容构成主要是标题、正文和按语。

(一) 标题

拟写简报的标题应就实避虚，简明扼要地概括出全文的主要内容，尽可能做到准确、简洁、生动、新颖。一般说来，简报标题的写法类似于新闻（消息）标题的写法，但在使用多行标题时，往往不像新闻（消息）标题那样引题、正题、副题一应俱全，而只采用正副题的写法，正题揭示文章的思想意义，副题写出事件与范围，对正题起到补充说明作用。

(二) 正文

正文是简报的核心部分，它通常由开头、主体和结尾三部分组成。

1. 开头

简报的开头，类似于新闻（消息）的导语，要用简洁明了的一句话或一段话，概括全文的主要事实或基本内容。常见的形式有三种：一是叙述式，即开门见山地把要反映的事件的时间、地点、人物、起因和结果都在开头部分写出，使读者一目了然。二是结论式，先写出事情的结论或结果，然后再作具体说明或点出原因。三是提问式，即一开始就用一两个问题把主要事实提出来，引起读者的注意，然后再用回答的语气在主体部分作具体的叙述。

2. 主体

主体是简报的主干部分，要用有说服力的事实、数据、情况、问题等典型材料，把开头总括的内容具体化。主体部分常用的写法有以下几种：一是按时间顺序写，即按照事情发生、发展和结束的自然顺序来写。这种写法适合报道一个完整的事件，它的优点是有头有尾，脉络分明。二是按空间变换的顺序写。这种写法适用于报告一个事情的多个方面，或用于围绕一个中心综合报告几个单位或几个地区的情况。这是一种类似于电影分镜头式的写法。三是归纳分类表述，即把所有的材料归纳分成几部分，分别标上序码或小标题，逐一写出来。此外，还可以按提出问题、分析问题、解决问题的逻辑顺序来写。

3. 结尾

简报的结尾，可以用几句话或一段话小结前面内容，概括主题，或指明事情的发展趋势，或发出具体的号召，或提出今后的打算等，以深化主题，加深读者的印象。但如果主体部分已经把情况、事实叙述清楚了，也可以不写结尾。

（三）按语

按语就是简报的编者针对简报的某些内容所写的说明性或评论性的文字，有时也可以是说明编发该期简报的原因或目的等。按语一般在该段文字的开头之处写上"编者按"、"按语"或"按"等字样。转发式的简报，一般都要加上编者按语，其他重要的简报也要加编者按语。

简报的按语一般有两类：一类是说明性按语，它常常是对简报的内容、作用和现实意义等作一些说明。另一种是批示性按语，它常常是针对一些有典型意义的事件和反映当前工作中问题的材料作出评论，表达领导机关的看法、意见或对下级的要求。

四、简报的结构体式

简报和其他类型的事务文书有所不同，它有约定俗成的统一格式，由报头、报体、报尾三个部分组成。一般用十六开本。

（一）报头

简报的报头设在第一页的上方，约占全页三分之一的位置，下边用横线与正文部分隔开。通常报头由以下几方面内容组成：

1. 简报名称

用大号字体写在报头正中部位，如"财经简报"、"内部参考"等。简报名称可以套红，也可以不套红。简报名称宜相对固定。

2. 期号

在简报名称下面居中写明期号并用括号括起来。

3. 主编单位

在期号之下，间隔横线之上的左侧，顶格书写主编单位的名称。

4. 印发日期

写在期号之下，间隔横线之上的右侧。

5. 密级与缓急程度

如简报需注明秘密等级、缓急程度，应在简报名称的左上方标明。无秘密等级的简报，有的也在简报名称的左上方标明"内部资料，注意保存"等的字样。

（二）报体

简报的报体，由按语、标题、正文、供稿者组成。

按语写在标题之上，字体比正文略小一些，左右按正文字码缩回两字的距离。简报的标题与新闻报道一样，要写得醒目、贴切、精练。如果该期简报所登文稿是某部门提供的，要在正文下靠右用括号标明供稿单位的名称。如果是转载或摘要刊登的文稿，要在正文下用括号标明原载资料名称或摘引自何种资料。编发机关编写的文稿不标明作者。

（三）报尾

报尾在简报末页的下方，也用横线与正文部分隔开。报尾包括发送范围和印发份数，前者写在报尾的左方，后者写在报尾的右下方。发送范围可分别写出上报、下发或发送的单位名称，也可用"已发"两字领起，将上报、下发、发送的单位名称按一定顺序写在一起。

五、简报的写作要求

简报的写作要求归纳起来就是：真、新、快、简。

真，即内容要真实。简报所反映的人和事不能虚构，又因简报限于内部使用，可以更加直率，无须使用外交辞令，更不能只报喜不报忧。只有正确反映情况，才能有利于领导和有关方面作出正确判断，更好地指导工作。

新，就是简报的事实或情况必须是最近、最新发生的。或者虽不是最近、最新发生的，但确实是一个存在的问题且是被忽视、未经报道过的。为此，要善于捕捉和传播新的信息，展示事物的最新状态和发展趋势，善于找出那些对上级或同级单位具有参考价值的、对基层单位具有指导作用的材料。

快，即反映要迅速、及时。简报要特别讲究时效，在收集信息、整理材料、编发等各个环节中，都要有强烈的时间观念，要求快写、快编、快审、快印、快发、快报。特别是有些会议简报，常常是一日一报，甚至一日数报；迟报了，就降低了材料的价值，失去了报道的意义和应有的作用。

简，即文章要写得简明扼要。写作简报要言约意丰，一目了然，切不可长篇大论，失去简报的特色。除此之外，选题也要精，不要面面俱到，包罗万象，最好一事一报。选材要严，编印期数也不宜太多。

[例文]

学前教育三年行动计划简报第 18 期

2013 年第 4 期(总第 18 期)

教育部部署学前教育三年行动计划总结工作

日前,教育部办公厅下发《关于开展学前教育三年行动计划总结工作的通知》(教基二厅函〔2013〕16 号),对学前教育三年行动计划总结工作进行了部署。《通知》明确要求各省(区、市)对推进学前教育三年行动计划的主要政策措施、三年行动计划目标完成情况进行总结,分析当前面临的困难问题,提出下一步推进学前教育发展的主要考虑,并就实施第二期学前教育三年行动计划提出政策建议。

同时,请各省(区、市)遴选典型案例 5 个,其中:实施三年行动计划措施力度大、体制机制有创新、解决"入园难"成效明显的地市和区县各 2 个,经济欠发达、学前教育发展面临困难仍较多的区县 1 个,进行案例剖析。

南京市加大市级财政投入,助推学前教育发展

近年来,南京市委市政府加大市级财政投入,通过抓好"五项"工程,加快构建学前教育公共服务体系,推进学前教育普惠优质发展。

一是幼儿园增量工程。通过新建、扩建、中小学闲置校舍改建成幼儿园等方式,投入 3.33 亿元,新建 68 所幼儿园,改扩建 84 所幼儿园,新增幼儿学位数 2.1 万个。市财政对新建公办园每班给予 15—20 万元补助,已投入 7300 多万元。

二是集体园扶持工程。为解决长期以来集体办幼儿园财政投入较少、办园条件较差的问题,南京先后于 2007、2009 年启动两轮集体园扶持工程。2012 年,启动第三轮集体园提升工程,集体园与教育部门办园一样享受每生每年不低于 300 元生均公用经费补助,同时,市级财政对 150 多所集体园近 1600 个班,每年每班给予 1 万元的经费补助。

三是幼儿园提质创优工程。市财政设立专项经费,对幼儿园提升办园质量予以奖补。每创建一所省优质园,市级财政对公办、民办园分别奖励 50 万元、25 万元。近三年已创建 89 所省优质园,全市省优质园比例达 62%,市财政已投入奖补资金 2300 多万元。

四是幼教惠民工程。2011 年秋季学期起,南京市全面推行"幼儿助学券",对符合条件的在园幼儿每年给予 2000 元的资助,并对困难家庭幼儿发放生活补贴。全市每年发放近 3 亿元,其中市级财政补助 9000 万元。

五是省示范区创建工程。市财政设立专项经费,鼓励各区创建省级学前教育改革发展示范区。对创建成功的区,给予一次性奖励600万元。

目前,全市学前教育财政性投入占财政性教育总投入的比例从2010年的1.87%上升到2012年的6.78%。全市学前教育三年毛入园率达98%,其中公办幼儿园已占56%,在公办园就读的幼儿已占61%,省优质幼儿园比例已达62%。

学前教育三年行动计划区县巡礼

编者按:各地按照国务院要求,以县为单位编制实施学前教育三年行动计划,着力缓解"入园难",取得明显成效。为交流区县实施三年行动计划的经验做法,本简报开辟"学前教育三年行动计划区县巡礼"专栏,欢迎各地积极荐稿。

陕西户县着力破解农村学前教育发展瓶颈

户县采取一系列有效举措,积极破解农村学前教育发展面临的土地、资金、师资和运行保障等瓶颈问题,构建农村学前教育可持续发展机制。

一、幼儿园建设。一是土地。采取闲置土地置换、空闲校舍改造利用、重新划拨土地新建等方式,积极争取百姓支持,解决了幼儿园建设征地难的问题。二是资金投入。县政府积极落实本级财政投入,每年预算学前教育专项1000万,积极统筹教育费附加、土地转让金"计提"等经费,两年累计投入5 000万元,建设20所公办乡镇幼儿园。三是设施设备配置。投入1890万元,为幼儿园配备了基本保教设施、教玩具、餐饮设备、安全技防和物防设施。

二、师资配备。一是公开招考招聘。两年面向全省公开招考公办幼儿园教师94名,聘用保育员、保安、炊事员等工作人员246名。二是小学教师转岗。通过将具有幼教资格的小学教师归岗到幼儿园任教、小学富余教师经培训后转岗到幼儿园等方式,补充幼儿教师65名。三是整合公共卫生服务资源。将幼儿园卫生保健工作纳入社区儿童保健公共服务,从县医院、镇卫生保健院选派保健医生到幼儿园,有效解决了农村园保健人员配备难的问题。

三、运行保障。一是补助公用经费。制定幼儿园生均公用经费标准每生每年200元,财政对各类幼儿园进行补助,小学附设学前班每班额外补助5万元。二是保障教职工工资。除全额保障公办园专任教师工资外,公办园校医、保安、保育员等工资也由县财政全部承担。三是积极扶持民办园。投入515万元,对民办园提升等级给予3—25万不等的奖励,鼓励其改善办园条件,提高办园水平。

> 四、学前教育管理。一是成立专门机构。县教育局成立学前教育科（3个编制），加强了管理力量。二是开展结对帮扶。将全县106所幼儿园划分为四个学区，充分发挥优质幼儿园的辐射带动作用，对新建园、农村园进行一对一、多对一的帮扶，在较短时间内提升农村园办园水平。

第七节 调查报告

一、调查报告的概念和作用

调查报告是对实际工作中出现的典型问题、重大事件、特别情况等进行深入调查研究后，对调查所获得的信息资料进行系统、科学和周密的整理，根据实际需要进行分析、归纳、综合后撰写的书面报告。常见的"调查"、"调查汇报"、"调查综述"、"情况调查"、"考察报告"等，都是调查报告的别称。

调查报告的作用，具体来说有以下几个方面。

（一）提供参考作用

调查报告通过调查反映社会情况和问题，可以把基层的信息汇报给上级机关，为政府各部门制订有关的方针、政策提供依据。同时，调查报告提供的调查，反映政府有关的方针、政策在具体执行中的情况和问题，可以把基层的要求反馈给上级机关，为政府相关部门提供具体的事实材料，为下一步的科学决策提供参考。

（二）指导表彰作用

调查报告通过对先进典型事例的发掘，可以起到扶植新生事物、倡导先进方法、表彰先进、树立正气的作用。调查报告树立的典型、总结的经验，对相关部门、行业、系统的工作会有较大的启迪作用。

（三）通报惩戒作用

随着社会生活的发展，新现象、新问题层出不穷，在没有现成经验可以借鉴的情况下，更需要深入进行调查研究，发现问题及时通报，引起社会各界的广泛注意，以促进问题的及时解决。同时，调查报告还可对社会生活中的某些丑恶现象、实际工作中的不良做法进行揭露，起到打击歪风、端正社会风气、纯洁队伍的作用。

二、调查报告的种类

按照调查报告反映的内容来分,调查报告大致有以下几种类型。

(一)基本情况调查

这类是较系统、深入地反映某地区、单位、行业或某一个方面的基本情况、发展状况的调查报告。它着重于较为全面地反映现状,说明基本面貌及发展趋势,或剖析存在问题的症结,以利于宏观决策。基本情况调查报告所反映的内容比较广泛,也比较系统、完整,它基于当前的实际情况,反映出社会发展中有利或不利的诸方面因素,既可以通过引起全社会的关注而动员社会力量去克服、制止某种倾向,同时也可以为领导机关研究问题和制订有关政策提供依据。

(二)典型经验调查

这类调查报告着重介绍具有普遍意义的典型经验,有较强的针对性和政策性,对指导和推动工作起着重要作用。它的调查对象可以是成绩突出的单位,也可以是个人;报告要重点介绍他们的具体做法和体会,并把它上升到理论的高度加以概括、提炼。这类调查报告不仅可以起到表彰先进、树立典型的作用,而且可以以点带面,推广经验,更好地指导全局工作。

(三)事件调查

这类调查报告着重反映历史的或现实的重大事件的来龙去脉,以查明事件真相为目的。它主要是公开披露社会生活中一些重大的、引人关注的事件的真相,通过确凿的事实、原始的材料,还事件的本来面目,达到澄清事实、辨明是非的目的。它的基本内容除了列举事实、分析原因、说明结果以外,还常常从政策和理论上进行归纳概括,从而起到拨乱反正、提高认识的作用。

(四)问题调查

这类调查报告主要是揭露社会生活中存在的各种问题、矛盾,或某些丑恶现象、社会弊端。它针对工作和生活中发生的重大事故或出现的严重失误进行调查,通过全面、深入、细致的调查分析,用确凿的事实说明事故或问题发生的情况、原因和结果,指出其性质,分析产生的背景,说明危害性,以引起相关人员的注意,以免重蹈覆辙,或引起社会及有关部门的关注,探求解决问题的方法。

三、调查报告的写作步骤

从最初的调查研究到最后的形成书面材料,一份调查报告的完成通常要经过三个步骤,即调查情况——分析研究材料——成果反映。

(一) 深入调查,掌握材料

调查研究是写好调查报告的基础、前提和先决条件,只有深入实际进行周密调查,了解情况,占有确凿材料,才能保证写出一份成功的调查报告来。

调查所得的材料,有第一手的,即直接从实际中了解到的材料,也有第二手的,即通过查阅有关的文字记载而得到的书面材料。不管是何种材料,在调查过程中都应尽可能全面、系统地掌握,广泛地占有,兼收并蓄。同时,还要保持材料的原始性与客观性。

获取材料可以有多种方法,如:开调查会,一般以有代表性的若干个人参加为宜,调查者应善于组织谈话,适当启发,积极引导,以获取更丰富更有价值的材料;个别访问,即向知情者或当事人作直接的调查,以便更深入细致地了解实情;直接观察,调查者直接参与调查范围内的活动或日常工作,亲手掌握情况,这有助于辨别他人提供的材料的真伪;此外,还可采用抽样调查、问卷调查等方式,这对于掌握普遍情况或面上的材料也很有帮助。

(二) 认真研究,科学分析

调查的目的是研究问题,得出科学的结论,而调查阶段所获得的丰富材料,可能真伪并存,表里不一,因此,这就需要对原始材料进行去粗取精、去伪存真、由此及彼、由表及里的分析研究,力求从事物的关系中找出其内部联系,发现客观规律,从而完成由材料到观点,由感性认识到理性认识的飞跃,确定写作的主旨。这既是对材料进行选择、提炼的过程,也是调查者认识深化、发现规律的过程。只有对材料进行深入分析和研究,才能保证调查结论的真实性和准确性。

但应注意的是,分析研究并不都在调查结束之后,而往往是贯穿于调查报告写作的全过程。如没有分析研究,就不可能科学地选定调查对象,不可能事先确定调查的内容、方法、提纲,也就不可能处理好调查过程中出现的各种情况,因此,也就很难获取有意义、有价值的材料。把分析研究作为独立的一个环节,只是说明它是一个相对集中的着重对全部材料进行归纳、综合、辨析、提炼的阶段。

(三) 明确观点,合理表达

在完成了材料的收集、分析、研究之后,调查研究的成果最终要以适当的书面形式表达出来,即完成调查报告的写作任务。衡量报告质量有一个基本的标准:实事求是,科学公正。因此,在写作过程中,要用事实说话,要使观点和材料相统一。此外,还应注意几点:一是要善于选择和运用具体、典型的材料说明观点,其中包括典型事例、综合性材料、对比性材料和数据等;二是善于综合运用叙述、说明、议论的表达方式,把观点和材料紧密地结合起来;三是要科学、公正地分析问题,避免对调查的问题下片面的和极端的结论。

四、调查报告的结构体式

调查报告的基本结构一般由标题、正文和落款三个部分组成。

(一) 标题

调查报告的标题一般有两种写法。

1. 公文式标题

即像公文标题那样,在标题中标明事由和文种。如毛泽东的《湖南农民运动考察报告》。

2. 新闻式标题

新闻式标题又可以分为单行标题和双行标题两种。单行标题通常是直接概括出报告的内容,如《浦东农村加快城市化步伐,农民生活方式发生新变化》。双行标题则通常是,正标题点明文章的主旨,副标题说明调查的对象、事项或范围等,对正标题起补充说明作用,如《社区盛开科普花——上海市群众性精神文明创建活动调查》。

(二) 正文

调查报告的正文一般包括前言、主体和结语三个部分:

1. 前言

调查报告的前言一般是介绍关于调查报告的基本情况,如:调查工作本身的基本情况,包括调查的目的和起因,调查的地点和时间,调查的对象、范围和方法等;调查对象的基本情况,包括有关背景、成绩和问题,产生的效果及其影响;调查研究得出的结论和提示等。还有的调查报告在前言部分直接提出问题,把报告的重点、要点开门见山地告诉读者,以引起注意。

从表达方式来看,前言部分常用的有三种方式:综述式,即概述调查的基本情况;议论式,即就所调查的问题说明意义,揭示结论性意见;提问式,抓住中心问题发问,吸引读者注意。

2. 主体

主体是调查报告的核心部分,其结构形式主要有以下三种:

(1) 纵式结构。是按照事件和问题发生、发展的先后顺序来组织材料的结构形式。这种结构形式能使文章脉络清楚,有助于读者了解事情的来龙去脉,多用于内容较单一的调查报告。

(2) 横式结构。又称并列结构,是按问题的性质或事物的特点来组织材料,把有关材料分门别类地归纳入各种性质或特点之中,并列安排的结构形式。有时还可用小标题来标明各类问题与情况的性质、特点。这种结构形式多用于总结经验做法、反映问题和分析情况的调查报告。

（3）递进式结构。这种结构形式是遵循作者或读者认识活动的规律，从事物的外部情况入手，逐层深入地揭示事物的内在联系。此种结构的特点是逻辑性强，结构严密，有助于读者由外到内、由浅入深地洞察事物的本质。在介绍典型经验或揭露问题的调查报告中，这种结构形式用得比较普遍。

此外，还有纵横结合的结构形式，在纵式叙述中又按事物的不同性质、特点展开分析，纵横交错，穿插配合。

3. 结语

结语是调查报告的结束语，应简明扼要，意尽言止。有的结语是归纳全文，对调查的情况再作概括性的说明，以深化主旨，加深读者印象；有的是提出问题，指出不足，引起读者的深思；有的是提出新的见解、理论或参考的意见，供读者参考；有的是在主体部分没有讲到，在结尾处补充情况或问题；还有的主体部分结束后，无须另作结尾，则结语部分可省略。

（三）落款

在正文的右下方写上调查者名称，再在下一行写明日期。也可将调查者名称写在标题下正中或偏右处。

五、调查报告的写作要求

（一）深入调查研究，充分占有材料

调查报告是调查研究的产物，因此，深入实际进行客观细致的调查，充分地占有材料，是写好调查报告的基础和前提。常见的调查方式有以下三种，在实际工作中可根据需要有选择地使用。

1. 普遍调查

即对有关范围内的对象作全面的调查。这种调查方式的优点是能获得较为全面的信息，接近调查对象的真实情况，掌握较丰富的材料。但普遍调查要投入大量的人力物力，耗费大量的时间，所以，这种方式往往由政府机构或大型团体组织进行。

2. 典型调查

是从有关范围内所有对象中选择几个有代表性的对象进行调查。它的优点是工作量小，可从一斑窥全豹，缺点是难以获得全面的信息。使用这种方式的关键是选好典型，通过对几个典型的详细调查，可以获得对问题的普遍了解，得出一般性的结论。

3. 抽样调查

是把调查对象按照不同类型进行分类，从各种类型对象中任意选取若干对象做样品，然后进行调查和统计。这种方式实际上是将普遍调查与典型调查相结合，它的优点是既省时省力，又有一定的科学根据。所以，在实际调查工作中，抽样调查使用得较为普遍。

调查方式确定以后,再配合以适当的调查方法,如个别访问、开调查会、问卷调查等,可多种方法配合使用,以获得更丰富全面的调查材料。

(二)观点和材料相统一

写作调查报告要做到用观点统率材料,用材料说明观点,观点和材料相统一。调查报告不是先有既定观点,再去拼凑材料来证明观点,而是从大量材料的分析中认识本质,自然形成观点,用事实说话。因此,它的观点不是凭空而立,而是有充分的材料作支撑,而观点一旦形成,又对材料起支配作用。所以,在写作过程中,应防止观点与材料相割裂,要做到两者的有机统一。同时,在强调用事实说话时,又必须避免罗列现象、堆砌材料的毛病,以免材料淹没观点。

(三)叙述和议论相结合

调查报告需介绍有关事实或情况,要用叙述的方法,且叙述性文字占较多篇幅。但调查报告又必须透过现象揭示本质,这又需要运用议论的方法,且往往以对事实的议论来回答问题。因此,在调查报告的写作中,叙述与议论两种表达方式缺一不可。只叙不议,缺乏深度,流于表现复杂;而只议不叙,又缺乏血肉,流于空泛笼统。只有夹叙夹议,叙议结合,才能很好地完成表达任务。在调查报告的实际写作中,叙述与议论不是刻板地分成两大块,先叙后议或先议后叙,而常常是交叉运用,有机结合。

[例文]

应届毕业生回流就业倾向逐渐明朗
——2015年应届大学毕业生回流意愿调查报告

1. 调查通过网上发放问卷获得应届毕业生回流数据

本次调查的内容主要包括2015届全国应届大学毕业生的回流现状与回流原因。其中回流现状主要包括回流意愿、回流途径、回流目的地以及可能影响毕业生回流意愿的影响因素及作用探析。对于毕业生的回流原因,调查对不同原因变量做具体描述,设计五级量表进行测量。家乡拉力方面包括:情感因素、政策因素、家庭因素、理想因素、生活成本。大城市推力方面包括:主观因素和客观因素。

本次调查通过在网上发放问卷《2015届应届大学生回流意愿调查》,共回收有效答卷469份。本次调查获取的有效样本包含男生263人(占比56%),女生206人(占比44%)。本次参与调查的应届毕业生生源地主要分布在西南和东北,分别占比48%和22%,其次为华中(占比12%)、华北华东(占比10%)、西北(占比8%)(由于华南地区样本较少,故不列入有效样本进行分析。对于华北和华东地区的样本则根据其地域及经济发达程度的接近性,做统一处理)。参与本次调查的毕业生主要来自西南和东北的大学(分别占比 59% 和 20%),其次依次为华中和西北(均为 33 个样本,各占比 7%)以及华北华东(共 31 个样本,占比 7%)。

2. 2015 届毕业生的回流意愿超四成

调查显示,2015 届毕业生的回流意愿较高,共占比 41.8%(包括 15.1% 的毕业生非常想回家和 26.7% 的毕业生比较想回家),而没有回流意愿的毕业生占比 31.5%,其中 9.5% 的毕业生非常不想回家。另外还有 26.7% 的人觉得是否回家没有区别。这说明大多数人倾向或者不排斥回流。

与调查假设相反的,数据显示回流意愿与性别、专业门类、学历类型、大学所在地与生源地是否在同一省份、是否独生子女、父母亲职业、家庭经济状况均无显著相关性。该结论与调查假设有较大出入,值得关注。

应届毕业生的回流意愿与生源地有一定关系,来自华北、华东的应届毕业生回流意愿最高(占比 61.9%),其余依次为西南(38.9%),西北(38.9%),华中(30.8%)。来自东北的毕业生回流意愿最低,愿意回流的人数占比 29.2%,而不愿意回流的占比 48%。说明经济越发达的地区对于吸引毕业生回流的作用越强。而西南、西北地区的毕业生回流也很可能间接受到了经济政策的影响,如在西部大开发的大背景下,该地区的经济快速发展,提供了较多的就业岗位,而且地方政府出台了相关政策吸引毕业生回流。而东北地区受到特殊的气候条件与经济等因素影响,经济发展受到了较大制约,该地区的毕业生回流意愿就相对较低。

回流意愿与生源地城市级别有显著相关性。从对样本量较为充足的二、三、四、五线城市有关数据可以看出,来自二线城市的应届毕业生回流意愿最高(占到所有生源地为二线城市的毕业生的 54.4%),其次则是五线城市,来自这部分城市的应届毕业生中共有 41.9% 有回流意愿,但回流意愿不是非常强烈。来自三、四线城市的应届毕业生的回流意愿则没有太大差别,分别是 32.6% 和 31%。所有级别的城市中,只有四线城市的毕业生不回流意愿强于回流意愿(共 49.3% 不愿意回流就业),说明经济较为发达的城市更容易吸引毕业生回流,而五线城市相对经济落后,却吸引大量毕业生回流,其原因值得探讨。经济发展的空间与活力是可能的解释,经济政策的偏向也可能有一定影响。

3. 超半数回流者回乡就业 创业并非基于就业压力

综合分析回流毕业生的生源地,回流目的地与家庭所在地三个数据,共有 56.7%

的应届毕业生愿意回流到生源地所在城市,26.7%则回流到生源地所在省份,10.6%回流到同一经济文化区域,来自县城和乡村的毕业生则只有8.3%想要回流到家庭所在乡、镇。这说明2015届应届毕业生的回流地以城市为主,大多为家庭居住地所在城市,也有不少选择同省或同区域有接近性的其他城市。

2015届应届毕业生主要选择的回流途径是直接找工作(占比42%),其余依次为报考企事业单位(占比27%),报考家乡的公务员等(占比17%),自主创业(占比9%),最后是升学回流(只有5%)。

选择直接回流就业的两种毕业生(报考企事业单位和直接找工作)获得求职信息的方式主要来自人才招聘会(43.2%),其次依次是网络搜索(32%),朋友亲戚家人的介绍(18.4%),社交活动(4%)和其他(2.4%)。说明人才招聘会和网络是提供求职信息的最主要平台,而朋友亲戚家人介绍的比重不可轻视,说明人际关系在毕业生们获取求职信息时起到了一定作用。而社交活动虽然在大学生的日常生活中使用频繁,但对求职信息获得并无明显帮助作用。

选择回流创业的应届毕业生,对其创业原因进行分析,结果显示最主要的创业原因是想要实现自我价值(62.5%),其次是想要自己当老板(50%),之后是积累工作经验和增加经济收入(均占43.8%),紧随发展趋势和实现就业的比例最小(分别占比12.5%和6.3%)。说明自我实现仍然是毕业生创业的主要动力,只有极少的人因为就业压力而创业。

对于创业者的回流优势进行分析,结果显示最主要的优势是拥有合适的创业项目(75%),其次是熟悉的创业环境(62.5%),家乡的人脉资源(56.3%),家乡的市场需求与政策扶持(均占50%),家庭的资金支持(31.3%),政府的创业指导(18.8%),学校的创业指导则最不明显(只占12.5%)。说明合适的项目对于创业至关重要,可以说是先决条件,而回流家乡对创业具有明显帮助作用,主要表现在人脉、市场、政策、资金几个方面,这些优势也在一定条件下促进了这些毕业生的回流。另外,还可以看到国家有关政策扶持创业的明显作用。应该注意的,政府和学校在支持应届毕业生创业上都缺乏行动,而对于缺乏实战与经验的创业者,创业指导很有必要。

对于创业者遇到的阻碍进行统计分析,结果显示创业者们遇到的最大问题是资金(共占比56.3%)。说明对于应届毕业生的创业来说,资金上的支持很有必要。人才和业务来源也是创业者们较为头疼的问题,这应该是初始创业者难以避免的挑战,有创业想法的人也该理性看待并做好相应应对准备。而家人朋友的支持与否并不构成特别大的创业阻碍,表示大家对于创业并没有特别大的排斥心理。

4. 家乡的吸引力击败了大城市的浮华

本次调查在对回流原因进行分析时,利用 SPSS 针对问卷中给出的原因描述(24 个有关家乡拉力描述和 19 个有关大城市推力描述)的五级量表所得结果进行降维因子分析,共提取五个拉力因子和两个推力因子:

(1) 家乡拉力:

A. 情感因素(对家乡环境及人际关系的依恋)

B. 政策因素(经济政策、回流政策、社会制度)

C. 家庭因素(家庭期望、家庭责任、家庭陪伴)

D. 理想因素(职业理想、建设家乡)

E. 生活成本(住宿成本、交际成本、交通成本、娱乐成本)

对于五个因子进行均值比较(主要选取配对样本 T 检验和单因素分析)及显著性检验时,得到以下结论:

对拉力因子进行配对分析时发现,家庭因素的影响最为明显。数据说明父母的期望以及毕业生照顾父母的家庭责任感对毕业生回流产生了最大的影响,而对于家乡的情感依恋仍为重要影响因素,主要表现在对家乡环境和家乡人际关系的依恋。较低的生活成本也是吸引毕业生回流的因素之一,这在一定程度上来源于家庭资本的积累与分享。个人理想因素与政策支持因素影响力相对较弱,说明毕业生作出回流决定时,缺乏对家乡建设的理想与对回流政策的感知。

家乡拉力中,政策因素的贡献在不同学历的应届毕业生身上也有所差异,且学历越高,越容易受到政策的影响,其原因可能是回流政策和家乡经济发展政策对于高学历毕业生的吸引作用更强,也可能是高学历毕业生们对于政策更加敏感与了解。

家乡拉力中,情感因素的作用力在毕业生求职时获取信息的方式上也有一定差异性表现。对于主要通过亲戚、朋友介绍来获取求职信息的应届毕业生而言,情感因素的作用明显高于其他几类毕业生。这说明毕业生对家乡的环境与人际关系越依恋,这些人际关系越可能在毕业生回流时起到帮助作用。

家乡拉力中,家庭因素对于毕业生回流的影响比重在家庭经济状况不同时也会有区别,家庭月收入越高(从 0 到 12000 元),家庭因素的作用越明显。而超过某一数值后(本次调查中为12 000元)反而降低。说明在一定范围内,家庭经济状况越好,父母的期望和对家庭的责任感更容易影响毕业生回流,但对于经济富裕的家庭,家庭期望与家庭责任等的作用力反而有所削弱。

(2) 大城市推力

A. 主观因素(就业竞争力、个人理想、心理需求)

B. 客观因素(生活成本、就业形势、社会制度、自然环境)

就大城市推力而言,客观因素的作用大于主观因素。说明大城市的生活成本高、自然环境差以及就业形势的严峻、制度的藩篱都使得毕业生对大城市产生一定的抵触心理,而更偏向于回到家乡就业。其次,大城市对于就业者相对更高的能力要求,也使得大学生衡量自己的就业竞争力,并综合个人职业理想的追求和心理需求等主观因素理性作出回流决定。但就大城市推力对于毕业生们回流的作用而言,并没有性别、学历、家庭经济状况等的显著区别。

家乡的拉力因素与大城市推力因素共同作用促进了毕业生们回流,可以发现在对于2015届应届毕业生回流意愿的贡献上,家乡的拉力因素强于大城市的推力因素,说明家乡的吸引力比大城市的推力更有效促进了毕业生的回流。

5. 发展水平是东北地区毕业生回流的双刃剑

对于生源地为东北地区的应届毕业生,对其回流原因进行降维因子分析,可以得到五个有效拉力因子(经济发展、家庭因素、生活成本、环境因素、职业理想),通过因子间配对分析及显著性的检验,发现家庭因素和生活成本对于毕业生回流东北的意愿贡献力最大,而经济因素和环境因素贡献最小,可以说明东北地区的经济和环境对毕业生回流并没有什么吸引力,相应地,经济与环境的落后也可一定程度上解释不回流的原因。

经济发展对于回流意愿的贡献度还表现有性别差异,且对于男生来说,经济对于回流的贡献度比女生弱得多,说明女生对于东北经济发展及由此带来的就业岗位增多,就业机会更加公平等就业优势感知明显比男生要多,也许可以从东北经济的产业转型(从重工业转向轻工业和第三产业)引起的就业性别比例变化得以解释。对东北地区的回流毕业生做大城市推力的降维因子分析时,共得到四个有效推力因子,分别是生活成本、心理因素、文化习惯、就业竞争力,对这几个因子做配对分析及显著性检验后发现,生活成本因素在毕业生回流贡献程度上明显大于其他几个因素,其次依次是文化习惯、心理因素和就业竞争力。证明很多应届毕业生回流东北,很大程度上是因为感到难以承受大城市高昂的生活成本,也间接说明东北地区的生活成本普遍较低。还有很大一部分因为在文化习惯上无法接受大城市,表现在语言、生活习惯上,说明东北的地区文化特点较为鲜明,可以从回流毕业生的身上感受到他们对于东北文化的归属感。

在被问及"是否会因为就业形势严峻而考虑回流"时,有65.9%的应届毕业生表示不会受到就业形势的影响。当然也有相当一部分人(29.3%)承认会受到就业形势的影响。由于此次问卷只表示毕业生的表层想法,可能与实际情况也会有所出入。

(指导教师:黄松爱　调查组成员:车雨璠〈主要成员〉、汤璐舟、王新靓、李想、荣晓彤、宋佳琦)

第八章 经济文体

第一节 经济文体概述

一、经济文体的概念和作用

经济文体是在经济活动中形成并使用的处理各种经济业务关系的一种应用文体。它广泛应用于经济领域,与经济活动或经济业务直接相关,是进行经济管理活动的重要手段之一。

随着我国经济的迅速发展,与世界经济联系的日益密切,经济文书在当今的社会生活中发挥着越来越重要的作用,不管是在经济信息的存储、传递和反馈,经济契约的签订与履行,经济决策的确立与实施,经济管理的强化与协调,还是在经济业务的交往与流通,经济利益的交换与分配,经济形势的分析与评估,经济规律的探寻与验证等方面,经济文书都将日益显示出它的重要作用。经济文书写作质量的高低,常常直接关系到经济部门、企业单位和经济实体的管理活动的运行及经济效益的好坏。

二、经济文书的分类

经济文书有广义与狭义之分。

广义的经济文书,指的是机关、团体、企事业单位以及个人在经济活动中所使用的各种文书的总称。凡是与经济活动和经济管理有关的行政公文、业务文书、规约文书、宣传文书等,都可以称为经济文书。

狭义的经济文书,指的是以经济管理部门和经济实体为主的与经济业务有关的文书。主要有经济合同、协议书与意向书、审计报告、市场预测报告、经济活动分析报告、可行性研究报告等。

本章所介绍的经济文书,是指狭义的经济文书。就狭义的经济文书来说,又可以从范围上把它们分为两大类,即宏观经济文书和微观经济文书。

(一) 宏观经济文书

宏观经济文书包括经济活动分析报告、市场调查报告、市场预测报告、可行性研究报告等。这些文种是从宏观的角度分析研究经济运转的规律及其发展的趋势,使经济工作的决策者们增强自觉性,减少盲目性,作出正确的决策,调动各方面的积极因素,使企业的生产始终处于主动出击而非被动防卫的地位,从而提高经济效益和社会效益。

(二) 微观经济文书

微观经济文书包括经济合同、协议书、招标书和投标书等。这些文种针对的是具体的事物、具体的对象或具体的产品,它从微观的角度切实具体地处理一些经济业务关系,使经济活动能够有序地进行,保护双方或多方当事人的经济利益,是联结生产与消费的一条重要的现实纽带。

三、经济文体的特点

(一) 明确的政策性

经济文体产生于经济运转的需要,但又要受党和国家的方针、政策及规章制度的制约,因此,经济文书的撰写必须符合国家的有关经济政策,遵循有关的经济法规。党和国家的方针政策是经济文书的出发点和立足点。

(二) 具体的经济目的性

经济文体用于经济活动与管理,其经济目的十分具体明确。如经济活动分析报告、市场调查报告、市场预测报告、可行性研究报告等,是提供给领导研究新情况、总结新经验、解决新问题,对市场运作做出合乎实际的决策的。又如招标书、投标书、经济合同等,是为了有效地选择市场、扩大市场、占有市场,去取得更加理想的经济效益。因此,经济文体都是为了达到一定的经济目的并为其服务的,它与经济效益密切相连。

(三) 内容的专业性

经济文体的内容都是围绕经济活动和经济管理而展开的,因此,必然涉及较多的经济方面的专业知识。它的撰写往往要运用经济学方面的理论知识和实践经验,运用经济专业的各种数据、表格、名词术语、经济核算方法等,因而内容上具有较强的专业性。

(四) 表达的准确性

这是经济文体的一个显著特点。这种准确性主要体现在两个方面:一是数据要准确。经济文体的研究、分析都要从数据中提炼出观点,都要使用数据来反映情况、说明理由,要使主张、观点、意见正确,则必须建立在准确的数据基础之上。因此,经济文体引用数据,务必反复核实,挤干水分,做到准确无误。二是语言要准确。语言的准确性主要体现在用词和造句这两个方面。经济文体的措辞必须认真对待,逐字逐句地推敲,不能产生歧义。否则会给当事人带来麻烦,甚至造成不必要的经济损失。

四、经济文书的作用

（一）指导作用

经济文书的写作与经济活动的过程是紧密相连的，从调查、预测、可行性研究，到生产、营销、流通等诸环节，都离不开经济文书。它为企业领导人研究新情况、总结新经验、解决新问题，作出比较合乎实际的决策，起到一定的作用，对整个的经济活动也有指导作用。

（二）联系作用

经济文书起着联系企业内外的作用。如经济合同、协议书、招标书、投标书等，经双方或多方共同研究，确定某项具体业务的标准条款，然后履行各自的权利与义务，企业内外也因此产生一种紧密的联系。

五、经济文书的写作要求

（一）掌握经济政策

经济工作关系到国家、集体或个人的利益，政策性很强。为指导、规范经济活动，国家制订了一系列经济政策和经济法规。撰写经济文书必须熟悉并掌握有关的政策和法规，否则，所写的经济文书或者无效，或者失去实际指导意义，或者直接造成经济损失。

（二）熟悉业务知识

经济文书的专业性很强，撰写者应熟悉有关经济业务。要既懂得理论，又有实践经验；既熟悉政策，又了解具体部门的情况，只有这样才能看清复杂的经济现象，运用科学的方法并按经济规律办事。如果不熟悉经济业务，撰写时说外行话，往往会产生差错，甚至造成经济损失。

（三）坚持实事求是

经济文书是一种实用性文体，决不允许虚构和浮夸，写作时必须坚持实事求是的原则。经济文书所用的所有材料、事例、数据都要准确可靠，应经过核实，消除"水分"。否则，不仅会影响经济部门或企业的信誉，有时还会造成不必要的麻烦或损失。

第二节 经 济 合 同

一、经济合同的概念

合同，是由双方或多方当事人为了实现各自的目的，通过平等协商而建立、变更或消除民事法律关系的协议。《中华人民共和国民法典》规定:"合同是民事主体之间设立、变更、终止民事法律关系的协议。"

契约一般是指各方当事人基于共同协议订立的文书,以表示一致而成立的民事法律行为,如买卖契约、交换契约等。也有的契约并没有文字形式。合同是双方或三方以上当事人基于方向并行之意,表示一致而成立的民事法律行为。在我国法律上没有契约与合同之分,统称合同。

经济合同是合同的一种。它是特指具有法人资格的社会组织之间,在各自的经营管理权限和业务范围之内,为了实现各自的经济目的,按照法律规定,在平等互利、协商一致的原则下,明确各自的权利与义务而共同订立和遵守的书面协议。

法人是指依照国家规定的法定程序组成的、经过国家认可的社会组织或团体。它有独立支配和依法经营管理财产的权利和偿还债务的义务,能以自己的名义进行独立的民事活动,参加民事诉讼。法人和我们通常所说的"人"不同。我们通常所说的"人",在法律上称为"自然人"。法人的行为能力是由它的法定代表人来行使的。凡是具有法人资格的企业经理或厂长,机关或事业单位的负责人,都是法人的法定代表。他们有权以本单位的名义签订经济合同,或授权他人代表本单位签订经济合同。

要深入理解经济合同的概念,必须明确以下四点。

第一,合同具有明确的经济目的,是当事人双方共同协商订立的、必须遵循的条款,其内容由当事人约定,但法律规定的必备条款必须具备。

第二,合同是一种法律行为,是当事人依法通过协商明确相互权利与义务的一种法律行为。因此,合同的内容必须符合法律、法令和有关规定,否则都是无效的合同。

第三,合同是具有明确的相互权利与义务的协议,因此,订立合同必须是平等、互利、协商一致的。当事人任何一方不得把自己的意志强加给对方,任何单位与个人不得干预。

第四,合同是以书面形式发布的,当事人交易的内容,相互权利与义务,都通过书面形式肯定下来,才具有法律效力。

二、经济合同的作用

经济合同是社会经济发展的必然产物,在经济活动运作的各种复杂关系中,为了保护合同当事人的合法权益,维护社会经济秩序,经济合同作为一种维系经济活动顺利进行的法律规范,在经济生活中的作用越来越重要。其作用具体表现在以下几个方面。

(一) 经济合同是加强横向经济联系的重要工具

随着科学技术的发展,社会分工越来越细,专业化的程度越来越高,而社会生产又是一个相互联系、相互制约的整体,这就必然要求社会经济各部门、各生产单位进行协作。经济合同把相互依赖的生产、销售单位联系起来,巩固其协作关系,以法律的形式保护这种协作关系,使生产、销售单位按合同的要求进行生产和销售,从而有效地推动其发展。

(二) 经济合同是促进企业改善经营管理,加强经济核算的有力措施

对于企业来说,对外主要利用经济合同来沟通生产和流通环节,对内要靠经济核算制改善经营管理,把企业的经营效果和职工的切身利益紧密地联系起来,而经济合同正是加强企业经济核算制的一种法律形式。经济合同中的供货方要履行好合同,按合同规定的数量、品种、质量、期限等完成合同任务,必须全面加强企业管理,搞好经济核算,做好生产的组织工作和质量检验工作。因此,经济合同制的施行,对提高企业管理水平大有好处。同时,经济合同规定了双方的权利和义务,任何一方不履行合同都要受到经济制裁,双方的经济利益都可以通过合同得到有效的保障。

(三) 经济合同是政府对企业经济活动实行监督的有力措施

各级业务主管部门和工商行政部门可以对企业的经济合同进行监督检查,并通过金融机关信贷管理和结算管理,实行金融监督,保障经济合同的履行。这样就可督促企业依照国家的政策、法律进行经济活动,合理组织生产。这样做,既有利于保障市场经济的健康发展,保护经济合同当事人的合法权益,也有利于维护市场秩序,促进社会的繁荣和稳定。

三、经济合同的种类

经济合同的种类很多,根据不同的角度可以划分为不同的类别。如根据内容分,有购销合同、建筑工程承包合同、加工承揽合同、货物运输合同、仓储保管合同、财产租赁合同、借款合同、财产保险合同、科技协作合同等;根据适用时间分,有长期合同、中期合同、短期合同、年度合同、临时合同等;根据形式分,有表格式合同和条款式合同等。

(一) 根据内容分类

(1) 购销合同。是指当事人就买卖工业品、农副产品或生活资料而承担的权利义务的协议。它包括供应、采购、预购、购销结合及协作、调剂等合同。

(2) 建设工程承包合同。是指建设单位和工程建筑单位为了完成商定的工程建设项目而签订的合同,包括勘察、设计、建筑、安装等合同。可以由一个总包单位与建设单位签订总包合同,也可以由几个承包单位与建设单位分别签订合同。

(3) 加工承揽合同。是指承揽方按照定作方提出的要求完成一定的工作,定作方付给约定的报酬的协议,其中包括加工、完成、修缮等合同。

(4) 货物运输合同。是指货物承运人和托运人之间关于运送货物的合同。按照运输工具的不同又分为铁路、公路、水路和航空四大种类,它们的文本格式由铁道部、交通部和国家民用航空管理局管理。

（5）仓储保管合同。这是存货方将货物委托保管方代为储存保管双方签订的合同。

（6）财产租赁合同。是指出租方将自己的财产在一定时期内交给承租方使用的合同，主要有财产租赁和房屋租赁等合同。

（7）借款合同。是指借款方（借用人）与贷款方（出借人）之间因借贷款项而签订的合同。贷款利率应按国家规定办理。

（8）财产保险合同。是指投保人和保险人之间关于财产保险或人身保险所签订的合同。这类合同的文本格式由中国人民保险公司管理。

（9）科技合作合同。是法人之间、法人和公民之间就技术开发、技术转让、技术咨询和技术服务所订立的确立民事权利与义务关系的合同。

（二）根据形式分类

1. 表格式合同

指把合同内容写在一份表格中，在签订合同时，如双方达成协议，即可根据表格逐项填写。这种合同多用于经常性的经济活动往来，如购销合同、加工承揽合同、货物运输合同等。这类合同一般都由经济合同管理机关或专业主管部门制订统一合同格式。它的优点是：格式固定，便于管理，比较规范，可以减少因经办人员经验不足或粗心造成的疏漏。缺点是不够灵活，有些内容在表格中无法反映。

2. 条款式合同

指把双方达成的协议列成若干条具体的文字内容，逐条写入合同。这种形式最适用于非常规性经济活动往来，如房屋租赁、房屋建筑合同等。条款式合同不受固定表格的限制，比较灵活，对于一些内容比较复杂的合同尤其适用。它的优点是应用面极广，能适用任何情况。但同时对写作也提出了更高的要求，其文字含义和表达必须明确一致，没有歧义。

四、经济合同的内容构成

经济合同的基本内容，就是合同的基本条款。这些条款是合同当事人所达成的协议内容，它规定了各方当事人的权利和义务。由于每份合同的经济目的和具体要求不同，其具体条款也各异，但以下基本内容是必须具备的。

（一）标的

标的是经济合同双方当事人权利、义务所指向的对象，是合同必须具备的核心部分。如购销合同中的货物，货物运输合同中的劳务，建筑工程承包合同中的工程项目，借款合同中的货币等，都是合同的标的。标的要写得明确、具体，便于执行。标的是订立经济合同条款的前提，没有标的或标的不明的合同是无法履行的，也是不能成立的。

此外，标的必须合法。国家禁止或限制流通的物品如国家文物、淫秽物品、武器弹药、毒品之类,不能作为标的。标的如果违法,合同也就无效。

(二)数量和质量

数量是指标的量的多少的尺度,质量是指标的在质的方面的规定,是标的内在素质和外观形态的统一。经济合同必须在条款中明确规定标的数量(包括计量单位)和质量,因为它是衡量标的的指标,确定权利和义务的尺度,计算价款或酬金的依据。如果经济合同中没有具体而准确的标的数量、计量单位和明确的质量标准,经济合同就不能成立。如果标的的数量、质量含糊不清,在发生了矛盾或出现了差错后,就难以确定当事人的责任、权利和义务,就会出现经济合同纠纷。

标的的数量、质量的写作要注意以下几点。

1. 项目要完善

如在标的的质量方面,对于表示质量的各项要求、数据都要列入,不能遗漏。有的产品质量可以在接收时加以检验,而有的产品必须在安装运转使用以后才能检测其内在的质量优劣,对此就要具体规定确定质量的期限。又如某些产品在计量时可能会发生一些误差,包括正负尾差、合理磅差以及在途中自然减量等,必要时均需在经济合同中写明。而对成套供应的设备,要写明主机、辅机、附件、配件、备品和修理工具的具体数量、质量和品牌等,不能含糊写作"附件若干""配件3套",必须写得全面又具体。

2. 数字要精确

合同中的数字必须精确,不仅是表示数量的数字要精确,而且质量的数字也要精确。要避免使用"大约""左右""若干"之类的字样。如"附件若干"、"货到后10天左右付款"都是错误的写法。质量方面也应该尽量以数字加以明确。如引进生产线的经济合同,关于质量问题,如只是笼统地写上"供方所提供的生产线必须保证质量",投产后假如产品合格率很低,双方就会发生争执。如用"产品合格率必须达到90%"这样明确的数字来确定质量,双方的权利和义务一目了然,即使发生争执也容易解决。

3. 计量单位要明确

经济合同中的计量单位不能使用"车""箩""套""堆"等含糊不清的量词,以免在执行中引起纠纷。对于经济合同单上的已经标明的计量单位和合同双方确定的物品数量也要仔细核实,确保无误。此外,计量方法也要事先明确,才能写入经济合同。如产品质量,要商定是以什么为标准,是双方商定立样封样,还是用双方商定的其他某种标准,或按国颁标准或部颁标准,并且要明确是哪一年国颁部颁标准,因为国颁部颁标准也是在不断更新的。此外,实行抽样检验质量的产品,在经济合同中也应写明采用什么样的方法和抽样检验的具体比例。

(三)价款或酬金

价款是指购买产品或商品的一方向对方支付的按一定价格计算的货币金额;酬金是指

为设计、施工、承揽加工、运输货物、保管货物等进行劳动服务的一方应得到的对方支付的报酬金额。

在经济合同中应写明使用的币种、单价、总金额、计算标准、结算方式和程序等。我国政府规定，国内企业间进行经济活动，必须以人民币作为支付手段，因此这在合同中不写自明。但在涉外经济活动中就要明确以何种货币作为支付手段。一般经济合同都要通过银行结算，少量的可以直接用现金支付结算。所以在经济合同中还必须写明结算方式、开户银行、账号名称、账号、结算单位等。如果是转账结算，要写明是采用托收承付还是信用证，还要写明结算是"验单付款"还是"验货付款"。

（四）履行的期限、地点和方式

履行的期限是指经济合同履行的时间界限，它对双方都有制约力，既包括交货或完成劳务的期限，也包括付款的期限，在合同中要把两者都写明。

履行的地点是指双方当事人在什么地方履行各自应承担的义务，它关系到履行合同的费用和时间，必须写得具体明确。

履行的方式是指当事人采用什么方式来履行合同。一般可分为时间方式和行为方式两个方面：时间方式是指一次履行完毕，还是分期履行；行为方式是指当事人交付标的物的方式，如货物是供方送货还是需方自提或是托运，选择什么运输工具，走什么路线以及运输费用如何计算等，都要事先商定，写入合同。

（五）违约责任

当事人不履行合同，或不适当履行合同，都属于违约，都要依法承担法定的责任。违约责任主要是用罚违约金、赔偿金来体现，所以，违约责任又叫经济责任。它主要用来督促当事人信守履行合同的义务，以保证合同的实现，保护当事人的权益，是经济合同中不可忽视的重要条款。

五、经济合同的结构体式

不管是表格式还是条款式，经济合同的结构基本包括标题、当事人名称、正文、落款等几个部分。

（一）标题

经济合同的标题比较简单，一般只写合同的性质加上"合同"两字即可，如"购销合同""建设工程承包合同"等。如系经常性合同，可在标题右下方写明合同编号。

（二）当事人名称

要写明双方当事人单位名称，不得用简称或代号。为行文方便起见，可在名称前或后注明"甲方""乙方"等字样。

(三) 正文

正文由开头和主体两部分组成。

1. 开头

写明签订合同的目的、依据或订立合同的缘由以及经过。如"根据《中华人民共和国民法典》及有关政策规定,经双方协商同意签订本合同,以资共同信守"等。

2. 主体

主体紧接开头下一行,空两格将条款逐一写来。主体除包括经济合同必须具备的各项条款外,还有经双方商定的其他条款。最后还要写明合同的份数和保存方式。合同的保存,一般是双方当事人各执一份,有的双方当事人的上级也各执一份,还有的须公(鉴)证机关保存一份。

合同如有表格、图纸或其他附件,应在正文后写清楚,并注明件数。

(四) 落款

落款包括两个方面。

(1) 双方当事人及其代表的签章以及单位地址、开户银行、账号、电话、邮编等。如有公证、鉴证机关,也应写明意见、日期,并由经办人签名,盖公证、鉴证机关公章。

(2) 合同签订的日期和地点。签约日期关系到合同的有效期限和履行期限,关系到合同本身的效力,所以必须书写清楚。有的合同将签约日期写在标题的下方或右上方,如表格式合同常常如此。签订的地点关系到合同申诉的地方及适用的法律法规等。

六、经济合同的写作要求

(一) 遵守国家的政策、法规

订立经济合同,必须遵守国家的法律,符合国家的政策。这具体包括三方面的内容:一是订立合同的过程要符合法定程序和手续,如订合同人必须具有"法人"资格等。二是合同内容要符合法律规定,如不得有毒品、文物等买卖行为。三是合同纠纷的处理,要按法定的协商、调解、仲裁、诉讼的途径正确处理。

(二) 结构必须完整

结构完整是指构成合同的要素不能或缺,如当事人的名称、法人代表、签章、日期等以及法令所规定的一些必要条款。否则,因结构残缺尤其是主要条款的不完整而将导致合同无效。

(三) 表述要具体、准确

合同是双方当事人权利义务的凭证,因此内容必须表达得明确具体,不能有丝毫模糊不清之处。同时,合同使用的语言一定要非常准确,一句话只能有一个含义、一种解释。尤其在容易引起争执的地方,一定要字斟句酌,以免在发生纠纷时,合同双方各执一词。

[例文1]

国道珲乌公路(G302)吉林至饮马河段一期工程建设项目
02标段剩余路面工程 TJ02－1 标段施工合同

一、合同名称:国道珲乌公路(G302)吉林至饮马河段一期工程建设项目02标段剩余路面工程 TJ02－1 标段施工合同

二、项目编号:JJZHWJY2020－001

三、项目名称:国道珲乌公路(G302)吉林至饮马河段一期工程建设项目02标段剩余路面工程 TJ02－1 标段

四、合同主体

发包人:吉林市交通投资建设有限责任公司

地址:吉林省吉林市松江南路385号

承包人:中铁十七局集团第三工程有限公司

地址:河北省石家庄市中山西路

五、合同主要信息

主要标的名称:国道珲乌公路(G302)吉林至饮马河段一期工程建设项目02标段剩余路面工程施工。

服务要求:标段工程交工验收的质量评定:合格;竣工验收的质量评定:合格。

合同金额:￥32,344,838.00元。

合同工期:计划开工日期:2020年5月1日,计划交工日期:2020年9月15日。

建设地点:吉林省吉林市。

招标方式:公开招标

六、合同签订日期:2020年6月9日

七、合同公告日期:2020年6月11日

[例文2]

房屋租赁合同

出租方：

承租方：

根据《中华人民共和国民法典（合同编）》及有关规定，为明确出租方与承租方的权利义务关系，经双方协商一致，签订本合同。

第一条　房屋坐落、间数、面积、房屋质量

第二条　租赁期限

租赁期共　　年零　　月，出租方从　　年　　月　　日起将出租房屋交付承租方使用，至　　年　　月　　日收回。

承租人有下列情形之一的，出租人可以终止合同、收回房屋：

1. 承租人擅自将房屋转租、转让或转借的；

2. 承租人利用承租房屋进行非法活动，损害公共利益的；

3. 承租人拖欠租金累计达　　个月的。

租赁合同因期满而终止时，如承租人到期确实无法找到房屋，出租人应当酌情延长租赁期限。

如承租方逾期不搬迁，出租方有权向人民法院起诉和申请执行，出租方因此所受损失由承租方负责赔偿。

合同期满后，如出租方仍继续出租房屋的，承租方享有优先权。

第三条　租金和租金的交纳期限

租金的标准和交纳期限，按国家的规定执行（如国家没有统一规定的，此条由出租方和承租方协商确定，但不得任意抬高）。

第四条　租赁期间房屋修缮

修缮房屋是出租方的义务。出租方对房屋及其设备应每隔　　月（或年）认真检查、修缮一次，以保障承租方居住安全和正常使用。

出租方维修房屋时，承租方应积极协助，不得阻挠施工。出租方如确实无力修缮，可同承租方协商合修，届时承租方付出的修缮费用即用以充抵租金或由出租方分期偿还。

第五条　出租方与承租方的变更

1. 如果出租方将房产所有权转移给第三方时，合同对新的房产所有者继续有效。

2. 出租方出卖房屋,须在3个月前通知承租方。在同等条件下,承租方有优先购买权。

3. 承租方需要与第三方互换住房时,应事先征得出租方同意,出租方应当支持承租方的合理要求。

第六条 违约责任

1. 出租方未按前述合同条款的规定向承租人交付合乎要求的房屋的,负责赔偿　　元。

2. 出租方未按时交付出租房屋供承租人使用的,负责偿付违约金　　元。

3. 出租方未按时(或未按要求)修缮出租房屋的,负责偿付违约金　　元;如因此造成承租方人员人身受到伤害或财物受毁的,负责赔偿损失。

4. 承租方逾期交付租金的,除仍应及时如数补交外,应支付违约金　　元。

5. 承租方违反合同,擅自将承租房屋转给他人使用的,应支付违约金　　元;如因此造成承租房屋毁坏的,还应负责赔偿。

第七条 免责条件

房屋如因不可抗力的原因导致毁损和造成承租方损失的,双方互不承担责任。

第八条 争议的解决方式

本合同在履行中如发生争议,双方应协商解决;协商不成时,任何一方均可向工商局经济合同仲裁委员会申请调解或仲裁,也可以向人民法院起诉。

第九条 其他约定事项

第十条 本合同未尽事宜,一律按《中华人民共和国民法典(合同编)》的有关规定,经合同双方共同协商,作出补充规定,补充规定与本合同具有同等效力。

本合同正本一式两份,出租方、承租方各执一份;合同副本　　份,送　　单位备案。

出租方(盖章)　　　　　　承租方(盖章):　　　　　　鉴(公)证意见

地址:　　　　　　　　　　地址:

法定代表人(签名):　　　　法定代表人(签名):

委托代理人(签名):　　　　委托代理人(签名):

开户银行:　　　　　　　　开户银行:　　　　　　　　经办人:

账号:　　　　　　　　　　账号:

电话:　　　　　　　　　　电话:　　　　　　　　　　鉴(公)证机关(章)

```
电挂：                    电挂：
邮政编码：                邮政编码：
签约地点：
签约时间：    年    月    日
有效期限：至    年    月    日
```

第三节　经济活动分析报告

一、经济活动分析报告的概念

经济活动分析报告是根据经济活动的各项计划指标、统计报表、会计核算及其他调查研究所掌握的资料，对本部门或本企业一定时期内的经济状况进行分析、研究、评估后写成的一种书面报告。

一个企业在一定时期的经济活动，主要表现在生产、销售、分配和消费这四个方面，即生产计划指标完成情况、产品成本计划完成情况、劳动计划完成情况、固定资产的利用情况、销售计划完成情况、企业财务状况等。经济活动分析报告的基本任务就是围绕生产、销售、分配与消费四个方面进行调查研究分析，从而发现问题，总结经验，提出建议，以期达到改善经济活动的目的。

二、经济活动分析报告的作用

经济活动分析报告能够及时地反映经济活动的各种信息，它对搞好经济活动的正常运作、做好企业的经营管理具有十分重要的作用。具体来说，反映在以下两个方面。

（一）对企业来说，有利于制订、调整经济计划，提高经济管理水平

经济活动分析报告可以对企业在一定时期内的经济活动作总的评估，也可以对某一项经济活动进行分析。通过评估、分析可以使决策者深入了解本企业的经济活动状况，找出工作中的优势或薄弱环节，发现原计划的不足，从而可以及时修正、改进、加强，使企业获得更好的效益。

同时，经济活动分析报告提供的信息，反映的情况，发现的问题，提出的改进措施，预测的市场变化，都是经营管理者及时作出生产调整、市场决策、资金运作的依据，因此，它对提高经营管理的质量起着积极的作用，能够促进经营管理逐步科学化，从而促进企业更自觉地

按照经济规律办事,增强竞争能力。

(二) 对经济管理部门来说,有利于较全面地掌握经济动向,发挥管理职能作用

国家的经济管理部门可以分为经济领导部门和经济监督部门。领导部门如国家计划委员会、政协经济委员会等,它们通过宏观来指导企业进行各项经济活动。监督部门则通过各项相关法令,对企业的各种经济活动进行监督,如审计部门审查企业的财务收支情况,银行和财政部门检查资金使用情况,税务部门检查税款上缴情况等。各类经济领导部门和监督部门通过经济活动分析可以及时地、准确地了解各种情况,从而有利于加强宏观指导和具体执行监督任务,促使企业不断改善经营管理,取得更好的经济效益,促进整个社会的经济繁荣。

三、经济活动分析报告的种类

按照不同的分类方法,可以把经济活动分析报告分成不同的种类。如按分析对象的范围分,有宏观分析和微观分析;按经济部门分,有工业经济活动分析、农业经济活动分析、商业经济活动分析等;按分析时间分,则有定期分析和不定期分析等。常见的经济活动分析报告有以下几类。

(一) 综合分析报告

综合分析报告又叫"全面分析报告"。它的内容具有综合性的特点,是通过对生产和经营的资金、费用、成本、利润等进行全面评估、分析,来检查和总结一个时期生产和经营的总体状况。综合分析报告常常被用来对一个企业或其他经济实体的生产经营进行全面系统的分析评价。比如,对企业的年度、季度、月份经营情况和财务计划的执行情况进行综合的分析,都属于这类报告。它还可以被用来对一个国家或地区,甚至全世界的经济活动进行宏观分析。

(二) 简要分析报告

简要分析报告也称"部分分析报告"。它是对企业生产经营活动的某一部分内容进行简要分析,通常仅是围绕财政、计划指标等几个重大问题进行分析,以观察经济活动趋势和工作进程。比如,生产部门对生产情况的分析报告,技术部门对生产技术情况的分析报告,销售部门对产品销售情况的分析报告,以及财务部门对企业财务情况的分析报告等。与综合分析报告相比,简要分析报告在内容上更为专门化,范围也相对较小。

(三) 专题分析报告

专题分析报告是指对经济活动中的某一重要或关键性问题,进行深入调查和细致的分

析研究后写成的分析报告。一般都是根据生产经营的需要,针对急需解决的问题或带有普遍意义的问题进行分析研究,提出解决办法。如产品质量的分析、亏损原因的分析、资金周转的分析、经营决策的分析等。与综合或简要分析报告相比,专题分析报告的内容最集中,基本上一份分析报告只分析研究一个专门问题,目标明确,针对性强。同时,它反映问题也较迅速,便于及时采取措施,改进工作。综合分析报告主要着眼于宏观,专题分析报告主要侧重微观。而且,专题分析报告往往是形成综合分析报告的基础和材料来源。

四、经济活动分析的方法

经济活动分析的方法常用的有下列三种。

(一)比较分析法

又称对比分析法。这种分析方法是把在同一基础上(如时间、内容、项目、条件等)的数字、资料,进行对比,确定差异,并进一步分析造成差异的原因,提出改进措施。运用比较分析法,一般从下面三个方面进行。

1. 比计划

就是把某一段时间内的实际完成指标与计划指标相比较。其目的是检查计划执行的情况,研究完成或没完成计划的原因,分析造成差距的因素,以便更好地为完成计划创造条件,为制订新的计划提供依据。

2. 比历史

这是纵向比较,就是把本期的实际完成指标与上期或上年同期的实际指标或历史上特定时期(如历史上最高水平)指标相比较。这种比较可以清楚地展现某项指标在时间上的动态变化,从而揭示其活动的规律和发展趋势。

3. 比先进

这是横向比较,就是用本单位的实际完成的指标与国内外同类先进企业的指标相比较,或与本系统的平均水平比较,或在企业内部把先进的单位、先进工作者完成的指标与一般完成的指标比较。使用这种方法,可以找到差距,发现经营管理中存在的问题。

(二)因素分析法

因素分析法是把比较分析法所确定的差异数值作为分析的对象,并进一步找出产生差异的各种因素及其影响程度的一种分析方法。一般说来,比较分析法着重于数字和情况的比较,而因素分析法除了运用数字按一定的计算方法进行分析外,还侧重于事实的说明和原因的剖析。运用因素分析法,要注意从错综复杂的因素中找出最本质、最关键的因素进行重点分析,不要面面俱到。其次,还要注意既分析客观因素,也分析主观因素,不能以客观因素来掩盖主观因素。

(三) 动态分析法

就是从发展的观点来研究经济现象的变化及其发展趋势的一种方法。它是通过分析、计算历史的有关资料、数据,研究某一经济现象在时间上的发展变化情况和发展规律,预测未来的发展趋势,从而实现决策的科学性和超前性。进行动态分析,有助于人们认识经济现象,把握经济规律,驾驭经济活动,作出更切实可行的预测、决策方案,以追求更高的经济效益。

上述三种分析法,在一篇文章中,既可以单独使用,也可以综合使用。一般说来,简单的经济活动现象,分析法可以单一;而复杂的经济活动,就要求多侧面、多角度、多层次进行分析。

五、经济活动分析报告的结构

经济活动分析报告因分析的内容不同,其格式和写法也不相同。一般来说,由标题、正文和落款三部分组成。

(一) 标题

经济活动分析报告的标题有公文式和普通文章式两种。

公文式标题通常由"单位名称+时间+分析内容+文种"组成,如《××公司××年度财务情况分析报告》。有时也可省略单位名称或时间,或两者都省略,只保留分析内容和文种。

普通文章式标题比较灵活,可以揭示报告的范围,或指出报告的主要观点,还可以使用双行标题,有正有副,虚实结合。

(二) 正文

正文一般由概况、分析和建议三部分组成。

1. 概况

即正文开头。概述经济活动的情况,用简要的文字介绍分析报告的基本内容或交代分析报告的目的、意义。

2. 分析

即正文的主体部分。它是分析报告的核心部分,要运用各种分析方法对基本情况进行深入细致的分析,要根据分析的目的和报告的种类灵活安排分析内容。全面分析报告,要对各项经济活动的指标逐项进行分析;简要分析报告,往往是抓住几个主要指标或一两个重点问题展开分析;专题分析报告,则针对专题的要求展开分析。

在分析中,既要分析成绩取得的原因,总结经验,又要揭示问题,分析问题产生的症结;既要重视客观因素的分析,也不能忽视主观因素的分析。同时,应分清主次,突出分析的重点。

就表达方法而言,可以使用数字说明和文字分析两种形式。在具体写作时,可以先列出数据,后进行文字分析;也可以先用文字分析,后列举数据;或者,两者交叉进行。

3. 建议

即正文的结尾部分。一般是对经济活动分析的结果,有针对性地提出改善经营管理,提高经济效益的对策、措施和建议。也有的是肯定成绩,评价成果,总结经验。如没有必要单独写结尾,也可根据实际情况,在写完主体后即告结束。

(三) 落款

经济活动分析报告的正文之后,还应写上分析报告的写作单位或作者名称,及写作日期。如果标题中已写明了单位,标题下面写了作者姓名,那么落款部分可只写日期。

[例文]

<h3>××公司 2014 年度上半年经济活动报告</h3>

2014 年上半年,分公司在公司各级领导的支持和帮助下,克服种种困难,紧紧围绕公司下达的各项经济技术指标,不断强化执行力,迎难而上,各项工作稳步推进,现将今年上半年分公司的经济运行情况汇报如下:

一、主要经济指标完成情况

1. 承揽任务情况

1—6 月分公司累计承揽任务 1 项,为××,完成总公司下达指标 2 亿元的 1%。分公司上半年承揽任务情况离公司下达的 2 亿元的目标还有很大差距,加之目前分公司跨年的××项目收尾完工,管理人员闲置等问题,承揽任务仍然是分公司当前的主要任务。

从目前分公司在施、承揽的工程项目看,全部为工业厂房、水利及煤矿工程,符合公司为分公司确定的经营方向。在经营方面,尤其是自营项目,分公司仍需要继续得到公司更大的支持和帮助。

2. 产值报量与财务列收情况

1—6 月份分公司累计报量 2 791 万元,完成年计划的 19%,同比增加 189 万元,增长率为 7.26%。其中自营产值 1 141 万元,占总产值的 41%,联营产值 1 650 万元,占总产值的 59%。

1—6 月分公司财务列收 2 791 万元,同比增加 189 万元,增长率为 7.26%。其中自营列收 1 141 万元,占总列收的 41%,联营列收 1 650 万元,占总列收的 59%。工程报量和财务列收同步。

3. 利润实现情况

上半年分公司实现利润6万元,较去年降低64%,完成全年200万元利润指标的3%。

分公司上半年产值利润率为0.2%,整体利润水平非常低,这也是现今建筑行业面临的一个普遍问题,当前,建筑业生产能力过剩、生产方式落后、技术进步缓慢、人员素质总体水平不高。建筑业的发展在很大程度上依赖于高速增长的固定资产投资规模。项目管控"管而不控",分公司仅有"业务量"的增长,利润普遍不高。

4. 应收账款增长率

截至6月底分公司应收账款余额为4 043万元,较年初3 354万元增加689万元,应收账款余额相较去年有所降低。

新的一年,分公司逐步开展承揽新任务的工作,对以前年度已形成的应收账款,进一步下大力气进行清收的形势越来越严峻。分公司的目标是对于竣工已结算的工程项目,当年应收账款销户率达到30%以上,做到勤与建设单位对账,为清欠小组提供真实的清欠基础资料,对各项目认真进行分析研究,层层落实清收责任,责任到人核定回收指标,严格进行考核,坚决遏制应收账款非正常增长的势头,逐步降低应收账款占资产总额的比例,从而确保应收账款年度计划指标的圆满完成。

根据去年的清欠问题,清欠难点主要集中在××项目工程量大,甲方所欠工程款金额巨大,该项目与甲方签订的合同为固定总价合同,分公司本就承担较大的风险,现甲方以各种理由拖延审计,给清欠工作造成了极大的阻力。同时甲方由于人事调整,当年经管人员已经调任他处,现任人员各种搪塞,现我方计划将每日派清欠人员前往甲方催促讨要工程款,以期解决我方资金困扰及该项目所欠供应商、劳务队款项的问题,减少债务纠纷,保证分公司正常运转。

5. 其他应收款降低率

截至6月底分公司其他应收款(含备用金)余额为439万元,较年初422万元增加了17万元。其中各种保证金182万元(其中投标保证金167万元、外经证保证金15万元);备用金118万元;职工欠款11万元;其他暂收暂付款项100万元(其中84万元为待收联营项目管理费)。

分公司下半年对其他应收款将加强管理,从防止潜亏的角度出发,做好其他应收款的清理工作。本年度分公司备用金新增 50 万元,清理备用金,降低其他应收款将作为下一步的财务工作的重点。分公司每年度备用金均能够正常清理,历年来均执行每人备用金不跨年,不留余额。

6. 刚性费用支付情况

本年度分公司 1—6 月职工工资未发放,以前年度职工工资全部发放完毕。保险利息等刚性费用足额上缴。

二、影响经济效益的因素分析

1. 收入成本情况

2014 年 1—6 月分公司主营业务收入 2791 万元,主营业务成本 2583 万元,营业利润 7 万元,总体而言,分公司工程体量大,但利润极低,这也是现在建筑行业普遍共性问题,分公司将不断节约成本,进行成本管控,减少不必要的支出,提高利润水平。

分公司上半年预算成本为 2709 万元,实际成本为 2583 万元,成本降低额 126 万元,成本降低率为 5.45%,较去年同期减少 0.79 个百分点。

成本降低情况相较去年同期降低率有所减少,随着××结算完成,部分劳务结算差额,材料摊销入成本,成本降低率依然不容乐观。同时去年开工的××项目由于大环境影响,商混、地材等价格同投标时价格相比较,上涨了至少 50%,也是成本大幅增加的原因。分公司管理人员普遍年轻,成本管理经验和意识以及技术措施水平并不高,有待于进一步加强。对分公司来说浪费现象时有发生,周转材料周转次数不多,部分材料二次利用率低,成本将基本持平,没有达到预期成本较大降低的期望目标。

2. 管理费用情况

上半年分公司累计发生管理费用 109 万元,同比减少了 38 万元,降低率为 26%。管理费用表面看较去年有所降低,但是也不容乐观,主要原因是:分公司本年应计提工资约 120 万元,约 90 万元工资未提,保险约 30 万元未计提,同时机关搬至晋阳街,有部分费用未报回,待下账后管理费用将增加约 130 万元。

三、资金回收及上交情况

上半年分公司回收资金 2102 万元,其中竣工工程回收 7 万元,占回收额的 0.33%,在建工程回收 2095 万元,占回收额的 99.67%;其中自营工程回收 1058 万元,联营工程回收 1044 万元。

截至 6 月底上缴利润资金 34 万元,完成公司下达指标的 17%,分公司将克服困难努力完成上缴等各项目标。上缴保险资金 32 万元,保险交至 6 月份。

四、下半年经济运行情况预测

分公司本年亏损项目仍为××项目,分公司将加大管理力度,减少费用开支,努力降低成本,进一步缓解亏损情况,但是扭亏为盈确实困难。

分公司下半年开始,财务人员将每月至少两次下项目学习,目的之一就是不断磨砺财务部人员,现场实地学习,加强项目成本核算学习,增强财务人员自身知识及成本管理能力的同时,为项目减少不必要的支出,增加分公司的效益。加强财务部门、财务人员对项目部的服务意识,深入工地了解情况,通过提高服务质量强化成本管理,并提高财务人员成本管理业务水平。

分公司本年度自营项目数量不多,工作量不大,虽然在各项目开成本分析会,但是成本分析还存在流于形式的现象,成本分析深层次剖析不够,此项工作仍需继续加强。每个项目开工都必须与项目经理签订责任状,通过奖励与处罚激励项目经理主动积极工程质量安全管理工作,达到奖励先进,鞭策后进,共同提高的目的。

今年分公司面临前所未有的困难,目前分公司正努力承揽任务,积极进行清欠活动,为完成各项指标而努力。

××××××

2014 年×月×日

第四节　市场预测报告

一、市场预测报告的概念和作用

市场预测报告,就是在市场调查的基础上,运用科学的方法,对未来一段时间、一定范围内的市场供需状况和经济发展趋势作出推测和判断的书面报告。

市场预测的前提,是对市场的历史与现状作出系统周密的调查研究,只有了解市场的昨天与今天的情况,方能对市场的明天作出科学的预测。因此,市场调查是市场预测的前提,而市场预测则是市场调查的延伸。同时,市场是随着客观实际的变化而变化的,它是变动的、不确定的,而市场预测报告就是要把这种变动的不确定性极小化,使其减少对商品经营活动的影响。

市场预测是一种对市场动态的科学预见,它所提供的市场信息,是实现市场经营决策科学化的重要依据。在市场经济条件下,要科学地预见和把握市场发展的趋势及其演变规律,避免决策的盲目性,就必须重视预测工作。

具体说来,市场预测报告的作用有以下两点:一是调整作用。通过市场预测,可以判断市场主要商品需求的变化趋势,为国家制订或调整产品生产的指导性计划和指令性计划提供依据,为企业开拓市场扩大经营提供信息;二是指导作用。根据市场预测,企业可以制订切实可行的产销计划,根据市场预测,企业还可以及时掌握市场需求的发展变化,赢得生产和经营管理的主动权,减少经营风险,提高经济效益。

二、市场预测报告的特点和种类

(一) 市场预测报告的特点

1. 预测性

市场预测报告的预测性包括三方面的含义:一是未来性。市场预测就是面向未来,分析未来,是对未来的市场情况作出推测。二是主观性。市场预测有较强的主观性,即使是对同一经济现象、市场状况进行预测,不同的人往往会得出不同的甚至截然相反的结论。三是不确定性。市场的情况瞬息万变,有许多的不确定因素,市场预测也因之带有一定的不确定性。

2. 科学性

市场预测是以大量的客观数据和资料为依据,在一定的经济理论和科学分析的基础上产生的,具有科学性的特点。具体来说,市场预测的科学性首先来自对多方经济信息的全面、准确的了解;其次,市场预测的科学性来自对经济活动必然规律的认识和揭示;再次,市场预测的科学性来自科学的分析预测方法。

3. 时效性

市场预测报告是一种时效性很强的经济应用文,及时准确的市场预测,能够使企业在纷繁复杂的市场上掌握主动权,抓住良机,化解危机。反之,如果一份市场预测报告不及时,即使良机来临,也会因为没有做好准备而失之交臂;危机降临,也会因仓促应付而加重损失。

(二) 市场预测报告的种类

按照不同的标准,可以对市场预测报告作不同的划分。

1. 按预测的范围分,有宏观预测和微观预测

宏观预测是对全国或整个地区市场的供求情况进行整体预测,其主要任务是为确定全国或整个地区的市场发展方向、保持市场供求平衡提供确切的资料。宏观预测涉及的范围

广、探索深、关系大，一般多属高层次的经济管理部门所作。

微观预测是某一部门或某一企业对某一特定市场的供求情况及其潜在的需求量进行预测，提供给经营决策者确定经营方向、合理安排生产，以平衡市场商品的供需关系。

2. 按预测的空间分，有国际市场预测和国内市场预测

国际市场预测又分为全球性、洲际性、地域性和行业性的市场预测；国内市场预测也分为全国性的或某个行政区、某个经济区域的市场预测及城市市场预测和农村市场预测。

3. 按预测的时间分，有短期预测、中期预测和长期预测

一般地说，短期预测指为期在一年以内的预测，中期预测指二至五年的预测，长期预测指五年以上的预测。通常，产销变化大的商品多采用短期预测，如服装、皮鞋等，又如瓜果、蔬菜等更要按旺季、淡季加以预测。有些耐用商品如冰箱、自行车等，宜作中期预测。至于投资巨大，耗时较长的商品如建筑、机械等，则宜作长期预测。

4. 按预测的方法分，有定量预测和定性预测

定量预测是根据历史数据，运用数学和统计方法来进行计量测算，研究和推测市场发展情况，以探求市场发展的规律。其优点是比较客观，不受预测者主观倾向所左右。但缺点是，其使用的数据是固定的，而市场是变化的，市场状况总是受到政治、经济、社会、心理等诸多因素的影响，这种影响是无法用数学运算所完全覆盖的。

定性预测主要通过对市场各种因素的调查研究，分析综合，用直观和判断的方法预测市场需求的性质和经济对策。其优点是可以适用于数据不充足、发展还不稳定的预测对象，但可以综合各种经验、因素，凭着自己的业务知识，长期积累的经验、能力，通过一定的分析研究，来测定和推断预测对象的未来发展趋势。缺点是，常常会受到领导的倾向、专家学者的意见、周边人员的偏见等随机因素的影响。

现代预测常将定量和定性两者结合起来，以提高预测的精确性，取得更好的预测效果。

5. 按预测的对象分，有单项商品预测和分类商品预测

单项商品预测是指对具体某项商品的预测，如对钢材、水泥、粮食、棉布等商品的产销、供求预测。分类商品预测是指对某一类商品的预测，如对通讯、电器等类商品的产销、供求预测。

三、市场预测报告的结构

市场预测报告一般由标题、正文和落款三部分组成。

(一) 标题

市场预测报告的标题一般由预测时限、预测范围和预测对象三部分组成，如《1998年世界股市展望》。有时也可省略时间，只标明预测范围和对象；有时，带有整体性的预测，也可

省略范围,只标明预测时间和对象;还有的在标题中直接点明预测的结果,如《建材市场需求将持续上扬》。

(二) 正文

市场预测报告的正文由基本情况、预测分析、建议三部分组成。

基本情况部分主要运用资料和数据,对市场产销活动的历史和现状作简要的回顾和说明。这部分是预测的依据,在写作时应抓住重点,对于预测对象概况的介绍须根据预测目的的不同而有所取舍,有所侧重,不必面面俱到地罗列材料。

预测分析部分是整个报告的核心,是预测报告的价值所在。它的任务是通过对基本情况部分提供的各方面资料和数据的具体分析与计算,预测出未来经济活动发展趋势和规律。为了叙述清楚,层次分明,这部分在写法上可用两种形式:一种是并列式,即各个层次是并列关系,从不同角度、不同侧面进行分析推算,作出趋势预测;另一种是递进式,各个层次循序渐进,呈递进关系,这种写法常常要从数学模型或图解入手,通过统计分析和数学计算,逐步推导预测结果。

建议部分是市场预测报告的目的之一。必须依据预测分析的结果,为决策机关提出切合实际的、值得参考的建议。不过,市场预测报告的重点是在预测,建议部分只是提供意见给有关方面作为参考,所以有的市场预测报告没有建议这一部分。

(三) 落款

在正文后右下方应署上作者姓名和写作日期,也有的将姓名写在标题下。

四、市场预测报告的写作要求

市场预测报告是一种专业性很强的应用文体,为了使其在经济生活中发挥更好的作用,在写作时应注意以下几点。

(一) 预测目标要明确

市场预测报告涉及的范围很广,市场现象又十分繁杂,因此,在进行写作前,应先根据预测的目的确定预测的目标,然后再进行具体的预测。任何一份市场预测报告都有其提供决策参考的具体意图,提出调研问题应该明确表达这种意图,从而使报告具有实际的应用价值。预测目标一旦确定,预测报告的总纲也就随之而定,而材料的收集和选择、预测方法的选用、报告结构的组织安排等也就有了准绳。

(二) 预测时间要及时

市场预测是为企业决策服务的,它应在决策之前完成。如果错过了时机,就失去了价值,甚至造成不可弥补的损失。经济活动纷繁复杂而又瞬息万变,掌握时机,趋利避害是决胜商场的要诀。能否抓住时机,在激烈的竞争中立于不败之地,和能否正确、及时地作出预测密切相关。预测及时,可以使企业从容应对;否则,便可能错失良机,甚至造成巨大损失。

(三)预测要力求准确

市场预测报告的价值取决于市场预测的准确性。市场在不断变化,预测绝对准确是不可能的,但相对准确是可以做到的。这就要求必须充分地占有资料,在资料和数据全面、完整的基础上,进行科学的分析和预测,力争使预测结果接近未来的事实,做到基本准确。

[例文]

2020年厦门春节假日旅游趋势预测报告

2020年1月21日

受旅游过年和反向春运等因素的影响,外地游客来厦热情高涨。据交通运输部2020年春运客流预测及售票数据分析,厦门市位列2020年春节热门境内旅游目的地城市第四位。在携程发布的《2020春节"中国人旅游过年"趋势预测报告》中,厦门市分别位列2020旅游过年十大热门自由行目的地第四位和十大热门跟团游目的地第五位。春节假期,厦门市民俗文化游、家庭亲子游、乡村生态游、温泉游、邮轮游等产品丰富多彩,预计春节假日市场将持续火热,旅游人气将保持高位运行。

截至1月19日上午12时,全市55家星级酒店客房平均预订率约62%,其中五星级酒店客房平均预订率约61%,四星级酒店客房平均预订率约71%,三星级及以下酒店客房平均预订率约50%,鼓浪屿家庭旅馆客房平均预订率约80%,曾厝垵、黄厝民宿客房平均预订率约82%。春节假期,鼓浪屿船票全部实行网络预订,已售出约10万张船票。据预测,春节假期全市接待国内外游客预计将突破300万人次(同比增长约8%),实现旅游收入超过35亿元(同比增长约12%)。假日旅游将呈现以下特点:

节庆活动丰富多彩,文旅产品引领市场

今年春节假期,厦门市将举办丰富多彩的节庆活动,充分发挥假日旅游的带动效应,持续放大假日旅游吸引力。全市各类文旅活动235场,其中重点活动135场。节日期间,小白鹭民间舞艺术中心、市歌舞剧院将在全市重要的旅游点环岛路金荣剧场广场和中山公园广场举行四场专场演出,游客将欣赏到高水平的歌舞表演。市美术馆、市博物馆在举办新春特展的同时,加入体验互动元素,增设"涂鸦美好生活"多媒体屏幕互动区、传统生肖拓片制作、有奖文物趣味问答等活动,吸引更多游客市民"在馆中过大年"。旅游景区也提升文化内涵,故宫鼓浪屿外国文物馆、同安影视城景区、方特梦幻王国景区在春节期间,分别开展"宫里过大年""有福庙会""盛唐新潮年"等文化活动,让游客感受喜庆的中国传统年节仪式。此外。鼓浪屿、园博苑等景区也分别举办"春色满园、禧愿圆沙洲"和"春节大地花卉展"等系列活动,进一步做热假日旅游市场。

温泉养生备受青睐,乡村旅游红红火火

眼下北方多地已进入寒冬,很多景区进入"休眠期",厦门成为北方游客避寒的热门目的地,特别是温泉养生度假产品深受游客追捧。

避开旅途拥堵,到乡村体验春节民俗文化,品尝乡味美食成为时尚,田园风光亲子互动等乡村产品将持续走红。据了解,翔安大帽山境、同安丽田园将在春节假期推出"闽南乡村过大年"等系列民俗体验项目,将"乡村迎年"习俗融入春节旅游产品,已吸引不少市民游客报名参与。

邮轮旅游持续火爆,山海步道美不胜收

春节假期厦门邮轮旅游持续火爆,助推假日旅游市场。春节期间,福建邮轮联盟再次包租丽星邮轮"双子星"号,分别于1月24日、27日和30日运营3个春节邮轮航次,邮轮旅客吞吐量预计超过1万人次。

厦门市山海健康步道于1月1日正式开放,迅速成为新晋网红打卡点,23公里的绿色廊道串联起16个景观打卡点、12个特色景观园区、52个出入口及多个观景平台,让游人漫步空中、穿梭林中,近看缤纷多彩花草树木,远眺山海湖岛城交融的鹭岛美景,春节假期势必迎来人流高峰。

短途自驾市场主流,反向团圆成为亮点

随着大众旅游时代的到来,游客选择日趋个性化,同时受到春节假期高速免费通行的利好,自助自驾旅游特别是短途自驾将成为春节假期市场主流。

近年来,国内兴起的"反向春运"、"反向团圆",即把老家的父母和孩子接来身边一起过年,在厦门也深受欢迎。春节假期,为抢抓工期,厦门市不少省、市重点项目坚持施工,大量外地建设者坚守奋战建设一线,"反向团圆"成为新常态。当前厦门市建立的"三不三访"机制,让广大留厦过年建设者和家属真切感受到社会温暖和政府关怀。

第五节　可行性研究报告

一、可行性研究报告的概念

可行性研究是对将要实施的比较重要和重大的工程建设、经济科研等项目从政策、市场、技术、经济和财务等方面,进行全面综合分析的一种方法。具体来说,即是运用专门的技术经济方法,对拟议中的项目的必要性、设计规模、经济与技术条件、可供选择的实施方案、经济与社会效益及其风险因素等进行分析、预测、计算、评估和论证,以选择技术上先进、经济上合算、实践上可行的最佳方案,从而为该项目的决策提供科学的依据。对这一研究的结果用书面的方式予以表达,就是可行性研究报告。

可行性研究是针对那些影响拟建项目的各种因素进行调查研究,然后提出一个最佳方案,为编制和审批设计任务提供可靠的依据。这种研究涉及面广,包括这一项目的经济效果,它在技术上、经济上,乃至社会环境等方面的可行性。因此,往往需要有多方面的专业人士共同研究。整个研究过程也是科学论证、严密选择的过程。

项目的可行性研究是投资前必不可少的环节,在确定投资项目之前,必须经过反复论证和比较,通过研究提出方案,提交有关部门,组织专家对可行性研究报告进行评审、鉴定。它的任务是:争取获得有关部门的批准,争取获得银行贷款和国内外投资者的投资,作为编制计划和项目设计的依据。

二、可行性研究报告的作用

(一) 提供决策依据

可行性研究报告运用科学的方法,经过系统的研究后,对被研究的项目的规模、投资金额、市场销路、竞争能力等作出定性定量分析,既能够预测投资的最佳经济效果和实现该项目的方案的合理性,也能够分析实施该项目的风险性和投资项目可能招致的损失,从而为投资者提供决策依据。

(二) 提供制订计划的依据

一旦可行性研究报告论证获得通过,项目就将进入实施阶段,项目承担者要填报、编制计划任务书。不管项目是大或小,可行性研究报告都已先期为项目提供了一个清晰的轮廓。尽管在具体的实施运作中,会有新情况、新问题出现,需要追加或减少投资,但可行性研究报告的内容始终是填报、编制项目计划任务书的最主要依据。

(三) 提供银行贷款的依据

当拟建项目单位欲向银行贷款时,必须提出该项目的可行性研究报告。银行对报告进行审查评估,确认报告是合理的、可行的,不会出现借款不能归还的情况后,方始同意贷款。除了有的项目需要直接向银行递交"申请贷款的可行性研究报告"之外,项目研究、实施者向上级部门递交的可行性研究报告就是银行确认能否贷款的根据。

(四) 提供实施的依据

项目资金到位后,项目进入实施阶段。根据项目的需要,此时项目的承担者会与有关设计、施工、监理等部门签订协议,以落实项目的进程。尽管在具体项目的实施过程中,允许因新情况而对可行性研究报告作必要的修正,但总体上,在进行项目设计、施工、监理时,都要以可行性研究报告作为基本依据。

三、可行性研究报告的特点

(一) 论证性

一个拟建项目是否能够实施,在很大程度上取决于和该项目有关的各方面的条件。可行性研究报告正是针对这些条件,一一进行分析论证,衡量其利弊得失,从而最后证明该项目的合理性和可行性。这就使可行性研究报告的内容充满了论证性。这种论证性一方面体现在它的技术资料和数据能够说明问题,有很强的说服力;另一方面体现在它往往采用理论和事实、宏观和微观、长远与现实、政治和经济等相结合的论辩手段,多角度、多层次地进行论证。

(二) 系统性

从根本上讲,可行性研究是对一个特定系统的综合平衡。因此,研究的主要方法就是运用系统的理论,对项目的各个因素进行系统的、综合的分析研究。在着手对某项目的可行性进行研究时,既要考虑该项目的实际需要,也要研究该项目建设需要具备的条件;既要分析该项目近期的经济效益,也要研究该项目长期的、潜在的效益和综合效益。

(三) 广泛性

可行性研究报告涉及的范围相当广泛。就其内容范围而言,一个拟建项目可行不可行,往往涉及规模、资源、原材料、燃料、设计方案、环境保护、产品成本、财务评价诸多方面,而每一方面又包含许多具体内容。就其学科范围而言,一份可行性研究报告常常既涉及投资预算、财务分析等经济学科方面的知识,还涉及人口、就业、治安、文化教育等社会学科方面的知识,此外,还常常涉及地质、工艺、建筑、环境保护、交通运输等工程技术方面的知识。

四、可行性研究报告的内容

根据项目的性质、类型和规模的不同,可行性研究报告的内容也会有所不同,但通常来说,一份较完整的可行性研究报告要包括以下几方面的基本内容。

(一) 项目概况

项目概况主要是概述可行性研究报告的基本内容,如项目提出的背景、依据、投资的条件、必要性和经济意义等,以及项目的具体名称、起止年限、项目研究或开发的目的和内容等。有的还在概况中写明项目的由来、现有资料的情况等。这部分内容通常构成可行性研究报告的前言或总论。

(二) 承担者的基本情况及条件

项目承担者的基本情况主要包括人员情况和技术设施。不同类型的可行性研究报告中该项内容也有所不同。科研项目的可行性研究报告,主要应写明承担课题的人员构成情况、课题负责人在国内外的学术地位、研究成果、实验设备仪器情况、具备开发的实验潜力等。产品开发项目的可行性研究报告,则重点介绍产品生产的总体工艺技术或关键技术及其来源、生产技术的先进性和经济性、市场开拓的能力和局限性等。

(三) 可行性的分析论证

这部分内容主要包括三个方面。

1. 项目的宏观背景研究

介绍国内外同类项目的有关技术和经济现状、开发研究能力、国际国内地位和影响等情况,目的是勾画出研究项目的大背景,从而可以客观地比较分析所要开发或研究的项目的起点水平和基础能力。一些较大的项目研究都需要这样的宏观背景分析。

2. 项目的技术方案分析及论证

项目的承担者要对所承担项目的技术方案、施工方案或经营方式作初步拟定。科研项目要对所用的基础理论或拟采用的实验方法和步骤,进行多种方案的比较分析。建设性项目应对项目地址的选择、设计方案、建设规模、资源采集、原材料供应、能源供给以及环境保护诸多方面的问题予以分析论证。

3. 项目的经济效益分析及预测

经济效益的分析及预测包括国内外市场的需求情况,产品的竞争能力,成本估算等。整个项目的经费预测及来源,经费管理和使用等,都要进行详细的分析、充分的论证,最后把整个项目所需经费加以概算,以便主管部门或投资部门心中有数。对于大型项目,要将"经费概算"单列,进行各个阶段的经费估算与分析,最后计算出所需经费总额。

(四) 计划与进度

项目的计划和进度,也是可行性报告的基本内容。特别是大型项目的计划和进度安排的科学性如何,同项目的可行性直接相关。特殊情况下,除了项目的总计划和进度以外,有时还需要有每个阶段的进度报告,以便分阶段进行验收和鉴定。

五、可行性研究报告的形式

常用的可行性研究报告的形式有以下三种。

(一) 条目式

这是目前国内最常用的撰写可行性研究报告的形式。它是将报告的内容构成分为若干个主标题,主标题下又分为若干个分标题,分标题下再分为若干具体的条目、分条目或子条目,逐条加以陈述。这种结构主要适用于内容不很复杂、篇幅较小的可行性研究报告。其特点是报告的层次比较清楚,可以省略许多陈述,简洁明了,一目了然。

(二) 提要式

提要式可行性研究报告,是将可行性研究的结论性意见逐条摘要,概括为一份只有结论而不展开任何分析的简短报告,而将具体的分析按内容构成编为若干附件。这样,报告的正文十分简洁,篇幅短小,结论明确,便于决策部门把握主要问题,审议关键环节。这种撰写结构主要适用于内容比较复杂、分析展开较细、技术性较强的可行性研究报告。其各项专门附件主要是提供给专家评估与论证。

(三) 论文式

这种形式同撰写论文或专著极为相像。结构通常都很庞大,一般分篇、章、节等。其特点是逻辑严密,分析既有广度又有深度,论证充分,系统性强。这种形式主要适用于决策难度较大的大中型项目。

六、可行性研究报告的写作要求

(一) 态度要实事求是

可行性研究报告的写作必须从实际出发,尊重事实,对客观条件作实地考察、分析论证,不能任意夸大或缩小。对于不同的意见和看法也要充分反映,在那些可能影响决策的重大问题上,尤其必须如实客观地反映各种观点,使决策者了解全面的情况和各种不同的意见。

(二) 内容要全面,材料要充分

可行性研究报告的写作,必须对决策项目或拟建项目进行全面深入的调查,掌握充分的第一手资料。内容应全面、广泛,资料数据要充分、准确。只有这样才能保证关于可行性的论证建立在牢固的基础之上,真正做到科学、严密、有力。

(三) 论证要严密

由于可行性研究报告的内容通常涉及多个专门领域,一个领域的专家不可能把握报告涉及的所有问题,因此,报告的撰写可以先分后合。先由有关专家、工程技术人员、财务分析人员、市场调研人员、计划管理人员等分别起草各有关部分,然后再集中统稿。这样可以促使研究过程尽可能科学,论证过程尽可能严密,研究结论也尽可能准确可靠。

[例文]

建设项目可行性研究报告
评估报告编制提纲

一、内容提要

(一)项目评估原则、评估工作实施概况等。

(二)评估报告得出的结论及主要问题和建议。

二、项目及项目法人概况

(一)项目概况

1. 项目建设单位、建设地点

2. 建设必要性、建设目标、功能及建设规模

3. 建设内容、规划方案主要技术经济指标

4. 投资及资金筹措情况

(二)业主基本情况

(三)项目规划背景

三、评估依据

1. 咨询评估委托书

2. 教育部委托投资咨询评估管理办法

3. 有资质单位编制的项目可行性研究报告(含项目招标方案)

4. 建设项目用地预审意见

5. 城市规划部门提供的建设项目规划意见

6. 当地环保部门提供的建设项目环境影响评价意见
7. 建设单位建设资金来源证明及近三年财务报表和财务指标
8. 规划部门批准或学校编制的校园建设总体规划
9. 地方行政和行业管理部门颁发的现行各种行政收费文件

四、评估意见

(一) 项目建设必要性评估

分析拟建项目是否符合国家教育事业的科学发展,是否符合国家建设方针。从本学校实际情况出发,分析是否符合学校事业发展目标和校园建设总体规划要求,分析建设规模的确定原则和依据是否正确有据,对项目的必要性提出具体意见。

(二) 文件编制依据和深度的评估

1. 编制依据的评估

检查项目是否具有立项批复文件,编制内容与投资规模是否在批准范围之内;民用建筑工程是否有当地规划部门批复的规划要点,是否符合规划要求,是否有重大变更,其变更是否合理,是否经主管部门批准。

2. 对报告文件完整性及编制深度评估

应包括报告文件、建设地点位置图、总平面图、建筑设计方案图、投资分析情况等内容。各项内容的编制深度应达到国家有关部门的规定。评估报告应明确指出可行性研究报告的编制是否有漏项、是否有不符合要求的内容,并提出建议。

(三) 项目建设目标、规模和功能的评估

项目建设目标是否符合我国国情,是否满足该校总体规划目标的要求,是否有重复建设项目。建设规模确定的原则和依据是否准确有据,项目建设规模是否经济合理,功能是否合理并满足使用要求,是否充分利用学校现有建设用地,在满足当前规划的前提下为学校今后一定时期内留有发展余地。

(四) 项目建设条件评估

1. 项目选址评估

项目选址是否符合规划原则与要求。项目建设地点的选择依据和理由是否充分,选址方案是否符合国家和所在地区国土规划、城市规划、土地管理、文物保护、环境保护等法律法规。

项目建设用地的属性是否符合决策部门的要求,总用地规模是否明确,各种功能用地的规模及地点是否明确,各类建设用地是否落实。

2. 项目建设条件评估

项目建设所需要的供电、供水、供热、供气与交通运输、通讯等设施条件是否落实且可靠稳定,能否满足项目建设和建成后正常运行的需要。当不能满足需求时,建设方案中是否有相应措施。

3. 项目场地地层地况评估

根据提供该场地的地质勘察资料,对场地地层地况进行评估。对于无法提供拟建场地地质勘探报告的项目,可参考附近建筑物地质资料进行评估,待正式勘探报告出来以后由初步设计再进行复核和调整。

(五) 项目技术评估

1. 规划总平面设计评估

规划总平面设计构思意图及布局是否科学、合理,与周边环境是否协调,竖向设计、交通组织、绿化景观、文物保护和环境保护等方面的方案是否合理、可行,是否留有扩建、改造与进一步发展的余地。其技术指标是否符合当地城建部门规定。

2. 建筑方案评估

建筑方案首先应满足该建筑的功能需要,其建筑形式、控制高度、层数、立面、出入口等应满足国家、行业、地方有关建筑法律法规的要求并考虑建筑风格以及与周边环境的协调。方案中描述的建筑标准、采用的材料、采取的措施,如通风、采光、日照、出入交通、节能等是否符合规范标准的规定。

3. 结构方案评估

评估结构设计依据是否正确,结构安全等级、设计使用年限、建筑抗震设防、所选用的主要结构形式等是否符合国家及当地有关规范及规定的要求,是否安全可靠。结构设计中是否考虑到了建设地点特殊的地基条件。

4. 电气方案评估

设计方案依据是否正确,内容是否齐全,用电负荷、各系统参数能否满足功能需要,建设标准是否恰当,系统方案是否可行,是否安全可靠、经济、合理,是否符合相应规范与标准。

5. 给排水方案评估

设计方案依据是否正确,内容是否齐全,给排水量、系统参数能否满足功能需要,建设标准是否恰当,各系统设计方案是否可行,是否安全、经济、合理,是否符合相应规范与标准。

6. 采暖通风与空调、燃气方案评估

采暖通风与空调、动力、燃气等方案设计依据是否正确，内容是否齐全，负荷、参数能否满足功能需要，各设备系统设计方案是否可行、是否安全、经济、合理，建设标准是否恰当，是否符合相应规范与标准。

7. 环境保护评估

评估是否按有关要求编制了环境影响评价报告（或在可行性报告中是否有专篇对该项目的环境影响作出评估），其报告内容是否全面，保护措施是否得当、可行等。环评报告中提出的问题，是否有解决的措施，措施是否可行。排放废气、废水、废渣的治理措施是否有效。

8. 安全卫生、安全生产评估

对于可能产生不安全因素和对卫生防疫有要求的项目，如实习工厂、生物化学实验室等类型项目，应重点评估项目技术方案的安全防范措施的可靠性。

9. 节能节水评估

评估建筑物的建筑、结构、采用材料和建筑设备的选型是否满足国家相关标准要求，是否有节能节水措施，能源来源的选择、供能方式的选择、能耗指标的控制、节水方案等是否合理，并对存在的问题提出建议。

(六) 组织管理、实施进度及招标方案的评估

1. 项目组织管理

项目组织管理主要包括项目建设期组织管理和项目建成后的运行组织管理。评估项目建设期组织管理机构与职能分工是否明确；对于不具有建设项目实施管理能力的建设单位是否落实了管理机构和管理方案；项目实施各阶段的管理方案或措施是否具体；项目建成后的运行管理机构设置是否落实及合理；项目建成投入运行后管理或经营方式是否可行；对于运行经费的解决方案是否作了分析和说明。

2. 项目实施进度

根据项目的建设周期，评估其是否最有效地安排了项目实施计划和工程进度，是否编制了相应的框图，说明各阶段的工作内容和进度安排。

3. 项目招标方案

对土建工程、设备、设计、监理等投资额达到国家规定额度的，应进行招标，评估其招标方案是否合理，招标方案应符合国家发改委有关文件的规定。

(七) 投资估算的评估

评估内容包括估算依据、编制方法、范围、内容及深度、主要技术经济指标等是否正确、合理,是否真实反映了可研报告中建设内容的要求。

1. 投资估算的内容

投资估算包括总投资估算和分项投资估算。在项目评估中,应对项目总投资构成的完整性、合理性和计算的准确性进行评估。总投资估算表包括建安工程费、设备和工器具购置费、工程建设其他费用、预备费和贷款利息等内容。

2. 投资估算评估要求

① 投资估算依据是否准确。因各地政府出台文件不同,对于地方性收费标准,数额差别较大,应审查取费依据是否齐全、合理。

② 投资估算的编制深度是否符合要求,各项内容的组成是否详细,仪器设备是否有估算清单,工程建设其他费用是否有详细内容等。

③ 对投资水平、投资结构是否合理进行分析评估。评估拟建项目投资水平是否恰当。投资结构主要是评估各个分项如建安工程费、设备购置费投资是否合理,其他费用各占项目总投资的比例是否合理,是否满足投资部门对投资方向、投资结构的要求。对不合理的投资部分进行调整,并编制投资估算评估调整表。评估调整表应含申报投资额、调整后投资额和调整增减额等内容。

(八) 项目资金来源与筹措方案评估

对项目的资金来源、筹措方式、筹资额度、筹资风险及资金使用计划等方面的合理性和可靠性进行分析论证和评估,对存在的问题提出修改意见。

1. 资金筹措

评估可行性研究报告中提出的各类资金来源是否正当、合理、可靠,是否符合国家有关法规,各项资金来源是否落实,使用条件是否合理等内容。审核相关的证明文件和材料是否齐全,评估地方承诺的配套资金和建设单位自筹资金到位的可能性。

资金筹措方案的分析评估:含筹资数量及投放时间、筹资风险以及筹资成本等的分析评估。

2. 资金使用计划方案

资金使用的计划是否与项目实施进度计划相衔接,安排是否科学合理。用款计划安排能否与资金来源相适应,能否保证项目顺利实施。有无调整和修改的建议。

3. 对还贷能力的评估

对贷款建设的项目,评估是否有银行贷款证明或意向,并评估建设单位财务状况,以确定其还贷能力。

(九) 建设项目的效益评估

主要是从经济、社会等方面的效益状况进行评估。

1. 经济效益(主要用于生产性项目和有经济收益的项目)

主要评价项目自身可能取得的经济效益状况,评估其计算是否准确全面,是否合理、客观地反映了项目的经济效益。非经营性项目建成后能否持续、稳定运行,其运行费用如何解决等。如建设项目是以经营性为主,则必须进行财务分析。

2. 社会效益

由于所评估项目大多数为非经营性项目,因此应对建设单位投资所取得的社会效益进行评估。根据项目的性质和特点,分析项目对教育发展、社会发展及各建设单位带来的效益,包括促进国家或地区社会经济发展和社会进步,提高国家、部门或地方的教育科学技术水平,改善学校办学条件等。

五、问题和建议

(一) 存在或遗留的重大问题

(二) 潜在的风险

(三) 建议

1. 解决问题的途径和方法

2. 下一步工作的建议

六、项目总体评价

项目总体评价是在汇总各分项评估的基础上,对拟建项目的必要性和可行性在全面分析和综合评估的基础上提出肯定或否定的意见,对于报告中各部分内容和方案存在的重大问题提出修改意见,对申报投资估算作出投资估算调整表,确定具体调整额。对不能确定的重大问题提出建议,供主管或决策部门决策时参考。将其数据资料进行检验审核和整理,对比分析、归纳判断,提出最终结论意见和建议,并作出项目评估报告。

七、评估专家名单

评估报告应附评估专家名单,含专业、专家姓名、执业资格及职称等内容。

八、附件

1. 项目投资估算评估调整表
2. 项目专家评估意见(含专家签名)
3. 项目评估意见的回复及补充说明文件

第九章
诉讼文体

第一节　诉讼文体概述

一、诉讼文体的概念

诉讼文体中所包括的各类诉讼文书是司法文书的一个组成部分。司法文书包括国家司法机关所制作的各种司法文书，组织以组织名义或个人以个人名义所制作的诉讼文书，律师在诉讼过程中所制作的诉讼文书等。司法文书主要由公安机关、人民法院、人民检察院等司法机关按照一定的法律程序，处理各类刑事、民事或行政诉讼案件时所制作的各种文书，及诉讼当事人及其代理人制作的各种诉状。

具体说来，诉讼文书是案件的当事人或其他诉讼参与人为保护和实现自身的合法权益，依照法定的诉讼程序，运用有关的法律条文向司法机关提起诉讼的书面材料。诉讼文书是诉讼当事人依法维护自身合法权益的重要书面材料。当事人在自身权益受到侵害或发生争议时，可以运用法律所赋予的诉讼权利，依法向司法机关提出保护自身合法权益的诉讼请求。提出诉讼请求，可以由案件的当事人自行书写诉讼文书，也可以委托律师或其他人代为书写。无论是自写，还是代写，其写作格式和要求相同，法律效果也一样。

二、诉讼文体的特点

诉讼文体作为一种特定环境下使用的文体，与国家的法律和司法机关的审判活动密切相关，因此从内容到形式，都受到法律的限制。这就决定了诉讼文书既要遵循有关的法律原则，又必须具备法律规定的要求。具体来说，它具有以下一些特点。

(一) 制作的合法性

诉讼文体的制作必须依法办事，符合法定诉讼程序，其内容必须以法为准，所提诉讼请求要有法可依。同时，制作一份具体的诉讼文书，还要根据不同的文种和不同的要求来制作，在阐明理由时也要合理合法。

(二) 形式的规范性

诉讼文体不仅要求在制作程序上符合规范，而且在写作格式与结构上也要符合规范化的要求,要严格遵守一定的程式规格,项目要齐全,措辞用语要正确恰当。由于不同诉讼程序的需要,各种类型的诉讼文书都有各自不同的行文格式。这不仅是形式上的要求,更重要的是为了保证诉讼文书的完整性、准确性和有效性,因此必须按照规定的格式来撰写,不能随意改变。

(三)表达的准确性

诉讼文体所写的任何内容,都必须具有单一解释的特点,否则就难以执行。这就要求诉讼文体的言词必须高度准确,不能含糊不清或模棱两可,否则就容易产生歧义,引起误解,甚至导致执行错误,造成不可弥补的损失。

三、诉讼文书的作用和种类

(一)诉讼文书的作用

诉讼文书的作用,主要表现在以下几个方面。

1. 诉讼文书是诉讼程序开始的根据

由于诉讼文书是当事人为保护某些已经受到损害或者应该给予维护的合法权益而写的法律文书,呈送给司法机关后,司法机关一经审查合格就要立案受理,立案之后,诉讼程序就开始了。所以说,诉讼文书是诉讼程序发生的根据,是司法机关对案件进行审理的依据和基础,对司法机关了解情况和处理好案件具有重要的法律意义。

2. 诉讼文书能够保护当事人的合法权益

对于当事人来说,提交诉讼文书是法律赋予他的一项诉讼权利,通过诉讼文书,可以陈述案情,讲清诉讼的理由和法律根据,阐明诉讼的目的和请求事项,以便于法律机关对案件进行审理。因此,诉讼文书不仅帮助法院了解事实真相,也体现了国家对公民、法人或其他组织合法权益的维护和保障,是公民和法人行使诉讼权利,维护自身合法权益的重要手段和有力武器。

3. 诉讼文书是办案活动的记录和凭证

在一个完整的案卷中,通过一套诉讼文书可以看出诉讼活动的全过程,了解整个案件的处理情况。因此,诉讼文书作为办案活动的记录和凭证,为检查法律执行情况提供了依据。

(二)诉讼文书的种类

制作诉讼文书的主要根据是《诉讼法》。诉讼有刑事诉讼、民事诉讼、行政诉讼之分,因而根据诉讼案件性质的不同,可以把诉讼文书划分为刑事诉讼状、民事诉讼状和行政诉讼状三大类;而从审判程序和法律赋予当事人的权利上划分,诉讼文书又可分为起诉状、上诉状、申诉状和答辩状。此外,诉讼文书还包括公民、法人或其他组织为解决合同纠纷或其他财产权益纠纷而递交给仲裁机构的仲裁申请书、仲裁答辩书等。

第二节 起 诉 状

一、起诉状的概念

案件的当事人或其法定代理人,在自己的或依法由自己保护的合法权益受到侵害,或与当事人的另一方对有关权利和义务问题发生争议而未能协商解决时,可以依法向人民法院提出诉讼,请求人民法院通过裁判给予法律的保护。当事人或其法定代理人在向人民法院提起诉讼时用以表明自己的诉讼请求,并说明请求的理由和根据,从而引起诉讼程序发生的书面材料,就叫起诉状。起诉状的当事人,起诉的一方称为原告或原告人,被诉一方称被告或被告人。

起诉状经法院审查受理后,将直接引起诉讼程序的发生,它是人民法院审查立案和审理案件的根据,同时也是被告方应诉答辩的依据,在诉讼中具有十分重要的作用。

二、起诉状的种类

(一)刑事起诉状

刑事起诉状,也称刑事诉状或刑事自诉状,是被害人或其法定代理人直接向人民法院控告被告人的犯罪行为,要求追究被告人的刑事责任或者附带民事责任所递交的诉讼文书。

使用刑事自诉状提起诉讼的案件,仅限于告诉才处理和其他不需要进行侦查的轻微的刑事案件,主要包括伤害案,侮辱、诽谤案,暴力干涉婚姻自由案,重婚案,破坏现役军人婚姻案,虐待案和遗弃案等类案件。至于其他需要侦查的刑事案件,则由人民检察院提起公诉。

刑事自诉状和人民检察院提起公诉的起诉书,在法律上具有相同的性质和作用,所不同的是,除了适用范围之外,一个是以公民个人的名义自诉,一个代表国家提起公诉。刑事自诉是国家公诉以外的一种补充。对一些轻微的刑事案件采取自诉的形式,一方面可以保证国家的检察机关集中主要精力办理重大刑事案件,另一方面也可以保证依法及时地追究犯罪,保护公民自身的合法权益。

使用刑事自诉状提起诉讼时应注意:
(1)自诉人(即原告人)必须是被害人或其法定代理人,其他人无权提起。
(2)被告人的行为,必须是构成犯罪的行为。
(3)必须是对法定的自诉案件提起诉讼。
(4)必须是向对本案具有管辖权的第一审人民法院起诉。

（二）民事起诉状

民事起诉状，原称民事诉状，是民事原告或其诉讼代理人，在原告的民事权益受到侵害或与人发生争执时，为维护原告的合法权益，依法向人民法院提起诉讼所递交的诉讼文书。

民事案件的原告，可以是自然人（即公民），也可以是法人或其他组织。提起民事诉讼必须具备以下四个条件：

（1）原告必须是与本案有直接利害关系的公民、法人或其他组织。

（2）有明确的被告。

（3）争执的焦点是民事权益或其他民事纠纷。

（4）必须是向具有管辖权的第一审人民法院提起诉讼。

由民事起诉状引起诉讼程序的案件主要有三类：一是婚姻家庭纠纷案件，如离婚、赡养、抚养等纠纷案件；二是财产权益纠纷案件，如所有权、继承权、损害赔偿、分割共同财产、经济合同等纠纷案件；三是知识产权纠纷案件，如著作权、专利权等纠纷案件。

（三）行政起诉状

行政起诉状，原称行政诉状，是公民、法人或其他组织，认为行政机关或行政机关工作人员的具体行政行为侵犯其合法权益，向人民法院提起诉讼，要求依法裁判所递交的诉讼文书。

提起行政起诉必须具备下列条件：

（1）原告只能是行政管理行为的相对人，即认为具体行政行为侵犯其合法权益的公民、法人或其他组织。

（2）原告必须是以自己的名义向人民法院提起诉讼。但死亡公民的近亲属，终止的法人或其他组织的随权利者或单位，虽然他们不是具体行政行为的相对人，具体行政行为也没有直接侵犯他们的权利，但行政诉讼法赋予了他们原告的资格。

（3）被告只能是作出具体行政行为的行政机关或者法律、法规授权的组织。

（4）必须属于人民法院受案范围和受诉人民法院管辖。

三、起诉状的结构体式

起诉状由首部、正文、尾部三部分组成。

（一）首部

首部包括标题和当事人的基本情况两部分内容。

1. 标题

即诉讼文书的名称，要根据具体案件的性质和类别确定其写法，如"刑事自诉状""民事起诉状""行政起诉状"等。在刑事自诉案件中，如果自诉人由于被告人的犯罪行为遭受了物质损失而提起附带的民事诉讼,那么其起诉状的标题应为"刑事附带民事自诉状"。经济纠纷虽属民事案件,但这类诉讼的起诉状标题也可写为"经济纠纷起诉状"。

2. 当事人的基本情况

先写原告的基本情况。

原告(刑事自诉状中写"自诉人")系公民的,依次写明原告的姓名、性别、年龄(或出生年、月、日)、民族、籍贯、职业或工作单位和职务、住址等。以上各项的顺序不能颠倒,也不能随意增删。如果原告无诉讼行为能力,则在原告的下一行写明其法定代理人的姓名、性别等个人基本情况,并注明与原告的关系。

原告如系法人或其他组织,则依次写明其名称,所在地址,法定代表人或代表人的姓名、职务、电话,企业性质、工商登记核准号,经营范围和方式、开户银行、账号。原告有诉讼代理人的,则在原告的下方另起一行列写诉讼代理人的姓名、性别等基本情况及与原告的关系。

如系律师担任代理人的,只列写律师的姓名、所在律师事务所名称和职务。原告不止一人的,按其在案件中的地位与作用、享受权利的大小依次列写,各原告的代理人要分别写在各原告的后面。

再写被告的基本情况。

被告(刑事自诉状中称"被告人")如系公民,其基本情况的写法与原告相同。对被告的出生年、月、日确实不知的,可写其年龄。被告是法人或其他组织的,只需写明被告名称、所在地址和电话,还可写明其法定代表人的姓名、职务。有的案件,如财产权益纠纷,如被告是公民,在写明基本情况之后,还须说明与原告的关系。被告不止一人的,按照他们在案件中的地位与作用、其责任的轻重(重的在前,轻的在后)逐次排列介绍。

民事案件与行政案件中,如果有第三人参与诉讼,要在被告的下面另起一行写明第三人的姓名(或单位名称)等基本情况,并说明第三人与原、被告的关系。如果是涉外案件,还要说明有关当事人的国籍。

(二) 正文

这是起诉状的主体,由诉讼请求、事实和理由、证据和证据来源等内容组成。

1. 诉讼请求

这是原告为达到自己起诉的目的而向人民法院所作的请求,不同性质的案件,其请求事项各不相同。

刑事自诉状的诉讼请求,要说明案由,即指控被告人的行为构成的罪名,并要求人民法院依法追究其刑事责任。如果是刑事附带民事诉讼,那么其请求事项中还需提出附带民事赔偿要求,写明赔偿钱物的具体数额。

民事诉讼状的诉讼请求是原告请求人民法院解决有关民事权益争议的具体问题。如,请求人民法院通过审理解决合同纠纷、损害赔偿、债务清偿、遗产继承、归还产权、给付赡养费、离婚等问题。有多项具体要求的,可分项表述,如诉讼费用的负担问题,就可单独作为一项。

行政起诉状中的诉讼请求一般有三种类型:一是请求人民法院判决撤销或部分撤销违法的具体行政行为,称为"撤销之诉";二是请求人民法院判决变更不当的具体行政行为,称为"变更之诉";三是请求人民法院判决被告在一定期限内履行法定职责,称为"履行之诉"。如果原告已遭受财产损失的,可同时提出损失赔偿要求。

2. 事实和理由

这是起诉状的核心,要求摆事实、讲道理,写明足以支持诉讼请求的事实、理由和证据材料,以证明其诉讼主张的合法性和合理性,同时便于人民法院调查核实,依法处理。

第一,要写明事实。对刑事案件,主要写被告人对自诉人(受害人)实施犯罪行为的具体事实。应写明犯罪的时间、地点、动机、目的、手段、情节、结果等要素,还要注意写清当事人之间的相互关系。如果由于被告人的犯罪行为而遭受物质、经济损失的,还应写明实际损失的财物名称、数额、经济损失总额等。

对民事案件,事实即被告侵权的事实或当事人双方争议的事实。民事案件事实的具体内容主要包括以下几个方面:一是当事人之间的法律关系。多数民事纠纷的当事人之间存在着某种法律关系,如继承、离婚、赡养、抚养等案件。二是民事纠纷的发生、发展过程,即纠纷的起因、时间、地点、经过、结果等。三是当事人之间争执的焦点和具体内容。四是被告应承担的责任。一般是说明被告应承担的民事责任,但如果原告自己在纠纷中也有一定过错,应负一定责任,也应写明。

对行政起诉状,其事实部分的叙事内容是根据诉讼请求来确定的。如提起"撤销之诉"或"变更之诉"的行政起诉状,事实部分应叙述清楚下列内容:第一,原告引起被告作出具体行政行为的具体事项,即原告在何时何地因何原因实施了何种行为;第二,被告作出具体行政行为的经过情况,以及具体行政行为的主要内容和依据;第三,原告对具体行政行为是否申请过行政复议,复议机关是否改变原具体行政行为,以及改变的具体内容。如提起"履行之诉"的行政起诉状,事实部分应写明原告依法申请被告作出某种行政决定而被告不履行或者拖延履行法定职责的具体情形。

第二,要写明理由。包括认定案件事实的理由和提出法律根据的理由。前者事实理由,是在叙述事实的基础上,分析认定被告人犯罪或侵权行为的性质、所造成的危害后果以及应承担的责任,然后论证权利义务关系,说明所提出的诉讼请求是合理合法的。后者法律理由,是用法律规定衡量犯罪或纠纷事实,说明孰是孰非,并援引有关法律条文作为起诉的法律依据。最后请求人民法院依法予以裁决。

叙述事实是为实现诉讼请求服务的,所以选择、组织事实材料要紧紧围绕诉讼请求,二者保持一致。对不同的案件事实,可采取不同的表述方法,但都应做到脉络清晰,重点突出。

阐述理由时应注意:第一,理由要与事实、诉讼请求相一致。第二,说理要抓住要点,切中要害。第三,依法论理。要根据不同的案件,援引有关法律条款,阐明起诉的理由。

3. 证据和证据来源

证据是证明所述事实真实性、可靠性的依据,它直接关系到案件的事实和理由能否成立,是诉讼成败的关键。因此在叙述事实、阐明理由之后,应列举可靠的证据,以证明事实的真实性,使诉讼具有说服力。刑事诉讼和民事诉讼的证据种类有七种,分别是:书证、物证、视听资料、证人证言、当事人的陈述、鉴定结论、勘验笔录。列举证据时,要说明书证、物证以及其他证据材料的来源和可靠程度;要写明证人姓名和详细住址,以便人民法院调查核实;还应说明向法院提交书证、物证的情况,比如是原件、原物,还是副本、复制品。如果证据可以灭失或者以后难以取得的话,可以向人民法院申请保全证据。

行政诉讼采取的是"被告负举证责任"的原则,因此在行政起诉状中,一般不必列举证据材料。当然,原告可以向人民法院提供支持其诉讼请求的有关材料,人民法院在审理案件过程中,也有权要求当事人提供或者补充证据。

(三)尾部

尾部要写明下列内容:
(1) 诉状所递交的人民法院名称。
(2) 附项。包括起诉状副本的份数,书证与物证等的名称与数量。
(3) 起诉人签名或盖章。起诉人如果是法人或其他组织,要写明其全称,加盖单位公章。
(4) 起诉日期。应注明年、月、日。起诉状由律师或委托别人代书的,在日期下一行写明代书人的姓名和工作单位。

四、起诉状的写作要求

(一)诉讼请求要明确具体

诉讼请求,是原告人为达到自己的目的而向人民法院所提出的请求,在起诉状中,这一部分应写得明确具体,不能使用笼统含糊的语言。如,可以请求人民法院保护什么权益,排除什么障碍,赔偿多少损失等,但不可以写"请求人民法院保护我公司的合法权益",这种写法过于模糊不清。

(二)诉讼事实要真实,举证要确凿,理由要合法

起诉状的制作要严格遵循"以事实为根据,以法律为准绳"的原则,案情中所列事实必须是真实的,而不是伪造的、推测的或揣度的。同时,在陈述案情时,还要有针对性,突出争议焦点。列举的证据,必须确凿可靠,经得起核实查对。援引法律、法规要准确恰当,完整规范。

(三)书写格式要规范

起诉状有其通用固定的格式,书写时应按照规范的结构体式去安排内容。特定的项目要齐全、规范,不能随意增删,顺序安排上也不能颠倒。

(四)语言表达应严谨

起诉状的语言表达,首先是表意要准确严谨,不能产生歧义,要恰当运用规范的法律专用术语。其次是表述要条理清楚,重点突出,简明扼要。三是语言要庄重、质朴、严肃。

[例文]

民事起诉状

原告:张某,女,汉族,1×××年×月×日出生,现住×××市×××区×8号。

被告:王某某,男,汉族,1×××年×月×日出生,××省××县人,现住×××市×××区×9号。

诉讼请求:

1. 依法解除原、被告婚姻关系;

2. 判决婚生子由原告抚养,由被告每月按时支付抚养费;

3. 依法分割原、被告共同财产;

4. 请求法院依法确认原告对原告现租住房的承租权;

5. 请求判决诉讼费用由被告承担。

事实和理由:

原、被告经人介绍相识,于1×××年3月×日领取结婚证。婚后,原、被告二人感情一般,却经常因被告打牌赌博而发生争吵,原告多次规劝,被告并无悔改之意,双方感情日益恶化。被告不顾及家庭,对孩子的生活和学习不闻不问,孩子的成长和教育都是原告一人承担,今年孩子升学,所有事宜都是原告来办,被告问都不问,完全不尽一个父亲的责任。

原告现租住的×××市×××区×3号,原系原告父亲租住房产部门的公房,原告祖孙三代都在此居住。原告父亲考虑到原告没有住房,经房产部门同意,转由原告租住至今。因为此房是公房,只是由原告租住,原告亦无其他居住房,故此,特申请贵院依法确认并保护原告对该房的承租权。

×××1年,原告曾向贵院提起过离婚诉讼,并从那时起和被告分居至今。

现原告认为,原、被告夫妻感情已完全破裂,特向贵院提起诉讼,请求贵院依法支持原告的诉讼请求。

此致

×××市×××区人民法院

具状人:×××

2015 年 5 月 25 日

第三节 上 诉 状

一、上诉状的概念

上诉状是指诉讼当事人或其法定代理人,因不服地方某级人民法院的一审判决或裁定,依照法定程序,在规定的期限内,向上一级人民法院提出上诉,请求变更、撤销原审判决或裁定,或请求重新审理案件时递交的诉讼文书。根据案件性质的不同,可分为刑事上诉状、民事上诉状和行政上诉状等。

上诉是法律赋予当事人的一种诉讼权利。案件的当事人及他们的法定代理人都有权提出上诉。经特别授权的委托代理人,也可以用被代理人的名义上诉。上诉状中的当事人双方分别称为上诉人和被上诉人。但刑事诉讼中的公诉案件无被上诉人,因为公诉案件是由人民检察院代理国家提出诉讼,提出诉讼的都是原审被告,因此不能说人民检察院是被上诉人。

上诉状是二审人民法院受理案件并进行二次审理的文字依据,通过上诉状,可使二审法院及时了解一审法院判案的情况和上诉人的上诉意见,有助于二审法院正确地处理案件,以保护当事人的合法权益,提高办案的质量。

我国实行两级终审制,第二审的判决是终审判决。因此,正确书写上诉状,对依法维护当事人的合法权益至关重要。

二、上诉状的结构体式

上诉状由首部、正文、尾部三部分组成。

(一) 首部

首部包括标题、当事人的基本情况和上诉案由。

1. 标题

根据案件性质的不同，分别以"刑事上诉状"、"刑事附带民事上诉状"、"民事上诉状"、"行政上诉状"等作为标题。

2. 当事人的基本情况

写法与起诉状基本相同。先写上诉人，后写被上诉人，并在各自的后面用括号注明在一审程序中所处的诉讼地位，即是一审原告还是一审被告等。然后依次写明双方的姓名、性别、年龄、民族、籍贯、职业和住址等七项内容。公诉的刑事案件无被上诉人，只需写明上诉人的基本情况即可。上诉人如有法定代理人，还要写明法定代理人的基本情况及与上诉人的关系。

3. 上诉案由

应写明上诉人不服原审判决或裁定的事由，具体包括原审人民法院的名称、处理时间、文书编号、文书名称等内容。通常可表述为："上诉人因××××一案，不服××人民法院于×年×月×日×字第×号××判决（或裁定），现提出上诉。"

（二）正文

正文包括上诉请求和上诉理由两部分内容。

1. 上诉请求

上诉请求是上诉人针对第一审人民法院裁判的不当之处，向第二审人民法院表明自己的上诉目的和要求，明确提出自己的诉讼主张，要求上一级人民法院撤销或部分撤销或变更原审裁判，或要求重新审理案件。上诉人对原审裁判是全部不服还是部分不服，是要求部分撤销或变更还是全部撤销或变更，都要写得明确具体，不能笼统含混。有多项请求事项的，可分条列述。

2. 上诉理由

上诉理由支持上述上诉请求，是上诉状的重点所在。上诉理由是否充分，直接关系到上诉请求能否成立。而上诉人之所以提出上诉请求，是因为上诉人认为一审法院的判决或裁定有错误或不当之处。因此，写上诉理由应依据事实和法律，针对原审裁判中的错误和不当之处进行有说服力的分析和反驳，指出其错误，同时阐明自己的观点。具体来说，可以从以下几个方面来考虑。

第一，原审裁判在认定事实方面是否错误或有出入。事实是原审人民法院审理和裁判案件的根据，如果认为原审裁判所认定的事实有问题，如事实不清，或者遗漏重要事实，或者证据不足等，那么原审所作出的裁判的公正性也就可能受影响。因此，提出上诉理由可以首先由事实入手，有针对性地陈述客观事实或补充新的重要事实，并举出确凿、充分的证据，驳倒原裁判所认定的事实。对缺乏证据或证据不足的原审认定的事实，如能据理全部推翻或部分推翻，就能导致全部或部分改变原审裁判的结果。

第二，原审裁判在案件定性方面是否准确恰当。如在刑事案件中，人民法院确定案件性质是否准确，直接关系到裁判的正确性。如果原审人民法院在认定案件性质方面有问题，势必造成量刑不当的后果。当事人可据此为由提起上诉，因为只要定性得到改变，处理结果必然也会改变。在驳斥原裁判定性错误前，可先根据本案客观事实和有关法律条文，说明本案应定什么性质，再指出原审裁判怎样定性，论证其错误所在和错误原因。

第三，原审裁判在适用法律方面是否适当或有偏差。如果上诉人认为原审裁判违反了法律条文，或者引用法律条文不准确，或者曲解了法律条文，可据此提起上诉。上诉人可据实提出原审裁判在适用法律方面的问题所在，依法论理，先说明原裁判在适用法律上的错误，再准确地引用适用的法律条文，并提出自己的理由，然后进一步指出原裁判在定性量刑或处分尺度上的不当，并提出自己的相关意见。

第四，审判程序方面是否符合诉讼规定。原审人民法院在审理活动中如果违反了法定的诉讼程序，就有可能影响到案件的裁判结果。如应回避的未回避，应有辩护人的案件无辩护人，应公开审判的而审判时未公开，应传唤的证人而未传唤等，从而影响了司法公正，上诉人均可据此提出上诉，指出原审人民法院违反的具体条款，并分析其对定罪量刑或处分尺度的影响。但应注意的是，如果原审裁判正确，在认定事实、适用法律上也均无不当，仅是审判程序上存在问题，则不足以作为上诉理由而提起上诉，可以作为对人民法院审判工作的批评改进意见提出。

上诉理由在行文上常用两种方法：一种是分列法，将不服原审裁判的内容概括成观点，逐个分别列出，再逐个逐段予以反驳，每段可加上序号；另一种是综合法，将概括出来的观点，按主次顺序集中列出，然后逐个进行反驳。

上诉理由写完之后，上诉人应概括重申上诉请求，进一步明确提出自己上诉的主张和要求。如，"为此，特向你院提起上诉，请依法撤销原审判决（或裁定），予以改判（或重新审判）"。

（三）尾部

写明上诉状送达的人民法院名称；本状副本的份数及一并提交的书证与物证的名称和件数；上诉人的姓名（如果是法人或其他组织，则要写明全称并加盖公章）；具状日期。

三、写作上诉状的要求

（1）上诉人必须符合法定的上诉条件。

（2）提出上诉必须在法定的期限之内。不服刑事判决的上诉期限为10天，不服刑事裁定的上诉期限为5天；不服民事判决与行政判决的上诉期限为15天，不服民事裁定与行政裁定的上诉期限为10天。逾期上诉无效。

（3）上诉状可以向原审人民法院递交，也可以直接递交给上一级人民法院，并按规定同时递交上诉状副本。

(4)上诉理由的写作应注意针对性,应紧扣原审裁判的不当之处,有的放矢地进行反驳。反驳时,要以事实为根据,以法律为准绳,做到有理有据,以理服人。同时,反驳论证的过程还应逻辑严密,条理清楚。

[例文]

民事上诉状

上诉人(原审被告):王××,女,生于19××年××月××日,×族,现住××市××区××路××号,身份证××××××××××××××××××。联系电话:××××××××××。

被上诉人(原审原告):李××,男,生于19××年××月××日,×族,××市××区××路××号,身份证号×××××××××××××××××××。

上诉人因房屋买卖合同纠纷一案,不服××区人民法院(20××)沪×××民初字×××号民事判决,现提出上诉。

上诉请求:

一、撤销××区人民法院(20××)沪×××民初字×××号民事判决,查清事实,审核双方争议的合同是否有效或者将本案发回重审。

二、涉诉一二审费用全部由被上诉人承担。

三、将涉嫌非法占用土地罪的案件线索移交司法机关。

上诉事实与理由:被上诉人诉上诉人房屋买卖合同纠纷一案,业经××区人民法院做出一审判决,该判决在未确认双方签订的房屋买卖合同是否合法有效的情况下,违法裁决,依法应予撤销、改判或者发回重审。理由如下:

一、双方争议的购房合同自始至终系非法、无效合同。20××年××月××日,涉案房屋买卖合同签订后,上诉人分2次支付定金××××××元,已经履行合同义务。但是房屋建成后,上诉人多次要求被上诉人提供建设用地审批手续、建筑许可证等相关手续,协助上诉人办理房屋所有权证,被上诉人也有法定义务为上诉人提供建设用地审批手续、建筑许可证等,但是被上诉人拒不履行法定义务,导致上诉人至今无法办理房屋所有权证。后经一审法庭辩论,发现涉案房屋根本没有建设用地审批手续,也没有建筑许可证,系非法建筑,被上诉人明知涉案房屋系违章建筑的情况下,欺骗上诉人签订了房屋买卖合同,不是上诉人的真实意思的表示,依据《中华人民共和国民法典》(合同编)第七条(当事人订立、履行合同,应当遵守法律、行政法规,尊重社会公德,不得扰乱社会经济秩序,损害社会共利益),被上诉人非法开发房地产,严重违反了土地法、建筑法等法律法规,扰乱了社会经济秩序,损害了社会公共利益,隐瞒事实真相,欺骗上诉人签订了购房协议,也违反了诚实信用原则,自始至终都是非法、无效合同,应予撤销,一审法院应依法对双方争议的购房协议是否有效进行认定。

二、一审判决适用法律不当。由于双方买卖合同标的房屋系非法建筑,决定了买卖合同非法性,合同双方约定的条款没有任何约束力,一审法院认为上诉人的答辩观点不属于民事诉讼的审查范围,片面依据购房协议所列条款,判决上诉人支付被上诉人××××元,严重违背了《中华人民共和国民法典》的立法宗旨,属适用法律不当。

三、未履行法定义务。法官本应是打击违法犯罪,维护正义的职业,一审法官在明知被上诉人非法占用基本农田12.5亩,已经涉嫌非法占用耕地犯罪,应依法移交司法机关,追究被上诉人的刑事责任,但是一审法官至今未履行法定义务,放纵犯罪,丧失了最基本职业道德。

综上所述,一审判决认定事实错误,程序违法,适用法律不当,请求二审法院依法查明事实,为上诉人主持公道,依法纠正一审错误且极其不公正的判决,以维护法律的尊严,维护上诉人的合法权益,还法律以公正、公平,还上诉人以公道!

此致
××市中级人民法院

上诉人:李××
20××年××月××日

第四节 申 诉 状

一、申诉状的概念

申诉状又称申诉书、再审申请书,是案件的当事人或法律规定的其他有申诉权的人,对已经发生法律效力的判决、裁定、不起诉决定、调解协议等不服,按照审判监督程序提出申诉,要求人民法院或者人民检察院重新处理的诉讼文书。根据案件性质,可分为刑事申诉状、民事申诉状和行政案件申诉状等。

根据刑事诉讼法、民事诉讼法和行政诉讼法的有关规定,有权提出申诉的主体,刑事案件是当事人、被害人及其家属或者其他公民,民事案件和行政案件则限于当事人。

申诉状是人民法院决定是否引起审判监督程序的主要参考依据,是再审案件的来源之一。它虽然只是可能而非必须引起审判监督程序的发生,但在一定情况下,它是纠正已发生效力的错误判决或裁定的有效补救办法,也是当事人运用特殊程序保护自己合法权益的有效武器。

二、申诉状的结构体式

申诉状的结构体式与上诉状基本相同,也是由首部、正文和尾部组成。

(一) 首部

1. 标题

对刑事案件和行政案件的申诉,写"申诉状"或"申诉书",对民事案件的申诉则写"再审申请书"。

2. 当事人的基本情况

申诉人或申请人是公民的,写明姓名、性别、年龄、民族、籍贯、职业(或工作单位和职务)、住址等。是法人或其他组织的,写明单位名称(全称)、所在地址、法定代表人(或代表人)的姓名、职务。刑事案件的申诉人如果在押,应写明在押的处所。如果申诉人不是案件的当事人,要注明申诉人与当事人之间的关系,并加写当事人的情况。

3. 案由

这段文字要写明原处理机关名称,处理时间,处理文件的名称、编号及提出申诉的意愿等。通常表述为:申诉人(或申请人)×××,对××××人民法院×年×月×日×字第×号××判决(或裁定),提出申诉(或申请再审)。

(二) 正文

1. 请求事项

写明申诉人(或申请人)要求人民法院或人民检察院解决的问题,表明自己通过申诉所要达到的目的。一般要说明申诉人原受到的处理有何不当,尤其是要明确提出希望怎样解决,如请求撤销、变更原裁判,或请求人民检察院自行复查,或请求人民法院进行再审等。请求事项要写得明确具体,要求要合理合法。内容较多的,可分项表述。

2. 事实和理由

这是申诉状的主要部分,应该针对原判的错误或不当之处进行充分有力的申辩反驳,并提出自己的合理请求。引起申诉的理由同上诉的理由一样,归纳起来也主要是事实认定不清、适用法律法规不当、违反诉讼程序而影响公正审判等三个主要方面。这部分内容的表述通常按照下面的顺序来安排。

首先,综合概述案件事实、原来的处理经过和最后的处理结果,以便法院对案件有一个全面的了解,同时也为下文论述申诉理由提供目标。

然后,针对原审裁判的具体情况,阐明自己的不服之点。可分别就事实认定不清、采用证据失当、案件定性有误、适用法律法规不准确、违反了法定的诉讼程序或者审判人员有枉法裁判行为等,或一方面或多方面分析辩驳原审裁判的不当之处。辩驳时,可列举可靠证据,依据法律条文,加以充分论证,阐述自己不服原审裁判的事实根据和法律依据。在写法上,既可针对原审裁判的不公正之处,逐一申辩,也可集中申辩一两个主要问题。

最后,在分析论证的基础上,进行归纳总结,概括引出申诉或申请再审的具体要求,如:"综上所述,原审判决(或裁定)确有错误,特向你院提出申诉,请求重新处理(或请求再审,依法改判)。"

(三) 尾部

写明申诉状所提交的人民法院或人民检察院的名称;所附交的原判决书或裁定书的抄件或复印件的份数;申诉人或申请人署名,申诉人为法人或其他组织的,要写明全称,由法定代表人或代表人签名,加盖单位公章;写明申诉(申请)日期。

三、写作申诉状的要求

(1) 申诉或申请再审必须符合法定条件:第一,人民法院作出的判决、裁定等已经发生法律效力;第二,判决、裁定等确有错误;第三,申请再审必须在法定的两年期限之内提出。

(2) 申诉书或再审申请书中所列事实,必须是在案件审理前已经发生的事实,不能把审理以后发生的事实作为申诉的理由。

(3) 对调解结案的案件,当事人申请再审,应符合下列条件:第一,调解书已经发生法律效力;第二,有证据证明调解违反自愿原则或者调解协议的内容违反法律规定。

(4) 对已经发生法律效力的解除婚姻关系的判决,除了财产分割问题有法律规定外,不得申请再审。

四、申诉状与上诉状的区别

申诉状与上诉状,虽然两者都是认为原判决或裁定有错误而要求依法重新处理的诉讼文书,但两者的区别仍然很大。

(一) 针对的对象不同

申诉的对象是已经发生法律效力的判决或裁定,包括二审的终结判决或裁定,甚至正在执行或者执行完毕的判决或裁定;而上诉仅限于对尚未发生法律效力的判决或裁定。

(二) 提出的时限不同

申诉除民事再审申请须在裁判生效后的两年内提出外,其余的一般不受时间和次数的限制,只要是对已经生效的判决或裁定不服,无论何时都可提出申诉;而上诉必须在法定的期限内提出,逾期则无权上诉。

(三) 呈送机关不同

申诉状与再审申请书的送达机关是原审人民法院或上一级人民法院,刑事案件还可呈送给人民检察院;而上诉状的受理机关只能是原审的上一级人民法院。

(四) 受理的条件不同

申诉状是否能引起审判监督程序的发生是有条件的,要视原审裁判在认定事实和适用法律上是否确有错误来决定,确有错误,申诉有理的,法院就受理,无理由的法院则不受理;而上诉状是无条件的,只要是依法享受上诉权利的人,在法定期限内上诉,无论其理由正确与否,法院都要受理,从而引起第二审程序的发生。

[例文]

再审申请书

申诉人(一审原告、二审上诉人):×××,男,生于××××年12月27日,汉族,住所地:××省××县××集镇寺××村。

被申诉人(一审被告、二审被上诉人):××(上海)融资租赁有限公司。住所地:上海××工业区新桥××路×号。

法定代表人:倪××,公司董事长。

第三人:××省××工程机械有限公司。住所地:南阳××北京路与312国道交叉口。

法定代表人:仝××,公司总经理。

上诉人因融资租赁纠纷一案,不服××区人民法院20××年5月15日(20××)×××民商三初字第278号判决和南阳××中级人民法院(20××)南民商终字第138号判决书,现提出申诉。

申诉请求:

请求依法撤销(20××)×××民商三初字第278号判决和南阳××中级人民法院(20××)南民商终字第138号判决书。

申诉理由:

一、一、二审判决认定事实不清。

1."价格为850 000元的LG6235挖掘机……手续费10 837.50元"对LG6235

的首付款数额认定错误。申诉人提交的还款承诺书、欠条及担保协议和××公司起诉上诉人的还款起状及撤诉书均能认定首付款数额为209 805元。

2. 一、二审判决书认定"ZL50E×装载机起租日期为20××年3月27日……拒付下欠的租金(判决书第7页),LG853起租日期为20××年6月18日……拒付下欠租金(判决书第8页),LG6235挖掘机的租金为每月22 474.24元……拒付下欠租金"是错误的。ZL50E×装载机在上诉人支付了64 680元首付款后,从20××年4月20日至20××年10月20日止,上诉人一直按月支付租金。LG853在上诉人支付56 000元首付款后,从20××年6月18日至20××年10月20日止,上诉人一直按月支付租金。LG6235在上诉人支付100 000元首付款后(欠109 805元),从20××年6月18日至20××年11月20日止,上诉人一直按月支付租金。20××年10月份,由于机器产品质量问题及售后服务问题,申诉人与被申诉人产生纠纷,被申诉人于20××年1月4日向××区法院起诉,于20××年1月11日扣押了上述三辆车。ZL50E×所欠三个月租金、LG853所欠三个月租金及LG6235所欠的一个月租金已在(20××)××民商三初字第91-2号调解书中解决。

3. 关于首付款性质的认定。在判决书认定为"结合本案……瑕疵风险"。可以看出首付款依合同约定为首付租金,但实际上是没有租赁期间存在的租金,是将来作为取得机器所有权的货款。

二、一、二审适用法律错误。

一、二审判决中依据"《中华人民共和国民法典》第八条、第二百三十七条、第二百四十三条、第二百四十八条的,判决如下"法律适用错误。由于本案首付款是不存在的租赁期间的首付租金,应当适用《中华人民共和国民法典》第一百二十四条、第五条、第九十七条之规定,支持上诉人的诉讼请求。

综上所述,申诉人认为,一、二审法院认定事实不清,适用法律错误。根据《中华人民共和国民事诉讼法》第一百五十三条第一款第(二)、(三)款之规定,上诉人请求南阳××中级人民法院依法重新审理,支持申诉人的申诉请求。

此致
××省高级人民法院

申诉人:×××
20××年××月××日

第五节　答　辩　状

一、答辩状的概念

答辩状是在司法诉讼活动中，被告人或被上诉人针对原告、自诉人或上诉人的起诉、自诉或上诉状中提出的诉讼内容进行答复和辩解的一种诉讼文书。根据案件性质的不同，答辩状可以分为刑事答辩状、民事答辩状和行政答辩状三种。根据诉讼程序的不同，答辩状又可分为第一审答辩状和第二审答辩状两种，这两种答辩状在性质和功能上是完全一致的。在答辩状中，提出答辩的一方称为答辩人，另一方称为被答辩人，后者在诉状中可略去不写。

依照法律规定提出答辩状，是被告人、被上诉人、被申诉人享有的一种诉讼权利，是一种应诉的法律行为，它体现了被告人或被上诉人享有的与原告人或上诉人平等的诉讼权利。被告或被上诉人可通过答辩状来维护自己的合法权益，人民法院也可通过答辩状全面了解诉讼双方当事人的意见、观点和请求，从而及时、公正、合理地处理案件。

二、答辩状的结构体式

答辩状的结构包括首部、正文、尾部三个部分。

（一）首部

1. 标题

答辩状的标题不体现程序，所以只需按案件性质的不同，分别标明"刑事答辩状"、"民事答辩状"或"行政答辩状"即可。

2. 答辩人的基本情况

答辩人是公民的，写明姓名、性别、年龄、民族、籍贯、职业或工作单位和职务、住址等。答辩人是法人或其他组织的，写明其单位名称和所在地址、法定代表人（或代表人）姓名、职务、电话，然后再写企业性质、工商登记核准号、经营范围和方式、开户银行、账号等。

有代理人的，另起一行写明代理人的基本情况，并标明是法定代理人、指定代理人或是委托代理人。如果是法定代理人，还要写明其与答辩人的关系。如果代理人是律师，写明其姓名、单位和职务。

被答辩人的情况一般不作介绍，但刑事案件的二审答辩状一般要同时写明答辩人和被答辩人的个人基本情况。

3. 案由

写明针对何人起诉或上诉的何案进行答辩。通常表述为：因×××诉××××一案，现提出答辩如下。如是第二审程序，可表述为：因×××不服××××人民法院×年×月×日

×字第×号××判决(或裁定),提出上诉一案,现提出答辩如下。

(二) 正文

1. 答辩理由

答辩状的答辩理由,要根据原告的起诉状或上诉人的上诉状的具体内容来确定。除了被告或被上诉人同意原告或上诉人的诉讼请求外,必须针对原告或上诉人在起诉状或上诉状中提出的诉讼请求及其所依据的事实、理由进行答复和辩驳,同时阐明自己对案件的主张和理由。

答辩人对待原告或上诉人的诉讼请求有两种情况:一种是愿意接受原告或上诉人的上诉请求,因此可放弃答辩,这也不影响人民法院的审理和诉讼程序的进行,但实际上这种情况极为少见;另一种是附有条件地承认或部分承认甚至全盘否认原告或上诉人的诉讼请求。

在原告或上诉人所提诉讼请求不合理时,答辩人就要予以驳斥。驳斥可以从以下几个方面着手。

第一,从事实证据入手。如原告或上诉人所述事实全部或部分错误,就应全部或部分予以否定,并陈述符合客观真实的事实;如原告或上诉人回避对答辩人有利的事实,就应补充那些被隐瞒未提的事实。无论是提出或补充新的客观事实还是否定原告或上诉人所述事实,都要列举证据,所举证据要充分有力。

第二,从法律依据入手。如果原告或上诉人所述事实没有出入,而是对法律条文理解错误,以致提出不合法的诉讼请求,答辩人就要从立法精神和法律的具体规定方面据法论理,进行驳斥,指出对方引用法律失当。

第三,从诉讼程序入手。如果原告或上诉人的起诉或上诉违反了诉讼法的规定,没有具备或已经失去引起诉讼发生和进行的条件,答辩人则可就适用程序法方面进行反驳。

一审答辩状与二审答辩状在写作上应各有侧重,前者主要是针对起诉状内容,后者虽也针对上诉状内容,但上诉人一般是一审败诉者,因不满一审裁判才提出上诉,作为一审胜诉者的上诉答辩人应站在维护支持一审裁判的立场上,以充分的证据和理由,来说明原审判决或裁定在认定事实和适用法律上的正确性,反驳上诉人的要求,请求第二审人民法院维持原判。

一般说来,在申述答辩理由时,以逐项辩驳为宜,辩驳时应摆明事实,并提供充分的证据与法律依据。对于行政答辩状来说,答辩人负举证责任,因此行政机关在作为被告提出答辩时,一定要提供作出其具体行政行为的全部证据和所依据的规范性文件。

2. 答辩意见

在充分地阐明了答辩理由之后,具体提出答辩人对本案处理的意见和主张。答辩意见可包括:根据确凿事实与证据,证明自己行为的合理性;依据有关法律条文,说明答辩理由的正确性;归纳答辩事实,揭示对方当事人法律行为的谬误性;提出自己对本案的处理意见,请求人民法院公开合理地予以裁决。对于一审答辩,应提出对原告起诉状中的诉讼请求是完全不能接受,还是部分不能接受。对于上诉答辩状,则可要求第二审人民法院维持原审的裁决或裁定,或提出其他请求。

(三) 尾部

1. 写明送达法院名称。
2. 附项。包括本答辩状副本份数,物证、书证的名称及件数,证据来源,证人姓名和住址等。
3. 答辩人署名。如是法人或其他组织,应写明单位全称,加盖单位公章。
4. 注明答辩日期。

三、写作答辩状的要求

提出答辩状必须在法定的期限之内。民事答辩状必须在收到起诉状或上诉状副本后的15日内提出,行政答辩状则必须在收到诉状副本后的10日内提出。

答辩要有针对性。要抓住关键性问题进行重点出击,切不可漫无边际,空发议论;也不可回避要害,在枝节问题上纠缠不清,以至辩驳无力。

可分别运用驳论和立论方法。阐述答辩理由时运用驳论方法,抓住对方所陈述的事实错误或引用法律条文错误作为反驳的论点,再列举客观事实、证据和法律条文为反驳证据,用逻辑推理方法进行论证。在阐明答辩意见时则运用立论方法,用确凿的事实和充分的理由,从正面提出对案件处理的主张和意见。

语言要犀利有力。答辩状是对起诉状或上诉状的辩驳,因此语言应尖锐有力,但不能恶意嘲讽或搞人身攻击,要平心静气,以理服人。

[例文]

民事答辩状

答辩人:××××发展有限公司

地址:××市××区×××号楼图书市场××号

法定代表人:×××

电话:×××××××

因原告××市××××研究所诉我公司著作权侵权一案,提出答辩如下:

本公司不应是本案被告。最高人民法院《关于审理著作权民事纠纷案件适用法律若干问题的解释》第二十条第一款、第二款规定:"出版物侵犯他人著作权的,出版者应当根据其过错、侵权程度及损害后果等承担民事赔偿责任。""出版者对其出版行为的授权、稿件来源和署名,所编辑出版物的内容等未尽到合理注意义务的,依据著作权法第四十八条的规定,承担赔偿责任。"根据这一规定:

第一,我公司不是出版者:此出版物系××××出版社出版,该出版社应是出版者,我公司只是销售者;

第二,我公司对出版物的内容是否侵权没有法定审查义务:对于出版物的内容是否侵权应是出版者应当尽到合理注意义务,我们销售单位没有法定的审查义务;

第三,我公司没有过错:我公司具有图书销售资质,并通过正规渠道、合法手续从××××出版社委托的并具有出版物销售资质的××××书店有限责任公司按折扣40%购进20册原告所诉侵权物《××××》一书,又以折扣65%销售给原告,我公司仅获利75元。

综上所述,我公司不是出版物侵权人,不应承担著作权的侵权责任。要求贵院查清事实,根据著作权法的有关规定,驳回原告诉讼请求,作出公正判决。

此致
××市××区人民法院

答辩人:××××发展有限公司
法定代表人:×××
20××年××月××日

附录 1

党政机关公文处理工作条例

(中办发〔2012〕14号)

(2012年4月16日由中共中央办公厅和国务院办公厅联合印发)

第一章 总则

第一条 为了适应中国共产党机关和国家行政机关(以下简称党政机关)工作需要,推进党政机关公文处理工作科学化、制度化、规范化,制定本条例。

第二条 本条例适用于各级党政机关公文处理工作。

第三条 党政机关公文是党政机关实施领导、履行职能、处理公务的具有特定效力和规范体式的文书,是传达贯彻党和国家的方针政策,公布法规和规章,指导、布置和商洽工作,请示和答复问题,报告和交流情况等的重要工具。

第四条 公文处理工作是指公文拟制、办理、管理等一系列相互关联、衔接有序的工作。

第五条 公文处理工作应当坚持实事求是、准确规范、精简高效、安全保密的原则。

第六条 各级党政机关应当高度重视公文处理工作,加强组织领导,强化队伍建设,设立文秘部门或者由专人负责公文处理工作。

第七条 各级党政机关办公厅(室)主管本机关的公文处理工作,对下级机关的公文处理工作进行业务指导和督促检查。

第二章 公文种类

第八条 公文种类主要有:

(一)决议。适用于会议讨论通过的重大决策事项。

(二)决定。适用于对重要事项作出决策和部署、奖惩有关单位和人员、变更或者撤销下级机关不适当的决定事项。

(三)命令(令)。适用于公布行政法规和规章、宣布施行重大强制性措施、批准授予和晋升衔级、嘉奖有关单位和人员。

(四)公报。适用于公布重要决定或者重大事项。

(五)公告。适用于向国内外宣布重要事项或者法定事项。

(六)通告。适用于在一定范围内公布应当遵守或者周知的事项。

(七)意见。适用于对重要问题提出见解和处理办法。

(八)通知。适用于发布、传达要求下级机关执行和有关单位周知或者执行的事项,批转、转发公文。

（九）通报。适用于表彰先进、批评错误、传达重要精神和告知重要情况。

（十）报告。适用于向上级机关汇报工作，反映情况，回复上级机关的询问。

（十一）请示。适用于向上级机关请求指示、批准事项。

（十二）批复。适用于答复下级机关请示事项。

（十三）议案。适用于各级人民政府按照法律程序向同级人民代表大会或者人民代表大会常务委员会提请审议事项。

（十四）函。适用于不相隶属机关之间商洽工作、询问和答复问题、请求批准和答复审批事项。

（十五）纪要。适用于记载会议主要情况和议定事项。

第三章　公文格式

第九条　公文一般由份号、密级和保密期限、紧急程度、发文机关标志、发文字号、签发人、标题、主送机关、正文、附件说明、发文机关署名、成文日期、印章、附注、附件、抄送机关、印发机关和印发日期、页码等组成。

（一）份号。公文印制份数的顺序号。涉密公文应当标注份号。

（二）密级和保密期限。公文的秘密等级和保密的期限。涉密公文应当根据涉密程度分别标注"绝密""机密""秘密"和保密期限。

（三）紧急程度。公文送达和办理的时限要求。根据紧急程度，紧急公文应当分别标注"特急"、"加急"，电报应当分别标注"特提""特急""加急""平急"。

（四）发文机关标志。由发文机关全称或者规范化简称加"文件"二字组成，也可以使用发文机关全称或者规范化简称。联合行文时，发文机关标志可以并用联合发文机关名称，也可以单独用主办机关名称。

（五）发文字号。由发文机关代字、年份、发文顺序号组成。联合行文时，使用主办机关的发文字号。

（六）签发人。上行文应当标注签发人姓名。

（七）标题。由发文机关名称、事由和文种组成。

（八）主送机关。公文的主要受理机关，应当使用机关全称、规范化简称或者同类型机关统称。

（九）正文。公文的主体，用来表述公文的内容。

（十）附件说明。公文附件的顺序号和名称。

（十一）发文机关署名。署发文机关全称或者规范化简称。

（十二）成文日期。署会议通过或者发文机关负责人签发的日期。联合行文时，署最后签发机关负责人签发的日期。

（十三）印章。公文中有发文机关署名的，应当加盖发文机关印章，并与署名机关相符。

有特定发文机关标志的普发性公文和电报可以不加盖印章。

（十四）附注。公文印发传达范围等需要说明的事项。

（十五）附件。公文正文的说明、补充或者参考资料。

（十六）抄送机关。除主送机关外需要执行或者知晓公文内容的其他机关，应当使用机关全称、规范化简称或者同类型机关统称。

（十七）印发机关和印发日期。公文的送印机关和送印日期。

（十八）页码。公文页数顺序号。

第十条　公文的版式按照《党政机关公文格式》国家标准执行。

第十一条　公文使用的汉字、数字、外文字符、计量单位和标点符号，按照有关国家标准和规定执行。民族自治地方的公文，可以并用汉字和当地通用的少数民族文字。

第十二条　公文用纸幅面采用国际标准A4型。特殊形式的公文用纸幅面，根据实际需要确定。

第四章　行文规则

第十三条　行文应当确有必要，讲求实效，注重针对性和可操作性。

第十四条　行文关系根据隶属关系和职权范围确定。一般不得越级行文，特殊情况需要越级行文的，应当同时抄送被越过的机关。

第十五条　向上级机关行文，应当遵循以下规则：

（一）原则上主送一个上级机关，根据需要同时抄送其他相关上级机关和同级机关，不抄送下级机关。

（二）党委、政府的部门向上级主管部门请示、报告重大事项，应当经本级党委、政府同意或者授权，属于部门职权范围内的事项应直接报送上级主管部门。

（三）下级机关的请示事项，如需以本机关名义向上级机关请示，应当提出倾向性意见后上报。不得原文转报上级机关。

（四）请示应当一文一事，不得在报告等非请示性公文中夹带请示事项。

（五）除上级机关负责人直接交办事项外，不得以本机关名义向上级机关负责人报送公文，也不得以本机关负责人名义向上级机关报送公文。

（六）受双重领导的机关向一个上级机关行文，必要时应当抄送另一个上级机关。

（七）不符合行文规则的上报公文，上级机关的文秘部门可退回下级呈报机关。

第十六条　向下级机关行文，应当遵循以下规则：

（一）主送受理机关，根据需要抄送相关机关。重要行文应当同时抄送发文机关的直接上级机关。

（二）党委、政府的办公厅（室）根据本级党委、政府授权，可以向下级党委、政府行文，其他部门和单位不得向下级党委、政府发布指令性公文或者在公文中向下级党委、政府提出指令性要求。需经政府审批的具体事项，经政府同意可由政府职能部门行文，文中需注明已经政府同意。

（三）党委、政府的部门在各自职权范围内可以向下级党委、政府的相关部门行文。

（四）涉及多个部门职权范围内的事务，部门之间未协商一致的，不得向下行文；擅自行文的，上级机关应当责令其纠正或者撤销。

（五）上级机关向受双重领导的下级机关行文，必要时抄送该下级机关的另一个上级机关。

第十七条　同级党政机关、党政机关与其他同级机关必要时可以联合行文。属于党委、政府各自职权范围内的工作，不得联合行文。党委、政府的部门依据职权可以相互行文。部门内设机构除办公厅（室）外不得对外正式行文。

第五章　公文拟制

第十八条　公文拟制包括公文的起草、审核、签发等程序。

第十九条　公文起草应当做到：

（一）符合国家的法律法规和党的路线方针政策，完整准确体现发文机关意图，并同现行有关公文相衔接。

（二）一切从实际出发，分析问题实事求是，所提政策措施和办法切实可行。

（三）内容简洁，主题突出，观点鲜明，结构严谨，表述准确，文字精练。

（四）文种正确，格式规范。

（五）公文涉及其他部门职权范围事项的，起草单位必须征求相关部门意见，力求达成一致。

（六）深入调查研究，充分进行论证，广泛听取意见。

（七）机关负责人应当主持、指导重要公文起草工作。

第二十条　公文文稿签发前，应当由发文机关办公厅（室）进行审核。审核的重点是：

（一）行文理由是否充分，行文依据是否准确。

（二）内容是否符合国家法律法规和党的路线方针政策；是否完整准确体现发文机关意图；是否同现行有关公文相衔接；所提政策措施和办法是否切实可行。

（三）涉及有关地区或者部门职权范围的事项是否经过充分协商并达成一致意见。

（四）文种是否正确，格式是否规范；人名、地名、时间、数字、段落顺序、引文等是否准确；文字、数字、计量单位和标点符号等用法是否符合规定。

（五）其他内容是否符合公文起草的有关要求。

需要发文机关审议的重要公文文稿，审议前由发文机关办公厅（室）进行初核。

第二十一条　经审核不宜发文的公文文稿，应当退回起草单位并说明理由；符合发文条件但内容需作进一步研究和修改的，由起草单位修改后重新报送。

第二十二条　公文应当经本机关负责人审批签发。重要公文和上行文由机关主要负责人签发。党委、政府的办公厅（室）根据党委、政府授权制发的公文，由受权机关主要负责人签发或者按照有关规定签发。签发人签发公文，应当签署意见、姓名和完整日期；圈阅或者签名的，视为同意。联合行文由所有联署机关的负责人会签。

<h3 style="text-align:center">第六章　公文办理</h3>

第二十三条　公文办理包括收文办理、发文办理和整理归档。

第二十四条　收文办理主要程序是：

（一）签收。对收到的公文应当逐件清点，核对无误后签字或者盖章，并注明签收时间。

（二）登记。对公文的主要信息和办理情况应当详细记载。

（三）初审。对收到的公文应当进行初审。初审的重点是：是否应当由本机关办理，是否符合行文规则，文种、格式是否符合要求，涉及其他地区或者部门职权范围的事项是否已经协商、会签；是否符合公文起草的其他要求。经初审不符合规定的公文，应当及时退回来文单位并说明理由。

（四）承办。阅知性公文应当根据公文内容、要求和工作需要确定范围后分送。批办性公文应当提出拟办意见报本机关负责人批示或者转有关部门办理；需要两个以上部门办理的，应当明确主办部门。紧急公文应当明确办理时限。承办部门对交办的公文应当及时办理，有明确办理时限要求的应当在规定时限内办理完毕。

（五）传阅。根据领导批示和工作需要将公文及时送传阅对象阅知或者批示。办理公文传阅应当随时掌握公文去向，不得漏传、误传、延误。

（六）催办。及时了解掌握公文的办理进展情况，督促承办部门按期办结。紧急公文或者重要公文应当由专人负责催办。

（七）答复。公文的办理结果应当及时答复来文单位，并根据需要告知相关单位。

第二十五条　发文办理主要程序是：

（一）复核。已经发文机关负责人签批的公文，印发前应当对公文的审批手续、内容、文种、格式等进行复核；需作实质性修改的，应当报原签批人复审。

（二）登记。对复核后的公文，应当确定发文字号、分送范围和印制份数并详细记载。

（三）印制。公文印制必须确保质量和时效。涉密公文应当在符合保密要求的场所印制。

（四）核发。公文印制完毕，应当对公文的文字、格式和印刷质量进行检查后分发。

第二十六条　涉密公文应当通过机要交通、邮政机要通信、城市机要文件交换站或者收发件机关机要收发人员进行传递，通过密码电报或者符合国家保密规定的计算机信息系统进行传输。

第二十七条　需要归档的公文及有关材料，应当根据有关档案法律法规及机关档案管理规定，及时收集齐全、整理归档。两个以上机关联合办理的公文，原件由主办机关归档，相关机关保存复制件。机关负责人兼任其他机关职务的，在履行所兼职务过程中形成的公文，由其兼职机关归档。

第七章 公文管理

第二十八条 各级党政机关应当建立健全本机关公文管理制度,确保管理严格规范,充分发挥公文效用。

第二十九条 党政机关公文由文秘部门或者专人统一管理。设立党委(党组)的县级以上单位应建立机要保密室和机要阅文室,并按有关保密规定配备工作人员和必要的安全保密设施。

第三十条 公文确定密级前,应当按照拟定的密级先行采取保密措施。确定密级后,应当按照所定密级严格管理。绝密级公文应当由专人管理。公文的密级需要变更或者解除的,由原确定密级的机关或者其上级机关决定。

第三十一条 公文的印发传达范围应当按照发文机关的要求执行;需要变更的,应当经发文机关批准。涉密公文公开发布前应当履行解密程序。公开发布的时间、形式和渠道,由发文机关确定。经批准公开发布的公文,同发文机关正式制发的公文具有同等效力。

第三十二条 复制、汇编机密级、秘密级公文,应当符合有关规定并经本机关负责人批准。绝密级公文一般不得复制、汇编,确有工作需要的,应当经发文机关或者其上级机关批准。复制、汇编的公文视同原件管理。

复制件应当加盖复制机关戳记。翻印件应当注明翻印的机关名称、日期。汇编本的密级按照编入公文的最高密级标注。

第三十三条 公文的撤销和废止,由发文机关、上级机关或者权力机关根据职权范围和有关法律法规决定。公文被撤销的,视为自始无效;公文被废止的,视为自废止之日起失效。

第三十四条 涉密公文应当按照发文机关的要求和有关规定进行清退或者销毁。

第三十五条 不具备归档和保存价值的公文,经批准后可以销毁。销毁涉密公文必须严格按照有关规定履行审批登记手续,确保不丢失、不漏销。个人不得私自销毁、留存涉密公文。

第三十六条 机关合并时,全部公文应当随之合并管理;机关撤销时,需要归档的公文整理后按照有关规定移交档案管理部门。

工作人员调离岗位时,所在机关应当督促其将暂存、借用的公文按照有关规定移交、清退。

第三十七条 新设立的机关应当向党委、政府的办公厅(室)提出发文立户申请。经审查符合条件的,列为发文单位,机关合并或者撤销时,相应进行调整。

第八章 附则

第三十八条 党政机关公文含电子公文。电子公文处理工作的具体办法另行制定。

第三十九条 法规、规章方面的公文,依照有关规定处理。外事方面的公文,依照外事主管部门的有关规定处理。

第四十条 其他机关和单位的公文处理工作,可以参照本条例执行。

第四十一条　本条例由中共中央办公厅、国务院办公厅负责解释。

第四十二条　本条例自2012年7月1日起施行。1996年5月3日中共中央办公厅印发的《中国共产党机关公文处理条例》和2000年8月24日国务院发布的《国家行政机关公文处理办法》停止执行。

附录 2

ICS 35.240.20
A 13

GB

中华人民共和国国家标准

GB/T 9704—2012
代替 GB/T 9704—1999

党政机关公文格式

Layout key for official document of Party and government organs

2012-06-29 发布　　　　　　　　　　　　2012-07-01 实施

中华人民共和国国家质量监督检验检疫总局
中国国家标准化管理委员会　　发布

GB/T 9704—2012

目　次

前言

1 范围

2 规范性引用文件

3 术语和定义

4 公文用纸主要技术指标

5 公文用纸幅面尺寸及版面要求

　5.1 幅面尺寸

　5.2 版面

　　5.2.1 页边与版心尺寸

　　5.2.2 字体和字号

　　5.2.3 行数和字数

　　5.2.4 文字的颜色

6 印制装订要求

　6.1 制版要求

　6.2 印刷要求

　6.3 装订要求

7 公文格式各要素编排规则

　7.1 公文格式各要素的划分

　7.2 版头

　　7.2.1 份号

　　7.2.2 密级和保密期限

　　7.2.3 紧急程度

　　7.2.4 发文机关标志

　　7.2.5 发文字号

　　7.2.6 签发人

　　7.2.7 版头中的分隔线

　7.3 主体

　　7.3.1 标题

7.3.2 主送机关

7.3.3 正文

7.3.4 附件说明

7.3.5 发文机关署名、成文日期和印章

 7.3.5.1 加盖印章的公文

 7.3.5.2 不加盖印章的公文

 7.3.5.3 加盖签发人签名章的公文

 7.3.5.4 成文日期中的数字 7.3.5.5 特殊情况说明

7.3.6 附注

7.3.7 附件

7.4 版记

 7.4.1 版记中的分隔线

 7.4.2 抄送机关

 7.4.3 印发机关和印发日期

7.5 页码

8 公文中的横排表格

9 公文中计量单位、标点符号和数字的用法

10 公文的特定格式

 10.1 信函格式

 10.2 命令(令)格式

 10.3 纪要格式

11 式样

GB/T 9704—2012

前　　言

本标准按照 GB/T 1.1—2009 给出的规则起草。

本标准根据中共中央办公厅、国务院办公厅印发的《党政机关公文处理工作条例》的有关规定对 GB/T 9704—1999《国家行政机关公文格式》进行修订。本标准相对 GB/T 9704—1999 主要作如下修订：

　　a) 标准名称改为《党政机关公文格式》，标准英文名称也作相应修改；

　　b) 适用范围扩展到各级党政机关制发的公文；

　　c) 对标准结构进行适当调整；

　　d) 对公文装订要求进行适当调整；

　　e) 增加发文机关署名和页码两个公文格式要素，删除主题词格式要素，并对公文格式各要素的编排进行较大调整；

　　f) 进一步细化特定格式公文的编排要求；

　　g) 新增联合行文公文首页版式、信函格式首页、命令(令)格式首页版式等式样。

本标准中公文用语与《党政机关公文处理工作条例》中的用语一致。

本标准为第二次修订。

本标准由中共中央办公厅和国务院办公厅提出。

本标准由中国标准化研究院归口。

本标准起草单位：中国标准化研究院、中共中央办公厅秘书局、国务院办公厅秘书局、中国标准出版社。

本标准主要起草人：房庆、杨雯、郭道锋、孙维、马慧、张书杰、徐成华、范一乔、李玲。

本标准代替了 GB/T 9704—1999。

GB/T 9704—1999 的历次版本发布情况为：

　　——GB/T 9704—1988。

GB/T 9704—2012

党政机关公文格式

1 范围

本标准规定了党政机关公文通用的纸张要求、排版和印制装订要求、公文格式各要素的编排规则,并给出了公文的式样。

本标准适用于各级党政机关制发的公文。其他机关和单位的公文可以参照执行。

使用少数民族文字印制的公文,其用纸、幅面尺寸及版面、印制等要求按照本标准执行,其余可以参照本标准并按照有关规定执行。

2 规范性引用文件

下列文件对于本标准的应用是必不可少的。凡是注日期的引用文件,仅所注日期的版本适用于本标准。凡是不注日期的引用文件,其最新版本(包括所有的修改单)适用于本标准。

GB/T 148　印刷、书写和绘图纸幅面尺寸

GB 3100　国际单位制及其应用

GB 3101　有关量、单位和符号的一般原则

GB 3102(所有部分)　量和单位

GB/T 15834　标点符号用法

GB/T 15835　出版物上数字用法

3 术语和定义

下列术语和定义适用于本标准。

3.1 字 word

标示公文中横向距离的长度单位。在本标准中,一字指一个汉字宽度的距离。

3.2 行 line

标示公文中纵向距离的长度单位。在本标准中,一行指一个汉字的高度加 3 号汉字高度的 7/8 的距离。

4 公文用纸主要技术指标

公文用纸一般使用纸张定量为 $60 \text{ g/m}^2 \sim 80 \text{ g/m}^2$ 的胶版印刷纸或复印纸。纸张白度 $80\% \sim 90\%$,横向耐折度≥15 次,不透明度≥85%,pH 值为 $7.5 \sim 9.5$。

GB/T 9704—2012

5 公文用纸幅面尺寸及版面要求

5.1 幅面尺寸

公文用纸采用 GB/T 148 中规定的 A4 型纸，其成品幅面尺寸为：210 mm×297 mm。

5.2 版面

5.2.1 页边与版心尺寸

公文用纸天头（上白边）为 37 mm±1 mm，公文用纸订口（左白边）为 28 mm±1 mm，版心尺寸为 156 mm×225 mm。

5.2.2 字体和字号

如无特殊说明，公文格式各要素一般用 3 号仿宋体字。特定情况可以作适当调整。

5.2.3 行数和字数

一般每面排 22 行，每行排 28 个字，并撑满版心。特定情况可以作适当调整。

5.2.4 文字的颜色

如无特殊说明，公文中文字的颜色均为黑色。

6 印制装订要求

6.1 制版要求

版面干净无底灰，字迹清楚无断划，尺寸标准，版心不斜，误差不超过 1 mm。

6.2 印刷要求

双面印刷；页码套正，两面误差不超过 2 mm。黑色油墨应当达到色谱所标 BL100%，红色油墨应当达到色谱所标 Y80%、M80%。印品着墨实、均匀；字面不花、不白、无断划。

6.3 装订要求

公文应当左侧装订，不掉页，两页页码之间误差不超过 4 mm，裁切后的成品尺寸允许误差±2 mm，四角成 90°，无毛茬或缺损。

骑马订或平订的公文应当：

a) 订位为两钉外订眼距版面上下边缘各 70 mm 处，允许误差±4 mm；
b) 无坏钉、漏钉、重钉，钉脚平伏牢固；
c) 骑马订钉锯均订在折缝线上，平订钉锯与书脊间的距离为 3 mm～5 mm。

包本装订公文的封皮（封面、书脊、封底）与书芯应吻合、包紧、包平、不脱落。

GB/T 9704—2012

7 公文格式各要素编排规则

7.1 公文格式各要素的划分

本标准将版心内的公文格式各要素划分为版头、主体、版记三部分。公文首页红色分隔线以上的部分称为版头;公文首页红色分隔线(不含)以下、公文末页首条分隔线(不含)以上的部分称为主体;公文末页首条分隔线以下、末条分隔线以上的部分称为版记。

页码位于版心外。

7.2 版头

7.2.1 份号

如需标注份号,一般用6位3号阿拉伯数字,顶格编排在版心左上角第一行。

7.2.2 密级和保密期限

如需标注密级和保密期限,一般用3号黑体字,顶格编排在版心左上角第二行;保密期限中的数字用阿拉伯数字标注。

7.2.3 紧急程度

如需标注紧急程度,一般用3号黑体字,顶格编排在版心左上角;如需同时标注份号、密级和保密期限、紧急程度,按照份号、密级和保密期限、紧急程度的顺序自上而下分行排列。

7.2.4 发文机关标志

由发文机关全称或者规范化简称加"文件"二字组成,也可以使用发文机关全称或者规范化简称。

发文机关标志居中排布,上边缘至版心上边缘为35 mm,推荐使用小标宋体字,颜色为红色,以醒目、美观、庄重为原则。

联合行文时,如需同时标注联署发文机关名称,一般应当将主办机关名称排列在前;如有"文件"二字,应当置于发文机关名称右侧,以联署发文机关名称为准上下居中排布。

7.2.5 发文字号

编排在发文机关标志下空二行位置,居中排布。年份、发文顺序号用阿拉伯数字标注;年份应标全称,用六角括号"〔〕"括入;发文顺序号不加"第"字,不编虚位(即1不编为01),在阿拉伯数字后加"号"字。

上行文的发文字号居左空一字编排,与最后一个签发人姓名处在同一行。

7.2.6 签发人

由"签发人"三字加全角冒号和签发人姓名组成,居右空一字,编排在发文机关标志下空二行位置。"签发人"三字用3号仿宋体字,签发人姓名用3号楷体字。

如有多个签发人,签发人姓名按照发文机关的排列顺序从左到右、自上而下依次均匀编

GB/T 9704—2012

排,一般每行排两个姓名,回行时与上一行第一个签发人姓名对齐。

7.2.7 版头中的分隔线

发文字号之下 4 mm 处居中印一条与版心等宽的红色分隔线。

7.3 主体

7.3.1 标题

一般用 2 号小标宋体字,编排于红色分隔线下空二行位置,分一行或多行居中排布;回行时,要做到词意完整,排列对称,长短适宜,间距恰当,标题排列应当使用梯形或菱形。

7.3.2 主送机关

编排于标题下空一行位置,居左顶格,回行时仍顶格,最后一个机关名称后标全角冒号。如主送机关名称过多导致公文首页不能显示正文时,应当将主送机关名称移至版记,标注方法见 7.4.2。

7.3.3 正文

公文首页必须显示正文。一般用 3 号仿宋体字,编排于主送机关名称下一行,每个自然段左空二字,回行顶格。文中结构层次序数依次可以用"一、""(一)""1.""(1)"标注;一般第一层用黑体字、第二层用楷体字、第三层和第四层用仿宋体字标注。

7.3.4 附件说明

如有附件,在正文下空一行左空二字编排"附件"二字,后标全角冒号和附件名称。如有多个附件,使用阿拉伯数字标注附件顺序号(如"附件:1.××××××");附件名称后不加标点符号。附件名称较长需回行时,应当与上一行附件名称的首字对齐。

7.3.5 发文机关署名、成文日期和印章

7.3.5.1 加盖印章的公文

成文日期一般右空四字编排,印章用红色,不得出现空白印章。

单一机关行文时,一般在成文日期之上、以成文日期为准居中编排发文机关署名,印章端正、居中下压发文机关署名和成文日期,使发文机关署名和成文日期居印章中心偏下位置,印章顶端应当上距正文(或附件说明)一行之内。

联合行文时,一般将各发文机关署名按照发文机关顺序整齐排列在相应位置,并将印章一一对应、端正、居中下压发文机关署名,最后一个印章端正、居中下压发文机关署名和成文日期,印章之间排列整齐、互不相交或相切,每排印章两端不得超出版心,首排印章顶端应当上距正文(或附件说明)一行之内。

7.3.5.2 不加盖印章的公文

单一机关行文时,在正文(或附件说明)下空一行右空二字编排发文机关署名,在发文机关署名下一行编排成文日期,首字比发文机关署名首字右移二字,如成文日期长于发文机关

署名,应当使成文日期右空二字编排,并相应增加发文机关署名右空字数。

联合行文时,应当先编排主办机关署名,其余发文机关署名依次向下编排。

7.3.5.3 加盖签发人签名章的公文

单一机关制发的公文加盖签发人签名章时,在正文(或附件说明)下空二行右空四字加盖签发人签名章,签名章左空二字标注签发人职务,以签名章为准上下居中排布。在签发人签名章下空一行右空四字编排成文日期。

联合行文时,应当先编排主办机关签发人职务、签名章,其余机关签发人职务、签名章依次向下编排,与主办机关签发人职务、签名章上下对齐;每行只编排一个机关的签发人职务、签名章;签发人职务应当标注全称。

签名章一般用红色。

7.3.5.4 成文日期中的数字

用阿拉伯数字将年、月、日标全,年份应标全称,月、日不编虚位(即1不编为01)。

7.3.5.5 特殊情况说明

当公文排版后所剩空白处不能容下印章或签发人签名章、成文日期时,可以采取调整行距、字距的措施解决。

7.3.6 附注

如有附注,居左空二字加圆括号编排在成文日期下一行。

7.3.7 附件

附件应当另面编排,并在版记之前,与公文正文一起装订。"附件"二字及附件顺序号用3号黑体字顶格编排在版心左上角第一行。附件标题居中编排在版心第三行。附件顺序号和附件标题应当与附件说明的表述一致。附件格式要求同正文。

如附件与正文不能一起装订,应当在附件左上角第一行顶格编排公文的发文字号并在其后标注"附件"二字及附件顺序号。

7.4 版记

7.4.1 版记中的分隔线

版记中的分隔线与版心等宽,首条分隔线和末条分隔线用粗线(推荐高度为0.35 mm),中间的分隔线用细线(推荐高度为0.25 mm)。首条分隔线位于版记中第一个要素之上,末条分隔线与公文最后一面的版心下边缘重合。

7.4.2 抄送机关

如有抄送机关,一般用4号仿宋体字,在印发机关和印发日期之上一行、左右各空一字编排。"抄送"二字后加全角冒号和抄送机关名称,回行时与冒号后的首字对齐,最后一个抄送机关名称后标句号。

GB/T 9704—2012

如需把主送机关移至版记，除将"抄送"二字改为"主送"外，编排方法同抄送机关。既有主送机关又有抄送机关时，应当将主送机关置于抄送机关之上一行，之间不加分隔线。

7.4.3 印发机关和印发日期

印发机关和印发日期一般用4号仿宋体字，编排在末条分隔线之上，印发机关左空一字，印发日期右空一字，用阿拉伯数字将年、月、日标全，年份应标全称，月、日不编虚位（即1不编为01），后加"印发"二字。

版记中如有其他要素，应当将其与印发机关和印发日期用一条细分隔线隔开。

7.5 页码

一般用4号半角宋体阿拉伯数字，编排在公文版心下边缘之下，数字左右各放一条一字线；一字线上距版心下边缘7mm。单页码居右空一字，双页码居左空一字。公文的版记页前有空白页的，空白页和版记页均不编排页码。公文的附件与正文一起装订时，页码应当连续编排。

8 公文中的横排表格

A4纸型的表格横排时，页码位置与公文其他页码保持一致，单页码表头在订口一边，双页码表头在切口一边。

9 公文中计量单位、标点符号和数字的用法

公文中计量单位的用法应当符合GB 3100、GB 3101和GB 3102（所有部分），标点符号的用法应当符合GB/T 15834，数字用法应当符合GB/T 15835。

10 公文的特定格式

10.1 信函格式

发文机关标志使用发文机关全称或者规范化简称，居中排布，上边缘至上页边为30mm，推荐使用红色小标宋体字。联合行文时，使用主办机关标志。

发文机关标志下4mm处印一条红色双线（上粗下细），距下页边20mm处印一条红色双线（上细下粗），线长均为170mm，居中排布。

如需标注份号、密级和保密期限、紧急程度，应当顶格居版心左边缘编排在第一条红色双线下，按照份号、密级和保密期限、紧急程度的顺序自上而下分行排列，第一个要素与该线的距离为3号汉字高度的7/8。

发文字号顶格居版心右边缘编排在第一条红色双线下，与该线的距离为3号汉字高度的7/8。

标题居中编排，与其上最后一个要素相距二行。

第二条红色双线上一行如有文字，与该线的距离为3号汉字高度的7/8。

首页不显示页码。

版记不加印发机关和印发日期、分隔线，位于公文最后一面版心内最下方。

10.2 命令(令)格式

发文机关标志由发文机关全称加"命令"或"令"字组成，居中排布，上边缘至版心上边缘为20 mm，推荐使用红色小标宋体字。

发文机关标志下空二行居中编排令号，令号下空二行编排正文。

签发人职务、签名章和成文日期的编排见7.3.5.3。

10.3 纪要格式

纪要标志由"×××××纪要"组成，居中排布，上边缘至版心上边缘为35 mm，推荐使用红色小标宋体字。

标注出席人员名单，一般用3号黑体字，在正文或附件说明下空一行左空二字编排"出席"二字，后标全角冒号，冒号后用3号仿宋体字标注出席人单位、姓名，回行时与冒号后的首字对齐。

标注请假和列席人员名单，除依次另起一行并将"出席"二字改为"请假"或"列席"外，编排方法同出席人员名单。

纪要格式可以根据实际制定。

11 式样

A4型公文用纸页边及版心尺寸见图1；公文首页版式见图2；联合行文公文首页版式1见图3；联合行文公文首页版式2见图4；公文末页版式1见图5；公文末页版式2见图6；联合行文公文末页版式1见图7；联合行文公文末页版式2见图8；附件说明页版式见图9；带附件公文末页版式见图10；信函格式首页版式见图11；命令(令)格式首页版式见图12。

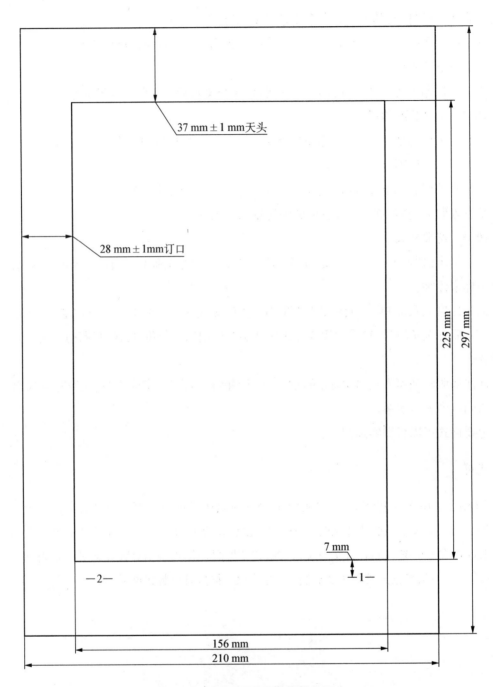

图1 A4型公文用纸页边及版心尺寸

```
000001
机密★1年
特急
```

×××××文件

×××〔2012〕10号

×××××关于××××××的通知

××××××××：
　　××××××××××××××××××××××××××
××××××××××××××××××××××××××××
××××××××××××××××××××××××××××
××××。
　　××××××××××××××××××××××××××
××××××××××××。
　　××××××××××××。
　　×××××××××。
××××××××××××××××××××××××××××
××××××××××××××××××××××××××××

— 1 —

图 2　公文首页版式

注：版心实线框仅为示意，在印制公文时并不印出。

```
┌─────────────────────────────────────────────┐
│  000001                                      │
│  机密★1年                                    │
│  特急                                        │
│                                              │
│         ×××××××                            │
│                                              │
│         ×    ×     ×文件                    │
│                                              │
│         ×××××××                            │
│                                              │
│              ×××〔2012〕10 号               │
├─────────────────────────────────────────────┤
│                                              │
│        ×××××××关于×××××××的通知      │
│                                              │
│  ×××××××××：                             │
│     ××××××××××××××××××××××。   │
│  ××××××××××××××××××××××××     │
│  ××××××××××××××××××××××××     │
│  ××××××××××××××××××××××××     │
│  ××××。                                    │
│     ××××××××××××××××××××××    │
│                                              │
│                                      — 1 —   │
└─────────────────────────────────────────────┘
```

图3　联合行文公文首页版式1

注：版心实线框仅为示意，在印制公文时并不印出。

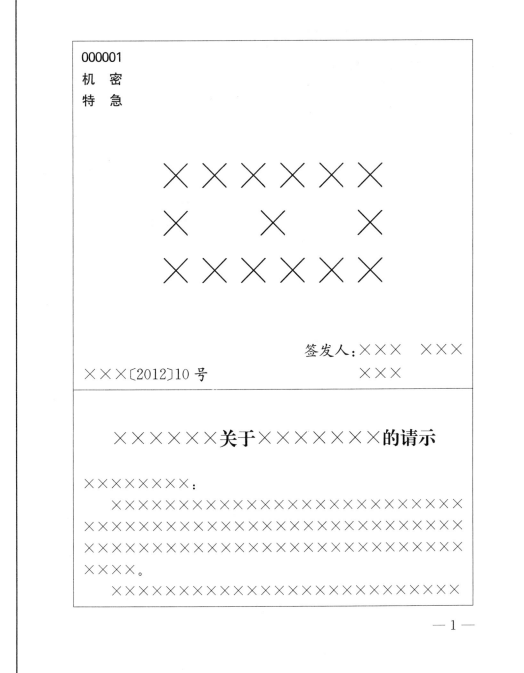

图 4　联合行文公文首页版式 2

注：版心实线框仅为示意，在印制公文时并不印出。

×××××××××××××。
　　××。

2012 年 7 月 1 日

（×××××）

抄送：×××××××，××××××，×××××，×××××，×××××。

×××××××× 　　　　　　　　　2012 年 7 月 1 日印发

— 2 —

图 5　公文末页版式 1

注：版心实线框仅为示意，在印制公文时并不印出。

×××××××××××××××。
　　××。

　　　　　　　　　　　　××××××××××
　　　　　　　　　　　　2012年7月1日

抄送：××××××××,××××××,×××××,×××××,×××××。

×××××××××　　　　　　　　　　2012年7月1日印发

— 2 —

图 6　公文末页版式 2

注：版心实线框仅为示意，在印制公文时并不印出。

×××××××××××××××。
　　××××××××××××××××××××××
×××××××××××××××××××××××××
××××××××××。

2012年7月1日

（×××××）

抄送：××××××，××××××，×××××，×××××，×××××。

×××××××××　　　　　　2012年7月1日印发

— 2 —

图7　联合行文公文末页版式1

注：版心实线框仅为示意，在印制公文时并不印出。

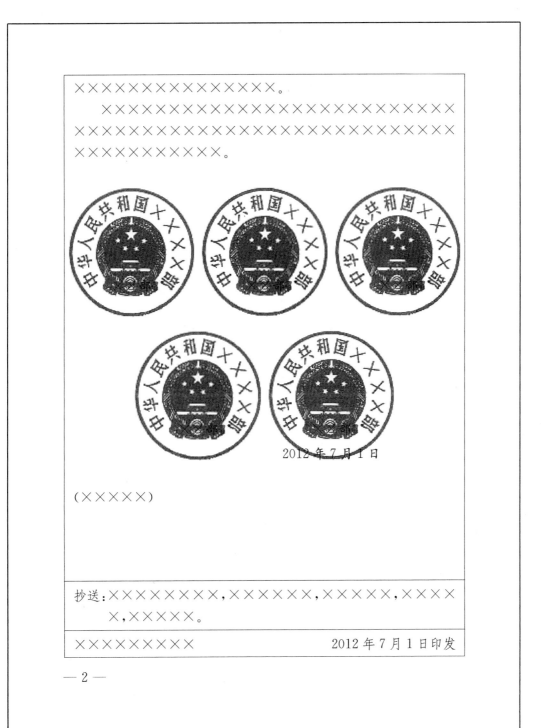

图 8　联合行文公文末页版式 2

注：版心实线框仅为示意，在印制公文时并不印出。

```
×××××××××××××××。
    ××××××××××××××××××××××××
××××××××××××××××××××××××××
××××××××××。

    附件:1.××××××××××××××××××××
         ××××
       2.××××××××××××

                        ×××××××
                        ×  ×  ×  ×
                      2012 年 7 月 1 日
(×××××)
```

— 2 —

图 9　附件说明页版式

注:版心实线框仅为示意,在印制公文时并不印出。

附件 2

×××××××××××

　　××。
　　×××。

抄送：××××××××，××××××，×××××，×××××，×××××。

×××××××××　　　　　　　　2012 年 7 月 1 日印发

— 4 —

图 10　带附件公文末页版式

注：版心实线框仅为示意，在印制公文时并不印出。

中华人民共和国×××××部

000001　　　　　　　　　　　×××〔2012〕10 号
机　密
特　急

×××××关于×××××××的通知

×××××××××：
　　×××。
　　×××。
　　×××。

图 11　信函格式首页版式

注：版心实线框仅为示意，在印制公文时并不印出。

$$\times\times\times\times\times 令$$

第×××号

×××××××××××××××××××××
×××××××××××××××××××××。
×××××××××××××××××××××
×××××××××××××××××××××。

部长　×××
2012 年 7 月 1 日

图 12　命令(令)格式首页版式

注：版心实线框仅为示意，在印制公文时并不印出。

第三版后记

本书是高等院校写作课程教材，2023 年出版第三版。2003 年初版时，绪论和基础写作部分由许传宏执笔，应用写作部分由胡艳秋执笔。2009 年修订，主要由肖进负责更新了全部例文，并撰写了部分评析文字。全书由主编吴俊统稿。第三版由肖进再次更新大多数例文，撰写了相应的评析文字，内容和篇幅更加充实完善。吴俊负责统稿修订全书。第三版由吴俊、肖进共同主编。

我们的编撰工作得到了华东师范大学出版社王焰社长和责编范耀华老师的大力支持，在此深表衷心的感谢。

作为课程和能力培养的大学写作，一直在不断地发展、完备、提升的过程中。尤其是新世纪以来，新起的创意写作、网络写作对于写作观念、规范、技能的影响越来越显著，我们正在拓新和深化有关写作的教学方式、教学内涵。大学写作更重视的是写作的基本能力的学习和提升。竭诚期待使用本书的专家、老师和学生对我们提出宝贵的意见和建议，我们一定会虚心领教，吸收落实在今后进一步提高本书质量的修订工作中。

主　编